权威·前沿·原创

皮书系列为
"十二五"国家重点图书出版规划项目

城市管理蓝皮书

BLUE BOOK OF
URBAN MANAGEMENT

中国城市管理报告
（2015~2016）

ANNUAL REPORT ON URBAN MANAGEMENT OF CHINA
(2015-2016)

主 编／刘 林 刘承水

社会科学文献出版社
SOCIAL SCIENCES ACADEMIC PRESS（CHINA）

图书在版编目（CIP）数据

中国城市管理报告. 2015~2016 / 刘林，刘承水主编. --北京：社会科学文献出版社，2016.5

（城市管理蓝皮书）

ISBN 978 - 7 - 5097 - 8875 - 2

Ⅰ.①中… Ⅱ.①刘… ②刘… Ⅲ.①城市管理 - 研究报告 - 中国 - 2015~2016 Ⅳ.①F299.23

中国版本图书馆 CIP 数据核字（2016）第 051689 号

城市管理蓝皮书
中国城市管理报告（2015~2016）

主　　编／刘　林　刘承水

出 版 人／谢寿光
项目统筹／周映希
责任编辑／周映希

出　　版／社会科学文献出版社·皮书出版分社（010）59367127
　　　　　　地址：北京市北三环中路甲 29 号院华龙大厦　邮编：100029
　　　　　　网址：www.ssap.com.cn
发　　行／市场营销中心（010）59367081　59367018
印　　装／三河市东方印刷有限公司

规　　格／开　本：787mm × 1092mm　1/16
　　　　　　印　张：22.5　字　数：375 千字
版　　次／2016 年 5 月第 1 版　2016 年 5 月第 1 次印刷
书　　号／ISBN 978 - 7 - 5097 - 8875 - 2
定　　价／158.00 元

皮书序列号／B - 2013 - 302

城市管理蓝皮书编委会

主 任 刘　林

委 员 胡丽琴　刘承水　冀文彦　胡雅芬　胡勇慧

《中国城市管理报告（2015~2016）》

主　　　编　刘　林　刘承水

执 行 主 编　冀文彦

执行副主编　胡雅芬　胡勇慧

摘　要

本报告主要研究在新形势下迈向现代化城市管理面临的新要求以及新任务，并从经济、社会、文化、法制、生态等多个角度提出了以下城市管理观点。

（1）经济发展步入新常态，增速放缓，发展更加尊重市场的决定力量。产业结构调整处于阵痛期，既要化解产能过剩，又要淘汰落后产能。在这种形势下，要明确政府和社会权责，解决城市基础设施短缺问题，需要加大城市基础设施投入，深化城市基础设施融资体系改革，拓宽投资渠道，充分调动政府投资和社会投资两方面的积极性；要加速产业结构的优化升级，适应中国经济新常态的发展。与此同时，要多元化创新发展模式，合理调控经济，规范经济运行的基础。

（2）推进执法体制改革，适应新型城镇化发展要求和人民群众生产生活需要，以城市管理现代化为指向，理顺管理体制，加快推进执法重心和执法力量的下移。城市管理法要增强法律针对性，细化各地方的相关配套法规，使执法人员的工作有法可依，还要有固定性，避免随意性，满足可操作性；理顺城市管理组织体制，推进城市管理法制科学化；通过立法加强公众参与城市管理建设的力度，推进城市管理法制民主化；完善城市管理的法律制度，应当增补主要领域缺失的法律制度，推进城市管理法制精细化。

（3）城市管理与社会管理融合统一，多元共治，充分释放市场和社会活力。要强化城市社会治理领域的顶层设计和科学规划，避免管理"碎片化"和"一刀切"；推动社会管理向社会治理转变，从"单一、纵向"管理模式向"多元、协商"管理模式转变，构建"在有限的政府、有边界的市场与自组织的社会"三者之间相互制衡与良性互动基础上的多元社会治理体系和社会治理模式。推动城市政府部门由办文化向管文化转变，探索建立主管主办制度与现代企业出资人制度有机衔接的工作机制；建立现代城市文化市场体系，坚持

"重心下移、资源下移、服务下移"，释放社会和市场活力，加快形成多层次文化产品和要素市场，推动文化产业跨越式发展；推动新兴城市以及城乡接合部地区的公共文化发展。

（4）以"互联网＋"实现现代化城市管理主体的决策科学化、手段智能化和过程系统化。大数据时代社会信息化和政府信息化程度前所未有，一系列网络新技术的发展及普及为政府治理实现智能化提供了技术支撑，将从根本上改变政府组织模式和政府形态，进而改变政府治理模式。大数据提高了城市生态环境治理效率，实现了数字采集与管理同步，为生态环境提供了强有力的信息化支持，有效地实现了环境执法联防联动。在不同地域之间、不同部门之间、地方国家部门之间、环境保护执法部门之间、上下级部门之间建立起目标价值明确、权责明晰、信息沟通顺畅、执法手段齐备的执法机制。

目　录

Ⅰ　总报告

Ⅱ　城市经济篇

Ⅲ　城市社会篇

Ⅶ　城市实践篇

皮书数据库阅读**使用指南**

总 报 告

General Report

B.1

新形势　新要求　新突破

——中国城市治理的现状与展望

摘　要：　随着依法治国理念的全面落实和经济新常态的到来，"十三五"
　　　　规划即将启动，城市管理与社会管理逐渐融合，城市管理逐渐
　　　　转变为城市治理。新时期，城市工作具有新特征与新态势，对
　　　　城市发展以及城市治理提出了新要求，城市治理要不断深入推
　　　　进，实现现代化、科学化、精细化、长效化，以满足人民群众
　　　　对宜居环境的新需求，顺应人民群众过上更好生活的新期待。

关键词：　新时期　新常态　现代化　城市治理

2016 年是"十三五"规划的启动之年，全面建成小康社会决胜阶段的开
局之年，也是推进结构性改革的攻坚之年，更是全面推进落实依法治国的关键
之年。"十三五"时期是治理城市病、建设生态宜居城市发展战略实施的关键
时期，是破解城市人口资源环境矛盾的重要时期，也是推进现代城市治理的重

要时期。2015 年 12 月 20～21 日，时隔 37 年后召开的中央城市工作会议强调，当前和今后一个时期，我国城市工作要"贯彻创新、协调、绿色、开放、共享的发展理念，坚持以人为本、科学发展、改革创新、依法治市，转变城市发展方式，完善城市治理体系，提高城市治理能力，着力解决城市病等突出问题，不断提升城市环境质量、人民生活质量、城市竞争力，建设和谐宜居、富有活力、各具特色的现代化城市，提高新型城镇化水平"。

一 形势：新特征与新态势

新时期城市工作面临着新形势和新任务，对城市发展以及城市治理提出了新要求，城市治理要不断深入推进，实现现代化、科学化、精细化、长效化，以满足人民群众对宜居环境的新需求，顺应人民群众过上更好生活的新期待。总体来看，新时期的城市治理面临许多新的特征与新的态势。

（一）经济呈现新常态

我国处于结构调整阵痛期、经济增长速度换挡期和前期刺激政策消化期这一特殊时期，经济发展步入了新常态。

新常态下，宏观经济具有以下几个特征。速度上，由高速增长向中高速增长过渡。国内生产总值的增长率持续走低，从 2012 年的 7.8% 到 2013 年的 7.7%，再到 2014 年的 7.4%。与增长速度放缓相适应，中国经济结构正在经历堪称历史性的重要转折，即结构上进入全面优化升级，从 2012 年起，消费占 GDP 的比重开始超过投资，第三产业占比首次超过第二产业。2015 年前三季度，最终消费对中国经济增长的贡献率为 48.5%，超过了投资；服务业增加值占比 46.7%，继续超过第二产业；高新技术产业和装备制造业增速分别为 12.3% 和 11.1%，明显高于工业平均增速；单位 GDP 能耗下降 4.6%。从发展动力上看，由要素驱动、投资驱动向创新驱动过渡。以 2012 年为例，全国劳动人口共计 9.37 亿，比上年末减少 345 万。据预测，到 2020 年，全国劳动人口将下降到 9.16 亿，经济学意义上的"刘易斯拐点"正在或者说已经到来。与此同时，我国劳动力成本持续上升，据有关部门调查，全社会的整体工资水平都有所提高，"巴拉萨－萨缪尔森效应"正在显现。

（二）"互联网＋"信息技术的扩散以及大数据的应用

2015 年的中国《政府工作报告》明确提出，"制定'互联网＋'行动计划"。这一理念的提出，将互联网创新成果融入经济、社会等各个领域。"'互联网＋'是指以互联网为主的新一代信息技术（包括移动互联网、云计算、物联网、大数据等）在经济、社会生活各部门的扩散、应用与深度融合的过程。"① 其本质是"传统产业的在线化、数据化"。②

"互联网＋"行动计划的目标可以明确为"到 2020 年，基本建成若干有影响力的'互联网＋'经济深度融合示范区。在大数据应用领域，应建成 2～3 个国内领先的大数据营运中心，引进和培育一批大数据应用企业，政府信息资源和公共信息资源开放共享机制基本建立。在两化融合领域，应使中国两化融合发展指数达到 86 以上"。③

（三）从城市管理走向城市治理

城市聚集着最密集的人群、机构、资源，同时也是矛盾、问题、风险以及危机的聚集地，因此，城市治理水平和治理能力关乎城市的发展以及民生问题。传统城市管理主要是对市容市貌脏、乱、差问题的解决，以及执法行为的规范。在法制型社会下的城市治理，则是多体共治，更加强调公民在城市管理中的积极作用。

城市治理涉及的权利主体除了传统的政府之外，还有社会组织和城市居民。实现城市管理走向城市治理，一方面基于我国快速的城镇化发展背景及外在因素，另一方面则基于城市管理体制改革的创新与内在动力。城市管理走向城市治理的意义主要是推动组织结构与组织方式创新，提升协商民主水平，为实现从公民自治到家庭自治奠定基础，为培育和弘扬核心价值观、构建社会主义和谐社会创造条件。

---

① 宁家骏：《"互联网＋"行动计划的实施背景、内涵及主要内容》，《电子政务》2015 年第 6 期，总第 150 期。
② 宁家骏：《"互联网＋"行动计划的实施背景、内涵及主要内容》，《电子政务》2015 年第 6 期，总第 150 期。
③ 宁家骏：《"互联网＋"行动计划的实施背景、内涵及主要内容》，《电子政务》2015 年第 6 期，总第 150 期。

（四）城市治理法治化

城市治理法治化程度是衡量城市治理水平的主要依据，城市法治管理水平的高低也反映出一个国家的文明程度。在经济社会不断发展的今天，人们对社会的期望和要求也随之增加，这对城市治理提出了更高的要求，使我们必须采取有效的措施，引入法治城市指标，构建法治城市，以适应时代的发展要求。

所谓城市治理法治化，其关键是尊崇民意、良法善治。在做法上，用法治思维分析城市问题，用法治规则保障公民权利，用法治方法解决城市社会矛盾，用法治指标评估治理效果；在治理目标上，实现从物本位到人本位的转变；在治理主体上，实现从政府本位向公民本位的转变；在政策机制上，实现从政策规定向法律法规的转变；在效力上，实现从有令不行到违法必究的转变；在思维上，实现从临时战术到法治统摄的转变。

（五）城市管理和社会管理相融合

现代城市之复杂意味着现代化的城市治理也极其复杂。城市治理理论不断深入以及城市治理实践不断探索，传统意义上基于设施和环境的城市管理逐渐与面向社会和人的社会管理相融合。基于这种融合，关于城市治理的三维模型也逐步显现，如图1所示。

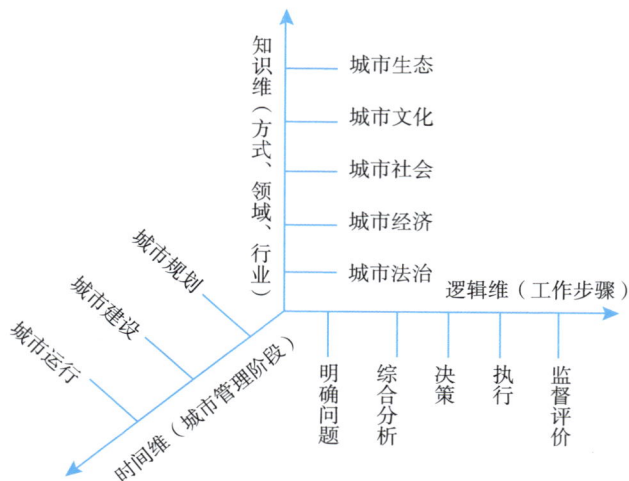

图1 城市管理与社会管理相融合背景下的城市治理

在三维结构下，城市治理的各类数据记录并表达了城市治理的复杂性，不仅包括城市空间设施等静态信息，还包括城市生态、经济、社会、文化等城市治理活动的动态数据，这些海量、动态的信息构成了城市的比特空间①。面对这样的复杂治理，我们需要采用数据集成法，用"互联网＋"技术来应对。

二　挑战：兼具全球性与主权性的非传统安全

近年来"城市病"问题凸显，城市治理问题显得尤为重要和突出。综观中国城市发展的历史与现实，可以说，城市发展的宏观背景是导因，体制机制是关键，面临的问题是根源。党的十八大尤其是十八届三中全会以来，我国面临的国际国内环境发生了深刻变化，经济、社会面临转型，经济结构优化升级，全面深化改革有序推进，各项事业逐渐步入了新常态，城市治理的宏观形势面临着诸多挑战。

基于非传统安全视阈的城市生态、城市文化以及城市社会等问题，已经超出民族国家的界限，涉及的主体以及范围更加广泛，具有不确定性以及不可预测性。"应对这种区域性、世界性和流动性的非传统安全，需要改变传统的治理格局，通过建立超国家的合作机制（区域的、全球的），将广泛的主体纳入治理体系中，充分激发各主体的动机，协同利用多样化的力量、信息等资源。"②

2014 年 4 月 15 日，习近平总书记指出，要构建国家安全体系。2015 年 7 月 1 日，《国家安全法》正式生效。新《国家安全法》"与传统的安全观不同，新的国家安全观还包括非传统领域的安全，目标是构建集政治安全、国土安全、军事安全、经济安全、文化安全、社会安全、科技安全、信息安全、生态

---

① 宋刚、张楠、朱慧：《城市管理复杂性与基于大数据的应对策略研究》，《城市发展研究》2014 年第 8 期。

② 吴森、吴锋：《国家治理视角下的非传统安全》，《华中科技大学学报（社科版）》2015 年第 5 期。

安全、能源安全、核安全等于一体的国家安全体系"。① 从非传统安全的视角看，中国目前的城市治理主要面临着生态安全、文化安全、社会安全以及能源安全的新挑战。

（一）不断"政治化"的生态问题

就国际范围而言，发达国家与发展中国家对于环境问题的追求有所偏差，发达国家追求可持续发展，因此，对于欧美等发达国家而言，更加关注全球性具有预见性的环境冲突，如全球气候变化问题、臭氧层空洞问题、公共性环境资源保护与开发问题等。发达国家以自己的人、财、科技优势力图在环境关系格局中占据主导地位，在环境市场商业利益中谋求更大的"生态顺差"。而发展中国家，以中国为代表，近年来虽然开始注重可持续发展，但是在消除贫困、进行国内污染治理等方面还需要循序渐进，因此，更为关注区域性或相邻国家间的环境冲突问题，譬如空气污染、水污染、土壤污染等。

但是，人类只有一个地球，国内污染与全球环境污染休戚相关，所以，尽管各种冲突不断，欧美以及日本在与发展中国家的环境合作上对发展中国家的国际援助一直在逐渐增加，2015 年 12 月 12 日晚通过的《巴黎协定》就是最好的例证。该气候变化新协定是继 1997 年制定《京都议定书》之后，全球气候治理领域的又一实质性文件，其对 2020 年以后全球应对气候变化问题做出了安排。

就中国而言，面对不断"政治化"以及全球化的环境问题，困难很多，需要不断提升国内生态环境监测与预警及环境治理能力、提高城市的宜居程度，只有如此才能在不断"政治化"的环境问题中掌握话语权。

1. 大气污染与水污染降低城市宜居度

在 2014 年开展的空气质量新标准监测的 161 个城市中，只有 9.9% 的城市空气质量达标，剩余 90.1% 的城市空气质量不同程度超标。雾霾天气出现在我国城市的范围正在逐渐增大，而且污染程度也越来越严重。例如首都北京，在冬季特别容易出现雾霾天气，人们出行需佩戴口罩，家里需安装空气净化器。空气污染严重影响了居民的出行和生活，对老人和儿童以及慢性病患者的

---

① 《聚焦新国家安全法五大亮点：涵盖国家安全各领域》，http：//news.china.com/domesticgd/10000159/20150702/19939467.html。

健康造成了不利的影响。中国环保部 2014 年发布的《中国人群环境暴露行为模式研究报告》（以下简称《报告》）指出，在大气污染物浓度相同的情形下，我国城市居民暴露于大气污染中的健康风险是农村居民的 70%。

2014 年，在全国 202 个城市中开展的地下水监测工作显示，水质较差的城市占 61.5%，只有 10.8% 的城市地下水质达到优良级别。这些监测点除了常规指标超标外，个别监测点检测出砷、铅等重金属超标。《报告》指出，在水中污染物浓度相同的情形下，我国居民经口饮水暴露的健康风险是美国的 2.4 倍。

2. 土壤污染严重

2014 年，环境保护部和国土资源部公布的《全国土壤污染状况调查公报》显示，中国的土壤污染较为严重。全国土壤总超标率为 16.1%，其中重度污染点位比例为 1.1%。总体来看，重金属超标问题以西南、中南地区为甚，镉、汞、砷、铅 4 种无机污染物含量分布呈现从西北到东南、从东北到西南方向逐渐升高的态势。

耕地土壤点位超标率为 19.4%，主要污染物为镉、镍、铜、砷、汞、铅、滴滴涕和多环芳烃。土壤镉超标率为 7.0%，其中镉重度污染点位比例为 0.5%（见表 1）。近几年，农业部门的多次抽查结果显示，中国约 10% 的大米存在镉超标问题，这主要是由于耕地污染，而这些污染超标的大米绝大多数畅通无阻地自由上市流通，这也是近年来公众对食品安全强烈指责的主要原因之一，在国际社会上给中国带来负面影响。可见，土壤污染以及食品安全不仅仅是国内问题，还是个国际问题，应该在国际视野下妥善解决，以期重塑公众对政府的信任，更要在国际事务中树立中国负责任、有担当的大国形象。

表 1　我国土壤污染现状

单位：%

全国土壤污染总超标率	土壤镉超标率	重污染企业及周边土壤超标点位	固体废弃物集中处理处置场地土壤超标点位	耕地土壤点位超标率
16.1	7.0	36.3	21.3	19.4

3. 公众的环保意识不强

2014 年国家环境保护部公布的中国首份《全国生态文明意识调查研究报

告》显示：中国公众生态文明意识呈现"认同度高、知晓度低、践行度不够"的状态，公众对生态文明建设认同度、知晓度、践行度分别为74%、48%和60%。公众对生态环境保护很认同，但在环境保护认识和践行方面存在不足，参与公共环境保护的自觉性也不够强。公众乱扔垃圾等行为随处可见，许多不良的生活习惯影响着城市的生态环境。据媒体报道，2014年，国庆节期间天安门地区每天清理垃圾3.5吨，虽然比上年有所下降，但也从侧面反映出我国公众环境保护意识还有待提高。近年来，城市居民境外旅游较多，但破坏环境的不文明行为却屡次发生，遭到诟病。可见，公众环保意识不强已成为国人在国际形象方面的一个污点。

这种以生态文明建设为目标的环保意识，实际上是使人们认识到生态环境和人类生存的关系，充分认识到生态危机对人类的危害，而将保护环境变成人们的自觉行为。

（二）基于民族文化安全的城市文化治理

在对外开放和多元文化激荡的条件下，民族文化与外来文化相互交汇、借鉴，有冲突，也有矛盾，面对强大的西方发达经济体的科技、文化冲击，中国的民族文化安全面临着极大的挑战，而民族文化安全是文化安全的主要内容之一[①]。2015年12月16日，习近平主席在第二届世界互联网大会上的演讲中指出：全球互联网空间的构建就是在打造网上文化交流共享平台，促进交流互鉴、互联互通。他说："文化因交流而多彩，文明因互鉴而丰富。"在世界通过互联网实现大融合的过程中，我们弘扬精华、剔除糟粕，警惕不良文化的侵入和渗透则显得尤为重要。在这种理念下，我们所提出的文化治理，实际上是在多元主体和不同角色共同参与下，一方面吸收外来文化，另一方面继承和弘扬民族文化。

当前，中国城镇化进程中所面临的民族文化安全问题，主要是民族文化的认同。城镇化建设中的大拆大建、对文物的破坏等实际上是对民族文化的否定，不利于传统文化的传承和民族文化的发扬。民族文化及其认同，实际上是国家认同的基础，也是维系民族和国家的重要纽带，更是民族国家的合法性来

---

① 姚远：《中国城镇化面临的非传统安全挑战》，《人文杂志》2012年第2期。

源，是一个民族和国家的文化软实力。因此，基于民族文化安全的文化治理显得尤为重要。

对于文化治理的理解有两种视角，一种是对文化的治理，另一种是基于文化的治理。对文化的治理就是要保护和发扬民族文化，认清民族文化与文化安全的关系，认识到维护民族文化的重要性，在吸收国外优秀文化的同时，要以维护民族文化安全为前提，并采取有效措施维护民族文化的安全性和完整性。基于文化的治理实际上是提升文化的治理能力，将文化功能纳入社会治理的视野。目前，对于城市的文化治理存在以下不足。

1. 城市文化治理权力过度集中不利于光大民族文化

政府与市场、企业、社会、个人关系不清。政府没有彻底简政放权，没有按照政企分开、政事分离的原则，将该管的事情管好、不该管的事交给社会和企业。很多时候，文化的经营管理受到政府过多不合理的干预，使得经营者难以成为市场主体，而文化治理部门则条块分割、行业交错、区域不明，力量难以整合。至今，政府仍旧统管各项文化事业，文化单位的运行由政府直接管控，从一定的角度来讲，政府扮演着多种角色。文化是政府的附属品，政府是文化的操纵者，文化单位的人员、经费、岗位等都由上级政府部门确定。文化产品的产生也在政府的计划之中，所以，失去市场的文化产品无法满足大众的文化需求，资源浪费严重。从一定的角度而言，政府过多地担心"一抓就死，一放就乱"，反而不利于公众对民族文化产生由衷的热爱与信服，不利于光大民族文化。

2. 城市文化产品社会效益低下不利于民族文化的创新

政府大包大揽，公共文化服务资源分散、效益低下、标准不一。文化资源的占有与配置权都在政府，社会激励机制缺失，虽然倡导文化的社会奉献精神，但由于缺乏物质层面的实质性激励，抑制了文化生产者的积极性，因而难免会有偷懒、搭便车、寻租等行为。政府对文化事业单位的长期庇护和资源垄断型的潜在保护，导致文化发展效率低下，文化经营者缺乏市场竞争，看似对民族文化的保护，实际上抑制了民族文化的发展和竞争力。

3. 城市公共文化设施建设投入不足与管理弊端不利于民族文化的传承

公共文化设施的发展，需要公共财政的投入。目前，城市社区和街道所得到的用于文化设施建设的资金较少，无法满足人们对文化的需求。从目前的状况来看，一是公共文化设施数量不足；二是某些公共文化设施的利用率偏低，运行状况不容乐观；三是城市公共文化设施管理内容庞杂，涉及管辖范围较广，且政出多门。因此，问题较为突出。首先，由于制度过于僵化，缺乏变通，导致执行效果不佳；其次，由于城市公共文化设施建设与管理依靠计划经济下的政府拨款，资金利用效率偏低，国家拨款多，政府投入少；最后，城市公共文化设施建设与管理团队并未形成，监督体制缺乏，且公民参与度不够。因此，城市公共文化设施建设管理工作很难取得突破性进展。公共文化设施建设管理工作不到位，民族文化的传播与传承必定受到极大的影响。

4. 文化事业投入与产出的区域不协调不利于民族文化整体软实力的增强

根据 2013 年《中国公共文化服务发展报告》公布的数据，公共文化服务综合指数总量排在前三位的是：广东 89.08 分、江苏 86.76 分、浙江 84.48 分，而上海则以 74.67 分排在第七位，排名与上一年度持平；在人均排名上，上海以 90.89 分的较大优势蝉联首位，排在第二、三位的是北京 79.64 分、浙江 78.13 分。从 6 个一级指标的排名上看，各省区市分别在不同方面体现出自身的优势和特点，如公共文化机构指数总量排名前三位的是：四川 85.87 分、河南 81.63 分、江苏 77.27 分，公共文化活动指数总量排名前三位的是：广东 92.58 分、江苏 81.39 分、山东 79.95 分，公共文化机构指数人均排在前三位的是：西藏 96.72 分、青海 60.1 分、北京 50.78 分。[①] 报告显示出各省区市公共文化服务的短板和不足。在公共文化服务投入与产出绩效指数上，总量排名前三的与人均排名前三的都分别为不同的省份。这说明，各省份在加大投入的同时，还要提升文化服务效能，增加投入产出比例。强化民族文化，增强文化软实力，首先要增加投入，其次要提高文化外溢效应，最后要做到文化投入区域平衡、产出平衡，为民族文化的发扬、文化软实力的提升创造良好的前提条件。

（三）非传统安全视阈下的社会安全问题

非传统安全视阈下国家安全体系中的社会安全问题，不仅仅指社会安全，

---

① 李玉：《2013 年〈中国公共文化服务发展报告〉发布》，中国社会科学网，2014 年 11 月 20 日。

还包括了影响国家安全的社会因素、危害国家安全的社会因素、国家安全的社会保障等。① 社会安全问题越来越引起人们的重视，其原因主要有以下几点。

1. 城市的脆弱性越来越强

全球性、开放性，以及城市化、信息化共同推动的高度复杂的全球风险社会来临，增强了城市的脆弱性。随着全球化以及城市化的发展，城市的开放度、信息化程度日益提高，增加了恐怖主义风险以及其他风险，使得城市越来越成为风险的聚集地，显得越来越脆弱。中国社会科学院的研究报告指出，"目前国内安全面临的最大威胁之一就是暴力恐怖主义"。② 2014 年从"3·01"经"4·30"到"5·06"再到"5·22"，从"昆明"经"乌鲁木齐"到"广州"再到"乌鲁木齐"，暴力恐怖事件在短期内密集发生，手段相当残忍，影响极其恶劣。

2. 社会原子化增加了社会风险

当社会原子化程度不断提高时，人们的社会整体认同度则会不断降低，结社意识越来越薄弱。而社会互动性增强时，个人行为会不断升华与放大，进而发展成社会冲突，加剧社会事故范围的扩大。同时，社会转型期贫富差距越来越大，当贫困群体无法参与到社会中并对社会产生排斥时，则会加剧社会动荡与社会断裂。

3. 网络技术正在成为影响社交的重要手段

网络的普及使得人们的社交方式发生了重大改变，这种低成本、普遍化的技术手段，能够使得小事件瞬间产生轰动效应，这也正是目前网络舆情成为城市风险指数考察指标的原因。在宽泛意义上，网络舆情的潜在风险表现在两个方面。一是成为社会诉求的渠道。由于种种原因，制度化诉求的成本很大，成效却是未知数。因此，有关社会弱势群体、拆迁、社会不公、职业发展等诉求，不约而同地充斥了网络阵地。在网络平台上，一些组织化的炒作、非理性的讨论、虚拟司法等，使社会诉求获得更大的社会轰动效应，对社会造成的风险更是充满变数，新疆"七五事件"就是源于网络造谣而形成的恐怖暴力事件。二是"对社会舆论的故意放大，特别是针对社会矛盾而有意识的网络造势运动，对风险的形成起到了推波助澜的作用。中国当下针对官民矛盾的网络

---

① 刘跃进：《国家安全体系中的社会安全问题》，《中央社会主义学院学报》2012 年第 2 期。
② 李培林、陈光金、张翼主编《2015 年中国社会形势分析与预测》，社会科学文献出版社，2015，第 12～13 页。

舆情更是泥沙俱下，既有深中肯綮的事实披露，也有无中生有的诽谤，但都产生了程度不同的社会反应，加大了城市的风险"。[①]

4. 社会转型引起社会结构的重大变化，进而引发社会矛盾和社会冲突

随着城市化进程的加快，压缩式发展和碎片化改革积聚了众多的制度风险，比如，社会两极分化严重、社会矛盾突发、社会成员心理失衡、政府公信力下降等，这些都会导致社会冲突高发。总体来看，当前，中国的社会安全问题主要表现在以下几个方面。

（1）大规模群体性事件。

（2）突发性公共事件不断出现。

（3）生产性安全事故不断出现。矿难、工厂有害物质泄漏、楼倒桥塌、交通安全事件等频繁发生，不安全感笼罩着人民群众的日常生活。

（4）恐怖事件频发。在信息化以及全球化的社会里，无论是国际的恐怖事件还是国内的恐怖事件，都会造成人们的恐慌。

三　瓶颈：城市治理体制机制创新与改革任务繁重

习近平主席在中央城镇化工作会议上强调，"城市建设是一门大学问，一定要本着对历史、对人民高度负责的态度，切实提高城市建设水平"，"要把让群众生活更舒适这一理念融入城市规划建设的血脉里、体现在每一个细节中"。城市治理是一项社会性系统科学，属于城市软环境建设范畴，城市管理的好坏，代表着城市的形象、政府的形象，更代表着市民的形象。近年来，随着城市化水平的不断提高，城市化的步伐加快，各地城市的范围不断扩大，城市人口急剧膨胀，各类城市问题不断产生，于是，改革成为问题倒逼下的创新。

（一）倒逼机制下的城市治理体制改革

如果说，中国城市治理体制改革是倒逼下的一种被动状态，是不由自主的

---

① 吴新叶：《大都市社会安全预警建设的机理及其利用——以国家—社会二分法为视角》，《上海行政学院学报》2014 年第 3 期。

被迫选择，那么，在改革开始后，则不能完全依靠倒逼进行，改革的速度要与倒逼机制赛跑，要在力争积极回应的同时，主动赶超。

1. 体制机制不顺畅，一定程度上制约管理责任的落实

一是城市综合治理的统筹力度有待加强。尽管近年来国家在城市治理统筹协调方面进行了很多创新，一定程度上提高了城市治理的协同性。但是，在实际运行中仍然面临一些难题：其一是综合治理体制尚不完善，统筹协调力度和效果相对不足；其二是目前综合治理主管部门不足，难以完全承担综合管理功能；其三是各种问题由部门分散管理，缺乏常态化沟通协调，存在管理交叉、管理空白、信息不对称等问题，给城市综合治理带来协调上的困难。从近年来各地区城市综合治理的体制改革经验来看，确实需要一个具有城市综合治理和专业管理权力与责任架构的顶层设计，简单的职能捆绑难以持续顺畅地承担综合治理功能。

二是管理后置增加工作难度。当前体制下，城市规划、建设、审批与管理相对分离，前端审批与末端执法信息不对称，增加了城市治理成本，使得管理部门往往处于事后监督状态，不利于城市管理效率提升。条块分割问题仍然存在。随着城市治理体制的改革创新，国家层面对事权、财权、人权进行了下放，逐步走向属地管理，为城市综合治理体制的形成奠定了基础。但是，由于经济社会的发展和城市治理事务的日益复杂，下放的属地管理事务和责任不断扩大，但属地与各专业部门的关系并未理清，存在权力与责任不对等、事权与财权不一致等问题。因此，也就难以形成合力，解决城市治理中出现的复杂问题。

2. 城市综合治理方式相对单一，不适应精细化管理要求

一是城市综合治理以要素投入为主。城市综合治理最终将是内涵式、高效率、高效能、精细化的管理。目前推进的城市综合治理，主要采用外延发展方式，不断加大人力和物力投入，采取白＋黑、5＋2的工作模式弥补环境建设薄弱环节和管理疏漏，依靠专业部门和基层一线管理者的高压力、超负荷运转，完成环境建设和管理考核任务。这种依靠要素推动的方式面临越来越紧张的治理资源约束，管理的边际效应越来越低，治理空间越来越窄。当前，城市管理精细化越来越需要依靠改革推动，通过体制机制改革、管理流程再造和管理方式创新，释放管理能量，扩大管理资源，实现管理效果。

二是城市治理的预见性不足。尽管目前城市治理实行管理关口前移，逐步由末端治理向源头治理转变，但是一些城市顽疾仍然不能根治。究其原因主要在于：①对城市综合治理老问题研究不够，对新问题缺乏预见；②对于反复出现的治理难题，缺乏规律性和根治性的重点攻关治理及有效巩固；③城市治理档案建设滞后，缺乏问题发生规律、处置经验、未来趋势等数据支撑；④缺乏系统性总结，尤其对于体制改革较为成功的案例缺乏案例总结和经验参考。

三是奖惩、竞争、监督机制不完善。城市治理的工作难度在逐渐加大，内容在不断丰富，事情在逐渐烦琐，一些城市治理的工作人员经常处于超负荷运转状态，但却缺少对于这个群体的个人奖励。城市管理专业部门和属地一线人员没有竞争激励，也没有上升空间，所以这部分人员相对较为散漫，缺乏足够的工作热情。此外，城市管理监督机制不合理，缺乏社会评价与监督。

3. 社会动员不充分，市场活力没有充分释放

一是社会资源对城市综合治理的贡献率仍然较低。城市综合治理不仅是政府的事，还需要政府和社会共同合作来完成。志愿者的比率、城市管理决策听证参与率、城市管理社会评价参与率、社会单位资源对辖区居民开放率、社会组织参与城市管理公共项目的增长率以及社区基层社会动员能力指数等指标是城市管理中社会化的一些重要指标，而这些指标目前仍然相对较低，还有很大的提升空间。因此，城市治理的运行成本较大，政府引导、社会多元参与的格局还没有完全形成。

二是社会参与的责任机制有待进一步健全。城市治理社会参与最根本的问题是要明确社会参与主体的责任。目前，社会参与城市治理主要限于说服、号召层面，社会单位参与属地城市管理和环境事务的评价机制缺失，参与城市治理的责任对社会主体还没有形成约束力。

三是城市治理的社会动员能力还需培养提高。社会动员能力是现代城市管理的一项基本能力，特别是在城市应急管理中具有不可替代的作用。社会动员不仅仅是一种号召性行为，更是一门艺术和技术。街道社区是社会动员的责任主体，肩负着联系驻区社会单位、社会组织、社区志愿者及其他社会资源的责任。目前，城市治理社会动员能力及其提升还没有引起足够的重视，还没有形

成有效的社会动员能力体系。

4. 网格系统整合不够

一是网格数据对精细化管理服务功能不足。作为城市治理的基础数据平台，网格系统的服务范围和服务功能有待提升。

二是网格信息整合利用不够。目前的网格数据主要服务于日常部件、事件问题的监督和处置，对城市综合治理决策和精细化管理决策支持不够，数据的服务分析水平有待提高，信息价值有待进一步开发。

三是网格系统对管理对象的数据信息采集不足。城市管理对象底数不清，导致网格化城市管理的预测、预警功能发挥受到限制。

四是网格在"三网融合"中的功能定位有待拓展。"三网融合"要求网格系统的功能由"城市问题发现处置机制"拓展到城市综合管理、社会服务和综合治理等领域。"三网融合"要求把网格化城市管理体系对城市部件、事件的管理与网格化社会服务管理体系对人的管理和服务结合起来，作为融合后网格的基本职能。如何调整规范网格的运行模式，充分发挥综合网格系统的服务拓展和主导作用，成为城市管理网络系统需要创新的题目。

5. 社会需求多样化、矛盾激烈化

一是随着城市化进程的持续推进，城市中"去单位化"后"原子化"的个人越来越多，个人与国家之间的中间地带缺失，出现了断层；城市化过程中空间结构、人口结构、社区类型和环境、社会需求结构的变化，对城市管理提出了新要求，原有的管理模式已经难以适应形势的变化和要求，迫切需要建立健全新型的城市管理机制。

二是城市管理"碎片化"。城市管理缺少区域统筹与科学规划。随着城市规模的扩大，小城市的"单核同心圆"结构逐步向"多核多中心"结构转变，城市结构和功能的分化导致了政府管理权限的分割，不同的政府权力主体在实施城市管理上必然出现各自为政、分散管理的问题，即管理的"碎片化"。城市圈内不同城市之间，城市内部不同区域、街道、社区之间均存在管理权力分割，这种"碎片化"导致了城市社会服务提供和管理上缺少统筹性、协作性，没有整体规划，缺乏效率，导致资源浪费或者分配不公。此外，在社会政策的执行层面，城市管理和决策部门也往往存在"无意识、片面、缺乏协调"等问题。政策执行人对城市发展和治理的总规划、特征和要求缺乏深入了解；即使有科学的规划和方法，也很少能够被真正运用和落实；不尊重规划的严肃性，往往在解决具体问题时将整体规划抛在脑后，追求短期效益。如何避免权力分割带来的公平与效率问题，保障治理的科学性，也是城市社会治理需要解决的重要问题。

三是行政化倾向严重。城市社会治理方面"行政化"倾向严重，政府职能转变仍不到位。单一的纵向一体化的权力模式在短时期内难以撼动，政府的"越位""缺位"情况仍然严重。"上面千条线，下面一根针"的社区管理格局并未改变，社区居委会的行政性强于服务性、自治性，社区管理中行政包办、长官意识依然盛行，抑制了社区内生的自我调控机制，也影响了居民的民主参与和自我管理。

（二）中国城市治理法治化层级低且分散

2015 年 11 月 9 日，中央全面深化改革领导小组召开的第十八次会议通过的《关于深入推进城市执法体制改革改进城市管理工作的指导意见》（以下简称《指导意见》）为城市管理执法体制改革指明了方向。《指导意见》中特别提出"要加快推进执法重心和执法力量向市县下移，推进城市管理领域大部门制改革，实现机构综合设置，统筹解决好机构性质、执法人员身份编制"①等问题。《指导意见》针对当前我国城市管理执法中"人"的问题，结合城市管理法制的进步，指出在执法体制方面推进改革是城市治理现代化的重要方向。

当前，城市治理的法制不健全，大部分相关立法还停留在过去十年的法治水平，这给城市治理工作的开展造成了很大的障碍，制约了城市治理的法治化进程。我国迄今为止还没有一部专门法律适用于此领域的规范，因此现实中的城市治理工作无法得到直接有力的法律保障，导致了执法工作中的诸多问题。现有的法制框架已经搭建，但其体系化程度尚待提升。一方面，一些法律法规的可操作性不强，对一些违法行为的处罚缺乏明确的可执行性，在城市管理执法工作环节上产生了诸多困扰；另一方面，现有的执法依据多在专门问题上做

---

① 《中央深改组通过城市执法体制改革意见》，大公网，http：//news. takungpao. com/mainland/focus/2015 – 11/3233724. html。

出特别的规定，但随着形势的变化，一些规定已经滞后于社会的发展和日益复杂化的城市治理需要，必须以当前出现的问题为导向，进行合理的修订、废除和调整。

1. 相关法律体系不健全，立法层级偏低

城市管理存在立法层级偏低、规范性不足的问题，已经远远不适应我国高速城镇化进程中的城市管理需要。从城市公用事业领域的相关法律规定情况来看，在国家层面上，除少数几部法律，国务院颁布的《取水许可证制度实施办法》和《城市供水条例》等少数文件属于行政法规，其余的则大多为各部委制定的部门规章和地方性规章，且绝大多数仅仅是层级较低的规范性文件；在省市地方层面上，有关城市公用事业的地方性法规和行政规章数量也相对较少，更多的是由政府主管的职能部门来制定相关规范性文件。在鼓励社会资本进入城市公共事业领域的今天，该问题的弊端在于：第一，规范性文件的层次低必然影响现有法律法规的权威性和有效性；第二，投资主体的法律地位未得到充分保障，不能满足公用事业设施建设多元化的投资需要；第三，职能部门制定有关城市公用事业管理规范性文件缺乏法律法规约束，容易产生部门保护或与其他相关部门缺乏协调和沟通的问题；第四，公用事业管理领域的规范性文件层次低，缺乏统一的指导思想和原则，这也是我国长期以来城市公用事业管理政出多门、被管理者无所适从、管理效率不高的重要原因之一。

在城市管理中，法律层级低的非正式制度安排已经明显地暴露出其内容的弱原则性、手段方式的随意性、解决结果的不可预测性、调控范围的狭隘性、操作方法的软弱性以及责任承担的缺位性等诸多缺陷。因此，现代城市从管理到治理的转型中，制度体系建构应该以法规性制度为主、以政策性制度为辅，更多地运用法治规则来治理城市。

2. 相关法律依据和部门衔接不紧密，行政组织协调性差

一是城市管理职能分散。我国城市管理职能分散在市政、规划、环保、公安、交通、卫生、工商等多个部门，更需要这些职能所依据的法律法规之间能够紧密衔接。以我国城市道路建设和城市环境保护方面的法律法规为例，法律目前对城市"绿色"道路标准的概念还停留在理念上，相关政策法规的规定滞后，这不利于城市道路建设中的环境保护和城市的健康发

展。一方面，我国《城乡规划法》与绿色道路标准之间未有衔接。绿色交通是引导城市走向可持续发展道路的重要途径之一，在对城市道路的规划中应体现这种发展理念，并对规划标准进行相应规范。该法作为城市交通规划的上位法，缺乏应有的法律规范，这也是我国城市拥堵等一系列城市病产生的原因。另一方面，《道路交通安全法》、《城乡规划法》与《环境保护法》衔接不紧密，未对绿色道路进行全面考虑。《道路交通安全法》提到了道路的规划、设计和营建，但其更加侧重从安全的角度进行规定，对于安全以外的规划、环境保护等内容没有涉及，更无从涉及具体的绿色标准。

二是管理部门分立和职责条块分割。因城市管理工作本身涉及社会生活的方方面面，这便形成了长期以来的部门分立和职责条块分割的格局。根据这种管理体制的特点，不同部门之间明确的职责也就使得其工作核心与其所依据的上位法和相关法律规范迥异。各个相关法律法规之间缺乏紧密衔接，因而造成了职责划分不明、信息不对称、城市管理执法部门多头治理的现象，以至于在日常的城市管理工作中，各部门工作难以协同配合，给执法者及当事人均带来不便。

三是行政权、行政组织、行政机关管理缺乏法律依据。我国现有行政组织法是从管理的角度来规定的，因此对行政权、行政组织、行政机关的规定欠缺合理性。基于此，不仅城市管理组织所涉及的许多法律缺失，而且已有的规范缺乏民主法治精神，也有一些规定不合理，缺乏可操作性。这对我国城市管理权的行使造成了困扰，同时也不利于政府职能的转变，需要加快解决。通常，城市管理行政执法部门的权力有二三十项，由于部门之间的博弈，综合行政执法很难实现。

3. 城市管理主要领域的法制精细化程度低

我国城市管理涉及的主要法律体系虽然已经形成，但随着城镇化建设的问题呈现多样化态势，其中规制有关重要问题的主要法律制度仍存在缺失。比如，在城市生态环境与保护管理、食品安全管理、城市应急管理等重要方面的法制仍然存在法律规定的缺位，已有法律法规的精细化程度低，这势必影响城市管理法律法规的执行效果。

四　展望：迈向城市治理现代化

党的十八届三中全会通过的《中共中央关于全面深化改革若干重大问题的决定》（以下简称《决定》）明确指出，全面深化改革的总目标是完善和发展中国特色社会主义制度，推进国家治理体系和治理能力的现代化。《决定》将"推进国家治理体系和治理能力的现代化"作为全面深化改革的总目标，对中国未来的发展和社会主义现代化事业来说有着重大而深远的理论与现实意义。国家治理体系和治理能力的现代化是全新的理念，也是在对社会发展规律的认识与探索中做出的重大创新。2015 年 11 月 10 日，习近平主席主持召开中央财经领导小组第一次会议，提出"要改革城市管理体制，理顺各部门职责分工，提高城市管理水平，落实责任主体"。12 月 14 日，习近平主席主持召开中共中央政治局会议提出："要提高城市管理水平，落实城市管理主体责任，改革城市管理体制，理顺各部门职责分工。"2015 年 12 月 20 日召开的中央城市工作会议，再次强调以人为本、依法治市，完善城市治理体系，提高城市治理能力。

城市治理各个方面的创新与改革，需要坚定一个目标，运用两个支撑，满足"三自"要求，力求"四项"转变，完善"5 + 2"机制，以"十化"保障城市治理现代化水平以及城市治理现代化能力的提升。

（一）以生态文明和宜居城市为城市治理现代化之目标

从国际范围来看，自 20 世纪 50 年代以来，世界上绝大多数国家开始意识到人类的持续发展离不开健康的生态环境。美国、加拿大等国家相继出台了关于区域生态发展的相关法律，以保证生态环境的可持续发展。中国《国家新型城镇化规划（2014～2020 年）》指出：把生态文明理念全面融入城镇化进程，完善推动城镇化绿色循环低碳发展的体制机制，实行最严格的生态环境保护制度，形成节约资源和保护环境的空间格局、产业结构、生产方式和生活方式。"十三五"规划建议将此前出台的《关于加快推进生态文明建设的意见》和《生态文明体制改革总体方案》等顶层设计，由"概念图"转换为"施工图"，大幅度推进了我国绿色发展的进程。

1. 打破各自为政的规划体制，建立跨区域的环境保护协调机制

《决定》第一次明确提出"划定生态保护红线"。在环境保护问题上，打破行政区划壁垒，突破人为割裂，建立跨区域发展协调机制。十八届三中全会提出"建立和完善跨区域城市发展协调机制"，应对生态环境问题，包括大气污染、水资源保护、水源地保护等问题，都需要打破行政界线，实现联防联控。

2. 构建环境承载动态色谱管理系统

制定全国的生态规划，以人口密度、地情概况为基准，划定全区域生态环境分类管理区。全国一盘棋，划定特别保护区、重点保护区、次重点保护区、一般保护区四个等级，同时，用不同的色系在地图上做出标识，一是为了保护环境，二是为了进行预警。并根据实时监控以及特定时期内的生态环境承载力进行等级变化显示。根据动态色谱管理系统，实现因地制宜、措施各异，每一个等级的环境质量管理区允许不同等级碳排放量的企业进驻。同时，构建区域生态监控体系，打造立体化生态监控网络，以便实时监控、实时管理。

3. 建立生态环境指数评价指标体系

制定包含市容市貌、生态环境、社会经济发展、生态文化的指标体系。其中市容市貌包括市容环境（城市照明、户外广告、牌匾标识、城市道路公共服务设施、垃圾收集、清运和处理、公共厕所），设施环境（给排水系统、供暖供气设备、公共厕所、城市道路、无障碍及应急避难设施），秩序环境（市容秩序、市场秩序、旅游秩序、交通秩序、治安秩序五大环境秩序）；生态环境包括大气环境、水环境、声环境、植被绿地、废物处置；社会经济发展包括城镇化水平、消费构成、垃圾产量、单位 GDP 能耗、绿色产品比重、绿色能源利用、产业结构；生态文化包括环保意识普及率、公众参与度、绿色产品消费比率等。

4. 政策支持，大力发展城市绿色低碳环保产业

积极引导和支持城市中的高耗能企业实现绿色低碳转型，转变发展方式，国家加大对新能源以及新技术产业的支持力度，如给予税收优惠，对环保型科研给予科技进步奖励以及研发优先奖励等。同时，通过转移支付等手段对地方绿色低碳产业进行补偿，以保护环境。

不难看出，低碳涉及企业、社区、交通、建筑等（参见图 2），低碳不仅

让单位 GDP 二氧化碳排放量下降，也使得空气质量得到极大改善，为应对气候变化做出重要贡献。中国低碳试点做得最好的城市——镇江率先提出 2020年碳排放达到峰值，比全国平均水平提前了 10 年，这改变了世界对中国的看法，也使镇江人民得到了真正的实惠。可以说，低碳城市是实现城市可持续发展的必由之路。

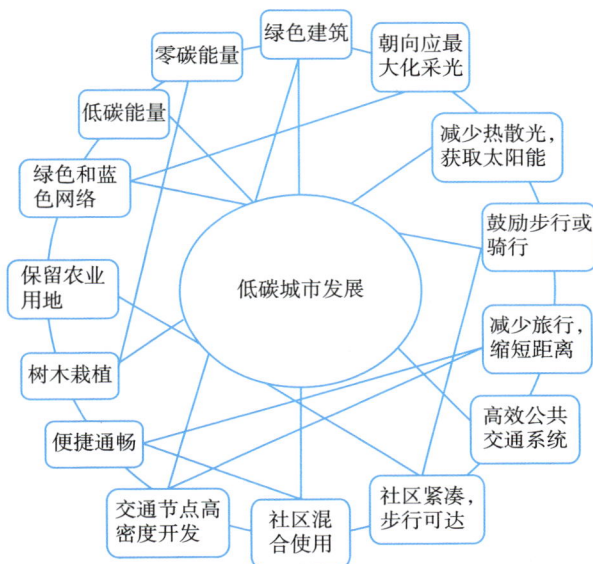

图2　发展低碳城市与各方面之间的联系

5. 推进环保法治管理建设

　　环境保护需要破除行政边界的局限，从国家层面出台更加严厉、更具权威性和制约性的环保法和环保措施，形成强有力的法律法规依据，从全国至少从某个区域的整体利益出发，做到环保有法、惩罚有据。

（二）以"互联网 +"与大数据为城市治理现代化提供支撑

1. "互联网 +"为城市治理现代化提供了技术支撑

　　习近平主席在第二届互联网发展大会上指出："'十三五'时期，中国将大力实施网络强国战略、国家大数据战略、'互联网 +'行动计划，发展积极向上的网络文化，拓展网络经济空间，促进互联网和经济社会融合发展。"①
实施"互联网＋"行动计划，推进各领域数据资源建设，这将为城市治理的
现代化提供技术支撑和机制创新。

2. 大数据时代大幅度提升了信息化的水平

大数据时代"社会信息化和政府信息化程度前所未有"，一系列网络新技
术的发展及普及，"为政府治理智能化的实现提供了技术支撑，这将从根本上
改变政府组织模式和政府形态，进而改变城市治理模式，影响整个政府存在的
形态"②。

3. 大数据推动城市治理过程的协同化

中共十八届五中全会提出了五大发展理念：创新、协调、绿色、开放、共
享。大数据时代意味着数据之间的共享，它不仅打破了数据之间的界限，也打
破了部门、行业、区域甚至国家之间的界限，可以实现城市管理过程的协同
化、智能化。大数据为政府治理决策提供了信息，很好地支持了政府的判断。

4. "互联网＋"与大数据的结合实现了数据采集和应用的同步

国家五年来在不断推广和完善的数字图书馆工程，形成从国家馆、省馆到
市馆、县馆的网络体系，并联合全国各地的图书馆进行数字资源的共建共享，
包括资源的更替、用户的统一认证。一个普通用户在一个地方办理了认证以后，
成为国家数字图书馆推广工程的用户，他原来只能访问省市的资源，现在还可以
访问国家数字图书馆的资源。同时，在移动互联网上实现了数字资源建设。

（三）文化自觉、文化自信和文化自强是中国城市治理现代化的灵魂

1. 以高度的文化自觉优化城市文化设施布局

所谓"文化自觉"，费孝通先生说：只有在认识自己的文化，理解并接触
多种文化的基础上，才有条件在这个正在形成的多元文化的世界里确立自己的
位置，然后经过自主的适应，和其他文化一起，取长补短，共同建立一个有共

---

① 《习近平在世界互联网大会开幕式上发表主旨演讲》，新华网，http：//www. xinhuanet. com/
world/sjhlwdhzb2015/index. htm。
② 唐斯斯、刘叶婷：《以"数据治理"推动政府治理创新》，《中国发展观察》2014 年第 5
期。

同认可的基本秩序和一套多种文化都能和平共处、各抒所长、联手发展的共处原则。文化是思想、是观念，同时也是精髓，更是治理的灵魂，贯穿于治理的各个环节，因此，我们首先要管好文化，才能让文化统领治理。

同时，也要认识到，对于不同的城市、不同的地域、不同的经济状况以及不同的人群，文化自觉的程度不同，因此，对文化设施规模以及文化设施的质量以及需求也不应该一样，要在充分考虑这些因素的基础上，合理安排建设，总体优化布局，提高设施使用效率。

2. 以高度的文化自信处理政府与市场、政府与社会的关系

文化自信是一个民族、国家和政党坚信自身文化理念的正确性，是对自身文化价值的充分肯定和对自身文化生命力的坚定信念。文化自信以文化自觉为前提，并在此基础上兴建自身和完善自身①，这也是文化发展目标得以实现的动力。我国的社会主义建设建立在落后的经济文化基础之上，因此，制度的先进性与现实状况不符，使得国人在传统文化建设上丧失了自信心，不得不以政府的力量协调文化利益关系，促使城乡之间、区域之间的文化建设和谐发展，政府管文化成了理所当然。

十八届三中全会明确提出："推动政府部门由办文化向管文化转变"②，文化体制改革要充分发挥市场的作用，将政府从办文化的枷锁中解放出来，逐步转向管文化，同时，要理顺与文化企事业单位的关系，进一步向市场放权，减少干预，真正发挥政府政策调节、市场监管、社会管理和公共服务职能。"探索建立党委和政府监管国有文化资产的管理机构，实行管人管事管资产管导向相统一，探索建立主管主办制度与现代企业出资人制度有机衔接的工作机制。"③ 这实际上是政府由生产文化的单位转变为服务和监管单位，即由党和政府来推动民族文化的传播，由社会来落实，而这一转变的基础是要有高度的文化自信和厚重的文化积淀。

---

① 张静：《试论文化全球化及其背景下的中国文化"三自"要求》，齐齐哈尔大学硕士学位论文，2014，第 17 页。

② 《中共中央关于全面深化改革若干重大问题的决定》，《人民日报》2013 年 11 月 16 日第 2 版。

③ 李玉梅：《推进文化治理能力现代化——文化部部长蔡武答本报记者问》，《学习时报》2014 年 6 月 3 日第 A1 版。

3. 以高度的文化自强目标加快构建现代城市文化服务体系

文化自强，是指一个民族、国家和政党为实现共同的发展目标而不断努力，在实践中表现为凝练核心价值观，增强自身文化的竞争力和影响力，推动文化大发展大繁荣，建设文化强国的实践过程①。有了高度的自觉，才有意识树立和增强自信，从而达到自强的目的。文化自觉和文化自信是实现文化自强的前提和基础。

十八届三中全会指出："建立公共文化服务体系建设协调机制，统筹服务设施网络建设，促进基本公共文化服务标准化、均等化。"② 公共文化服务标准化、均等化是实现文化自强的基础。因此，要在"重心下移、资源下移、服务下移"③ 的原则下构建公共文化服务体系，提高基层公共文化服务能力，推动基层公共文化中心建设，做到设施资源整合、共建共享、统筹建设。

（四）以转变政府经济管理职能为实现城市治理能力现代化的关键

习近平总书记在十八届二中全会第二次全体会议上明确指出："转变政府职能是深化行政体制改革的核心，实质上要解决的是政府应该做什么、不应该做什么的问题，重点是政府、市场、社会的关系，即哪些事该由市场、社会、政府各自分担，哪些事应该由三者共同承担。"在经济新常态下，走惯了老路的各级政府普遍出现迷茫，不知道该怎样寻找转型升级的出路，这其实是政府角色还未转换到位的表现。在经济转型过程中，政府应当积极适应新常态，转变思路、寻求创新，按照内在经济发展规律，健全与完善城市经济管理的调控体系，这对于实现国家治理体系和治理能力现代化具有十分重要的现实意义。

1. 经济管理目标：从规模速度型转向质量效率型

传统的经济管理思想更多的是强调速度和规模的指标，更为关注 GDP、

---

① 张静：《试论文化全球化及其背景下的中国文化"三自"要求》，齐齐哈尔大学硕士学位论文，2014，第 20 页。

② 《中共中央关于全面深化改革若干重大问题的决定》，《人民日报》2013 年 11 月 16 日第 1 版。

③ 雒树刚：《加快构建现代公共文化服务体系》，《人民日报》2015 年 7 月 8 日第 1 版。

物价、货币供应、信贷投放、财政收支等数据；经济新常态下，调控的重点是关注经济发展质量、效益以及经济之外的民生、生态等指标，综合考虑经济社会发展的各个部分，统筹做好稳增长、促改革、调结构、惠民生等各项工作，因此，适应新形势、树立新观念就成为城市政府面临的一大挑战。

此外，新常态下经济管理的重质量效率，还意味着政府不要去干预市场和企业的行为，因为市场和企业具有足够的理性，以往一些问题的产生往往是市场扭曲或权力寻租的结果。政府要做的就是规范市场和企业行为，提供良好的环境条件。

2. 政府角色：从管理者转向服务者

随着市场经济体制的确立和市场经济意识的逐步深入，尤其是进入新常态后，政府角色也从管理者正在转向服务者，而不是经济高速增长期那种带领、指挥企业冲锋陷阵的角色。因为在新常态中，由于市场将在资源配置中起决定性的作用，这就要求政府考虑如何更好地为市场服务，比如为市场竞争建立一个公平公正的环境，建立完善的法律和规章制度体系，保证市场主体在这样的环境中自由竞争，从而推进经济和社会的进步。它也要求政府如何更好地为市场的主体——企业和企业家服务。

从社会的角度讲，政府的角色转变就是如何更好地向公众提供公共服务和公共产品，这既是新常态中政府在城市发展中更为重要的职能，也是一个最大的挑战。

（1）强化政府的公共服务职能。政府应当完善城市社会保障、教育、卫生、文化等方面的职能配置，形成完善的城市公共服务体系，做到政府城市公共服务职责不"缺位"。同时，将城市公共服务职责法治化，明确公共服务的权责体系，消除公共服务提供的随意性。

（2）加大城市公共投资，增加公共产品有效供给。国际经验表明，高速增长期的结束并不意味着中速增长期会自然到来。在由高速增长向中高速增长转换的过程中，政府应当把握底线思维，稳定城市经济增长，防止城市经济出现断崖式下滑而引发的系统性风险。

（3）创新城市公共服务供给方式，构建多元化、社会化的城市公共服务供给体系。核心是将政府职能转到为市场、社会主体创造平等竞争的环境和提供服务上来。对市场和社会能够生产与提供的公共产品，要放开公共服务市场，允许和鼓励市场主体与社会组织参与其中，利用市场和社会机制完善资源配置，提高公共服务数量和质量，形成政府购买、市场和社会提供的公共产品供给机制。

3. 经济管理模式：从重权力转向重责任

传统的经济管理模式是政府权力在经济发展中处于主导地位，但由于权力边界的不清晰，由权力推动的经济发展在一定程度上造成了对权力的迷信和崇拜，认为有了权力，就可以解决一切城市问题，权力甚至可以不顾法律法规的制约。从重权力到重责任的转变是一个综合考量的复杂过程，需要从以下几个方面入手。

首先要确立政府权力的边界。2015年3月，中办、国办印发《关于推行地方各级政府工作部门权力清单制度的指导意见》，明确了地方各级政府公布权力清单的时间表，这为地方政府治理提出了新挑战，因为地方政府要在如此短的时间内全面梳理和清理调整现有的行政职权、划定权力边界、减少官员的自由裁定、突出权力的法律依据并非易事。浙江省的政府权力清单在这里跨出了第一步，在确定政府权力边界的同时，规定"法无授权不可为"。其次是权力下放，尤其是审批权力的下放。

4. 经济管理重心：从重经济转向重保障

新常态要求政府更重视城市社会保障，以抵御经济社会风险。推动经济的增长曾是政府城市工作的重中之重，新常态的到来在某种程度上为政府从重经济转向重保障提供了契机。新常态要求政府转向重社会保障，是因为随着经济的下滑，城市的一些潜在风险会浮现，如地方债务风险、楼市风险等。因此，进入新常态，政府必须努力提高城市社会保障的水平，同时要"逐步建立以权利公平、机会公平、规则公平为主要内容的社会公平保障体系"，这些保障体系是城市抵御风险和防范危机的安全阀，是城市乃至全社会在发生风险和危机的情况下仍然得以平稳运行的保证。

此外，在城市经济管理中，还应建立起中央政府、地方政府相结合的统一的调控体系。必须理顺中央与地方的经济关系，建立起在中央统一领导下的中央与地方合理分权的新体制。要通过合理划分中央和地方的经济管理权限明确各自的事权、财权和决策权，做到权力和责任相统一，发挥好中央和地方两个方面的积极性。

（五）体制机制改革是城市治理现代化之根本

目前，中国进入"中等收入陷阱"边缘期，社会矛盾日益凸显，如何在未来几年内跨越"中等收入陷阱"，体制机制的改革势在必行，必须抓住体制机制创新的关键，推动城市管理难题的破解。十八届四中全会提出了"坚持系统治理、依法治理、综合治理、源头治理，提高社会治理法治化水平"。可以说，推进城市综合治理创新是"加快形成科学有效的社会治理体制，确保社会既充满活力又和谐有序"的重要内容，也是衡量国家治理体系和治理能力现代化的重要指标。

1. 以"五化"推动城市综合管理体制的创新

一是属地化的管理。属地化管理的主要目标是实现管理重心下移、实行分块管理的城市科学管理，不断完善城市综合管理与统筹的管理体制，真正实现城市管理的属地全管、全责、全权模式，使城市管理在属地范围落到实处。

二是网格化的空间。以网格单元为基础，将网格作为发现和处置城市问题的基本责任单位，也使其成为属地和专业部门城市管理的连带责任单位。整合网格信息，让网格成为城市综合管理决策的数据支持单位，也成为社会主体参与城市管理的责任落实单位，准确定位网格在"三网融合"中的功能，充分发挥综合网格系统的服务拓展和主导作用，提高网格化城市管理的预警能力。

三是体系化的标准。以区域城市发展目标为基础，构建起基于管理对象、管理任务、管理强度、管理效果和管理效能的城市分类管理标准体系，形成最高标准、普遍标准、最低标准组成的系列标准体系，形成综合标准与专业标准结合的管理体系。以标准引领带动城市综合治理能力的提升，促进城市管理监督考核评价和管理责任的落实。

四是智慧化的运行。实现城市基础设施和公共服务设施运行全传导、全感知，实现城市环境部件、事件问题实时监督和系统处置，实现城市地下管网安全运行的物联网管理，建立城市人流节点、环境承载、秩序问题强度动态色谱管理系统，在此基础上建立起城市运行管理数据动态把握、城市管理实时决策的科学管理体系。

五是多元化的治理。要实现城市综合治理能力的现代化，必须全力推动城市管理的市场化、社会化，充分释放市场活力，拓宽社会主体参与城市管理的途径，完善社会参与机制，构建城市治理体系，强化政府和社会主体在城市管理中的各自职责，搭建社会参与城市管理的制度平台和活动载体，不断提高城市综合治理中的社会贡献率。

2. 城市综合治理模式的创新

城市管理体制改革是一项非常复杂的系统工程，也是一项涉及各个部门利益的艰巨任务。因此，需要结合实际、明确目标、稳步推进。

（1）渐进模式——职能捆绑。这种渐进模式是在不改变现有部门管理权限和资源配置格局的前提下，进行职能捆绑。其实质内容是通过部门职能捆绑，形成综合协调机制，解决城市环境秩序治理中的多部门协作问题。这种模式的优势在于对于重大事件的处置上，多部门联合执法快捷、高效，但是，在不改变事权、财权、人权的情况下，职能捆绑带有一定的临时性、应对性，并不是解决城市管理问题的长效机制，对于城市管理中的突出问题、顽疾问题很难根治。

（2）改革模式——实现综合管理。这种改革的模式是改变现有部门管理权限和资源分配格局，实现综合职能与专业职能分离、专业管理与作业管理分离，建立完全的综合管理体制。这种改革的优势在于：一是具有综合性，体现了城市综合治理的统筹协调属性；二是综合职能与专业职能的分离，体现了城市综合管理的权威性；三是综合管理职能独立，为属地管理提供了有力支撑，为实现属地管理奠定了基础。但是其不足在于，目前的体制机制以及管理格局已然固化，因此，改革将遇到较多部门利益的抵触，推进也相当难。但不难看出，这种管理体制和模式实际上顺应了现代城市综合管理的要求，有利于解决城市管理中面临的体制机制问题，也是未来城市管理与发展的必然趋势。

（六）城市管理法治化是建设法治城市的保障

1. 实现城市管理法律制度的综合化、体系化

依法管理城市，必须完善城市管理法律法规体系。只有健全城市管理法律体系，才能完善城市管理执法依据，从人治向法治转轨，进而将城市管理工作推向更高的水平。以往平面化地看待城市管理的眼光已经不能适应当前城市管理工作的需要。法治要将这项工作作为一个立体的、综合的和系统的运行体系，对规划、建设和运行等过程的各个环节进行严谨的规

范，对生态、经济、社会、文化等内容进行周密的制度设计，同时根据市政、环境、治安、精神文明建设等交叉领域综合性日益增强的特点，加强跨领域、跨部门的合作与立法。城市管理的综合化特点，要求城市管理者必须建立系统化的思维，在制定和完善城市管理法律制度时向系统化、综合化努力。

城市管理法律制度体系化的首要任务是要择时制定一部《城市管理法》。除去法律体系的不同和法律文化的差异性，在发达国家，这类法规以市镇法典、市政章程、城市宪章或者特许状等不同规范性法律文件的形式专门用于规制城市管理。当立法条件成熟时，针对城市管理中的共性问题应当制定专门法律。其中应当对城市的性质、定位、功能，城市管理者的目标、职责、权利、义务、机构设置和主要工作制度，城市规划、建设与管理，市政，城市的预算和决算的通过与执行等涉及城市运行各个主要环节的领域进行明确的法律规定。其次，考虑到各个地方对国家层面法律实施过程中的差异性，需要结合不同地区城市的规模、发展程度和地域特点来制定和完善城市管理相关的地方性法规和专项法规，以此发挥不同位阶法律的效力和作用，形成完整的城市管理法律制度体系。

2. 实现城市管理法律制度的专门化、地域化

城市管理法律制度的未来发展应当增强法律针对性，细化各地方的相关配套法规。城市管理法律法规体系的健全、完善和细化不但增强了法律法规的可操作性，同时也提供了明确的执法依据，避免随意执法的现象，提高了城市管理执法的科学性。为此，地方政府应在国家法律和国务院行政法规的框架内，对于城乡规划、市容和环境卫生管理、绿化管理、户外广告设置等与城市管理息息相关的事项，及时推动区域或城市法规规章的制定或修订，逐步形成由国家立法与地方立法、综合立法与专项立法、实体法与程序法等相结合的复合型城市管理法律制度体系，解决现有法律制度专门化不强和可执行性差的问题。

在加强城市管理法律制度专门化的同时，还应当结合城市定位，增强城市管理法律制度的地域化特征。城市定位对于一个城市的规划与发展战略的制定起着决定性作用，是确定城市建设、管理模式和发展方向的重要依据。为此，要实现城市管理的科学有效，根据本地实际情况来细化完善相关制度措施十分

必要。

3. 实现城市管理法制的科学化、民主化

推进城市管理法制的科学化，重点是理顺城市管理组织体制。由于我国的政治体制和决策传统，长期以来，城市管理绝大多数都是自上而下的政府行政主导的"风暴式"运动，但这种管理样态违背了当代城市管理的发展趋势。形成这种样态的直接原因是城市综合行政执法机构的职权划分缺乏科学性，综合执法机构负责的通常都是其他部门不愿意管的小事、杂事或者难度较大的事项，这又进一步造成其执法的事项过于庞杂，执法的困难较大、效率较低。综合类执法的领域和事项囊括较多，如不进行科学的划分和与其他部门协同配合，形成合理、顺畅的组织体制，城管综合执法职能将会日益增多，不堪重负。因此，通过对城市管理法律体系的制度化、程序化、规范化，可厘清我国城市管理组织体制，明晰各个环节城市管理行为的法定内容，建立并健全城市管理机关的责任制度，明确并协调执法主体与其他主体之间的职责、权限、工作标准和程序等。顺畅的组织体制可以通过法制的完善来实现，随之带来科学的执法，使城市管理执法在法律制度的框架内有序开展。

此外，推进城市管理法制的民主化，应当积极促进立法的公众参与度。城市管理领域的立法事关民生，法律法规的制定将会直接影响到社会公众的利益，因此，保证民主立法、鼓励公众参与立法是城市管理法制以人为本的重要参考指标。公众参与立法的形式多样，当前在立法过程中运用最多的是公开征求立法意见的做法。自建设法治国家和法治政府的目标提出以来，立法的民主化与科学化在国家和地方立法中的重要性日益凸显。因此，在涉及城市管理重大决策与立法的全过程中引入社会第三方评估无疑是促进公众参与立法的重要途径。在制定城市管理相关法律法规的计划阶段，应当重点对立法规制某一领域问题的必要性、不同规制方案可能产生的效果以及何种方案可以达到预期的目标进行立法前评估；在立法项目草案拟定阶段，应当进行立法中评估，以评估该立法项目涵盖的范围、规范的内容、可行性与成本效益；在法律法规实施一段时间后应进行立法后评估，对实施的效果进行科学评估。因此，应当根据城市的实际情况和公众参与意愿的要求，建立科学的城市管理参与制度。

4. 实现城市管理法律制度的完备化、精细化

完善城市管理的法律制度，还应当增补主要领域的法律制度缺失，促进法制精细化。在社会分工越来越细化的时代，城市管理法制需要朝更符合城市发展趋势和更人性化的方向发展，才能为城市居民营造良好的公共空间和环境。精细化的城市管理，是指管理效率由粗放低效向精准高效发展，从风暴运动的管理样态转变为常态的、可持续的、深入每一个管理环节的管理。对于城市管理部门来说，这同时也是部门职责由单一分散式的交叉推诿转变为全方位、系统化的协同配合。同时，随着"互联网＋"与大数据时代带来的信息网络高度发达，为城市管理职能部门提高工作效率，以及依照更精细的法律制度进行更精细化的管理提供了信息技术支持，同时这种趋势也倒逼城市管理法制越来越精细化。

5. 城市管理执法人性化、高效化

按照《关于深入推进城市执法体制改革　改进城市管理工作的指导意见》，应根据城市居民的需要，逐步建立市县一级的综合城市管理综合机构，合理安排和分配执法的重心与力量，打造依法、依规、文明执法的综合城市管理执法者群体，从而整合分散在各个部门的城市管理功能，形成服务高效、协调创新的执法力量。同时，根据实际情况在全国不同城市选择试点先行进行城市管理的"大部制"改革，争取在"十三五"时期建立全方位的城市综合管理执法体系。

应该认识到，城市治理水平与治理能力现代化的实现应以人为本，寓治理于服务。着眼于维护城镇居民的合理合法权益，保障和改善民生；深入基层与群众，了解民情民意，畅通诉求表达渠道，缓解群众不满情绪，从源头上化解社会矛盾；深入调查分析城市社会问题的根源，从制度上与根本上解决问题。

同时，要科学规划，推动区域协同，加强城市综合治理领域的顶层设计和科学规划。一方面，克服现有行政边界导致的管理"碎片化"，建立城市圈内不同城市管理主体之间的合作关系，从区域网络视角上重构城市空间、人口和社会关系。在宏观层次上，加强城市圈内大城市与其他城市乃至区、县之间的合作，鼓励推动更多合作关系的建立；在中观层次上，加强城市辖区内各个区域之间在公共产品供给、服务与治理方面的合作；在微观层次上，加强街区之

间在公共产品供给、服务与治理方面的合作，而非简单地以行政边界为限各自为政。另一方面，明确城市治理的区别化治理原则，避免管理上的"一刀切"。不仅对大城市、中小城市的城市治理要有策略区别，对城市中心区域和郊区的城市治理模式及其策略也应有所区别，只有这样，才能加快实现城市治理水平与治理能力的现代化。

城市经济篇

Urban Economy

B.2
中国城市小微企业发展分析

王妙英　王爱敏*

摘　要： 21世纪以来，中国城市小微企业的可持续发展急需政府进一步的政策支持。本文在分析我国城市小微企业现状的基础上，发现存在地区发展不平衡、资金和技术及人才严重匮乏、享受的优惠政策法律效力较低等一系列问题，并相应提出改进建议，包括制定支持小微企业发展的法律法规、营造公平融资环境、加大对创业和从业者的政策支持等。

关键词： 城市小微企业　发展困境　政策支持

---

* 王妙英，北京城市学院副教授，博士，研究方向为世界经济、国际金融、税务管理；王爱敏，北京城市学院副教授，博士，研究方向为人力资源管理。

21 世纪以来，作为国民经济重要支柱的小微企业的发展已日益成为影响各国综合国力提高的重要因素，2012 年国务院发布《关于进一步支持小型微型企业健康发展的意见》后，政府持续推进扶持小微企业政策，小微经济发展快速。2013 年底，全国各类企业总数为 1527. 84 万户，其中小微企业（含个体工商户，下同）占到企业总数的 94.15%，解决了 1.5 亿人口的就业，提供了 80% 的就业岗位，创造了 60% 的国内生产总值①；截至 2015 年 4 月，全国小微企业有 6666 万户且多数在城市注册登记与经营发展，到 6 月底个体私营经济从业人员实有 2.64 亿人，增加数量较上年同期增长11.6%②。当前，城市小微企业虽然蓬勃发展但是也面临着诸多难题。

一　我国城市小微企业的发展现状

"小微企业" 概念最早于 2011 年由经济学家郎咸平教授提出，是对除大中型企业以外的各类小型和微型企业以及个体工商户的统称。2003 年我国主要根据当时第一、第二产业的发展状况确定并公布了中小企业划型标准，相比世界经济发达国家较为宽泛的规定，我国小企业的定义比较接近国际上中小企业的规定。自 21 世纪以来，中国经济的快速发展使得第三产业增长迅猛，新行业、新业态日益涌现，自主创业成为时代潮流，按照已有标准统计上报的数据难以真实反映经济发展实际状况，不利于国家制定扶持政策。因此，2011 年 6 月 18 日，工业和信息化部、国家统计局、国家发展和改革委员会、财政部联合出台了新的《关于印发中小企业划型标准规定的通知》，首次将中小企业划分为中型、小型、微型三种，其中小型和微型企业合并简称为小微企业（具体标准规定见表 1）。

---

① 国家工商总局全国小型微型企业发展报告课题组：《全国小型微型企业发展情况报告（摘要）》，中华人民共和国国家工商行政管理总局网站，http：//www. saic. gov. cn/zwgk/tjzl/zxtjzl/xxzx/201403/t20140331_ 143497. html。

② 央广网，http：//finance. cnr. cn/gundong/20150420/t20150420_ 518353599. shtml；中华人民共和国国家工商行政管理总局网站，http：//www. saic. gov. cn。

表1　2011年我国对小微企业的划型标准规定

划分指标(不需同时满足)	农、林、牧、渔业	工业、邮政业	建筑业	批发业	零售业	交通运输业	仓储业
从业人员数(人)	—	<300		<20	<50	<300	<100
营业收入(万元)	<500	<2000	<6000	<5000	<500	<3000	<1000
资产总额(万元)	—		<5000				
划分指标(不需同时满足)	住宿业、餐饮业	信息传输业	软件和信息技术服务业	房地产开发经营	物业管理	租赁和商务服务业	其他未列明行业
从业人员数(人)	<100	<100	<100	—	<300	<100	<100
营业收入(万元)	<2000	<1000	<1000	<1000	<1000	—	—
资产总额(万元)	—	—	—	<5000	—	<8000	—

资料来源：中华人民共和国工业和信息化部网站，http：//www.miit.gov.cn。

　　小微企业的发展状况与其所处区域经济发展水平密切相关，伴随着中国城镇化步伐的日益加快、城市互联网的蓬勃发展，城市小微企业获得了难得的发展机遇，企业登记注册数量与从业人员数量均不断增长，经营行业与范围也越来越广泛。但是，我国对于小微企业的研究尚不深入，目前还没有专门针对城市小微企业的界定标准，只能使用表1的统一划型标准规定。近三年来，小微企业发展已成为我国大多数城市政策大力支持的重要领域。2015年6月，财政部等五部门组织的首批"小微企业创业创新基地城市示范"入围城市名单见表2。

表2　首批"小微企业创业创新基地城市示范"入围城市（前15名）

经济区域	东部地区	中部地区	西部地区
城市	辽宁省沈阳市、黑龙江省哈尔滨市、上海市浦东新区、浙江省杭州市、福建省三明市、厦门市、广东省江门市	山西省太原市、安徽省合肥市、湖北省武汉市、湖南省长沙市、江西省南昌市	四川省成都市、甘肃省张掖市、宁夏回族自治区石嘴山市

资料来源：中华人民共和国财政部网站，http：//jjs.mof.gov.cn/zhengwuxinxi/tongzhigonggao/201506/t20150601_ 1247870.html。

（一）城市小微企业面临良好机遇蓬勃发展，是促进城市经济不断增长的生力军

中国是世界第二大经济体、第一制造业大国，也是世界人口最多的发展中国家。2007年美国次贷危机的发生对我国经济冲击非常大，由表3、图1可见自金融危机以来我国国内生产总值（GDP）增速和工业增加值占GDP比重持续下降，经济增长速度不断放缓。要实现经济的平稳持续发展就必须调整经济结构，刺激国内投资和消费，因此国家鼓励自主创业和推动发展小微经济。

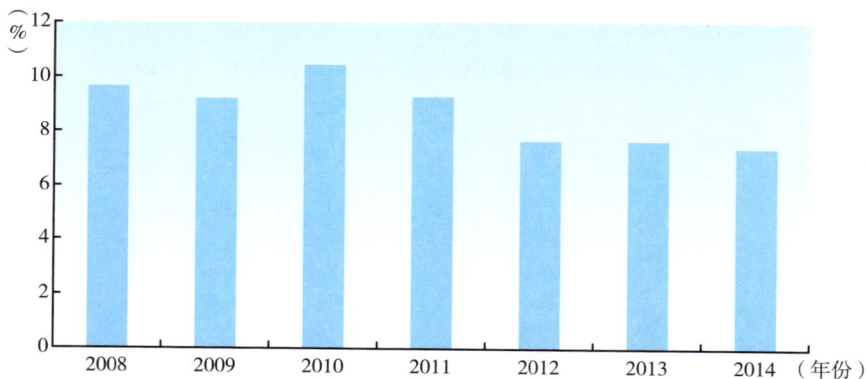

图1　2008~2014年中国GDP增长率变化

资料来源：世界银行网站，http：//www.worldbank.org.cn；中国国家统计局网站，http：//data.stats.gov.cn／。

表3　2008~2014年中国工业增加值占GDP比重

单位：%

年份	2008	2009	2010	2011	2012	2013	2014
比重	47.45	46.24	46.67	46.59	45.27	43.89	42.6

资料来源：世界银行网站，http：//www.worldbank.org.cn；中国国家统计局网站，http：//data.stats.gov.cn／。

城市小微企业数量庞大，是城市解决就业难题、活跃经济的主要力量。伴随我国区域经济一体化的快速推进，2014年至今国务院多次常务会议密切关注并就小微企业注册登记、产业政策、资金支持、税收优惠等方面出台多项支

持政策，为城市小微企业的发展提供了难得的机遇。小微企业经营领域多数集中于服务行业和工业，劳动密集型特点突出，创业与就业门槛低，适应环境能力强，是我国农业富余劳动力向非农领域转移就业的主要接收者。2013 年，北京市与重庆市小微企业占企业总数比重都超过 80%，天津市达到 90%[①]。2014 年，山东省潍坊市半年时间内小微企业增加 2394 户，解决就业 7000 余人[②]。2015 年初中央号召"大众创业、万众创新"，全国各城市积极部署出台相应优惠政策，典型如重庆市和温州市的小微企业发展情况（见表 4）。

表 4　2015 年重庆市和温州市小微企业发展状况

城市	内容	
重庆	截至 2015 年 5 月底，累计发展微型企业 38.76 万户。	新发展微企 2.99 万户，同比增长 12.17%，带动和解决就业 13.28 万人。
		高校毕业生创办鼓励类微企 9295 户，同比增长 846.54%，占鼓励类微企新增总量的 55.62%。
		建成 229 个孵化平台，1.18 万户微企入驻，2400 户年产值超千万元。
温州	2013 年 10 月 25 日，正式提出三年建设 2370 万平方米小微企业园的目标。	
	小微企业创业园建设被市委、市政府列为 2015 年社会经济发展"八大攻坚"行动之一。截至 2015 年 6 月底，在建小微企业创业园共 84 个，在建面积 1176 万平方米，完工面积 227.29 万平方米，已入驻企业 233 家。	

资料来源：《重庆涌动全民创业热潮 微企数量达到 38.76 万户》，中华人民共和国国家工商行政管理总局网站，http：//gsxt.saic.gov.cn/xwqy/mirco/info_ detail；《温州市小微创业园预计 6 月起陆续开放》，搜狐焦点产业新区网站，http：//chanye.focus.cn/news/2015 - 03 - 03/6080162.html。

（二）政府日益重视城市小微企业的发展，出台多项扶持政策

随着经济的发展，我国对国民经济中小微企业的重要作用认识日益深入，政府支持力度不断加大。由表 5、表 6 可见，中央政府及各部委相继出台的主要优惠政策自 2014 年以来不仅逐渐增多，而且也涉及了更多管理部门和优惠领域。

①　国家工商总局全国小型微型企业发展报告课题组：《全国小型微型企业发展情况报告（摘要）》，中华人民共和国国家工商行政管理总局网站，http：//www.saic.gov.cn/zwgk/tjzl/zxtjzl/xxzx/201403/t20140331_ 143497.html。
②　中华人民共和国国家税务总局网站，http：//www.chinatax.gov.cn/n810219/n810744/n1530987/n1531041/c1620050/content.html。

表5　我国中央政府及除财政部与国家税务总局外的部委

发布的支持小微企业的主要政策

发布单位	政策文件
国务院	《国务院关于进一步支持小型微型企业健康发展的意见》（国发［2012］14 号）
	《国务院关于扶持小型微型企业健康发展的意见》国发［2014］52 号
国务院办公厅	《国务院办公厅关于金融支持小微企业发展的实施意见》（国办发［2013］87 号）
商务部、银监会	《商务部、银监会关于完善融资环境加强小微商贸流通企业融资服务的指导意见》（商流通函［2014］938 号）
中国保监会、工业和信息化部、商务部、人民银行、银监会	《中国保监会、工业和信息化部、商务部、人民银行、银监会关于大力发展信用保证保险服务和支持小微企业的指导意见》（保监发［2015］6 号）
中国银监会	《中国银监会关于进一步做好小微企业金融服务工作的指导意见》（银监发［2013］37 号）
	《中国银监会办公厅关于中小商业银行设立社区支行、小微支行有关事项的通知》（银监发［2014］36 号）
	《中国银监会关于完善和创新小微企业贷款服务提高小微企业金融服务水平的通知》（银监发［2014］36 号）
融资性担保业务监管部际联席会议（中国银监会代章）	《融资性担保业务监管部际联席会议关于促进融资性担保机构服务小微企业和"三农"发展的指导意见》（融资担保发［2014］1 号）
国家质检总局	《质检总局关于进一步支持小型微型企业健康发展的意见》（国质检质［2015］296 号）

资料来源：中华人民共和国中央人民政府网站，http：//www. gov. cn；中华人民共和国国家工商行政管理总局网站，http：//gsxt. saic. gov. cn。

表6　我国财政部与国家税务总局发布的小微企业主要优惠政策

发布单位	政策文件
财政部、国家税务总局	《关于进一步支持小微企业增值税和营业税政策的通知》（财税［2014］71 号）
	《关于对小微企业免征有关政府性基金的通知》（财税［2014］122 号）
	《关于小型微利企业所得税优惠政策的通知》（财税［2015］34 号）
工业和信息化部、财政部、国家工商行政管理总局	《工业和信息化部、财政部、国家工商行政管理总局关于大力支持小型微型企业创业兴业的实施意见》（工信部联企业［2012］347 号）
财政部、工业和信息化部、科技部、商务部、工商总局	《关于支持开展小微企业创业创新基地城市示范工作的通知》（财建［2015］114 号）

续表

发布单位	政策文件
财政部、国家税务总局、人力资源和社会保障部	《关于继续实施支持和促进重点群体创业就业有关税收政策的通知》（财税〔2014〕39 号）
国家税务总局	《关于暂免征收部分小微企业增值税和营业税政策有关问题的公告》（国家税务总局公告 2013 年第 49 号）
	《关于扩大小型微利企业减半征收企业所得税范围有关问题的公告》（国家税务总局公告 2014 年第 23 号）
	《关于小微企业免征增值税和营业税有关问题的公告》（国家税务总局公告 2014 年第 57 号）
	《关于进一步加强小微企业税收优惠政策落实工作的通知》（税总发〔2014〕122 号）
	《关于进一步做好小微企业税收优惠政策贯彻落实工作的通知》（税总发〔2015〕35 号）
	《关于贯彻落实扩大小型微利企业减半征收企业所得税范围有关问题的公告》（国家税务总局公告 2015 年第 17 号）
	《关于再次明确不得将不达增值税起征点的小规模纳税人纳入增值税发票系统升级版推行范围的通知》（税总函〔2015〕199 号）
	《关于坚持依法治税更好服务经济发展的意见》（税总发〔2015〕63 号）

资料来源：中华人民共和国财政部网站，http：//szs. mof. gov. cn；中华人民共和国国家税务总局网站，http：//www. chinatax. gov. cn；中华人民共和国国家工商行政管理总局网站，http：//gsxt. saic. gov. cn。

在中央扶助小微企业的政策指引下，各省、自治区和直辖市结合地区特点也纷纷给予城市小微企业越来越多的政策支持。浙江省典型发展以小微企业为代表的民营经济，目前其温州市有 98% 的企业为小微企业[①]。首都北京将小微企业发展作为落实"人文北京、科技北京、绿色北京"战略、推动全市经济社会发展的重要力量。2014～2015 年浙江省与北京市对小微企业的主要支持措施如表 7 所示。

---

① 胡晚露、王亮、柯珍珍：《温州振兴实体经济：小微园区成创业"梦工厂"》，《温州网－温州晚报》，http：//news. 66wz. com/system/2015/07/24/104519890. shtml。

表7　2014～2015年浙江省和北京市对小微企业的主要支持措施

地区	优惠措施
浙江省	2015年6月,省政府办公厅印发《"小微企业三年成长计划"(2015～2017年)》,除落实小微企业减税政策外,还包括到2017年全省新增信息经济、环保、健康、旅游、时尚、金融、高端装备制造七大产业小微企业10万家;组织3万家小微企业开展现代技术、现代金融"双对接"活动;新增科技型小微企业超1万家,总量超3万家;等等
	2015年4月底,浙江省工商局正式启动"万名工商(市场监管)干部连万家小微企业"主题活动
	2015年4月23日,浙江省工商局和浙江股权交易中心、浙江省期货行业协会、浙江省注册会计师协会、浙江省律师协会签订了帮助小微企业的合作备忘录
	2015年4月8日,在温州市金投集团召开温州市小微企业创业园产业基金研讨会,计划推出产业基金和创业投资基金
	2014年8月13日,温州市政府办公室发布《关于印发温州市小微企业创业园产权分割管理办法和市区工业企业空间换地实施细则的通知》(温政办[2014]104号)
北京市	2015年上半年,为小微企业免征税款超过8.8亿元,为高校毕业生发放求职创业补贴2216.3万元,与中小微企业签订的政府采购合同超过95%
	2015年将向科技型小微企业及创业团队投入近3000万元"首都科技创新券",帮助其向高等学校、科研院所购买科研服务,小微企业一年最高可获补贴20万元
	2014年11月7日,印发《关于进一步加强金融支持小微企业发展的若干措施》(京政办发[2014]58号),进一步加强对符合北京城市战略定位的小微企业的金融支持

资料来源:浙江在线网,http://biz.zjol.com.cn;温州市人民政府网站,http://www.wenzhougov.cn;人民网,http://politics.people.com.cn;首都之窗网站,http://zhengwu.beijing.gov.cn。

（三）城市小微企业当前获得的政府支持主要以财税政策为主

目前世界经济出现一定的复苏,但不确定性依然存在。复杂的外部环境冲击着我国经济的发展,经济下行压力加大,城市小微经济推动作用凸显,政府小微企业政策中主要发布和被广泛关注的是财政补贴和税收优惠政策,其中税收支持是通过规定对具体税种的优惠政策实现的（见表8）。

表 8　我国现行税制对城市小微企业的主要税收优惠

税种	税收优惠规定
增值税	"营改增"范围内对从事个体经营的军队转业干部、城镇退役士兵和随军家属,自领取税务登记证之日起,其提供的应税服务 3 年内免税
	2015 年 10 月 1 日至 2017 年底,月销售额不超过 3 万元(含 3 万元)的小微企业免税
营业税	对符合条件的中小企业信用担保、再担保机构,对其从事担保业务的收入,3 年内免税
	对从事个体经营的军队转业干部、城镇退役士兵和随军家属,自领取税务登记证之日起 3 年内免税
	2015 年 10 月 1 日至 2017 年底,月营业额不超过 3 万元(含 3 万元)的小微企业免税
企业所得税	小微企业减按 20% 的税率征税
	从 2015 年 10 月 1 日起到 2017 年底,年应纳税所得额不超过 30 万元(含 30 万元)的小微企业,其所得减按 50% 计入应纳税所得额,按 20% 税率缴税
	创业投资企业以股权投资方式投资于未上市的中小高新技术企业 2 年以上的,可按其投资额的 70% 在股权持有满 2 年的当年抵扣该创投企业的应税所得;当年不足抵扣的,可以结转抵扣
	对金融企业投放的中小企业贷款,根据风险分类按相应比例计提的贷款损失专项准备金,准予在税前扣除
多种税费	符合条件的失业人员就业从事个体经营的,在 3 年内按照每户每年 8000 元为限额依次扣减其当年实际应缴纳的增值税、城市维护建设税、教育费附加和个人所得税
	自工商登记注册之日起 3 年内,对安排残疾人就业未达到规定比例、在职职工总数 20 人以下(含 20 人)的小微企业,免征残疾人就业保障金
	自 2015 年 1 月 1 日起至 2017 年 12 月 31 日,对按月纳税的月销售额或营业额不超过 3 万元(含 3 万元),以及按季纳税的季度销售额或营业额不超过 9 万元(含 9 万元)的缴纳义务人,免征教育费附加、地方教育附加、水利建设基金、文化事业建设费

资料来源:中华人民共和国中央人民政府网站, http://www.gov.cn;中华人民共和国国家税务总局网站, http://www.chinatax.gov.cn。

2015 年我国财政对小微企业的支持不断加强, 如小微企业创业创新基地示范城市在 2015 年首次评选, 中央财政将对其 3 年示范期内分年拨付资金总额计划单列市及省会城市 9 亿元、一般城市 (含直辖市所属区、县) 6 亿元[①];2015 年 9 月 1 日召开的国务院常务会议决定设立总规模 600 亿元的国家中小企

① 中华人民共和国财政部网站, http://jjs.mof.gov.cn/zhengwuxinxi/tongzhigonggao/201504/t20150422_ 1221621. html。

业发展基金，重点支持种子期、初创期成长型中小企业发展①。另外，2015 年国家税务总局推出十条措施促进落实小微企业税收优惠政策，并将其作为税务部门"一号督察"事项和绩效考评事项。2014 年与 2015 年上半年，国家为小微企业共减免税款 612 亿元、486.31 亿元，分别占当期全部税收收入的5.9%、8.2%，其中享受企业所得税优惠的小微企业户数分别达到 246 万户、239 万户，优惠政策受益面达 90%②。促进城市小微企业发展的财税措施因城市特点不同，具体内容灵活多样，2014～2015 年我国部分城市小微企业获得的主要财税支持如表 9 所示。

表 9　2014～2015 年我国部分城市小微企业获得的主要财税支持

城市	年份	优惠状况
上海市	2014	前三季度共减免税收 9.03 亿元，其中免征增值税 2.51 亿元、免征营业税 1.27 亿元、减免企业所得税 5.25 亿元
重庆市	2014	享受各类扶持发展资金 15.5 亿元，减免税收 18.9 亿元
	2015	高校毕业生办微企最高可获得 23.72 万元的资金扶持
天津市	2014	前 3 个季度减免企业所得税 1 亿余元，占应享受政策税户的 99.69% 的 3 万余户小微企业获得所得税优惠
济南市	2015	国税局与光大银行济南分行联合推出"微众税银公众服务平台"，已有 2325 户注册申请
杭州市	2014	小微企业获得财政支持发展资金 31 亿元、创业投资引导基金 40 亿元、全市金融机构投放资金 1160 亿元
厦门市	2014	前三季度近 40 万户享受税收优惠，共减免增值税和企业所得税约 1 亿元，2187 户获得直接退税 407.87 万元
广州市	2014	小微企业月均 3.87 万户享受免营业税优惠政策，占全市纳税人的 22.27%，减免税额约 1.8 亿元；近 10 万户享受企业所得税优惠，减免税额 2.3 亿元
	2015	将有 12 万户享受所得税优惠政策，减免税 4 亿多元

资料来源：中华人民共和国国家工商行政管理总局网站，http：//gsxt. saic. gov. cn；中华人民共和国国家税务总局网站，http：//www. chinatax. gov. cn；中华人民共和国财政部网站，http：//www. mof. gov. cn；杭州网，http：//hznews. hangzhou. com. cn；羊城晚报网站，http：//www. ycwb. com。

————————

① 中华人民共和国中央人民政府网站，http：//www. gov. cn。
② 中华人民共和国国家税务总局网站，http：//www. chinatax. gov. cn。

（四）城市小微企业的可持续发展面临多种制约因素

目前多数城市小微企业信息化水平低、规模小、产品种类少、经营分散的状况还比较普遍，在资金、技术、人才和管理体系方面与成熟完善的大中型企业竞争明显处于劣势地位，持续发展和抗冲击能力弱，破产倒闭风险大。卢馨等（2014）认为中国小微企业的融资缺口为 3 万 ~5 万亿元，长期的资金供求失衡需求助互联网金融。李鹏、袁媛（2014）指出当前小微企业只有技术创新才能占据竞争优势获得发展。顾杰、姚流盛（2014）发现自 2008 年金融危机以来，资金、管理、人才是影响中国小微企业生存发展的三大短板，解决人才流失问题刻不容缓。

城市小微企业的可持续发展中政策支持作用很重要，有利于提供良好的外部发展环境，但是企业自身因素也非常关键。曾国平等（2014）指出，小微企业面临着政府的要求严格、金融支持不足、企业成本增大三难困境，国家政策作用重要，内部影响因素也不可忽视。宗承刚、董雪艳（2014）认为政府在推进小微企业发展方面主要是为其提供公共服务及优化发展环境和政策适用环境。而且，当前城市小微企业享受的政府优惠政策在实施过程中还存在不足。胡苗忠、徐海燕（2014）调研了浙江省 7 大城市共 154 家小微企业，发现其普遍面临财务和税费负担重的问题，建议政府加强财政投入和改革税收政策。何建堂（2014）通过实证分析发现当前小微企业税收优惠政策在设计和执行方面都存在一定问题，需要改革完善。

二　我国城市小微企业当前的发展困境

近年来，城市小微企业总体发展呈增长态势，但是可持续发展面临的问题也日益突出。

（一）城市小微企业地区发展不平衡，资金和技术是制约其快速发展的主要问题

我国城市小微企业因各地经济社会发展水平、产业布局和政策导向等而差异较大，地区发展很不平衡。多数工业小微企业集中于东部地区，2014 年广

东省小微企业有近 208 万户居全国首位①；沿海经济发达城市小微企业则产业集群程度高，截至 2015 年 3 月底，浙江省人均市场主体拥有量位居全国第一，430.4 万市场主体中小微企业占 97% 以上②；小微企业区域间分布不平衡差异逐渐呈缩小趋势，2015 年上半年西部地区新增企业增长最快（见图 2），同时小微企业实有户数发展速度也相对较快，东部发达省市增长速度有所回落。

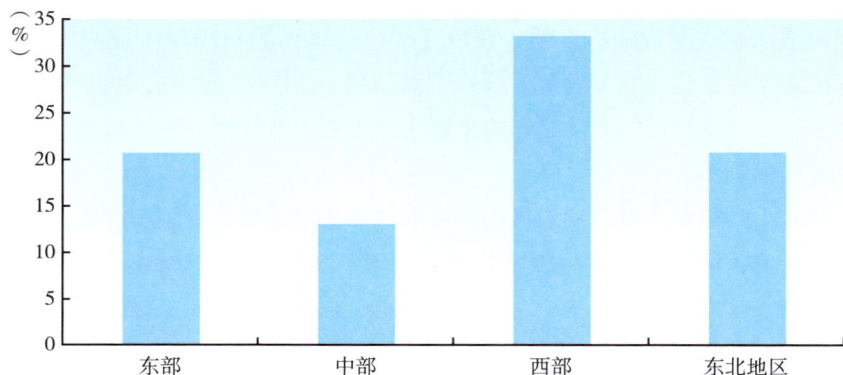

图 2　2015 年上半年中国各地区新登记注册小微企业增长率

资料来源：中华人民共和国国家工商行政管理总局网站，http：//www.saic.gov.cn/zwgk/tjzl/zhtj/xxzx/201507/t20150715_158914.html。

　　企业的经营目标是追求利润最大化，城市小微企业也不例外。除了少量从事新兴行业和新型业态的科技型城市小微企业技术创新度较高外，多数城市小微企业集中于资源开发、产品初加工、低层次服务的传统工业和服务业，生产技术含量低，劳动密集度高。由于市场进入门槛低，竞争激烈，尤其信息化时代互联网技术的普及应用使得城市小微企业经营压力剧增，加大资金投入和进行技术创新势在必行。但是宏观经济发展面临压力，市场经济条件下竞争优势强的大中型企业更容易获得城市社会资源优先分配，城市小微企业发展遭遇融资难、融资贵和技术困境，难以完成转型升级，缺乏发展后劲。

---

① 中华人民共和国国家税务总局网站，http：//www.chinatax.gov.cn/n810219/n810744/n1530987/n1531041/c1620050/content.html。
② 浙江在线网，http：//biz.zjol.com.cn/system/2015/06/15/020697078.shtml。

（二）城市小微企业人才流失状况严重，从业人员职业发展压力相对较大

市场经济条件下，资金、技术和劳动力同属生产要素，自由流动是正常现象。然而对绝大多数城市小微企业而言，人才特别是核心人才过度流失就会成为健康发展的障碍。施生旭、陈琪（2014）认为我国对小微企业人力资源管理方面的研究虽少但却存在许多现实问题。城市小微企业多数忽视企业文化的创建，薪资待遇与发展空间相对较差，对人才吸引力低，致使优秀人才向大中型企业流失概率高。顾杰、姚流盛（2014）指出小微企业先天存在的人力资源管理问题是其人才流失的直接原因。城市小微企业多数企业主亲力亲为，不重视人力资源管理问题，从业人员数量少、流动性高、劳动密集程度强，对员工缺乏有效的培训机制，一般主要通过提高福利待遇吸引少数核心人才，给予普通员工的福利待遇市场竞争力弱，导致大多数员工职业生涯规划和发展空间局限性大，员工忠诚度低，企业效益差时离职率必然高。孟卫东、佟林杰（2014）认为云时代背景下小微企业可通过云共享平台获取并使用所需的人力资源和信息。伴随着城市互联网技术的发展与普及应用，城市小微企业必将加快转型升级步伐，员工职业发展压力相对较大。

（三）城市小微企业享受的优惠政策法律效力较低且管理紊乱

当前针对城市小微企业发展的战略性规划不足，缺少整体优惠政策安排，绝大多数支持政策属于部门规章、地方规章，法律层级较低，一些政策还规定有截止日期所以稳定性弱，宏观层面引导效应不突出。发达国家则重视小企业发展，根据"小企业优先"原则制定相关法律（见表10）并出台支持政策，美国还专门成立了小企业管理局（SBA）、小企业投资公司（SBIC）扶持小企业发展。

表 10   美国、日本和中国现有扶助中小企业的主要法律

国家	法律
美国	《中小企业法》《中小企业投资法》《中小企业投资经济政策法》《中小企业投资鼓励法》、《小企业融资法案》《中小企业资本形成法》
日本	《中小企业基本法》《中小企业金融公库法》《中小企业振兴资金助成法》《信用金库法》
中国	《中小企业促进法》

资料来源：胡苗忠、徐海燕：《基于财税与金融改革的小微企业发展研究》，《西南金融》2014年第3期；中华人民共和国中央人民政府网站，http://www.gov.cn。

与发达国家相比，我国政府小微企业管理方面比较紊乱。现行不断增多的小微企业优惠政策制定者在中央层面有中央政府和多个部委，在地方层面同样包括地方政府与其辖下的多个部门，尚未建立独立专门的小微企业管理部门或机构，也难以找到专业和全面的小微企业统计资料，政策解读和实施的透明度有待进一步提高，相关扶持政策落实落地也需要强化。

（四）城市小微企业的现行税收支持政策系统性差，技术创新激励不足

岳树民等（2014）指出现行扶持小微企业的税收政策存在缺乏体系规划、力度不足、方法欠科学等问题。我国现行税制给予城市小微企业优惠的主要目的在于解决企业发展中的暂时性、特殊性困难与就业等社会问题，尚未从可持续发展角度考虑小微企业自身特点及规律制定，系统性差。并且，专门针对城市小微企业从业人员和企业融资方面的税收优惠很少，特别是对其主要资金来源的民间借贷融资尚未涉及。由表11可知，我国现行企业所得税法规定享受优惠的小微企业条件与目前国家的中小企业划型标准规定不完全相同，税法规定的条件看似简单和概括性强，但却增加了企业年度应纳税所得额指标，实际适用条件则更为严格，反映出政府不同部门在小微企业认定标准上的不一致及部门利益冲突，不仅影响不同税种优惠政策的实际执行效果，而且影响政府各部门对城市小微企业政策支持的合作效果，也不利于数据统计和分析。

表11　我国现行企业所得税法规定的小微企业条件

企业类别	从业人数*（人）	资产总额*（万元）	年度应纳税所得额（万元）
工业	不超过100	不超过3000	不超过30
其他	不超过80	不超过1000	不超过30

注："从业人数"按照企业全年平均从业人数计算；"资产总额"按照企业年初和年末的资产总额平均计算。

资料来源：中华人民共和国国家税务总局网站，http：//www.chinatax.gov.cn。

现行税制对城市小微企业侧重资金扶持，对其产业升级、技术进步等方面激励有限，普适性技术创新优惠政策往往对小微企业无效，如税收优惠中高新技术企业认定条件即销售收入的研发费用占比、拥有核心自主知识产权、总收

入中高新技术收入占比、职工总数的科技人员占比规定，令城市一般小微企业望尘莫及，尤其是开发新产品、新技术风险很大，所以难以有效提高企业技术创新积极性。

三　促进我国城市小微企业发展的政策建议

（一）提高立法层级，制定支持小微企业发展的法律法规，稳定市场预期

借鉴国际经验并结合我国实际，提高立法层级促进小微经济发展意义重大。建议尽快出台支持小微企业发展的法律法规，统一小微企业认定标准和划定优惠范围，增强执法刚性和优惠政策的连续性，稳定市场预期，增加城市小微企业对未来发展的可测性。同时，相关法律法规的出台也有利于指导政府各部门制定更有效的优惠政策，鼓励社会各类投资主体参与投资及各类专业服务机构提供服务，政府与社会相互配合形成合力，从而为城市小微企业的健康发展提供一个长期稳定的良好外部环境。

（二）构建以城市财税部门为主的小微企业服务网络信息平台，有针对性地助推企业成长

当前在中央政府没有建立独立专门的小微企业管理部门或机构的状况下，为有效管理和服务城市小微企业，提高政策效力，建议城市构建政府支持下以财税部门为主的多层次、专业化、网络化、全覆盖的小微企业服务网络信息平台，进而引导和鼓励各层次服务机构主动开展有针对性的公益服务，互联互通、资源共享、服务协同，最终助推小微企业成长。城市小微企业服务网络信息平台需要具备公开公平、便捷高效、全面快速的特点，主要应为城市小微企业做好以下四方面服务工作。

首先，开发城市小微企业网上服务端软件并自动识别企业身份，优化企业网上工商注册登记程序，缩短入市周期；其次，统一解读不同部门针对不同方面出台的优惠政策，利用公告、短信平台、微信群、网站、报纸杂志和广播电台等多种渠道进行政策宣传，配备服务热线并设置专人咨询，自动提示符合条

件的小微企业享受优惠并建立政策落实跟踪管理制度；再次，收集和整理企业统计资料，定期提取分析掌握各方面政策执行效应，将信息与各相关部门共享并纳入其绩效管理进行考核，提高政策实施透明度，而且要加强相关信息的分析和公开，为政府决策、部门监管和企业发展、公众投资创业提供参考；最后，积极联合中国人民银行、银监会、保监会等部门联通建设城市小微企业信用信息共享平台，建设企业信用体系，强化信用约束机制，提高企业信用意识与融资信用等级和融资能力。

（三）规范和完善城市小微企业税收优惠政策，激励企业技术创新，营造公平的融资环境

结合我国税收工作实际并借鉴国际经验（见表12），改革传统按所有制性质制定税收优惠政策的思路，规范和完善城市小微企业税收优惠政策，继续加大减税力度，建立长效机制并制定配套措施。建议对城市小微企业允许税前据实扣除正常经营中的民间借贷利息支出和放宽固定资产折旧加计扣除标准，将增值税和营业税的"起征点"继续提高并改成"免征额"，适当降低高新技术小微企业的认定条件，允许符合条件的城市小微企业建立技术创新研发准备金制度、提高税前加计扣除新产品和新技术的开发费用比重，以激励企业主动进行技术创新。

表 12　世界部分国家对小微企业的税收优惠政策

国家	税收优惠政策
美国	对小微企业个人所得税税率降低到25%
	对小微企业相关的资本收益税税率下调到20%，在2008年之后对小企业发生的经营亏损可以往前结转5年
	对于雇员少于25人的公司，具有经营目的的实际支出的相关费用可全额扣除，其利润的纳税方式可选择按照一般的公司所得税法规定纳税，或者按照合伙企业办法缴纳个人所得税
	对符合条件的小型企业股本获益可获得至少5年期豁免5%的所得税优惠，并同时对风投资金的60%免税，40%的风投资金还可减半征收所得税
	小微企业的应纳税额少于2500美元时其税款可全额用于投资抵免，超过的部分最高抵免额限于超过部分的85%

续表

国家	税收优惠政策
法国	小微企业获利所得再投资,可减按19%的税率征收公司所得税
	小企业固定资产投资的税前资本扣除比例从25%提高为40%
	小企业在申请到营业执照后的前4年非故意所犯纳税错误,给予适当放宽缴纳的时间
	对新办小微企业自2003年起取消公司所得税的附加税,自申请营业执照后免征前3年的公司所得税
英国	投资规模在4万英镑以内的小微企业,其投资额的60%可以免税
	对小微企业年利润不足1万英镑的公司,给予企业所得税10%的税率优惠
	"中小企业计划"从2012年起规定研发支出的加计扣除比例为225%,每个研发项目最多获得不超过750万欧元的税收减免资助
加拿大	小企业的公司所得税率从2008年以来逐年降低,目前是15%
澳大利亚	2013年,规定年营业额小于2000万澳元的企业研发支出可获得45%的可退还税收抵免

资料来源:中国文化报,http://epaper.ccdy.cn/html/2013-12/10/content_113182.htm;兰飞、李扬子:《支持小微企业科技创新的财税政策效果分析与对策》,《税务研究》2014年第3期;蔡泳、马园园:《促进小微企业发展的税收政策国际经验探讨》,《会计之友》2014年第10期。

城市小微企业公平融资环境的营造离不开税收杠杆对经济的调控。根据国务院、中国银监会和各地银监局对小微企业金融方面的支持政策,建议政府对切实提供小微企业信贷和信用保证保险服务的金融机构不区分性质,对其相关业务制定专门税收优惠政策,如减免营业税或降低税率、提高税前投资额扣除比例、允许税前提取损失准备金等,以吸引更多的民间或外来资金向城市小微企业投资,并且对符合条件的城市小微企业给予再投资退税优惠,促进企业转型升级。

(四)提高对城市小微企业创业和从业者的政策支持,强化社会公共服务,制定前瞻性的优惠政策

解决城市小微企业人才困境需要从外部环境优化和内部环境改进两方面考虑,其中优化客观外部环境只能依赖政府政策支持,需要政府和社会共同参与。政府和社会必须注重可持续发展要求,努力创造更加良好的城市小微企业人力资源环境。首先,宣传引导社会转变人才择业和评价观念,适当放宽从事城市鼓励发展行业和产业的小微企业从业者职称评定条件与核心人才的引进、子女入学等要求,增加对创业者和从业者的税收优惠,如降低个体工商业户的

个人所得税税率，最高一级由现行的 35% 降低为 25%；其次，要求人才培养机构适应社会和市场人才需求改进培养模式，调整高等学校人才定位和学科设置，加快职业教育发展，创新校企合作模式；最后，与行业协会联合加强对小微企业人力资源的公共服务，为初创期企业提供人才招聘和创业培训、给予创业者财政和社保等补贴，建立城市鼓励行业与产业小微企业从业者免费培训和维权机制并提供免费法律服务。

总之，促进城市小微企业发展是城市繁荣经济和解决就业的重要途径。机遇与挑战同在，城市小微企业突破发展困境不仅需要自身努力，还需要政府出台更完善的扶助政策以及全社会的大力支持。城市小微企业实现可持续增长，将有力带动和支撑宏观经济大局，推动城市整体经济的稳定和发展。

参考文献

蔡泳、马园园：《促进小微企业发展的税收政策国际经验探讨》，《会计之友》2014年第 10 期。

顾杰、姚流盛：《我国现阶段小微企业人才流失问题及其对策》，《武汉理工大学学报（社会科学版）》2014 年第 1 期。

黄冠豪：《促进小微企业发展的税收政策研究》，《税务研究》2014 年第 3 期。

何建堂：《小微企业税收调查及建议》，《国际税收》2014 年第 9 期。

胡苗忠、徐海燕：《基于财税与金融改革的小微企业发展研究》，《西南金融》2014年第 3 期。

兰飞、李扬子：《支持小微企业科技创新的财税政策效果分析与对策》，《税务研究》2014 年第 3 期。

李鹏、袁媛：《技术创新：后危机时代小微企业的生存发展之本》，《会计之友》2014 年第 8 期。

卢馨、汪柳希、杨宜：《互联网金融与小微企业融资成本研究》，《管理现代化》2014 年第 5 期。

孟卫东、佟林杰：《云时代背景下小微企业人力资源开发问题研究》，《企业经济》2014 年第 5 期。

施生旭、陈琪：《国内小微企业研究综述》，《商业时代》2014 年第 6 期。

岳树民、董正、徐廷玗：《完善税收政策促进小微企业发展》，《税务与经济》2014年第 6 期。

杨金亮、毕景春、王安棋：《对小微企业实行多税合一简化征税办法的思考》，《国际税收》2014 年第 9 期。

曾国平、聂洪智、周映伶：《小微企业生存发展的三难博弈》，《贵州社会科学》2014 年第 6 期。

宗承刚、董雪艳：《政府扶持小微企业失灵的原因分析》，《现代经济探讨》2014 年第 4 期。

B.3
新型城镇化过程中的风险研究

薛婷婷　石焕霞　史　兵*

摘　要：　党的十七大明确了新型城镇化的内涵，提出了新型城镇化的
　　　　　指导思想与建设路径，"十二五"规划以后，新型城镇化思
　　　　　路开始被全面用于指导全国城乡建设。在中国社会的转型期，
　　　　　经济体制改革和社会管理体制等方面改革的步伐不一致所导
　　　　　致的制度供给落后、社会管理创新不足等问题，引起了诸多
　　　　　社会风险。只有通过对新型城镇化过程中的风险进行重点研
　　　　　究，重视加强制度建设，发挥政府的能动性，创新社会治理
　　　　　体系，重点治理新型城镇化过程中出现的"城市病"，才能
　　　　　找到规避新型城镇化过程中风险的一系列对策。

关键词：　新型城镇化　社会风险　制度　社会治理

一　新型城镇化的一般理论概述

（一）新型城镇化的背景分析

1. 中国城镇化的发展过程

1978年，党的十一届三中全会召开后，全党全国的工作重点开始转向以经济建设为中心的社会主义现代化建设。由此，伴随着国民经济的恢复和快速

---

*　薛婷婷，北京城市学院讲师，硕士，研究方向为城市管理；石焕霞，北京城市学院讲师，博士，研究方向为城市文化；史兵，北京城市学院讲师，硕士，研究方向为城市社会学。

发展，我国城镇化进程在经历了长达 17 年的停滞后，开始步入正常发展的轨道。1992 年，伴随着建立社会主义市场经济体制指导思想的确立，我国经济体制改革全面展开，开放步伐不断加快，经济发展进入了新一轮的高速增长期。与此相对应，我国城镇化进程也步入了加速发展的新时期。在此情况下，对于中国城镇化的探讨和研究开始在学术界出现。从 2002 年十六大开始，中央也逐步明晰新型城镇化的思路，城镇化由实践摸索步入了理论探索和政策引导阶段。

2002 年 10 月，党的十六大召开，当时城镇化率达到 37.7%，全国城镇化发展迅猛。党的十六大报告首次明确提出新型城镇化的雏形——"走中国特色城镇化道路"，并将大中城市和小城镇的协调发展作为初步内涵。

2005 年 10 月，党的十六届五中全会通过了"十一五"规划，第一次使用"工业化、城镇化、市场化、国际化"的新四化概念。十六届五中全会将新型城镇化摆到了国家战略层面，奠定了新型城镇化的地位。

2007 年 10 月，党的十七大报告提出："立足社会主义初级阶段这个最大的实际，科学分析我国全面参与经济全球化的新机遇新挑战，全面认识工业化、信息化、城镇化、市场化、国际化深入发展的新形势新任务……"十七大明确了新型城镇化的内涵，提出了新型城镇化的指导思想与建设路径，在新型城镇化的提出与发展道路上达到了理论的集大成。

2011 年，"十二五"规划提出坚持走中国特色城镇化道路，科学制定城镇化发展规划，促进城镇化健康发展。新型城镇化开始全面指导全国城乡建设。其后，在各省的"十二五"纲要中均提出以城镇化为指导全面建设小康社会，新型城镇化在各省展开实践。

2012 年 11 月，党的十八大肯定了中国新型城镇化的建设成果，并提出"坚持走中国特色工业化、信息化、城镇化、农业现代化道路，推动信息化和工业化深度融合、工业化和城镇化良性互动、城镇化和农业现代化相互协调，促进工业化、信息化、城镇化、农业现代化同步发展"。十八大报告肯定了新型城镇化、信息化、工业化、农业现代化的新四化道路，并为未来新四化的综合协调发展提供了明确的方向。

2. 中国城镇化的发展特征

（1）中国城镇化长期滞后于工业化。我国城镇化发展水平一直滞后于工业化，其主要原因在于城镇化起步晚于重工业优先发展的工业化战略。虽然这种工业化战略对于奠定我国的经济基础起到了重要的作用，但是重工业的特点是技术资本密集而吸纳劳动力的能力有限，不利于城镇化快速发展。另外，我国在相当长一段时期内对于发展城镇第三产业不够重视，导致工业不能提供足够的就业岗位，城镇对人口的吸纳能力明显不足。改革开放以后，随着产业结构调整不断加快，工业化带动城镇化的效应开始显现，二者之间的差距逐步缩小。

（2）中国城镇化在很大程度上为政府所主导。与西方国家城市化主要靠市场力量推动不同，我国的城镇化发展模式是由政府发动的自上而下的推进过程，缺乏市场机制的作用和民间的力量，加之体制和制度的制约，速度很慢。在我国，无论是城市规模规划、区域分布、市镇设置、体制和权限的规定以及对市镇人口的管理等，均由政府决定。此外，政府还具有采取强力措施筹措城镇化建设所需资金的调控能力。因此，我国城镇化发展的历程中处处留下政府作用的印迹。

（3）中国城镇化的二元结构性特点比较突出。由于历史原因，在我国的社会结构体系中形成了城市社会为一元、农村社会为另一元的城乡分离状态。二元城乡结构是造成城乡发展不均衡的主要原因之一。改革开放以来，为了推进城镇化，我国在户籍制度、劳动就业制度、社会保障制度、教育制度等方面进行了一系列变革，但阻碍城镇化发展的城乡分割政策壁垒还没有被完全打破。除此之外，在城市还形成了外来农民工、失地农民与城市原居民相对应的新二元结构。户籍制度将公民分成市民和农民两个部分，是二元结构的根源，也是目前新型城镇化建设进程中的一大困境。

（二）新型城镇化的内涵

1. 新型城镇化的含义

新型城镇化是指以城乡统筹、城乡一体、产城互动、节约集约、生态宜居、和谐发展为基本特征的城镇化，是大中小城市、小城镇、新型农村社区协调发展、互促共进的城镇化。新型城镇化的新，是指要由过去片面注重追求城市规模扩大、空间扩张，改变为以提升城市的文化、公共服务等内涵为中心，真正使我们的城镇成为具有较高品质的适宜居住之所。城镇化的核心是农村人口转移到城镇，完成农民到市民的转变，而不是建高楼、建广场。

2. 新型城镇化的任务

《国家新型城镇化规划（2014～2020年）》是指导我国新型城镇化建设的总纲。其明确了四大战略任务，即有序推进农业转移人口市民化、优化城镇化的布局和形态、提高城市可持续发展能力、推动城乡发展一体化。

有序推进农业转移人口市民化：一方面要把促进有能力在城镇稳定就业和生活的常住人口有序实现市民化作为首要任务；另一方面要通过建立居住证制度，推进城镇公共服务覆盖城镇常住人口。

优化城镇化的布局和形态：合理引导人口在东中西部地区、大中小城市之间的分布，培育城市群，促进大中小城市和小城镇协调发展，关系到人口、经济与资源环境的相互协调，关系到中国城镇化建设的大局。

提高城市可持续发展能力：加快转变城市发展方式，完善城市治理结构，创新城市管理方式，提升城市社会治理水平。

推动城乡发展一体化：新型城镇化与新农村建设要相辅相成，要让广大农民平等参与现代化进程，共同分享现代化成果；要坚持工业反哺农业，推进城乡规划基础设施和公共服务一体化，加快消除城乡二元结构的体制机制障碍，建设农民幸福美好的家园。

（三）世界部分国家的城镇化经验

城镇化是世界各国农业、农村发展的必由之路，通过综合比较各国的城镇化经验和制度，可为我国新型城镇化的相关路径提供必要的借鉴，以资决策科学化。

1. 英国：先发型且政府调控下的市场主导模式

英国城镇化起步时间较早，它是通过强制的圈地运动进行农业人口向非农业人口的转变，从而实现城镇化的。在这一时期，由于农业基础薄弱，其城镇化的进程相对缓慢。直到18世纪英国率先完成工业革命，工业化的迅速发展加上巨大的贸易顺差以及对世界各殖民地的掠夺，英国城镇化才得到了巨大的发展，到了1851年，英国的城市人口超过了总人口的50%，全国大小城镇将近600个。到了19世纪末，英国人口有近2/3生活在城镇中，成为世界上第一个完成城镇化的国家。

综观英国城镇化的进程，英国城镇化主要呈现的是一种政府调控下的市场主导的模式。在城镇化的各个时期，针对各种问题和风险，政府都出台了相关的法律政策来进行调控。例如，1848年，英国面对严重的城市卫生问题，政府颁布了《公共卫生法》。1909年，针对住房问题，又颁布了《住宅、城镇规划条例》。英国城镇化的发展带有鲜明的时代特征。

（1）在城镇化的进程中，注重政府的合理指导和监督，充分发挥政府在城市建设中的立法和规划作用，以立法的形式干预和引导城镇规划及完善城市基础设施建设、公共服务的建设。通过1866年《环境卫生法》、1947年《城镇和乡村规划法》、1935年《绿带开发限制法案》，英国的城镇建设真正做到了规划先行。

（2）采取城市带或者卫星城的办法治理"城市病"。针对大城市交通、环境社会和住房等日益严重的问题，伦敦、伯明翰、利物浦通过建立"城市开发公司"和"企业特区"等形式，将城市发展的重点由地区中心城市向中小城镇和城市卫星城转变，从而形成了大、中、小城市有序、分层发展的战略。

（3）注重绿色可持续发展。通过技术和经济手段实现城镇的可持续发展。比如在交通方面，注重公共交通的配套规划。根据政府规划，很多小城镇的住房不得高于树高，商业用房不得高于六层。政府还设立绿色投行，专为经济绿色发展提供资金。

（4）城乡一体化，推进小城镇建设。政府出台了一系列的优惠政策来支持小城镇的发展。比如新城运动中规定，新城建设公司可以在规划区内以优惠的价格获得土地，在基础设施和其他建设资金上可以从财政部得到为期60年的贷款。在2000年的英国乡村政策白皮书中，也规定了相关的优惠政策。这样，小城镇发展成为区域的服务中心，从而吸引了更多人将其作为安居的首选，极大缓解了传统大城市中心的综合承载压力。

2. 美国：先发型且完全自由市场化模式

美国的城镇化是完全由市场自由支配发展起来的，政府的调控作用非常有限。美国广袤的土地和得天独厚的自然资源给美国人提供了优越的生活条件，也为美国农业的发展和城镇化提供了坚实的基础。美国城镇化相对于西欧起步晚但发展迅速，1920年，美国的城镇化水平由1890年的35%发展到了51%，到2010年达到了71%。从美国城镇化的进程得到以下几点经验和教训。

（1）城镇化的迅猛发展离不开农业的发展。美国由于良好的地理条件，呈现出农业现代化和工业化、城镇化同步进行的态势，农业现代化为工业化和城镇化提供了充足的生产要素和粮食，也为农村人口向城市人口转变创造了条件。

（2）构建多层次的城镇梯度结构体系，注重中心城和中小城镇的协调发展。美国的城镇体系采用了小城镇、中心城镇、区域性中心城镇、全国性大城市、国家大都市的分层次城市建设体系，形成都市圈和城市带。这种城市带和都市圈的形成不是政府规划的成果而是小城镇发展集聚的结果。到 21 世纪初，美国 3 万人以上的小城镇有 1100 个，占总城市数的 90%，形成了极度郊区化模式。此外，美国各个城市的功能定位十分显著，比如华盛顿主要承担政治文化、行政中心职能；硅谷作为世界著名的电子技术中心，主要容纳各种高新技术公司；纽约作为金融商业中心，主要承担商业中心的功能。

从另一方面看，美国城镇化的这种低密度蔓延式发展也暴露出一些问题。比如过度的郊区化会带来资源浪费、生态破坏以及土地资源荒废、城市贫富差距拉大等问题。目前，美国也开始反思"过度郊区化"带来的负面影响，一些州提出的"精明增长"得到了越来越多人的认可。

3. 日本、韩国："二战"之后急速追赶且政府积极引导模式

日本、韩国的城镇化走的都是集中城镇化道路。"二战"之后，日本、韩国抓住全球经济复苏的机会，经济获得了快速发展，很重要的一个方面得益于在较短的时间内完成了工业化和城镇化。日本、韩国都是资源匮乏的国家，但利用其自身的优势，选择了适合本国土地资源条件的整体城镇化发展和区域布局模式。政府在城镇化进程中做到了规划引导、城乡统筹，同时注重发展现代农业，改善农村的生活和生产条件，这对于缓解快速城镇化带来的社会转型风险压力和城市农村协调发展有着巨大的借鉴作用。针对快速城镇化过程中出现的环境污染和就业压力等问题，政府及时制定法律进行引导和规制，平稳完成了社会的现代化转型。

4. 拉丁美洲、印度：中等收入陷阱国家

拉美国家和一些亚洲国家在历史上饱受西方殖民的影响，城镇化发展缓慢。"二战"后，巴西、智利、阿根廷等拉美国家的经济在国家独立之后都取得了巨大的发展。这些国家的城镇化都有一个特点，即城镇化速度大于工业发展速度，呈现出一种"过度城镇化"的状态。这种情况的出现有多方面的原

因，如政府没有及时有效地应对城镇化中出现的各种社会风险问题，加之规划不到位，导致大量人口盲目流入大城市，造成了住房、交通、卫生、教育等一系列问题。2012 年，拉美城镇化率达到了 79%，与高收入国家基本持平，但是其人均 GDP 只有发达国家的 1/4。这种城镇化缺乏工业化的支撑，导致社会贫富差距加大，城市贫民窟、社会治安、就业等问题显著。

拉美等中等收入国家的城镇化是高水平低质量的城镇化，其问题和教训值得我们认真反思。

二 我国新型城镇化过程中的社会风险

从世界各国的发展历程来看，工业化、城镇化和现代化每个环节都孕育着风险。城镇化意味着社会的转型，原有的社会制度、社会关系以及社会秩序不断被瓦解，新的社会阶层逐步形成。在中国社会的转型期，经济体制改革和社会管理体制等方面改革的步伐不一致所导致的制度供给落后、社会管理创新不足等问题，引发了诸多社会风险。

（一）忽视制度建设导致的社会稳定风险

1. 户籍制度改革滞后形成差别待遇

户籍制度不是中国特有的现象，但其风险是中国特有的。其他一些国家虽然也有户籍登记制度，但是仅仅是对公民的信息进行登记，户籍上不承载任何社会权利、保障和福利。我国的户籍制度是我国特定历史时期的产物，目的是加快现代化进程，把有限的资源集中到城市，实行城乡非均衡发展战略，以牺牲农业和农民利益为代价，优先发展工业。在工业化和城镇化快速发展的今天，户籍制度已显示出其严重的滞后性，严重一点讲，其从根本上割裂了整个社会，导致了城市和乡村的疏离。

农民进城后没有完成向市民身份的转变，认同感和归属感很低，缺乏建设城市、维护城市形象的主人翁意识。多年的城乡分割导致城里人潜意识里优越感很强，歧视和不认同给农民造成心理阴影，甚至出现城里人和农民之间的冲突，直接对社会和谐造成负面影响。

我国通过户籍制度实行差别待遇，使得没有城市户口的国民在养老保障、医疗保障、最低生活保障、购房、子女上学、毕业求职等很多方面都有巨大的差别，形成了明显的社会等次，出现了严重的社会权益不平等现象。由于户籍制度的分隔，也使得不同人群在心理上和行为上产生分隔，出现了同工不同酬等不公平现象，这加速了社会贫富差距，严重影响着中国社会的和谐与稳定。

2. 社会保障制度不完善引发社会风险

户籍制度没有把城里人和农民作为平等的国民对待，加之户籍制度附着的社会福利和权利，使得农村户籍的很多社会福利和保障不到位。1997 年下发的《关于在全国建立城市居民最低生活保障制度的通知》，规定享受最低生活保障的只有家庭人均收入低于当地最低生活保障标准的、持有非农业户口的城市居民。1999 年颁布的《失业保险条例》中规定有城镇户口的城镇企事业单位职工享受失业保险。乡镇企业没有明确界定，其工人地位不定，农民工虽然在城镇企业里工作，成为事实上的产业工人，但由于没有城镇户口，也被排斥在这个条例之外。

对于"被城市化"的农民，他们虽然将居住地点搬出了农村，但享受的仍然是农村的福利待遇。城市的生活成本相对于农村来说大大增加，在征地补偿不足且不到位、就业能力又差的情况下，失地农民再缺乏社会保障，他们在城市里的生活十分困难。对于农民工来说，没有工伤保险、医疗保险、失业保险，有的在工作中受伤致残致死，享受不到社会保障的补偿；有的从事高致病职业，对身体健康造成严重损害；大多数农民工没有失业保险，到城里务工，职业很不稳定。此外，多数农民工认为参加社会保障的成本过高，对参加社会保障并没有很高的积极性。因此，他们在城市里的一切生活、工作、教育、医疗等都是自己负担，无疑更给他们增添了一份成本和压力。

在转型社会，经济体制在不断创新，而旧的社会管理体制和社会保障与福利体制还在延续，近 30 年没有根本性变革。现代化的社会应当不断地朝着富裕、文明、民主等目标迈进，如果现代化是以剥削某个群体为代价，必将持续引发冲突和风险。

3. 教育制度的隔离引发新的不平等

长期形成的户籍制度和二元结构模式就像一堵无形的高墙，将城市里的农民和市民阻隔开来。很多农民尽管生活在城市，但在收入、养老、医疗和子女教育等多方面都得不到应有的保障。教育制度的隔离也在此背景下产生，农民工子女由于身份、地位的不平等，而不能和城市孩子享有同等的教育资源、获取同等的受教育机会。

根据现行户籍管理制度，户籍没有转移到城市的农民工子女、户口不能转移到城市的失地农民子女，也就不能接受同城里孩子一样的教育。薄薄的一纸户籍，阻断了许多孩子的求学梦。

教育不仅塑造社会精英，还使一部分人从原有的社会阶层中分离出来，改变自己的身份和社会地位。新生代农民工相对有限、有缺陷的教育使得他们难以在社会上谋取好的职位，改变其身份和地位。首先，这种不平等在孩子心里埋下了种子，城里孩子的优越感强，农村孩子则受到孤立、排斥和歧视，从而产生孤独、自卑、冷漠的心理，形成不健全的人格，容易对社会产生防范、戒备甚至仇视心理，影响社会稳定。其次，受教育的机会不平等导致城市和农村孩子参与社会竞争的起点差距越来越大，社会平等、公平的根基被动摇，陷入恶性循环。城里的孩子长大后在资源和权利的掌控上占据优势，但他们不了解农村的情况，就很难从农民的角度去考虑社会问题，从而带来潜在的社会风险。

4. 土地征用制度忽视农民利益，带来潜在风险

从国外城市化的经验来看，工业化和城市化最快的时期也是耕地减少最快的时期。我国的工业化和城市化方兴未艾，土地的占用随着经济的持续发展、城市化进程的加快还要持续一段时间。

土地是农民的生存之源，失去土地即意味着失去保障，因为土地不仅具有产出能力，还具有抗通胀能力。农民自己赖以生存的土地被征用后，如补偿和安置不到位，没有可靠的失业、养老、生活和医疗等社会保障，许多农民在一夜之间就会变成没有土地、没有补偿、没有生活来源的"三无"人员。在引起失业、贫困现象的同时，社会风险也随之而来。在征地过程中，很多时候农民能得到的补偿既少又不能到位，加之暴力拆迁屡禁不止，引起农民与政府的对抗。这既破坏了社会稳定，又影响了政府形象。

（二）忽视社会治理创新造成的社会稳定风险

1. 政府缺乏科学的社会管理理念

政府管理理念还未完全转变，尤其是对于流动人口的管理带有很强的防

范、管控意识，职能部门往往只注重强调流动人口所带来的社会治安、市容生态等问题，而忽视了他们为城市建设所做的巨大贡献。由此，逐渐形成了重管控、轻服务的管理模式。

社会管理方式过于简单粗暴，无论是以前的收容遣送制度还是现在的办暂住证制度，对流动人口缺乏综合的管理办法，仅仅着眼于对他们的控制。与城市常住居民相比，流动人口游离于城市社会关系之外，工作、生活更加不稳定，并且普遍从事待遇低但劳动强度大的低层次职业，极易造成心理失衡。若其生存权利受到侵犯，倾向于选择不合法的方式来维护自身权益，从而引发暴力事件甚至影响整个社会的稳定。另外，对流动人口的管理还有一些斩不断的利益联系，个别执法人员在执法过程中常常会收取各种名目的管理费。由于政府管理理念与方法的滞后，严重削弱了其对流动人口管理的成效，容易滋生各类社会问题。

2. 缺乏健全的公共服务体系，尤其是农村公共服务严重不足

我国公共服务的提供主要依靠政府，较少市场化和社会力量参与。现有条件下，民间资本进入教育、医疗服务和基础设施建设等行业的门槛较高，公共服务和基础设施投资渠道较为单一，政府财政为主力军。从过去的一段时间看，政府会将更多的精力放在对经济发展有直接拉动作用的城镇建设上，而通常会相对忽略对基本公共服务的投入，从而造成公共服务供给不足。

长期以来，我国农村基础设施建设严重滞后，农村道路、电网、通信等基础设施建设投入不足。由于政府投入不足和缺乏有效管理，农村教育、卫生、文化等公共事业发展缓慢，制约农村居民对公共福利的享受。目前，占全国人口近60%的农民仅仅享用了全国20%左右的医疗卫生资源；城乡社会保障覆盖率之比为22∶1；农村社会养老保障体系覆盖面非常窄，农村最低生活保障制度建设刚刚起步。农村社会保障供给不足导致一些农民陷入"因病返贫"的困境，许多农村老人晚景凄凉。同时，随着农村经济发展和社会结构转型，各种社会矛盾逐渐暴露和加剧，一些农村地区的社会治安状况比较混乱，影响了农村社会稳定和农民正常的生产生活。

一些城市边缘的城中村情况也不容乐观。村民搬入城中村之后，还是农村户口，虽然享受到了一些城市的公共服务，但基本社会福利和保障还没有发生根本的变化。城中村人口杂乱，城市规范之后，违法违章建筑集中，各种管线

杂乱无章，卫生条件极差，街巷狭窄拥挤，存在严重的消防隐患。

3. 缺乏群众参与和社会共治

社会组织的主要职能是服务社会、表达诉求、规范行为、社会监督，在社会管理和服务方面与政府相比具有独特的优势。不同的社会组织能够比较客观地反映不同群体的利益要求，可以在社会矛盾尚未转化并扩大的前提下，通过利益的表达和协调来化解。但我国政府和公民对社会组织功能的认识普遍不足，社会组织发展缓慢，数量少、规模小、质量低，远不能满足社会发展的需要。社会的组织化程度不高，很多事情没有组织来管理。社会个体在表达诉求时只能采取个人或者群体与他人或者群体进行对抗的方式，这种对抗的社会冲突风险显而易见。

（三）新型城镇化过程中出现的其他社会风险

1. 城镇化进程带来的"城市病"

"城市病"是指在城市化发展的某个阶段，因城镇化进程的加快和经济、社会、生态发展不协调所导致的对城市整体发展和城市生活的负面效应。由于大城市人口数量激增，严重超过了其自身的社会、生态、能源承载能力，导致许多大城市面临房价畸高、道路拥堵、人口膨胀、环境污染、优质教育和医疗资源不均等严峻问题。城市病是所有国家城市化进程中的通病，也是新型城镇化过程中出现的主要社会风险之一。

2. 城市结构发展失衡的风险

由于缺乏科学合理的规划，在我国很多地方，城市发展存在结构失衡的风险，主要表现为大中小城市和小城镇规模结构失衡与大城市内部空间结构失衡两个方面。过去一个时期，京津冀未能做到协同发展就是一个典型的案例。首先，大中小城市和小城镇发展失衡。超级大城市急速膨胀，大城市和中型城市发展比较迅速，而小城市发展较为落后，特别是小城镇发展滞后，城市发展陷入了恶性循环，产业与人口越来越多地向大城市聚集，而小城市和小城镇吸引不到产业及人才，发展速度越来越慢。这种发展模式不利于形成城市群，大城市的辐射作用和拉动作用难以发挥。其次，由于缺乏合理规划和科学控制，城区无序发展，许多城市"摊大饼式"向外扩张，没有任何城市规划和城市特色可言。公共服务设施的空间布局不合理，主要集中在中心城区，导致人口向城区过度集中，工作地和居住地的分离给城市运行造成了诸多负面影响。

三 规避新型城镇化过程中风险的对策

（一）重视加强制度建设

1. 突破现有的城乡户籍制度

户籍制度是计划经济时代的产物，直接导致了二元体制对立并造成了社会不同群体的阻隔。因户籍不同，公民在住房、医疗、子女受教育、社会福利和社会保障等方面受到了差别对待。户籍制度改革的必要性毋庸赘述，但也不可能一蹴而就。由于制度实施时间长且社会影响深远，应循序渐进，可以先在有条件的地区开展试点。

户籍制度改革首先应逐步减少或取消其上所附着的权利和福利。目前，城市户籍的公民在失业、医疗、教育、购房以及政治权利等方面都有优势，拥有城市户籍则意味着更多的福利和资源。要逐步减少有关政策对户籍的依赖、减少政策推行对户籍界定的依赖，最根本的是要落实《宪法》关于公民平等权的规定，在推行社会福利和社会保障政策的时候，尽可能坚持公民平等原则，无论是城市户籍还是农村户籍的公民，都应享有同样的福利与保障。

其次，努力落实好居住证制度。这是一个使农民工从"城市边缘人"向"城里人"过渡的制度。对于长期在城市务工的人而言，只要年限、学历、职称达到了规定要求，就可办理相当于准户口的居住证。这个制度虽然并未在政治权利、社会保障及其他福利上有过多涉及，但对于农村流向城市的人口而言，是很好的方向。

2. 注重社会福利的增进和社会保障资源的整合

社会保障和社会福利紧密相关，都是社会成员应有的权利。作为公民，无论是身居城市或者农村，都应平等享有社会福利和保障。要规避在城镇化过程中出现的风险，确保在社会转型过程中的稳定，就要尽可能保障社会福利的广泛覆盖性和公民享有福利的广泛性。诸如最低生活保障、受教育保障、养老保险、工伤保险、医疗保险等方面，都要保证公民平等地享有这些权利，不因收入情况、教育背景、民族、性别的差异而改变。

同时，社会福利还有体现社会公平的功能。由于公民的收入、健康状况、职业、教育程度、供职单位、家庭构成等方面的情况有所不同，导致了社会成员之间存在方方面面的差距，甚至有些差距很大。为了充分发挥社会保障和社会福利在促进社会公平、维护社会稳定、减少社会矛盾方面的功能，在制定社会福利、社会保障政策时，对贫困人口和弱势群体适当倾斜，让公民共享社会发展与现代化的成果。

在市场经济条件下，市场的自由性造成了社会财富积累和贫困积累的双重效应。在这种以市场为导向的经济发展环境下，政府很容易较多地关注经济发展而不是转型带来的社会问题。因此，应当制定相关政策来消除这种制度性贫困，补偿不平等造成的市场后果。

3. 统筹城乡教育发展

教育的发展，是社会持续进步的前提条件，关系到一国的兴衰。无论社会经济发展如何，无论社会是否在经历转型，都要重视教育，努力使城市人口和农村人口享有大致均等的教育资源，获得大致均等的教育机会和受教育的条件。

要实现统筹城乡教育的发展，首先要做到在基础教育阶段合理配置教育资源。具体到我国实际，就要把教育经费进行城乡统筹，改变之前教育投入的城乡二元结构，逐步缩小城乡教育投入差距，加大对农村义务教育阶段的投入。应加强财政对农村义务教育的转移支付力度，改善农村中小学的基本办学条件，为农村地区义务教育阶段的学生提供更多的福利条件。

此外，针对越来越多的农民工子女在城市的上学问题，应保障农民工子女和城市居民子女享有同等受教育的权利，改变现有的教育评价体系，增加城市学校的数量和容量。

4. 努力保障农民工的权益

在社会转型阶段，大量的农民涌入城市成为农民工，但其工资收入缺乏必要的保障。农民工工资的拖欠问题近年来成为严重的社会问题，甚至威胁到了社会稳定。面对这种情况，一方面要加强对用工单位的监督，建立农民工的自治组织，切实维护农民工的权益，比如建立农民工工会，用集体的身份与企业进行沟通谈判，保障农民工的权益。另一方面，应对私营企业主的不当权力进行限制。由于转型阶段制度建设的不完善，导致对私营企业的行政监督和管理缺位，维护农民工权利需要限制私营企业主的权力，规范用工制度和用工行为。

5. 完善征地制度，切实解决失地农民问题

劳资利益冲突、社会分配冲突以及失地农民问题已经成为转型中的中国社会影响社会稳定的三大问题。在城镇化的进程中，首先要重视和解决农耕土地变成城市用地所带来的失地农民问题。要明确界定土地产权归属，笼统的"农民集体"所有，不仅不利于农民维护土地权利，还有可能侵犯农民的权益。政府要成为实质意义上的土地管理部门而不是"土地所有人"，对土地进行有效的管理。按照不同时期、耕种条件等因素对土地进行评估，确立土地价格，然后签订合同。此外，还要努力改善土地财政情况，以发展经济的方式增加财政收入而不是单纯依靠政府出让土地增加政府收入。

（二）发挥政府的能动性，创新社会治理体系

1. 创新社会治理方式，体现时代性

十八届三中全会上做出的《中共中央关于全面深化改革若干重大问题的决定》指出，要深化经济体制、政治体制、文化体制、社会体制、生态文明体制和党的建设制度改革，推进国家治理体系和治理能力现代化。在社会体制改革方面，提出要创新社会治理体制，确保社会既充满活力又和谐有序。创新社会治理，是顺应新时代社会转型阶段的必由之路。

创新社会治理，实现国家治理体系和治理能力的现代化，就要积极发挥政府的能动性，坚持政府主导，充分发动社会力量参与，实现政府治理和社会自治的和谐。

要强化政府的服务职能。在经历了30多年的市场经济转型之后，政府对经济管得过多过死的现象已经大为好转。当前，彻底改变政府"缺位、错位、空位"的问题，建设服务型政府是十分必要且紧迫的。政府需要切实转变职能，要向着公共服务型政府转变，向科学发展的方向转变。要树立服务理念，在管理社会事务的同时牢牢树立服务意识，要真心实意为群众办实事、办好事，时时处处将群众的利益放在首位，关心群众的生活，满足群众的各种需要。

政府的社会管理和公共服务的定位要科学。政府和社会组织在社会管理中承担的职能是不同的，政府既需要明确自己在保障基本民生服务，如教育、医

疗、公共文化等方面的责任，还要准确定位自己在公共安全上的作用。比如对生产安全，相关企事业单位负有责任，政府也应强化安全服务体系建设，将监管职责落到实处。政府还要广泛动员企业、社会组织参与提供力所能及的服务，并对提供社会服务的社会组织进行有效的监督和管理，只有这样，才能激发活力，调动各方积极性，促进公共服务良性健康发展。

此外，要积极推进社会服务方式的创新，使得服务形式顺应转型社会的要求。充分利用市场机制来提供公共服务，比如利用招投标、合同承包、特许经营等市场机制来调节公共服务的供给；充分调动社会力量改善公共服务，努力实现公共服务均等化。

2. 完善社会管理组织体制，发挥社区自治的作用

我国正处于社会转型过程中，社区正在成为一个承载公共服务的新载体。2014 年颁布的《国家新型城镇化规划（2014～2020 年）》提出，"健全党组织领导的基层群众自治制度，推荐社区居民依法民主管理社区公共服务和公益事业。加快公共服务向社区延伸，整合人口、劳动就业、社保、民政、卫生计生、文化以及综治、维稳、信访等管理职能和服务资源，加快社区信息化建设，构建社区综合服务管理平台"。要充分发挥社区居民自治，健全社区服务体系，一方面要培养大量从事社区建设的社会工作者；另一方面，政府要适当退出，减少社区居委会行政化、机关化的现象。

要加强法治建设。在社会治理过程中要充分发挥法律制度规范社会行为、维护社会秩序、调节社会关系、化解社会矛盾的作用。法制保障是健全社会治理体系的重要内容，要加强在社会领域的立法工作，切实做到使转型社会中的各项工作都能有法可依；要重视司法的权威性，坚持执法公平。同时，加强全民的普法教育，提高全民的守法意识。

（三）重点治理新型城镇化过程中出现的"城市病"

"城市病"是全世界城镇化国家所面临的共同问题。党的十八届三中全会明确指出："坚持走中国特色的城镇化道路，推进以人为核心的城镇化。"我国在治理"城市病"时，一定要坚持以人为本的治理理念，注重科学的城市规划，促进中小城镇协调发展。

一是注重城镇发展的科学规划，在城市功能定位上下功夫。要准确定位城

市功能，协调各城市分工，并在城区区域布局上合理规划，使每个区域都形成自己的特色，避免同质化竞争。城市规划要合理考虑周边区域功能，尽量减少职住分离现象，合理疏散主城区功能、疏散人流，还要按照人口比例合理配置公共资源，实现资源的高质量配置。

二是注重大中小城市的协调发展。中国城镇化应以大城市为依托，重点发展中小城市，逐步形成辐射作用大的城市群，走大中小城市和小城镇协调发展的道路。城镇化进程中，还要注意中小城镇建设过程中就业资源和社会福利保障的协调跟进，吸引农村剩余劳动力向中小城市转移。同时，完善中小城市的教育资源和医疗资源布局。只有中小城镇建设起来了，才能真正缓解大城市的压力，吸引人才向中小城镇转移，克服"城市病"。

三是要坚持走绿色生态城镇化的道路。党的十八大把生态文明建设放在了突出地位，在城镇化进程中，要注意推进绿色发展、生态发展、低碳发展。要改粗放型的经济发展模式为集约型的经济发展模式，建设新型工业化。要注重城市污染的治理和防治，从源头上杜绝对环境的污染。在市政建设上，加强城市水、电、气等公用设施的建设，通过合理规划对污染源进行调整和治理，改善城市的生活环境。

四　总结

随着中国改革的全面深化，中国经济已由计划经济模式全方位转向市场经济模式，这种经济体制改革也必然要求制度建设和社会治理模式实现与时俱进的变化，这样才能有利于社会的有序协调发展。过去一个时期，我国的工业化和城镇化是偏急进式的，把 GDP 作为主要衡量指标，追求的是经济高速增长和综合国力的迅速提升，这使得国家在经济突飞猛进的同时，制度建设和社会管理服务不能与之齐头并进，造成了发展"瘸腿"，蕴含着一系列的社会风险。

城镇化与社会风险之间的关系是辩证的。一方面，城镇化带来了社会结构的变迁，传统乡村社会逐渐转变为城市型社会，农村人口逐步向城市转移，在这个过程中不可避免地会有各种社会问题在城市集中；另一方面，城镇化也是社会转型的重要推力，城镇化催化和制造出大量的社会矛盾与冲突，这些矛盾与冲突反过来又推动了国家的制度建设和社会管理创新。

按照西方发达国家的经验，当城镇化进入一个较高阶段后，必然会推动政府公共治理机制的重构，治理的转型又会进一步促进城市的科学发展。我国仍然处于城镇化高速发展的阶段，必须不断坚持制度建设和社会治理创新，方能使中国城镇化走向健康发展之路。

参考文献

刘建平、杨磊：《中国快速城镇化的风险与城市治理转型》，《中国行政》2014 年第 4 期。

张红美：《中原经济区新型城镇化建设研究》，硕士学位论文，河南农业大学，2013。

王艳成：《城镇化进程中的乡镇政府职能研究》，博士学位论文，华东师范大学，2009。

徐君、张娜、王育红：《国外城镇化建设模式及对中国的启示》，《工业技术经济》2014 年第 4 期。

杨苏琳：《浅谈推进新型城镇化面临的几个问题及对策》，《青年与社会》2013 年第 30 期。

中国城镇化进程中的小城镇发展模式分析

聂 晨*

摘 要： 本文对中国城镇化进程中的小城镇发展模式进行了分析。根据时间顺序，探讨了小城镇在 1949 年之前自上而下和自下而上的历史发展路径；1949~1978 年间小城镇的从属地位；20 世纪 80 年代农村消费潮引领的小城镇复兴；90 年代乡镇企业发展推动下的小城镇就地就近城镇化模式；20 世纪第一个 10 年房地产繁荣引领下的被动城镇化模式，以及 2010 年以来小城镇城镇化模式质的转变。

关键词： 城镇化 小城镇 发展模式

2014 年《联合国城镇化报告》（*World Urbanization Prospects*）中指出，截止到 2007 年，全球第一次已经有超过一半的人口——33 亿人居住在城市之中。这意味着从全球角度来看，人类已经不可避免地进入了一个"城镇化"的世界。这不仅仅意味着人口居住于城镇和乡村的比例在一个数量上的分水岭的出现，也不仅仅意味着过去的城镇化历史告诉我们的包括社会服务和基础设施的完善、贫困率的下降、生育率的下降、人均寿命的增长、地理上流动性的增强、消费数量的增长等经济和社会指标数量上的变化，而且意味着传统和现代两种社会的分化，意味着劳动分工及其带来的劳动关系的分化，更意味着生活方式的分化。因此，在人类社会发展的过程之中，城镇化扮演了重要的角色。根据现有统计数据的预测，截止到 2030 年，当以北美和欧洲国家为代表的发达国家在城镇化进程

---

* 聂晨，北京航空航天大学讲师，博士，研究方向为城市研究，社会保障。

中基本保持停滞的脚步时，80%的全球人口将居住在发展中国家的城镇之中。

作为世界上最大的发展中国家，中国大规模的城镇化①进程启动于1949年新中国成立之后。虽然在其后有过一定的波折，但在1978年改革开放之后，随着经济增长速度领跑全球经济体，中国的城镇化进程也取得了举世瞩目的成就。截至2013年，城镇人口达到了7.3亿，占我国总人口比例的53.73%。与1949年新中国成立时的城市人口占全国人口比例的10.64%，以及1978年改革开放初期城市人口占全国人口比例的17.92%②和1949年新中国成立初期仅有不到6000万人居住在城镇中相比，体现了巨大的进步（见图1）。

同时，根据2014年联合国城镇化报告中的统计与预测数据，与世界城镇化总的较为匀速的增长趋势相比较，我国的城镇化进程在中华人民共和国成立之后，一直较为缓慢并且伴随着起伏，长期落后于世界的平均水平。一直到20世纪80年代之后，我国才迎来了一个城镇化加速增长的时期。当全世界平均的城镇人口占世界人口的比率从30%达到城镇人口超过半数花了超过半个世纪的时间时，我国从1995年开始，只用了不到20年的时间就完成了这个成就，从而实现了从"农业经济体"（rural economy）到"城镇经济体"（urban economy）的转变，并在2010年之前超过世界平均水平（见图1）。

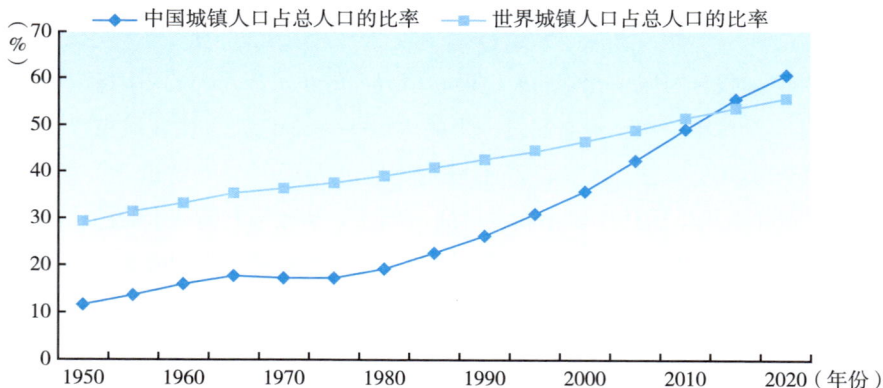

图1 中国城镇人口占总人口比率与世界城镇人口占总人口比率的比较

资料来源：United Nations 2014 "World Urbanization Prospects"。

---

① 本文所指"城市"不包括"小城镇"。

② 数据来源：《中国统计年鉴2014》。

　　与此同时，中国快速的城镇化进程吸引了很多国内外学者的关注。大量对于中国城镇化的研究集中于中国飞速城镇化的进程，其背后的原因和模式，以及随之带来的各种经济、社会和环境问题。例如，张兴泉深刻回顾了中国历史上以及自从1945年以来人口聚集在各大城市以及众多小城镇的进程，以及城镇化历程和经济增长之间的关系与随之带来的大量农村进城务工人员和城镇原住民之间的文化冲突[1]。而张宏林则关注于1978年之后推动中国快速城镇化的因素。经济的持续增长，结构性的改变，以及外商的直接投资（foreign direct investment），被认为是中国改革开放之后城镇化背后的重要驱动力，同时也造成了内陆地区与沿海地区城镇化水平的巨大鸿沟[2]。叶嘉安、徐江和易虹把注意力转向了对新中国成立之后城镇化进程在时间跨度上的四个不同阶段的细分，并且对每一个阶段背后的不同的主导因素进行了仔细分析。将1978年改革开放之后的三次城镇化浪潮的推动因素分别归结为计划经济向市场经济的转型（1979~1989年）、房地产业的繁荣（1990~2000年）以及资本的全球流动和服务业的兴起（2000年至今）[3]。古、克斯特鲁特和库克对之前将中国的城镇化进程归结于工业化和全球化这一简单过程提出了质疑。他们根据对现有研究的整合和创新，尝试从多层次的视角对中国在跨越两个世纪的社会空间维度上持续的城镇化进程进行理论化分析。传统层面、前全球化层面、社会主义层面、社会主义市场经济层面以及最近的全球化层面这五个层面先后被划分出来[4]。

　　然而，这些有关中国城镇化进程和推进因素的分析大多基于一个宏观性的视角，即将中国的大城市和众多小城镇视为一体。或者，大量的实证研究放在了中国的大城市之中进行，众多小城镇几乎被忽略，它们的城镇化的过程、模式以及背后的推动因素被视为与大城市一致。确实，在计划经济时代，作为执行苏联模式中央计划工业模式的结果，我国的城镇化进程基本被大城市所主导，小城镇的发展几乎停滞。但是，1978年改革开放之后，小城镇成为推动我

① Zhang, X. Q. "Urbanization in China", *Urban Studies*, Vol. 28, No. 1, 1991.
② Zhang, H. L. "What Explains China's Rising Urbanization in the Reform Era?" *Urban Studies*, Vol. 39, No. 12, 2002.
③ 叶嘉安、徐江、易虹：《中国城市化的第四波》，《城市规划》2006年第S1期。
④ Gu, C., Kesteloot, C. and Cook, I. "Theorising Chinese urbanisation: A multi-layered perspective", *Urban Studies*, 2014.

国城镇化进程的新兴力量。当大中城市的数量并没有发生大的改变的情况下，中国成建制的镇的数量飞速增长（见图2）。与1978年我国拥有2176个建制镇相比，到2014年中国成建制的镇的数量达到了20401个，几乎是1978年的10倍（见表1）。而同期作为大中型城市主要代表的地级市增长了4.1倍，市辖区数量增长了3.1倍。建制镇在这一过程中的增长最为明显。同时，小城镇人口的增长速度也超过了大中城市。在这样的背景下，再将小城镇的城市化过程、模式和背后的推动因素默认为一致是不合适的。而之前存在的少量对于中国小城镇城镇化过程的相关研究也需要根据时间的推移、背景因素的变化而做出进一步的更新。因此，本文的主要研究目的即通过对包括大中城市和小城镇在内的城镇化过程的回顾，寻找出不同的城镇化路径，探讨我国当前小城镇城镇化的模式、飞速发展背后的推动因素以及随之带来的我国城镇化未来道路上需要注意的相关问题。

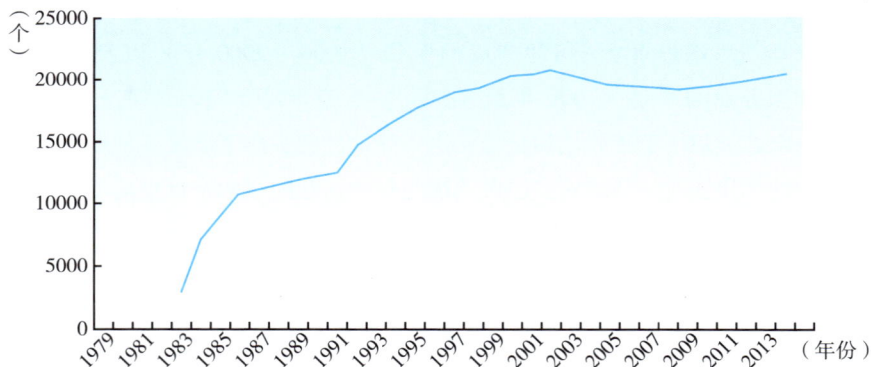

图2　中国建制镇数量逐年变化情况

资料来源：中华人民共和国国家统计局年度数据行政区划，http：//data. stats. gov. cn/easyquery. htm？cn = C01。

表1　中国1978年与2014年地级市、市辖区和建制镇数量变化对比

单位：个

年份	1978 年	2014 年
地级市的数量	98	408
市辖区的数量	288	897
建制镇的数量	2176	20401

资料来源：中华人民共和国国家统计局年度数据行政区划，http：//data. stats. gov. cn/easyquery. htm？cn = C01。

广义上的"城镇化"（或者也称为"城市化"）的定义（urbanization definition）主要是指市人口的增长，城市地理空间上的扩张，甚至包括城市相关机构和服务的下沉，以及农村居民的思维和行为方式与城市居民的一致。然而，在国际上对于城镇化并没有统一的定义，这其实让严格意义上的国家间城镇化水平的比较很难准确进行。诸如联合国之类的国际组织的报告中，通行的做法是灵活采用各国自己定义的标准进行统计。在同样城镇化速度很快的印度，政府可以灵活地将某片区域划为城镇进行管理。它的城镇化定义主要还是通过人口数量、人口密度和从事非农业生产的人口的比例三个因素一起判断得出的。例如，人口数量超过 5000 人，人口密度每平方千米超过 400 人，以及从事非农业生产的男性达到了 75%，可以被划分为城镇[①]。而在我国，城镇化更多强调一个城镇空间扩展的过程。这一过程包括城镇规模和数量变化两个方面，即在已经建立的城镇中，城镇化指城市户籍人口和常住人口的数量的增加导致城镇规模的扩大；而在之前属于农村的区域，城镇化指从事非农业生产的人口比例增长到一定水平线以上，政府通过行政方式将之前的乡重新划分为隶属于市和县的街道或者建制镇进而导致城镇数量的增长。因此，对于已有城镇，城镇化的关键包括产业结构的变化和人口的聚集两个途径，而对于农村地区，工业化成为其城镇化的最重要的基础。

一 1949年之前"自上而下"与"自下而上"的两条城镇化路线的交织

根据张兴泉的回顾，中国的城镇化拥有悠久的历史，最早的城镇可以追溯到公元前 2500 年。它们主要分布在长江和黄河流域，城镇在这一时期出现的主要原因是较为优越的地理位置情况下自发形成的逐渐开始繁荣的商业活动。随着高度中央集权的秦朝建立，城镇的数量开始大幅增长。从这一时期，政府开始直接划定城镇的数量、范围和作用。在"城"的内部，居住和商业两大功能严格分区；而"镇"的设立一般作为军队驻扎的要塞。在这一过程中，

① Sankhe, S., Vittal, I. and Mohan, A. "Urban Giants India and China, and their Urbanization Paths", *Environment and Urbanization ASIA*, Vol. 2, No. 1, 2011.

自上而下的政治和行政力成为城镇化的决定因素。这一趋势一直持续到宋朝，城镇人口的持续增长和繁荣的商业活动再一次改变了之前主导城镇化的因素，"城"的内部由行政力量划定的分区被打破，商业活动开始在城市的各个角落甚至突破了城墙的范围而在城之外开展；而"镇"作为军队驻地转变为民间自发形成的区域性经济中心①。在这一时期，自下而上的经济活动成为城镇化进程的主要因素。

自唐宋以来，随着大城市规模的扩大，城镇数量和城镇人口的大幅增长，城镇化率达到了古代中国城镇化的顶峰。城镇人口比率估计达到12%以上②（漆侠，1978）。而根据张兴泉的估计，唐宋时期城镇人口的增长率超过了总人口的增长率，城镇人口比例在10%左右。在之后的明朝、清朝和中华民国时期，尽管总人口数量继续保持增长，但城镇人口的比率再没有出现显著的增长。到1949年新中国成立的时候，中国的城镇人口比率保持在10.6%③。

二 1949~1978年自上而下的计划经济下小城镇的从属地位

统计数据显示，中国大规模的城镇化进程开始于1949年。很多学者如叶嘉安、徐江、易虹和张兴泉等，将1949~1978年划分为新中国城镇化的第一阶段，即成为"慢速发展阶段"④⑤。然而，根据对数据的仔细分析，本文提出了对这一划分的质疑。随着新中国成立之后大规模的社会主义建设的开展，城镇人口数量从1949年的5765万人上升到了1960年的1.3亿人，城镇人口所占比率在1960年上升到了19.75%。随后，城镇化的进程出现了停滞甚至倒退，一直到1978年，中国城镇人口的比率再也没有超过18%。因此，1978年改革开放之前，我国的城镇化经历了一个前进（1949~1960年）和一个后退

① Zhang, X. Q. "Urbanization in China", *Urban Studies*, Vol. 28, No. 1, 1991.
② 漆侠：《宋代经济史下册》，中华书局，1978。
③ Zhang, X. Q. "Urbanization in China", *Urban Studies*, Vol. 28, No. 1, 1991.
④ 叶嘉安、徐江、易虹：《中国城市化的第四波》，《城市规划》2006年第S1期。
⑤ Zhang, H. L. "What Explains China's Rising Urbanization in the Reform Era?" *Urban Studies*, Vol. 39, No. 12, 2002.

的过程（1961～1978 年）。尽管忽略了城镇化的进步阶段，这一时期城镇化的特点被张宏林总结为三个方面：第一，政府通过户口和城市食品定量供应体系严格控制了农村向城镇移民的数量；第二，为实现国防目的和追求空间平等而非经济效益的最大化，城镇化进程向内地倾斜；第三，其形成基本没有受到外部影响，例如世界经济和外国投资影响，是在国家内部进行的城镇化[1]。

开始于 1949 年的这一城镇化阶段以 1949 年 3 月中共七届二中全会提出的"党的工作重心由乡村移到城市，并提出要把消费的城市变成生产的城市"为主要特点，因此中央集权式的计划经济的意识形态成为这一进程的主要推动因素。在计划经济体制下，政府在大中城市中投资建设的大量工业企业成为推动城市化进程的力量。

然而，由于大跃进导致的经济波动，国家在重视农业和轻工业发展的同时，重工业部门被压缩，工人被迫失业。根据古、克斯特鲁特和库克的估计，1961～1964 年间，大概 2900 万工人失业，其中 90% 回到了农村，同时大量流入城市的农村人口被遣送回原籍[2]。而在小城镇方面，由于在政府垄断生产和分配的背景下，小城镇被作为大中城市集中力量推进工业化以及农村专门发展农业生产计划的从属地位而被忽略。最具代表性的例子即 1963 年由于大跃进的失败，为了减轻国家对城镇人口的定额食品供应，建制镇的国家标准被严格收紧：由之前 1955 年的 2000 人以上，并有 50% 的人口从事非农业生产提高到了拥有 3000 人以上，并有 70% 的人口从事非农业生产；或者 2500 人以上，并有 80% 的人口从事非农业生产。这一政策直接影响了城镇化的统计，仅仅一年之后，小城镇数量下降了 1/3，2500 万城市人口被直接划为农村人口[3]。在这样的自上而下的政策主导下，尽管从事第二产业的人口比例从 1962 年的 8% 上升到了 1975 年的 13.5%，城镇人口比率却从 1960 年的 19.75% 下降到了 1975 年的 17.34%。这就出现了与发源于西方的经验，即早期工业化促进城镇

① Zhang, H. L. "What Explains China's Rising Urbanization in the Reform Era?" *Urban Studies*, Vol. 39, No. 12, 2002.
② Gu, C., Kesteloot, C. and Cook, I. "Theorising Chinese urbanisation: A multi-layered perspective". *Urban Studies*, 2014.
③ Lee, Y. F. "Small Towns and China's Urbanization Level", *The China Quarterly*, Vol. 120, 1989.

化进程的反例，也在一定程度上对欧美国家工业化和城镇化良性互动的理论模型形成了挑战。

三 1978~1989年农村消费潮带动的小城镇复兴

随着 1978 年中国共产党十一届三中全会的召开，一系列经济改革和对外开放政策的推行，国家的重心转向了社会主义经济发展。城市化的进程重新回到了正轨，城镇人口比例开启了之后 30 多年快速而又持续的增长过程。1978~2013 年，城镇人口从 1.7 亿上升到了 7.3 亿，城镇人口比例从 17.92% 上升到了 53.73%，2013 年的城镇化率接近 1978 年的 3 倍。在这一时期，中国城镇化过程的原因被总结为：第一，政府逐渐放松了对城镇增长的控制，大量农村移民涌入城镇；第二，城市被设计为国家发展的中心，尤其是沿海地区的城镇被赋予了各类政策优惠；第三，对外开放带来的全球化的影响，尤其是大量外商直接投资，有力推进了城镇化的进程[1]。从这一宏观角度来看，自上而下的政策推动在这一快速而又长期的城镇化进程中成为重要的驱动力量。

然而，小城镇在这一城镇化的过程中也扮演了重要的角色，展现出了一条自下而上的城镇化路径，与大中城市一起为我国城镇化的飞速发展做出了重要贡献。首先，党的十一届三中全会以后，随着家庭联产承包责任制的实施，农业经济从集体化向个体化转变，农业生产向多样化、商业化以及专业化迈进，刺激农民收入增长的同时创造出了第一批由农民主导的消费热潮，从而带动了小城镇成为辐射周围的商业和消费中心。同时，20 世纪 80 年代大批乡镇企业的蓬勃兴起，在吸收由于长期未加控制而累积的人口增长，以及农业生产效率提高而释放出来的大量农村剩余劳动力方面起到了重要的作用，促进当地经济增长的同时又推动了小城镇成为周边的工业中心。

这一自上而下的城镇化路径也让中央政府注意到了小城镇在增加就业、促进社会稳定以及经济增长方面的重要作用。当现有的大城市无力吸收多年累积的上亿农村剩余人口，投资少、规模小的小城镇将作为城镇化发展的重心。1980

---

[1] Zhang, H. L. "What Explains China's Rising Urbanization in the Reform Era?" *Urban Studies*, Vol. 39, No. 12, 2002.

年，我国制定了"控制大城市规模，合理发展中等城市，积极发展小城市"的城市发展基本方针。1984 年，中央一号文件"允许经商、务工、办服务行业的农民自理口粮到集镇落户"，肯定了小城镇吸收劳动力的作用，为小城镇人口增长和规模扩大提供了助力。同年，国务院继 1963 年收紧建制镇的标准之后，对建制镇的标准再次调整，即凡县级地方国家机关所在地，或总人口在 2 万人以下的乡，乡政府驻地非农业人口超过其 10% 的，或总人口在 2 万人以上的乡，乡政府驻地非农业人口占总人口超过 10% 比例的；又或者在少数民族地区，人口稀少的边远地区、山区和小型工矿区、小港口、风景旅游区、边境口岸等地，非农业人口虽不足 2000 人，但在一定条件下都可设定为建制镇。与此同时，在撤乡建镇后，实行镇管村的政策。在小城镇农民消费潮和乡镇企业兴起带动下的蓬勃发展，以及之后的中央政策扶持下，特别是统计标准的放宽，使建制镇的数量成倍快速增加，从 1983 年底的 2968 个，增加到了 1984 年底的 7186 个，再到 1985 年的 9140 个（见表 2）。在整个 20 世纪 80 年代，建制镇的数量增长远远超过了同期大中城市以及县级市（包括市辖区、县级市和县）数量的增长比例。1980 ~ 1989 年，建制镇的数量增长了大概 3.43 倍。

表 2　中国行政区划比较（1980 ~ 1989 年）

单位：个

年份	中国建制镇的数量	中国地级城市的数量	中国县（包括市辖区、县级市、县）的数量
1980		318	2775
1981	2678	316	2780
1982		322	2797
1983	2968	322	2785
1984	7186	322	2814
1985	9140	327	2826
1986	10718	327	2830
1987	11103	326	2826
1988	11481	334	2831
1989	11873	336	2829

资料来源：中华人民共和国国家统计局年度数据行政区划，http：//data. stats. gov. cn/easyquery. htm？cn = C01。

尽管在 20 世纪 80 年代随着建制镇划定标准的放宽，建制镇绝对数量增长迅速，然而，以建制镇为代表的小城镇并未成为推动我国城镇化进程的主要力量。

虽然从数量上看，大中城市在增长速度上较小城镇慢，但是，大中城市的人口增长速度明显快于小城镇人口的增长速度。尤其是 1984 年政府放宽了城乡人口的流动限制，允许农村人口在城市的私营企业工作，自上而下地刺激了大中城市城镇化的进程。如表 3 所示，根据我国 1982 年第三次人口普查数据和 1990 年第四次人口普查数据的对比，小城镇尽管成为辐射周边的商业和工业重心，其人口增长速度还是落后于全国城镇化的进程。这也意味着在 80 年代，大中城市仍然是推动中国城镇化进程的主要力量。1982～1990 年，以大中城市为主要代表的城市人口的增长率（38.16%）仍然超过了镇人口的增长率（37.75%）。同时，张兴泉的数据也显示，同期大中城市尽管数量上增长相对缓慢，但是在规模上扩张迅速。在 1953 年中国有 10 万人口以上的城市有 103 个，而到了 1983 年 10 万人口以上的城市达到了 247 个。在 1985 年全国城市人口的 95.6% 都集中居住在 10 万人口以上的城市中。与世界其他国家相比，1970 年世界城市人口只有 62% 居住在 10 万人口以上的城市，中国的城市人口更大程度上集中于大中城市而非小城镇。在国内范围内比较，1985 年，中国平均每个城市从事非农业生产的人口达到了 50 万人；而尽管小城镇数量在 1988 年达到了 11481 个，但平均每个小城镇从事非农业生产的人口数量为 5597 人，大约是城市平均非农人口数量的 1/19[①]。因此，在这一时期，尽管小城镇在自下而上因素的刺激下开始繁荣，统计数量上体现出快速的增长，然而城市在我国的城镇化进程中仍然扮演着最重要的角色。

表 3　中国镇人口增长率、市人口增长率和城镇人口增长率的比较

单位：人，%

年份	总人口（镇）	人口增长率（镇）	镇人口占总人口比率	总人口（市）	人口增长率（市）	市人口占总人口比率	城镇人口占总人口比率	城镇人口增长率
1982	61909242		6.00	152890758		14.82	21.13	
1990	85282061	37.75	7.54	211230050	38.16	18.69	26.23	40.57
2000	166138291	94.81	13.37	292632692	38.54	23.55	36.22	47.12
2010	266245506	60.26	19.98	403760040	37.98	30.29	49.95	39.35

资料来源：中华人民共和国国家统计局年度数据行政区划，http://data.stats.gov.cn/easyquery.htm? cn = C01，《中国统计年鉴 2014》，《第六次人口普查数据》，《第五次人口普查数据》，《第四次人口普查数据》，《第三次人口普查数据》。

---

① Zhang, X. Q. "Urbanization in China", *Urban Studies*, Vol. 28, No. 1, 1991.

四　1990～1999年乡镇企业推动的就地就近城镇化

在 20 世纪 90 年代，在之前"严格控制大城市规模，合理发展中等城市，积极发展小城市"的指导下，小城镇仍然是国家城镇化发展规划的重点。尽管从统计数量上看，小城镇的增长速度开始慢于 80 年代，但是小城镇数量仍然保持着一个较快的增长趋势。相比于 1990 年 12084 个建制镇的数量，到 1999 年，建制镇的数量达到了 19756 个，实现了数量上 63.49% 的惊人增长速度。然而，如表 3 所示，与 80 年代相比，1990～1999 年小城镇的人口增长速度（94.81%）大概是 1980～1989 年的城镇人口增长速度（47.12%）的 2 倍，这意味着小城镇在这一时期开始从数量上的增长更多转向为规模上的增长。与此同时，表 3 显示，90 年代小城镇的人口增长率（94.81%）达到了同期市人口增长率（38.54%）的大概 2.5 倍，也远远超过了同期我国城镇化的速度。这也意味着在 90 年代，虽然小城镇的人口在绝对数量上落后于城市，但是小城镇在推动我国城镇化的进程中开始扮演重要的角色。

随着城市人口收入的显著增长，由农民收入增长引起的第一次消费潮结束，城乡的收入差距逐渐扩大，小城镇的消费不再是支撑城镇化的重要推动力。然而，兴起于 20 世纪 80 年代的乡镇企业被认为是推动小城镇规模快速扩张最重要的因素。尽管在整个 80 年代，乡镇企业已经吸收了超过 1 亿的农村剩余劳动力，并且在东部沿海地区形成了成规模化的大量工业园区。到了 90 年代中期，乡镇企业持续发展并且达到了顶峰，1991 年乡镇企业完成国内生产总值增长率为 22.4%，1992 年增长率达到了 52.3%，到 1993 年增长率高达 65.1%，1994 年增长率为 35%，1995 年增长率为 33.6%。截止到 1995 年，全国乡镇企业国内生产总值占全国国内生产总值的 25.3%，成为支持我国经济持续发展的重要力量。同时，蓬勃发展的乡镇企业大量吸收了来自农村的剩余劳动力。相比于 1980 年乡镇企业吸收劳动力 3000 万人，1990 年乡镇企业吸收劳动力数量达到了 9262 万人。到 1995 年，乡镇企业吸收劳动力数量高达 1.29 亿人，占当年农村劳动力总数的 28.55%。加上乡镇企业发展过程中相应推动的如供水供电、交通运输、邮电通信等基础设施的建设，反过来，又极大程度上增加了对乡镇企业的吸引力，体现出了西方工业化和城镇化发展良性互动的进程。尤其是东部沿海地区，一大批通过吸引乡镇企业聚集而形成的有较强专业特色和经济辐射功能的新型城镇纷纷涌现，共同成为推动我国城镇化进程的主要力量。而这一时期，小城镇规模扩张而非数量扩张引领的城镇化进程，也被赞许为体现出了"就近就地城镇化"或者"离土不离乡"的特色，在一定程度上避免了城镇化进程中人口过度向大城市集中而带来的种种弊端。

五 2000～2009年主动城镇化转向被动城镇化

进入21世纪，在国民经济持续增长的背景下，政府"严格控制大城市规模，合理发展中等城市，积极发展小城市"的指导方针出现了变化，城镇化发展的重点转移到"发挥大城市和特大城市的带动作用，发展城镇群并且开始重视大中城市在城镇化进程中的作用"，确定了把城市群作为城镇化的主体，并且提出"具备城市群发展条件的区域，以特大城市和大城市为龙头，发挥中心城市作用"的布局策略。小城镇在城镇化过程中的作用在政策上被弱化。大量人口向政策支持的大城市和特大城市集中聚集。2000～2009年，人口规模超过400万的城市数量从8个增长到了14个。

同时，乡镇企业在经历了20世纪80年代和90年代初期突飞猛进的发展之后，在90年代后期出现了生产总值增长速度放缓、吸收劳动力占农村劳动力比例有所下降，以及亏损面和亏损额增加的情况。相比于1992年增长率为52.3%、1993年增长率为65.1%，到2010年，乡镇企业完成国内生产总值增长率年增长速度只有11.38%。在吸引劳动力方面，截至2003年，绝对数量尽管仍在增长，达到了1.36亿，但是所占农村劳动力的比例从1996年最高的29.83%下降到了27.80%。因此，在政策重心转变以及乡镇企业支撑作用下降的情况下，小城镇在我国城镇化进程中的推动作用有所下降。

然而，如表3所示，2000～2010年期间，镇人口增长率尽管相比1990～2000年期间有所下降，但仍然达到了60.26%，高于同期城市人口的增长率（37.98%），也高于这一时期的城镇人口增长率（39.35%）。因此，在这一时期，尽管在此消彼长的过程中，小城镇的作用有所减弱，但小城镇在我国城镇化的进程中仍然扮演着重要的角色。

尽管经历私有化和逐渐走向产业转型和升级的乡镇企业仍然对小城镇的城镇

化进程有推动力量，但这一时期开始繁荣的房地产业和地方政府"土地财政"政策互动因素成为小城镇城镇化进程的重要动力。1998年我国住房体系经历重大改革，社会主义福利住房分配体系宣告终结。在住房私有化和市场化的进程中，伴随着住房价格、土地价格的暴涨，房地产业出现了前所未有的繁荣，通过招拍挂制度出售国有土地也很快成为很多地方政府主要的财政来源。随着土地资源价格的上升，"城市向郊区小城镇和农村扩张，小城镇和农村被转化为城市的一部分"这一曾经出现在东亚和东南亚发展中国家城镇化进程中的现象，成为这一时期我国城镇化的重要特色。如表4所示，在2000~2009年期间，与改革开放后截然不同，建制镇的数量出现了下降，同时伴随着乡的数量的大幅减少，隶属于城市的街道的数量大幅增加。2000年建制镇的数量达到20312个，2002年达到了20601个，然后就出现了逐年下降的趋势。到2009年，建制镇的个数为19322个，2000~2009年10年间的增长率为−4.9%。同时，乡的数量出现了大幅下降，从2000年的23199个下降到了2009年的14848个，10年间的增长率达到了−36%。与之形成鲜明对比的是，同期，街道办事处的数量大幅上升，从2000年的5902个上升到了2009年的6686个，增长率达到了13.3%。从这一数据比较可见，这一时期的城镇化主要表现为以城市向周边扩张，将镇和乡转变为隶属于市或者县城区一部分的街道。表5也进一步显示了在2000~2009年期间，城市建成区面积从22439平方公里迅速扩大到了38107平方公里，10年间增长了近70%，远远超过了同期的城镇人口的增长率。

表4　中国行政区划镇、乡和街道办事处数量比较（2000~2009年）

单位：个

年份	镇数	乡数	街道办事处数
2000	20312	23199	5902
2001	20374	19341	5510
2002	20601	18639	5576
2003	20226	18064	5751
2004	19883	17451	5904
2005	19522	15951	6152
2006	19369	15306	6355
2007	19249	15120	6434
2008	19234	15067	6524
2009	19322	14848	6686

资料来源：中华人民共和国国家统计局年度数据行政区划，http://data.stats.gov.cn/easyquery.htm？cn=C01，《中国统计年鉴2014》。

表5 中国历年城市建成区面积和城镇人口数量比较（2000～2009年）

单位：平方公里，万人

年份	城市建成区面积	城镇人口数量
2000	22439	45906
2001	24027	48064
2002	25973	50212
2003	28308	52376
2004	30406	54283
2005	32521	56212
2006	33660	58288
2007	35470	60633
2008	36295	62403
2009	38107	64512

资料来源：2002～2010年《中国统计年鉴》。

而这样由城市扩张，将周边小城镇转化为街道的城镇化模式，也意味着小城镇城镇化道路的重点由"主动城镇化"转向"被动城镇化"，即之前的通过吸引农业人口聚集，从事非农业生产的"主动城镇化"模式，转向了由房地产业发展与土地财政主导，直接将农业用地转化为国有的非农业建设用地，同时农业人口被直接划归为城镇人口的"被动城镇化"模式。

六 2010年之后从量向质转变的城镇化

我国的城镇人口占总人口的比率在2010年之前超过了世界城镇人口占总人口的比率，在2011年又第一次超过了农村人口占总人口的比率，这意味着中国有一半以上的人口生活在城镇中，我国正式迈入了"城市中国"的时代。

而在这一时期，政府的城镇化发展的重要性再次被强调，其发展重点再次出现变化，提出了"以大城市为依托，以中小城市为重点，逐步形成具有强辐射力的城市群，促进大中小城市和小城镇协调发展"的路线，也提出了"有重点地发展小城镇"，并且将小城镇发展的路径明确为转变成中小城市。在2014年发布的《国家新型城镇化规划（2014～2020年）》中提出了更加明确的小城镇发展方向："大城市周边的重点镇"逐步发展成为服务大城市的卫星城；"区位优势的小城镇"发展成为"文化旅游、商贸物流、资源加工、交通枢纽等专业特色镇";"而远离中心城市的小城镇和林场、农场等",在加强基础设施建设和社会服务的同时,"发展成为服务农村、带动周边的综合性小城镇"。同时,城镇化和新农村建设协调推进再次被强调。小城镇城镇化的模式开始展现了多样化的特点。

2010~2014年5年间,城镇人口的增长率为11.85%,尽管根据西方经验仍然处于城镇化率快速增长的区间,但城镇化率的增长速度与同期相比已经有所放缓。其间,建制镇的数量改变了上一个十年的下降趋势,再次出现逐年的增长趋势,从2010年的19410个增加到了2014年的20401个,达到了近5.1%的增长率。同时伴随着乡的数量在这五年间的逐年下降,从14571个下降到12282个,增长率为-15.71%,街道办事处的数量继续保持上升趋势,从6923个上升到了7696个,增长率达到了11.17%。数据显示"撤乡建镇,撤乡建街道"成为这一时期小城镇城镇化的特点。

然而之前房地产业和乡镇企业的总体发展对小城镇城镇化的推动作用也进一步减弱。尽管城市建成区面积仍然在逐年增长,但是和上一个十年相比增长速度也大为降低;同时,乡镇企业的发展速度也进一步减慢,2010年实现生产总值的增长速度只有11.38%,而到2012年1~5月累计完成总产值相比同期的增加值降到了10%以下,只有9.39%,与20世纪90年代初超过50%的增长率相比,已经不可同日而语。但是,作为经济发达程度重要代表之一的第三产业开始在小城镇兴起。2010年增长速度超过了乡镇企业总体增速,达到了12.3%。而到2012年,当乡镇企业总体增速已经下降到10%以下时,第三产业的发展速度仍然达到了12.2%。其中主要的规模化休闲农业、逐渐繁荣的服务业和商业扮演了重要的角色。在国家多样化的小城镇发展方针指导下,一方面,城市近郊小城镇成规模化的休闲农业在吸引城市人口、为城市服务的同时促进了当地收入的增长、农业人口的转变和产业升级;另一方面,国家推行的"新农村建设"不仅关注农村人口收入的提高,更关注引导农村人口逐渐实现生产方式、生活方式和文化观念的转变,这样在为远离城市的小城镇的城镇化进程提供了物质基础的同时,也提供了包括生活方式和观念转变在内的精神基础。也就是说,这一时期的小城镇城镇化进程在多种因素助推下,其模式开始由土地城镇化转向了人口城镇化,更转向了短期内少量统计数据难以直接反映出的从量变转向质变的"人的城镇化"。

城市社会篇

Urban Society

B.5

城市社区治理中"乡规民约"基础上的"两委三方"协议化合作制度的创新与实践

张丽曼　邵里庭*

摘　要：　在城市住房体制改革的条件下，我国城市社区呈现治理主体多元化的基本格局。针对多元主体并存、产权结构复杂、物业管理纠纷频仍、利益群体陷入"囚徒困境"，而基层社区缺乏多元主体协商合作机制、调控能力羸弱的情况，建立"乡规民约"基础上的社区"两委三方"协议化合作治理制度，通过社区居委会、业委会、物业服务企业签订"共建和谐协议书"，

---

*　本文是北京市海淀和谐社区发展中心《社区"两委三方"协议治理制度优化经验推广》项目组的集体成果。项目组成员：陈幽泓，中国人民大学副教授，北京市海淀和谐社区发展中心主任，本项目负责人；邵里庭，北京市海淀和谐社区发展中心业主、物业工作室主任，研究员，本文执笔人；黄传炜，北京市海淀和谐社区发展中心研究员；雷鲜荣，北京市海淀和谐社区发展中心办公室主任；张丽曼，中国人民大学副教授，北京市海淀和谐社区发展中心研究员，本文执笔人。

建立"乡规民约"基础上的职责明确、分工合作、信息沟通、行为规范、遇事及时协商、定期工作考评的工作机制和物业纠纷调处平台，达到整合社区资源，实现社区稳定安康的治理目标。

关键词： 城市社区　多元主体　"乡规民约"　"两委三方"　和谐共建

根据中共中央关于创新社区治理机制，提倡社区协商的指示精神，针对当前城市社区存在的多元主体协商合作机制欠缺、物业服务矛盾纠纷调处机制缺失、物业服务提供方和需求方陷入"囚徒困境"等实际问题，笔者设计了社区"两委三方"① 在"乡规民约"基础上实现多元主体协商合作共建的治理制度，并进行了一些初步尝试。笔者认为这一制度创新设计，通过发挥社区"两委三方"协商协调机制的作用，将会对消除物业纠纷隐患，把物业纠纷及时妥善地解决在基层，达到社区安康稳定的治理目标具有重要意义。

一　城市社区治理主体多元化趋向与治理的基本状况

（一）住房制度改革后城市社区治理格局的新变化

改革开放 30 多年来，我国城市社区治理结构已经发生了深刻的变化。突出表现之一就是街居辖区与物业管理区域的嵌套式结构，形成了社区管理和物业服务管理多元主体混合杂处的复杂结构。

1. 城市居委会辖区内驻区政府机关、公私企事业单位与居民住宅混杂相处的嵌套式结构

1998 年下半年，我国城市开始全面停止住房实物分配，实行住房分配货

---

① 目前我国城市社区中居民业主自治组织——居委会、业委会、物业服务企业和物业管理人三方依据共建共享协议，明确各自的责权利，实现协商共治，以达到社区稳定、居民生活安康的目的。

币化，许多企事业单位为了解决多年来职工宿舍住房建设方面的亏欠，利用国家划拨土地，开展多元化房地产开发，加快建设本单位职工宿舍住房，进一步加重了居民住宅与职场建筑物相邻混合的嵌套式格局。

2. 各企事业单位集资建房，形成了社区房屋多元化产权单位的嵌套式结构

在加快建造职工宿舍的过程中，为了解决资金缺口，数个企事业单位集资联合建造职工宿舍。通过房改，这部分住宅建筑物的专有部分作为房改房出售给了本单位职工，但是却留下大量的公共配套用房和建筑物共有部分没有出售，土地使用权与房屋所有权相分离，房屋专有部分与共有部分的产权相分离，形成房改房社区中房屋专有部分与共有部分的不同财产权的混杂局面。

3. 企事业单位将房屋开发权让渡给房产开发企业，造成社区不同性质的住房混合杂居的嵌套式结构

国有企事业单位在国拨土地上的职工宿舍住宅相邻处又开发了部分商品房住宅，或者在商品房区域内购买部分楼栋以优惠价格出售给本单位职工，以弥补房改房供给的不足，造成了社区内商品房与房改房的嵌套式混杂局面。

4. 农民定点回迁住宅与普通市民住宅的混合杂居的嵌套式结构

在城镇化过程中，大批农村集体土地被征用进行房地产开发，在建设农民定点回迁住宅区的同时实行村改居的行政改制，然而数年后回迁户出售出租了部分住房，据了解有些定点回迁社区中已有 30% 以上的居民/业主为非回迁户；还有的农民回迁定向住宅楼建筑在其他商品房住宅区之内，也形成了一种城乡不同文化背景的人群混合杂居的嵌套式格局。

5. 城市社区居委会行政辖区与物业管理区域交叉重叠的嵌套式结构

我国城市管理一直以居委会辖区为社区基本单位。改革开放以来，出现了新型的物业管理区域——新的城市居住单位。在居委会辖区的调整中，地方政府尽量照顾到物业管理区域的规划设计，使居委会辖区与物业管理区域尽可能相吻合，形成居委会辖区和物业管理区域嵌套式结构的典型。

总之，在住房商品化社会化过程中，城市住宅区基本上形成了各种类型的嵌套式混合结构。

（二）以财产权为基础的社区多元主体共存的基本结构

在城市社区居委会辖区和物业管理区域交叉重叠的嵌套式格局中，同时形

成了以财产权为基础的社区多元主体共存的基本结构。根据本中心的研究，目前我国城市社区物业管理多元主体结构见表1。

表1 社区物业管理多元主体权能一览

序号	主体	产权状况						备注
		所有权	使用权	管理权	处置权	监督权	收益权	
1	业主	√	√	√	√	√	√	购买了房屋的居民，即小区的产权人，兼有居民的身份
2	业主自治组织			√		√		业主委员会，业主权利派生（选举）出来的，代表业主行使财产权利
3	居民		√			√		1. 和业主共同居住的亲属 2. 租赁房屋居住的个人
4	居民自治组织			√		√		居民委员会，国家政权在社区的代表，代表政府和居民行使权利
5	有财产所有权的驻区单位	√	√	√	√	√	√	1. 房屋没有完全售完的房屋建设单位（开发商） 2. 有财产所有权的驻区单位（购买本社区房屋的） 3. 房改房的原产权单位（留有部分财产所有权）
6	无财产所有权的驻区单位		√			√		1. 租赁本社区房屋的企事业单位、社会团体 2. 租赁本社区房屋的个体工商户 3. 体制原因设立的社区服务站
7	物业企业、物业管理人			√		√		受业主委托对物业进行管理和服务，以此获得报酬
8	对社区物业管理具有某种作用的单位			√			√	1. 街道办事处 2. 区（县）社区建设领导部门（如社工委、民政局） 3. 政府房屋主管部门（房管局、建委等） 4. 行政主管部门（工商、税务、公安、消防、供水、供电、供气、供热、通信、卫视、环卫、园林、市政、城管、计卫、人社等） 5. 第三方物业管理监理评估机构

从表1可以看出，在社区治理结构中，业主及其自治组织、居民及其自治组织、物业企业以及物业管理人、驻区单位等，根据有财产权或无财产权，与社区物业管理有直接或间接关系，至少存在8种类型18个产权主体。这种多元主体同处一个社区共同体的状况是自新中国成立以来城市社区最显著的特征。

二 城市住宅区物业管理多元主体治理面临的困局

由于经济体制改革的迅速发展，城市社区多元治理制度设计尚处于探索阶段，各个治理主体在治理理念、协商合作意识、行为习惯养成等方面都处于起步阶段，所以在实践中经常出现多方面的不适甚至陷入困局。

（一）城市住宅区物业管理多元主体治理陷入困局的主要表现

1. 前期物业阶段多元产权主体协商合作机制的缺失

我国城市住宅建设没有与业主自治组织建设同步发展。在房屋所有权由开发商分割到业主的过程中，没有同步建立开发商和原产权单位的退出机制，使城市社区的产权结构一直处于不协调、不均衡的情况，成为社区物业纠纷的爆发点。

（1）B社区关于物业收费问题的纠纷。B社区是一个在原国有事业单位大院内多元开发形成的嵌套式混合居民住宅区，有1号和2号两座住宅楼，1号楼为商品房，2号楼为职工宿舍。住宅楼竣工以后，这个单位会同前期物业公司，先行核定了物业服务费的收费标准、物业费减免优惠范围，规定职工宿舍楼业主不交物业服务费，每年只缴纳36元钱的垃圾清运费，而商品房业主则依据开发商和前期物业公司核定的标准缴纳物业服务费，从而引起1号楼业主的强烈不满，致使1号楼和2号楼业主之间在物业费、解聘招聘物业公司、召开业主大会、选举业委会、停车位等诸多问题上难以达成一致。

（2）Y社区关于配套公建①财产权问题的纠纷。Y社区也是某国有企业在

---

① 《中华人民共和国国家标准城市居住区规划设计规范（2002年）》第6.0.1.条规定："居住区公共服务设施（也称配套公建），应包括：教育、医疗卫生、文化体育、商业服务、金融邮电、社区服务、市政公用和行政管理及其他八类设施。"实行住房改革以后，随着城市房地产开发业的发展，城市住宅区建设中出现了大量的配套公建房屋设施，其权属问题一直是各方争论的焦点。

国拨土地上开发的商品房社区。该企业在改制中倒闭。在法人主体灭失以前，凭借对国拨土地的占有，实现了对该住宅区配套公建的实际掌控，酿成了业主和土地供应商、房产建筑商之间关于公共配建在处置、收益等方面的长期纠纷。

（3）社区解决停车难问题的纠纷。近年来，社区内停车难和交通拥堵问题日益成为困扰居民生活的难题。社区居委会为了解决这一难题，采取了种种措施。但是有的驻区单位和居民不与社区合作，不参与协商，不按社区划定的停车位停车，私安地锁，经常酿成争夺停车位的纠纷。

2. 城市住宅区物业服务需求与供给双方之间的"囚徒困境"①

物业服务合同是规范物业服务市场供需双方行为的基础性法律文件。物业小区竣工交付使用，即进入物业服务企业与住宅业主依据双方签订的物业服务合同享有权利、履行义务的阶段。但是，由于种种原因，物业合同主体缺位，履行困难，纠纷不断，合同信誉关系没有真正建立起来。

（1）80%以上的住宅区没有建立业主与物业企业之间的合同关系。据统计，截至2013年，能够代表业主签订物业服务合同的业委会的物业小区数量不足社区总数的20%②。这就是说，80%以上的业主和物业企业没有建立合同关系，而是延续着开发商与物业企业的前期物业合同。因此，在物业费定价方面也没有经过物业服务供需双方的协商，没有反映供需双方的权利义务关系，当然也不能反映业主的意志。这种前期物业合同本身对业主没有法律约束力。针对这种情况，主管部门不是从完善市场主体入手解决问题，而是以业主接受了物企的"事实服务"为由要挟业主缴纳物业费，使物业市场不平衡的权利义务关系长期得不到纠正，物业费纠纷不断。

（2）物业服务费包干制的缺陷。在物业收费包干制方式下，业主向物业服务企业支付固定的物业服务费用，盈余或者亏损均由物业管理企业享有或者

---

① 囚徒困境(prisoner's dilemma)：博弈论的一种行为模型，即两个共谋犯被关进监狱以后，在信息隔绝的情况下，二人为了争取对自己最有利的判决而揭发对方，从而使警方获得二人的确凿证据，导致做出对二人预期不利的判决。在现实生活中，人们常常陷入"囚徒困境"，结果是两败俱伤，甚至数败俱伤。最佳的选择是摆脱"囚徒困境"，实现信息对称下的多元主体真诚合作，达到利益共享。

② 陈幽泓：《北京市物业管理办法实施效果评估报告（2013～2014年）》（北京市法制办项目）。

承担。这种物业收费方式表面看起来简便易行，但是弊大于利，多数物业合同纠纷都是由于这种物业收费制度安排不合理造成的。据北京物业管理行业协会于2013年2月对36家会员单位进行的调查统计，近5年来，共有3740件物业纠纷引发的诉讼，其中因合同产生的诉讼就有3397件，物业合同纠纷中涉及物业服务费的纠纷有3018件[1]，占到物业合同纠纷总数的91.5%。

由于物业费定价机制不合理，包干制物业费使用管理方式存在严重缺陷，所以成立了业委会的小区都把降物业费作为维权的手段，在此方面频频出招，成为社区物业纠纷的焦点。目前许多物业小区物业费缴费率基本上停留在60%~70%[2]。

综上所述，实行物业费包干制的社区都存在业主和物企之间关于物业费方面的纠纷，使物业服务陷入了一个怪圈（见图1）。

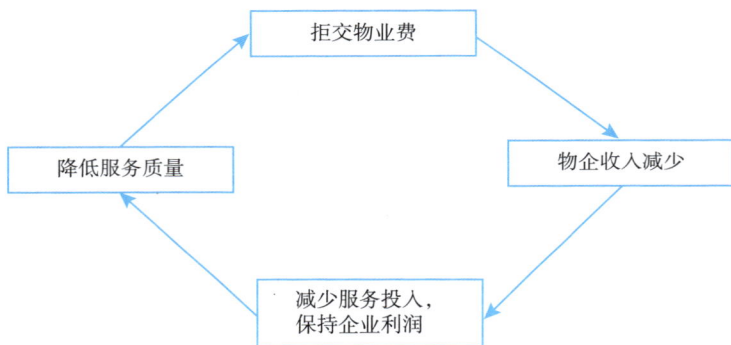

图1　物业服务的恶性循环

（3）业主在缴纳物业费方面的认识误区。经过20多年住房市场化的洗礼，大多数业主逐渐习惯了物业服务商品化的生活方式，但并不是真正认可，至今还存在种种认识上的误区：①"搭便车"。反正多数人都交了物业费，也不差我这一点，我不交物业费，也能享受到物业服务。②"法不责众"。只要业主们团结起来集体拒交物业费，物业公司甚至法院也没办法，只好接受降低物业费的要求。③"拿物业费顶包"。只要遇到房屋漏水、财物失窃、邻居违

①　陈幽泓：《北京市物业管理办法实施效果评估报告（2013~2014年）》（北京市法制办项目）。
②　陈幽泓：《北京市物业管理办法实施效果评估报告（2013~2014年）》（北京市法制办项目）。

章建设等侵权行为都将责任归于物业公司而拒绝缴纳物业费，以拒交物业费来弥补自己的损失，实现心理平衡。总之，缺乏合同信誉意识是欠费业主的普遍心理，也是物业欠费纠纷居高不下的重要原因之一。

（4）物业行业优胜劣汰竞争机制的缺失。近年来"炒物业"往往是业主维权的一个常用手段。市场经济条件下，企业之间通过竞争实现优胜劣汰本来是很正常的事情，但是在物业服务行业却是难上加难：①解聘招聘物业企业是业主的法定权利，必须通过召开业主大会进行表决并达到法定的人数和面积方能决定。但是这一决策程序极其复杂，业委会操作成功的概率很低。②对社区稳定负有主要责任的街道办事处和居委会干部不支持业主"炒物业"，怕换物业造成社区不稳定，设置种种障碍使业主换物业归于失败。③目前物业服务企业工作人员大多数素质比较低，对"炒物业"非常不理解，用种种非法手段恐吓威胁业委会成员及热心业主，阻挠业主大会顺利进行。④物业招聘市场不成熟，业主招聘到合适的物业企业比较难，不公平竞标和流标的可能性很大。在缺乏竞争机制的情况下，物业企业没有生存竞争压力，没有提高物业服务质量的内在动力，造成物业服务质量逐年下降。

3. 城市住宅区物业纠纷调解机制的纷乱

目前城市住宅区内部还没有形成比较成熟的物业纠纷调解机制，一旦发生物业纠纷，就到社区外部寻求解决办法，将社会上的不和谐因素带入社区内部，造成社区物业纠纷调解机制的纷乱。

（1）当事人自行协商面临的困局。在物业纠纷中，物企和业主之间各自强调自身的利益，互不相让，能够自行协商解决纠纷的很少。

（2）行政调解机制面临的困局。通过行政机制调解物业纠纷，尽管有关法规规定行政机构的调解主要采取"指导""建议""劝阻"等非强制手段，但往往强制命令，有的甚至徇私枉法，政府机构公信力面临危机，能够达到预期效果的很少，有的甚至是越调越乱。

（3）民间性非正式调解机制面临的困局。在新的社会条件下，社会组织、律师、业主维权名人在物业纠纷调解中比较活跃，但真正起到调解作用、平息纠纷的也不多见，有时会将业主自治活动的方向引偏。

（4）司法诉讼途径解决物业纠纷面临的困局。提起诉讼常常是纠纷当事人的"最佳"选择，但真正进入司法程序后，又发现司法程序极其复杂而难以驾驭，耗时费力成本高，常常是"赢了官司赔了钱"。在我国公民缺乏法治意识的大环境下，经常是"案结事不了"，不能真正终结纠纷。

（二）城市住宅区物业管理多元主体治理困局的原因分析

1. 法律制度不健全、不成熟的困境

城市居民住宅商品化私有化在实行了 30 多年住房公有制的中国是个新事物，法律制度本身存在滞后于社会现实的特点，物业管理法律制度体系不够成熟完善，在实践中常常使人们陷入无法可依、有法难依的窘境。

（1）法律制度不完善。物业管理涉及的法律关系极其复杂，而我们当前的立法速度跟不上物业管理服务事业发展对法律制度的要求，不能为各方当事人提供充足的法律规则。

（2）政策大于法。政策是我国法律的来源之一，但是某些领域长期无法可依，只能依靠政策，以言代法、以权压法现象时有发生。

（3）行政立法违背法理。行政立法过多过滥，某些行政机构为了保护部门利益，在制定行政规章时明显违背法理，甚至违背宪法原则，不仅难以定纷止争，甚至会激化矛盾。

（4）法义不明确。由于社会快速发展，社会利益结构不断调整，法律不得不体现出对社会利益关系的平衡，在一些重大问题上采取回避、绕行的策略；对一些掌握不准难以回避的法律关系，用语模棱两可甚至自相矛盾，不能自圆其说。

2. 以街居制为核心的社区管理与物业服务管理之间职能交叉的纠结

在城市住宅区的居委会辖区和物业管理区域重叠交错的嵌套式结构中，承担社区建设与管理职能的居委会与承担物业管理职能的业主自治组织之间也存在某种区别和职能交叉。在二者关系的研究和实践中，人们往往找二者之间的差别多，关注二者之间的联系少，产生许多认识上的误区。

（1）居委会和业委会各有工作对象，二者互不搭界。从字面上看，居委会的工作对象是居民，业委会的工作对象是业主，业主和居民是完全不同的两群人，工作对象不搭界。

（2）居委会和业委会各有职责范围，二者互不相干。居委会负责完成政府交办的工作任务，业委会负责完成业主大会委托的工作任务；居委会承担社会部分公共服务和公共管理职能,与全体居民打交道,业委会主要与物业企业和业主打交道;居委会工作不涉及业主个人的财产权问题,业委会工作与业主的财产权直接相关,所以在职责上不相干。

(3)居委会和业委会各有权力统属,二者互不关联。居委会的工作直接由政府派发,与社工委、民政部门、人力资源与社会保障部门、计生卫生部门、公安部门等相联系,业委会则由住建、房管部门进行专业指导,主管政府部门各司其职,居委会和业委会也各有分工,互不相关。

3. 各级政府横向切割、纵向专权,形成管理上的鸿沟

基层社区居委会和业委会两个自治组织之间的裂缝往往与政府行政管理方面存在的鸿沟有关。随着现代管理技术的发展,行政部门横向方面职能化分工越来越细,各行政主管部门往往强调各自业务的专业性,忽视合作与联盟,各个部门画地为牢,形成泾渭分明的部门门槛。部门之间的专业分割同时意味着部门利益的合法化,部门利益的合法化通过专业分工得以固化。房地产开发领域是城市土地资源重新分配、价值剧增的新兴领域,存在大量公共管理的空白和设租寻租机会,加深了部门之间的利益鸿沟。居委会、业委会、物业企业分属不同的行政部门管理,行政鸿沟往往造成这三者之间的裂隙。

4. "乡规民约"在城市社区治理活动中的缺失

"乡规民约"在乡村社会秩序的建构和维持上曾发挥过重要作用。在现代城市多元化社会结构迅速发展,传统社会秩序被打破,新型社会秩序尚未形成的情况下,"乡规民约"与国家法律存在极其重要的互补作用。但是,改革开放以来,我们在强调建设法治社会的过程中对"乡规民约"的积极作用有所忽视。存在"无用论""无能论""过时论"等认识上的误区,"乡规民约"没有得到人们的应有重视,处于严重的缺失状态,对社区治理制度的构建而言是极大的缺憾。

5. 物权法治活动中模糊观念的干扰

住房制度改革以后,随着城市居民住房的私有化,物权观念日益深入人心,自觉运用《物权法》开展业主维权活动已经成为城市社区处理物业纠纷的常态。这虽然是一种社会进步,但在对物权的认识上还是存在一定的偏颇。

(1)过分强调物权的先占性。无论是土地还是房屋,初始的占有者——

房地产开发商、房改房的原产权单位理所当然地拥有处置、支配房屋以及社区配套公建的优先权，掌管行政管辖权的机构习惯于支持财产的先占性，对后置的合法权利缺乏保护，通过各种变通的方法将事实上的先占变成法律认可的占有权，使这部分社区共同财产的转移不能正常完成。

（2）过分强调物权的绝对性、排他性。无论是法人还是公民，都把自己所拥有的财产权看成是绝对的、排他的，不容许任何人染指与分享，凡是涉及财产权主体之间需要合作让步的事情，一律不予妥协让步，"死磕"到底没商量，甚至采取极端行动，出现冲突态势，影响社区协商的发展。

（3）无视共同财产的共有共用性。共同财产是社区中私人财产的重要组成部分，是业主共同占有、共同使用、共同管理、共同处置的重要私有财产。一些业主往往将其等同于无主物，认为谁占了就是谁的，随便挤占，据为己有；只要自己方便，就可以随便改动，私搭滥建，全无业主共同财产不可侵犯的法治意识。

（4）过分强调物权的属物性。认为物权就是对物的权利，看不到物权所包含的人与人之间的关系，只要把物权拿到手，能够运用自己所拥有的物产生经济效益，就不管其他权利人的合法权益，甚至侵害、剥夺其他权利人的合法权益，影响人与人之间和谐关系的建立。

诸如此类关于物权的误解总体上反映了我国数千年农耕社会商品经济不发达的传统财产权意识，同时也反映了在单一公有制条件下被压抑的私有观念的一种释放，成为干扰多元主体协商合作，构建社区治理机制的思想障碍。

三　社区"两委三方"协议合作制度创新的基本思路

（一）城市社区"乡规民约"的含义

"乡规民约"即基层社会组织中社会成员共同制订的一种社会行为规范。"两委三方"协议合作制度是产权主体多元化的新条件下城市社区"乡规民约"的新类型。

（二）"两委三方"协议合作制度的含义

"两委三方"协议合作制度是北京市海淀和谐社区发展中心 2013 年以来

在调解社区矛盾的活动中，为解决社区多元主体协商合作方面出现的问题，构建多元主体协商合作共建社区和谐治理制度而进行的初步尝试。

（三）"两委三方"协议合作制度的内容

1. "两委三方"责任分工

（1）居委会责任：社区居委会负责牵头建立社区"两委三方"相关议事制度、召集三方联席会议并作出决议、保存和保管会议记录和相关档案。居委会负责协助小区业主委员会和物业服务企业不断改进物业管理工作，并负责协调三方共同妥善解决物业管理中的矛盾纠纷。

（2）业委会责任：主要负责执行业主大会的决定、维护业主的合法权益、督促业主遵守业主公约、协调业主缴纳物业服务费、监督物业服务企业履行合同，及时了解业主、物业使用人的意见和建议，并向物业服务企业反馈等。业委会有责任配合居委会做好社区内"两委三方"制度中与物业管理相关的工作及相关协议规定和议事会议共同决定的事务。

（3）物业服务企业及物业经理人责任：根据物业服务合同和"两委三方"协议负责社区内物业服务管理事务，如环境卫生、秩序维护、公共设施、设备保养及维护、停车场管理及交通安全等工作。物业服务企业和物业经理人在业主委员会和社区居委会的监督协调下，配合社区居委会和业主委员会开展社会公益活动，协助做好安全防范等工作。

（4）社区党组织责任：社区党支部书记任"两委三方"和谐共建共商工作组组长，负责社区的和谐共建共商的领导、协商、监督。

2. 建立"两委三方"和谐共建共商组织及会议制度

（1）社区物业管理联席会议制度。根据相关规定，当社区物业管理发生重大问题及纠纷时，"街道办事处、乡镇人民政府可以组织召开物业管理联席会议"。"两委三方"工作组代表本小区参加社区联席会议，该会议的职能如下：①了解民意。做群众与政府之间的桥梁，了解事情的来龙去脉，反映群众意见和呼声。②学习法律法规与政策。明晰法律政策规定，掌握处理原则，促成纠纷的解决。③制定原则、方法、程序、规则。共同协商处理原则、解决办法、途径、程序、规则、各方责任、督检、奖惩等，制成协议书，"两委三方"分别签署。④实施督检。成立督检小组，根据协议分工在规定的期限内督检各方完成任务情况，采取定期例会（1次/月、旬）督检、不定期专人督检相结合，促进协议落实。⑤总结奖惩。一事一总结，一事一讲评，对协议落实有成效的组织和个人，从社区维稳资金中给予奖励；履行协议职责不力的，搞清原因，确属签约方责任的予以社区内公开通报批评。

（2）组建成立以楼栋为单位的工作小组。楼栋工作小组由居民小组长、业主代表、物业楼管员组成。组长由小组人员推选，并报"两委三方"工作组备案。楼栋工作小组每月或每季召开一次例会，主要开展以下工作：①及时了解本楼栋业主居民对物业服务和社区建设的意见、建议，主动征询群众意见，用书面形式向"两委三方"工作组反映汇报，必要时参加联席会议。②向本楼栋业主居民宣传法律法规与方针政策。③协助工作组实施协议工作项目。④协助督检小组，监督检查协议实施情况。⑤协助街道和社区对"两委三方"工作进行评议，组织本楼栋居民/业主评选"文明家庭"和"文明居民/业主"，进行奖励和鼓励。

（3）"两委三方"和谐共建共商工作会议制度。"两委三方"工作组由组长主持，每月召开一次工作会议，并做好记录，也可根据需要召开临时会议。工作会议主要内容为：①听取小组汇报、列决重要问题。②对三方各自的决策与执行共商协调措施，及时商讨社区建设与物业管理的重大问题，提出处理意见。③定期参加街道主持的社区物业管理联席会议，上报信息、报表，及时向社区联席会议请示汇报"两委三方"工作情况。④遇有物业纠纷，可按照协议决定的方式组织专家组成咨询小组，召开咨询会、恳谈会、交心会，利用社区内外的调解资源，力求纠纷在本社区范围内得到解决。

（4）"两委三方"定期信息沟通制度。"两委三方"工作信息沟通采用定期格式的月报制进行交流。信息交流沟通内容为：①居委会主要沟通社区文明建设、治安消防、环境整治、文化活动、社区建设年度工作总结、社区文明建设满意度调查统计报告等情况。②业委会主要沟通业委会工作运行、财务收支、物业服务第三方监理评估报告、业委会会议主要内容、业主大会工作报告、业主大会决议、小区业主对物业管理满意度调查统计报告等情况。③物业服务企业和物业经理人主要沟通社区物业房屋维护及设施设备运行和物业客服管理运行、物业服务项目财务收支报告及明细、物业共同部分经营收支等情况，以及业主对物业服务满意度调查统计报告和物企、经理人年度工作总结报告等。

（5）"两委三方"工作考评制度。为进一步提高住宅小区物业管理工作总体水平，激发物业企业工作积极性，充分发挥物业企业在城市长效综合管理中的作用，建立"两委三方"工作考核机制，明确考核工作标准，积极营造社区管理发展的良好氛围。①掌握考核原则。首先，坚持客观、公正、合理、量化的原则。其次，坚持全面考核和重点检查相结合的原则。再次，坚持明察和暗访、现场查看和抽样调查相结合的原则。最后，坚持报表信息沟通执行原则。②确定考核时间。每季度测评一次，测评时间分别为 3 月、6 月、9 月、12 月。③确定考评内容。

在考评中应注意以下几点：第一，社区考核。主要围绕小区"两委三方"工作在社区建设中的执行力、协作力、创新力进行总体工作测评。第二，社会评价。聘请第三方中介机构主要围绕三方不同类型的工作内容和工作质量，进行社会满意度测评。第三，考核方式及分值比例。社区考核——日常督察（50%），社会评价——综合考评（50%）。第四，汇总通报。社区考评分于每季度递交第三方监理考评组织考核小组。第三方监理组织将考核情况及考核名次，以书面形式通报。第五，惩罚设置。可实行警示制度。凡是检查考核综合得分低于 60 分或连续排名为末 10 名的物业服务企业、半年度及年终业主调查满意率低于 60% 的，由街道（镇）向"两委三方"工作组发出警示函，并影响文明建设小区评审资格。

以上诸项制度要制作成《"两委三方"共建和谐工作协议书》一式七份，由居委会、业委会、物业企业（物业经理人）签章生效，并报街道办事处相关部门备案。

（四）"两委三方"协议合作制度的意义

1. 有利于促进社区多元主体力量的整合

社区居民自治组织——居民委员会、业主自治组织——业主大会、业主委员会，物业企业以及物业经理人这三个方面，是社区治理中的三根"顶梁柱"。实行"两委三方"协议合作制度有利于整合社区协商民主资源，降低因分散而造成的民主资源之间的掣肘与内耗，形成社区建设的合力。

（1）居委会和业委会的力量整合。

城市居民委员会依据法律是"居民自我管理、自我教育、自我服务的基层群众性自治组织"，法律规定其有 6 项任务①；业主委员会依据行政法规的规定是"业主大会的执行机构"，承担业主大会赋予的 5 项职责②。本文以法律赋予居委会的 6 项任务及其他 2 项职能为参照系，分解业委会的职责，比较二者的异同（见表 2）。

表 2　居委会与业委会职能对照

居委会（依据《城市居委会组织法》）	业委会（依据《物业管理条例》）
宣传宪法、法律、法规和国家的政策，维护居民的合法权益，教育居民履行依法应尽的义务，爱护公共财产，开展多种形式的社会主义精神文明建设活动	需要学习宪法、法律、法规和国家的政策，维护居民/业主的合法权益，监督业主公约的实施
办理本居住地区居民的公共事务和公益事业	接受业主大会的委托管理业主的共同财产，监督物业服务与管理
调解民间纠纷	可参与调解业主与物企之间的纠纷
协助维护社会治安	监督物业企业的治安管理
协助人民政府或者它的派出机关做好与居民利益有关的公共卫生、计划生育、优抚救济、青少年教育等工作	监督物业企业的保洁、绿化等服务质量
向人民政府或者它的派出机关反映居民的意见、要求和提出建议	及时了解业主、物业使用人的意见和建议
召集居民代表会议，支持居委会的换届选举工作，向居民代表报告年度工作总结	召集业主大会会议，报告物业管理的实施情况
	代表业主与业主大会选聘的物业管理企业签订物业服务合同
	监督和协助物业管理企业履行物业服务合同
完成政府部门交办的各项任务，包括协助街道办事处、乡镇人民政府指导、监督业委会开展工作，维护居民的合法权益	业主大会赋予的其他职责

通过表 2 我们可以看出，居委会和业委会有 60% 以上的职能是相关的。业委会工作的对象是业主，居委会的工作对象主要是居民。表面看是一个重大的区别，可是仔细分析，业主和居民之间的关系是密不可分的，居委会和业委

① 《中华人民共和国城市居民委员会组织法》［中华人民共和国主席令（第 21 号）1989 年］。
② 《物业管理条例》［中华人民共和国国务院令（第 379 号）2003 年］。

会是在不同的范围、不同的事务方面做着共同的事情。第一，居民和业主在身份上重合，业主即具有财产权的居民。第二，居民和业主之间是亲属关系。一户家庭可能只有1人或数人在产权证上署名，但与之共同生活、朝夕相处的亲属虽未在产权证上署名，关系却极其密切，或是夫妻，或是父母子女，或是祖父母与孙子女的关系，亲密的血缘使他们密不可分。第三，居民和业主之间有契约关系。一部分业主把房屋作为投资出租生息，业主与房屋租赁人依据合同形成了契约关系。第四，居民和业主之间存在某种债权债务关系。业主是社区专有部分和共有部分的产权人，承担提供全部物业保养维修服务管理费用的义务，居民是业主义务的享有者，即享有权利者。

法理上民事法律关系当事人的权利义务必须是对等的，各方面都不能只享有权利而不承担义务。因此，与在家庭中居民和业主相互尊重，追求家庭和睦同理，在社区中居民自治组织和业主自治组织也应该互相尊重、互相支持、情同手足、亲如一家，成为社区多元治理的伙伴，二者的力量应该整合并且也能够得到整合。

（2）社区建设与物业服务管理之间的力量整合。

物业服务管理是与社区治理密切相关的重要组成部分。实践证明，把物业服务管理纳入社区建设，实现社区建设和物业服务管理的整合是社区多元主体和谐共建的必由之路。

首先，我国城市社区呈现出居委会辖区和物业管理区域的嵌套式结构，一片居住区既是居委会辖区又是物业管理区域，二者犬牙交错、不可分割。

其次，物业是居民住宅区的物质基础。物业给社区业主/居民提供了居住条件，没有物业就没有居民的安居场所。物业还是业主/居民的主要私有资产，物业的保值增值会给业主带来财产利益。围绕物业进行的物业服务与管理给业主/居民带来居住的幸福感、舒适感。物业服务管理搞好了，物业状况良好，达规定的物业服务质量等级标准，社区居住功能的整体水平就能够提高，反之社区的居住功能就受到折损。因此，社区业主/居民的一切活动都离不开物业服务管理，没有物业状况的良好和物业服务的优质就没有社区建设的完美，搞好物业服务管理是业主/居民的共同愿望和目标。

再次，物业服务管理是社区建设的组成部分。承担社区建设责任的居委会工作面对的是住宅区的全体居民，具有明显的公共服务性质。而物业服务管理依据与物业产权人的合同，提供与业主共同财产相关的有偿服务，但享受到物业服务管理的却是全体社区居民，所以物业服务管理既有私人服务的性质又有公共服务的性质，可以定位为准公共服务。居委会承担的社区建设突出了物业服务管理的公共服务性，有利于整合全体居民的力量，协助业主监督物企，更好地促进物业服务管理。

最后，物业企业要自觉融入社区建设才有前途。处理好物业服务管理与社区建设之间的关系，建立与社区多元主体之间的密切联系，搞好与业主/居民之间的合作，是物业服务企业公共关系的重要内容。物业服务企业只有将物业服务管理业务自觉地融入社区建设之中，在提高物业服务质量的同时在社区建设中实现自己的价值，才能获得业主/居民的信赖和首肯，稳固自己在社区中的位置，增强企业竞争力。

2. 有利于发挥社区协商的积极作用

社区协商是中共中央倡导的基层协商的重要内容，"两委三方"协议合作制度是基层协商制度创新的一种尝试，为协调社区内多元化主体之间的利益关系，化解矛盾纠纷，对社区重大事项建言献策，各方主体同心同德搞好社区建设提供了合作平台。

（1）互信。实行"两委三方"共商共建，通过协议合作的工作机制为三者提供会商共同事务的平台，把三者的力量整合凝聚在一起，对关系到社区建设的重大问题，经常开诚布公地磋商，心往一处想，劲往一处使，发挥各自的优势，在合作共赢中增强了互信，形成精诚团结、合作共赢的风气。

（2）理性。在"两委三方"的主持下，通过召开协商会、恳谈会等各种方式为利益冲突各方提供公开、平等、理性的对话平台，将分散的利益诉求引导到协商民主这个通道中，建立平等对话机制，让各方利益充分表达、角逐和博弈，摆事实讲道理，心平气和地解决问题。通过协商、让步、妥协达成和解，降低非理性表达的风险，使矛盾纠纷不出社区就能解决。

（3）包容。"两委三方"协议共建提倡矛盾纠纷解决的开放性和包容性，指导各方当事人以包容的心态对待对方的利益诉求，将物权的传统属性与现代属性结合起来，求大同存小异，互谅互让，依法依规公平交易、利益分享，使矛盾纠纷妥善解决。

（4）秩序。"两委三方"协议合作平台，通过构建利益表达、利益聚合、利益协调、纠纷处理机制，将无序横流的群众意向汇集到畅通的协商通道中，使不同的利益诉求得以平等交流，最后朝着有利于社区公共利益、满足业主共同利益和维护业主居民私人合法权益的方向汇聚，使社区表达制度化、有序化。

（5）及时。"两委三方"协议合作平台形成以后，建立相对稳定的矛盾纠纷化解机制，减少了调处环节，降低了调处成本，推动各方回归到理性的秩序内完成对话和协商，及时地实现利益均衡，化解矛盾。

（6）规范。协商式民主需要制度来规范多元主体的行为。"两委三方"协议化合作制度是我们对协商式民主制度化、规范化、程序化的创新，通过和谐共建协议的签订，运用契约的形式建立协商民主保障机制，把社区民主纳入制度的框架内，使民主更有效率，能够更顺利地发挥其应有的作用。

3. 有利于弥补社区治理法律法规的缝隙，填补行政管理的鸿沟

解决社区问题，不能总是向上求解，不能依靠国家、政府和外在的因素施舍、派发、恩赐解决办法，要依靠社区自身的力量，发掘自身的潜力，通过社区自治体制机制来求解。

在城市基层社区建立"乡规民约"是一项宪法权利①。当前，我们之所以倡导城市社区的"乡规民约"，是因为"乡规民约"是对国家法律的有效补充。

（1）补充法律的不足。当前，当代中国社会正处于激烈变革的转型期，国家机关还不能适时地提供足够的或对路的"法律"服务来保障社区秩序，造成实际生活中国家法律不能满足广大基层民众迫切需求的情况，这就使"乡规民约"成为现行法律体系不可或缺的补充，在一定程度上填补了国家法律的不足。

（2）填补法律的空白。在物业纠纷中存在大量的非法律意义上的权利义务关系，超出了法律调解的范围，只能通过当事人之间的利益平衡来约定、协商、考量；还有一些关系社区重大公共利益的事务也超出了法律调解的范围，

---

① 《中华人民共和国宪法》（1982 年）第二十四条规定："国家通过普及理想教育、道德教育、文化教育、纪律和法制教育，通过在城乡不同范围的群众中制定和执行各种守则、公约，加强社会主义精神文明的建设。"

是社会公德、政治觉悟、献身精神、道德情操范围的事务，只能通过"乡规民约"来协调。

（3）弥补行政管理的鸿沟。通过"乡规民约"凝聚社区资源，发挥社区自身的凝聚力和感召力，解决自身的问题，能够弥补行政管理的鸿沟，更有效、更方便、更及时地解决社区纠纷。

"两委三方"协议属于城市社区"乡规民约"的一种类型，通过协议合作，发挥"乡规民约"及时灵活、简便易行的优势，使多元主体之间达成共识，实现合作共赢，对弥补社区治理法律法规的缝隙、填补行政管理的鸿沟具有重要的作用。

4. 有利于多元主体合作精神的培养

协商、妥协、分享、合作是一种人文素养，我国将其列入社会主义精神文明建设的范畴。党的十八届四中全会提出，支持各类社会主体自我约束、自我管理，发挥市民公约、乡规民约、行业规章、团体章程等社会规范在社会治理中的积极作用。"两委三方"合作协议所体现的"乡规民约"的上述积极作用，对形成社区内部人际关系方面的感恩、关爱、互谅、互让的风气，对整个社会提升道德素养、建立诚信体系、培养合作精神具有深远的影响。

（五）"两委三方"协议合作制度的保障

通过"两委三方"协议合作制度近3年来的初步尝试，我们认为，一种新生的萌芽状态的新制度是很脆弱的，需要一些内外因素的保障。

1. 在保障方面存在的主要问题

（1）缺乏平稳过渡可持续发展的能力。对新制度既要有持之以恒的信念和坚忍不拔的毅力，还应有平稳过渡和可持续发展的技巧。目前，社区居委会、业委会都实行任期制，经常遇到因换届而使一种好的制度难以为继的情况。特别是"一把手"的换任，这是业主自治组织常常遇到的难题，目前业委会实行的"三三制"还在实验过程中；居委会也每2年就会遇到人员的更替交换。物业企业相对稳定，但也会受到业主、业委会的干预，出现流动出局等情况。"两委三方"的主体存在很大的不稳定性。

（2）协议合作缺乏作为。"两委三方"协议合作作为一种非正式制度缺乏国家强制力的保障，本身缺乏制约力、控制力，其权威的取得主要靠协议签署者的修为和成就。一个制度形成以后,无所事事、无所作为、避重就轻,就只能成为"花瓶"和"摆设",没有生命力。因此,"两委三方"协议合作制度要把解决社区建设重大问题作为协议工作的内容,使协议工作不落空,在有所作为中体现自己的价值,增强生命力。

(3)缺乏应对突发事件的能力与技巧。"两委三方"非正式制度不成熟的原因主要是建立制度的人本身缺乏应对复杂突发局面的能力,知识准备不足,信息不对称,手段方法单一,缺乏协商谈判技巧,遇到突发事件缺乏应对能力,不善于解决纠纷矛盾,不舍得花力气维护新秩序。一个好的制度建立容易,但提高难,坚持更难。

2.主要措施

(1)加强街道办事处的支持与引导。街道办事处是距离基层社区最近的政府机构,担负着保证街区平安稳定的艰巨任务。将社会建设与物业管理相结合、将维稳与维权相结合,是全街区人民也是街道各部门的共同愿望。社区"两委三方"协议合作有利于社区及街区的稳定,理应获得街道的支持。法律和法规都赋予了街道对社区事务予以指导的职能,一方面街道部门不回避矛盾,及时对社区"两委三方"给予指导,另一方面社区"两委三方"也要主动求得街道的关注和指导,形成上下齐心协力共建文明和谐社区的合力。

(2)加强社区党组织的支持和参与。社区党组织身处社区之中,其成员不是业主就是居民,有搞好社区建设和物业管理的内在动力。社区党组织是社区的核心和灵魂,要不断以先锋作用引领社区走向和谐。一些党员的表态、行为常常成为普通群众的表率。在"两委三方"协议合作实践中,居委会、业委会、物企代表中的中共党员一方面要以党章来约束自己,做维护社区稳定的模范;另一方面要学习和熟练掌握运用法律法规提供的规则,规范自己和"两委三方"的行动,处理社区纠纷和矛盾,成为"两委三方"协议合作实践中重要的领导核心。

(3)审慎引入外来维权因素。目前我国已步入互联网时代,信息高速公路十分畅通,社区内部与社区外部各种信息随时可以沟通交流。这一方面加强了正能量的聚集和流动,另一方面也会招致负能量的侵入和干扰。这就需要对外来的维权因素加以甄别、选择和控制,增强识别能力,不轻信谣言蛊惑,谨慎对待外来因素,防止负能量的袭击和侵扰。

（4）发挥第三方物业评估监理机构的作用。具有合法资质的物业服务评估监理法人机构在规范物业服务市场，增强业主自治能力，提高物业服务质量，化解物业纠纷，扭转业主与物企、开发商之间信息不对称，保护产权人合法权益等方面具有重要作用。发挥独立的非政府的第三方服务机构的作用，建立业主组织与第三方机构之间的服务合同关系，将上述事务委托第三方服务机构承担，可降低由于信息不对称带来的自治风险，减少盲目非理性维权造成的损失，避免业主自治决策的失误。业主自治组织应当掌握运用第三方服务机构的技巧，通过合法、专业、规范的第三方服务来保障"两委三方"制度有效运行。

（5）不断为"两委三方"协议合作增添新内容。"两委三方"协议合作制度不能"空对空"，要根据社区建设不同时期的主要工作，不断增添协作的内容，为"两委三方"协议注入活力，使协议真正起到有的放矢、排忧解难、雪中送炭、锦上添花等实际效用。为了解决"两委三方"协议的效用问题，必须把社区建设的阶段性目标纳入协议合作的内容。同时，要把协议的时效规定好，解决在人员更替的情况下，维护协议的连续性和可持续性问题。

（6）加强社区"乡规民约"的信誉保障。社区"两委三方"协议合作制度是一整套规则，是规则就要遵守。排除干扰，遵守规则，是建立信誉机制的前提。"两委三方"签约人自身必须对契约有高度的热情，强烈的敬畏，饱满的信心，崇高的信仰，坚定的信念。信守合约，严守规则是一切正直的、忠实的、高尚的人的一般品格。在全社会确立诚实守信之风，要从社区做起，从交物业费做起，从履行物业合同做起。有了持"信誉"观念的人、习惯遵守规则的人，"两委三方"协议合作制度才会有精神依托和保障。

城市社区治理中"乡规民约"基础上的"两委三方"协议化合作制度的创新与实践刚刚起步，相信经过我们的不懈努力、不断尝试，定会使这一制度创新取得更多的成果，为城市社区治理增添光彩。

B.6

社会治理视野下社区社会
组织的培育与发展

张菊枝　赵晓华*

摘　要：　社会治理视野强调社会多元主体通过民主协商的方式解决社会问题。社区社会组织是社区治理创新的组织载体，具有基层社会治理能力现代化的重要功能，其发展状况基于社区类型、组织类型及成立原因等因素呈现出显著差异性。本文在对其发展现状、问题及原因进行深入剖析后，对培育社区社会组织提出了相应的对策，包括创造良好的政策环境、推动全民化公益意识的培养、开发文体娱乐类组织的公益力量、推进以服务对象评价为主的组织评估方式、提升社区精英的专业能力等。

关键词：　社会治理　社区社会组织　相关分析　公益意识　组织评估

　　民政部早在 2009 年《进一步推进和谐社区建设工作的意见》（以下简称《意见》）中就明确指出了社区建设的重要性和紧迫性，其中提到，社区的组织建设是社区建设的核心组成部分。只有以社区组织为依托，才能更好、更快、更有效地全面推进社区建设，否则，社区建设只能是空中楼阁。2015 年 7 月，全国社区治理创新工作会议在福建省厦门市召开，民政部部长李立国指出社区是社会的基本单元，是人民群众安居乐业的家园，是创新社会治理的基础

---

* 张菊枝，北京城市学院副教授，博士，研究方向为社区治理、社会工作；赵晓华，北京城市学院教授，硕士生导师，研究方向为社会建设与管理、劳动与社会保障。

平台，是巩固党的执政基础的重要基石，强调要把社区治理创新放在国家治理体系和治理能力现代化的进程中去推动，放在深化基层社会体制改革的实践中去落实。可见，社区治理创新是社会治理创新的基础平台，实现社会治理创新必须要着眼于社区建设。

一　社区社会组织培育与发展的重要性

社区社会组织作为社会组织的一种类型，在提供公共服务[①]、参与社区治理创新[②]以及开展居委会舆情疏导[③]等方面的作用越来越得到凸显和重视。"社区社会组织"，主要是指以社区为活动范围，以社区居民为成员或服务对象，以满足社区居民的不同需求为目的而成立的各种社团类组织和民办非企业单位，如社区老年协会、志愿者协会、舞蹈队、腰鼓队以及社区残疾人康复中心、妇女之家、"空巢"老人服务中心等。[④] 这一定义至少指出了社区社会组织的三个关键点，即它以社区为活动范围，以社区居民为成员或服务对象，以满足社区居民的不同需求为目的。

社区社会组织的培育和发展问题近年来成为学界关注的重点问题，也是政府致力于社会治理创新推动的重点领域。社区社会组织在推进国家治理体系和治理能力现代化中扮演着重要角色，也迎来了重要的发展机遇。这不仅在于它在社会治理创新中的基础性地位，更在于它能够切实在提供公共服务、参与社会治理创新等方面发挥积极作用。加强社区社会组织建设的重要意义主要体现在以下几个方面：第一，社区社会组织开展形式多样的活动，鼓励更多的居民参与，丰富居民的生活，满足居民多样化的社区服务需求。第二，社区社会组织通过建立被广大参与者接受的行为准则，培养人们之间的信任，防止机会主义行为的产生，有利于社区问题的解决。第三，社区社会组织能够反

---

①　吴素雄等：《社区社会组织提供公共服务的治理逻辑与结构》，《中国行政管理》2015 年第 2 期。

②　何欣峰：《社区社会组织有效参与基层社会治理的途径分析》，《中国行政管理》2014 年第 12 期。

③　于家琦：《论社区社会组织在居委会舆情疏导机制中的功能定位》，《理论月刊》2010 年第 3 期。

④　北京市社工委：《关于开展全市社区社会组织调查统计工作的通知》，2009 年 8 月 10 日。

映居民的诉求，在居委会舆情疏导机制中发挥重要作用，协助居委会做好社区舆情疏导工作，密切党与群众的联系。第四，社区社会组织是居民自我组织、自我教育和自我管理的良好学习平台，有利于促进基层民主建设，提高社区治理水平。

治理理论主张多中心，指出政府之外的治理主体必须参与到公共事务的治理中，政府与其他组织的共治、社会的自治成为一种常态。同时指出国家能力主要体现在整合、动员、把握进程和监督等方面，公民则不再是消极的被动的消费者，而是积极的决策参与者、公共事务的管理者和社会政策的执行者，在公民参与中，第三部门成为主要的组织载体。社会治理，顾名思义，对社会的治理，恰好是治理理论最集中的体现。社会治理视野强调社会多元主体的共同参与，强调通过民主协商的方式解决社会问题。而社区社会组织是社区治理创新的组织载体，其组织自身的发展以及组织参与社区建设的过程，均是民众进行自我教育、自我管理，以及进行民主协商等社会性教育的重要平台，也是推动基层政府体制改革的重要力量。

二 我国社区社会组织发展现状——以北京市为例

（一）全国社区社会组织的发展概况

近年来，社区社会组织在规模扩大、数量增加及质量提升等方面取得了一些成果，其对社区建设乃至社会建设的积极促进作用已初具成效。社区社会组织通过开展各种持续性的、有组织的社区活动和社区服务有效弥补了政府在教育、医疗、社会福利等各服务性社会领域的投入不足，主要是扩大了居民的社区参与，丰富了居民的社区生活，培养了居民之间的信任、居民对社区的信任以及居民对政府和社会的信任，增强了居民的社区归属感和荣誉感，有效推进了社区建设的深入发展，并为居民反映诉求提供了平台，有利于化解社区矛盾，为当前推进的社区自治提供组织保障，提高了社区治理水平，为推进和谐社会建设奠定了扎实的基础。截至 2014 年底，全国共有社会组织 60.6 万个，比上年增长 10.8%；全国共有社会团体 31.0 万个，比上年增长 7.2%；全国共有基金会 4117 个，比上年增加 568 个，增长 16.0%；全国共有民办非企业单位 29.2 万个，比上年增长 14.7%。① 另外，据上海映绿公益事业发展中心（2014 年 12 月）的调研统计，全国各类公益支持机构②共有 175 家，总数不包含北京市、上海市由政府主导的为社区社会组织直接提供培育、孵化及支持服务的各级各类社会组织服务中心，其中北京市提供信息服务的各区县社区社会组织公共服务平台共 17 家，上海市市级、区级及街道级的各类社会组织服务中心共 141 家③。这些社会组织服务中心正是为社区社会组织的培育、发展提供支持与指导，正体现了各级政府对社区社会组织发展的高度重视，这才使当前社区社会组织得以蓬勃发展。

据了解，在北京市，实际承担社会组织培育、孵化、发展指导工作的社会组织孵化器有北京市社会组织孵化中心、北京市朝阳区社会组织综合服务中心、北京市东城区社会组织指导服务中心、北京市西城区社会组织孵化中心、北京市房山区社会组织服务中心、北京市顺义区社会组织培育发展中心及北京市丰台区和义社会组织孵化培育合作中心。这些社会组织孵化器为北京市社区社会组织的可持续发展提供了重要支持，也推动了北京市社区社会组织的迅速发展。根据北京市社会组织公共服务平台的最新数据显示，截至 2015 年 12 月，北京市已进行备案的社区社会组织总数为 14466 个④。总体来讲，北京市各区县社区社会组织发展水平可以分为四个梯队。处于第一梯队的是西城区和海淀区，其中，西城区社区社会组织总数最多，为 2512 个，其次是海淀区，为 2502 个，相比其他区县来讲，这两个区的社区社会组织规模处于领先水平。处于第二梯队发展水平的依次是朝阳区 1883 个、丰台区 1464 个、东城区 1317 个和顺义区 1249 个，这四个区的社区社会组织处于蓬勃发展期。处于第三梯队发展水平的依次是通州区 862 个、大兴区 527 个、昌平区 495 个、石景山区 482 个和门头沟区 386 个，这五个区的社区社会组织发展具有巨大潜力。处于第四梯队发展水平的依次是平谷区 205 个，怀柔区 186 个，延庆县 165 个，密

① 数据来源：民政部《2014 年社会服务发展统计公报》。
② 公益支持机构是指通过提供资金、人力、知识、信息、技术、网络等支持或服务，提升直接服务社区、服务各类群体的公益组织更有效地解决社会问题的能力。
③ 上海映绿公益事业发展中心：《中国公益支持机构发展现状调研报告及公益支持机构名录》，2014 年 12 月，http://www.chinadevelopmentbrief.org.cn/news - 17597.html。
④ 北京市社会组织公共服务平台，http://bjmjzz.bjmzj.gov.cn/wssb/wssb/dc/shehuizuzhiList.jsp?websitId=100&netTypeId=2。

云县 164 个和房山区 67 个，这五个区县的社区社会组织的发展具有较大提升空间（见图 1）。另外，就单月社区社会组织备案情况来讲，以 2015 年 12 月为例，该月新备案的社区社会组织数量为 103 个，平均每天便有 3~4 个社区社会组织成立并进行备案。可见，北京市社区社会组织发展迅速，已成为服务居民群众、参与社区治理的重要力量和社区工作的重要载体。

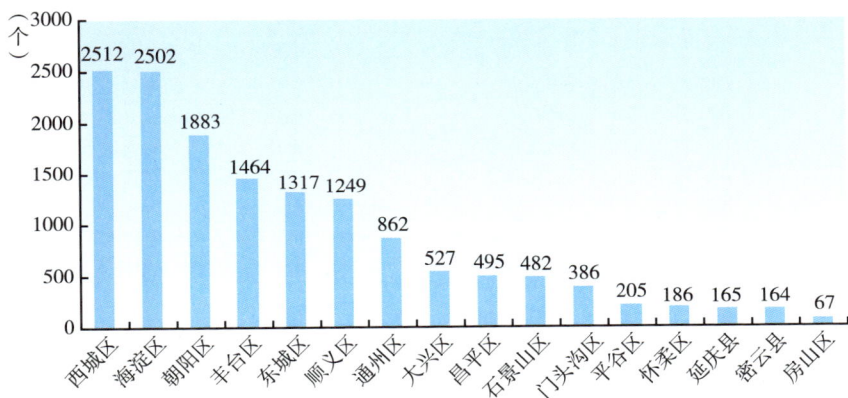

图 1　北京市社区社会组织区县分布情况（截至 2015 年 12 月）

（二）社区社会组织发展状况指标体系构建

社区社会组织发展状况的评估是一个系统性的、综合性的工程。社区社会组织作为社会组织的一种类型，具备正式组织的基本特征，区别于非正式组织，同时具备社会组织的一般性特征，如自愿性、自治性、非营利性、公益性等特征。从系统理论的角度来看，组织作为一种与周围环境进行交换的主体，需要与周围环境不断进行资源交换。因此，笔者将社区社会组织发展状况评估指标体系主要从组织外部支持情况和组织规范化情况两个方面进行构建。其中，组织外部支持情况既包括周围环境对组织发展的资源输入，也包括组织对周围环境产生的影响，具体指标包括街道、居委会的支持程度，组织活动经费的充足程度，组织活动受益人群的广泛程度三个方面。组织规范化情况主要是指作为正式组织的规范性程度，具体指标包括组织活动的规律程度、组织成员的稳定程度、组织管理制度的完备程度、组织决策的规范化程度、组织活动资料档案的完整程度、组织负责人才干的高低程度和组织未来发展规划的详细程度七个方面（见表1）。

表1   社区社会组织发展状况评估指标体系

一级指标	二级指标	具体变量
A. 组织外部支持情况	A1. 街道、居委会的支持程度	Q1. 政府部门对组织开展活动的支持
	A2. 组织活动经费的充足程度	Q2. 活动经费的充裕情况
	A3. 组织活动受益人群的广泛程度	Q3. 每次组织活动的参与人数
B. 组织规范化情况	B1. 组织活动的规律程度	Q4. 组织开展活动的规划情况
	B2. 组织成员的稳定程度	Q5. 组织活动的频率
	B3. 组织管理制度的完备程度	Q6. 组织活动参与者的稳定程度
	B4. 组织决策的规范化程度	Q7. 组织内部是否有规章制度
	B5. 组织活动资料档案的完整程度	Q8. 组织事务的处理方式
	B6. 组织负责人才干的高低程度	Q9. 组织负责人的文化程度
	B7. 组织未来发展规划的详细程度	Q10. 组织是否制定了自身发展规划

（三）样本的基本情况

基于社区社会组织的重要地位以及北京市近年来在推动社区社会组织发展方面的大力举措，2014年5月，课题组对全市范围内的社区社会组织进行了配额抽样调查①。基于北京市社工委对全市社区社会组织的统计数据分析，慈善公益类、文体活动类、生活服务类、社区事务类、志愿服务类五大类型的社区社会组织的数量存在一定的差距，其中以文体活动类和志愿服务类组织偏多，故在进行抽样时考虑到五种类型组织存在数量上的偏差而进行了配额抽样，最终文体活动类社区社会组织占总样本量的61.9%，占样本的最大份额，与总体的比例相匹配。可见，从抽样方法上考虑到了社区社会组织的现实情况，抽样具有代表性。课题组基于对社区社会组织发展状况的整体认识，考虑到不同城区、不同社区类型中社区社会组织发展状况的差异，最终对涉及北京市7个城区、25个街道的62个社区中的社区社会组织进行了抽样调查，共回收有效组织问卷339份、社区问卷62份。同时，课题组还对西城区广外街道、丰台区和义街道的社区社会组织进行了深度访谈。样本基本情况如表2所示。

---

① 该调查由2013年度北京市社会建设专项资金项目资助。

表 2　样本基本情况

单位：个，%

组织所在的社区类型			社区社会组织类型			社区社会组织成立起因		
类型	频数	百分比	类型	频数	百分比	类型	频数	百分比
传统社区	10	16.1	文体活动类	205	61.9	市区政府有关部门倡导成立	12	3.6
商品房社区	10	16.1	慈善公益类	10	3.0	街道办事处倡导成立	63	18.7
单位社区	7	11.3	生活服务类	24	7.3	社区居委会倡导成立	163	48.5
转型社区	6	9.7	志愿服务类	77	23.3	居民自我组织成立	91	27.1
混合型社区	29	46.8	社区事务类	15	4.5	个人倡导成立	7	2.1
总计	62	100	总计	331	100	总计	336	100

注：调研的总样本量为339，但由于缺失值的存在，造成"社区社会组织类型"频数总计为331，"社区社会组织成立起因"频数总计为336。

1. 社区社会组织所在的社区类型

从社区社会组织所在的社区类型来看，其中混合型社区所占的比例最大，为46.8%，其次为传统社区和商品房社区，比例均为16.1%，接下来依次是单位社区和转型社区，比例分别为11.3%和9.7%。混合型社区由传统社区、单位、商品房社区、回迁社区等两种或以上社区类型组成，这在被调查的社区类型中占较大比例。转型社区主要是指经历了诸如拆迁、回迁、重建、改制等重大转折的社区类型，具体包括正在拆迁的传统社区、村改居社区、保障房社区。

2. 被调查的社区社会组织类型分布情况

从社区社会组织的类型来看，文体活动类的社区社会组织所占比例最高，为61.9%，其他依次为志愿服务类、生活服务类、社区事务类和慈善公益类，这与北京市社工委的统计数据的比例分布基本相似。可见，文体活动类的组织仍然是社会大众最为容易接受和喜闻乐见的社区社会组织类型。

3. 被调查的社区社会组织成立起因情况

从社区社会组织的成立起因来看，在社区居委会倡导下建立的社区社会组织比例最大，为48.5%，其次是居民自我组织成立的社区社会组织的比例较大，为27.1%，这也正好反映出了居民自我组织意识的增强。另外，通过市区政府有关部门倡导、街道办事处倡导以及个人倡导等方式成立的社区社会组织也占一定比例，反映出了政府在推动社区社会组织培育与发展方面所做的努力，同时，居民个人的自主意识也在不断增强。

4. 社区社会组织所在社区的组织总数

从单个社区中社区社会组织的数量分布情况来看，单个社区中社区社会组织总数以 5 个最多，社区社会组织总数为 5 个及不足 5 个的社区占较大比例，另外也有一部分社区中社区社会组织总数较多，单个社区中组织总数达到 20 个，呈现百花齐放的繁荣景象（见图 2）。另外，经计算，单个社区中社区社会组织数量的均值为 5.46①（见图 2）。可见，从总体上看，单个社区中社区社会组织的总数为 5~6 个，组织的培育和发展仍然存在较大上升空间。

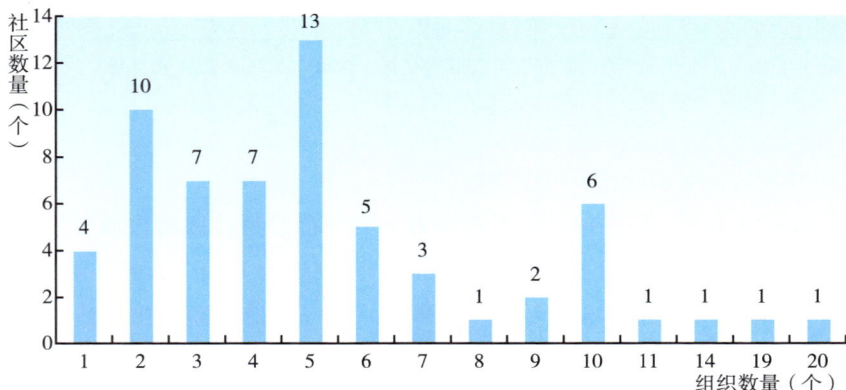

图 2　单个社区中社区社会组织数量分布

5. 被调查的社区社会组织成立时间情况

从社区社会组织成立时间情况来看，社区社会组织的成立数量随着年份的增长呈现不断上升的趋势，具体来看在 2006 年、2008 年、2009 年、2010 年和 2012 年成立的组织数量最多，这恰好与社区社会组织相关政策的出台及关键事件的推动紧密相关，如 2008 年奥运会等（见图 3）。随着社区社会组织政策的出台和完善，以及居民需求的挖掘及其自我组织意识的增强，将会有更多、更符合居民需求的社区社会组织得以成立。

———————————

① 计算方法为社区社会组织数量总计 339（横轴与纵轴乘积之和）与社区个数总计 62（纵轴之和）的比值。

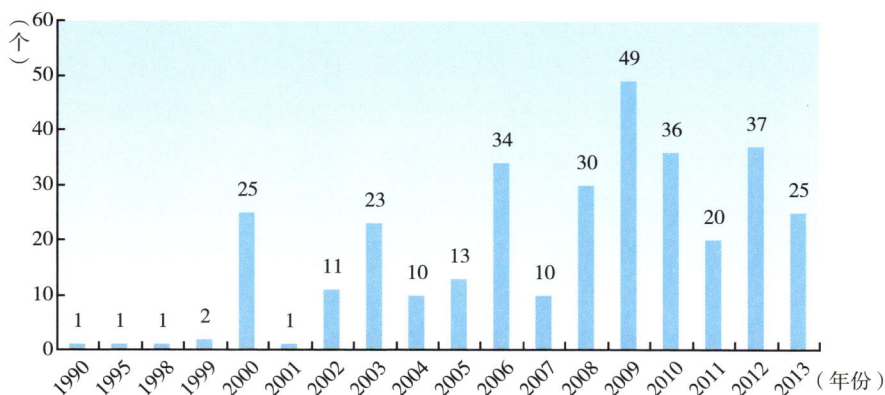

图3　社区社会组织成立时间分布*

*图中年份不连续是因为没有组织在该年份成立。

（四）社区社会组织发展状况的相关因素分析

社区社会组织发展状况的相关因素分析有助于了解影响社区社会组织发展状况的具体因素，为进一步的培育和支持计划提供有益支持（见表3）。

表3　社区社会组织发展状况与社区类型、组织类型及成立起因的相关分析

具体变量	社区类型	组织类型	成立起因
Q1. 政府部门对组织开展活动的支持	4. 802	3. 835	19. 511 ***
Q2. 活动经费的充裕情况	10. 180 **	6. 591	6. 336
Q3. 每次组织活动的参与人数	2. 625 *	12. 242 **	25. 429 ***
Q4. 组织开展活动的规划情况	7. 292 *	5. 456	1. 047
Q5. 组织活动的频率	4. 930	73. 905 ***	27. 750 ***
Q6. 组织活动参与者的稳定程度	4. 756 **	15. 011 **	11. 358 **
Q7. 组织内部是否有规章制度	6. 252	38. 381 ***	23. 296 ***
Q8. 组织事务的处理方式	9. 340 **	6. 662	5. 267
Q9. 组织负责人的文化程度	4. 802	28. 025 ***	16. 342 **
Q10. 组织是否制定了自身发展规划	4. 166	8. 661 *	34. 243 ***

$* p < 0.1 \quad ** p < 0.05 \quad *** P < 0.01$

1. 社区社会组织发展状况与社区类型的相关分析

社区环境是影响社区社会组织发展状况的重要外部条件，而社区类型是决定社区环境状况不同的重要因素。目前，在学界具有普遍意义的社区类型划分

方法主要是依据居民的社会和经济特征，把城市社区分为街道社区（由传统平房组成的传统型社区）、单位社区以及商品房社区三种基本的社区类型。这种类型划分体现了与社区成员个体社会经济地位直接相联系的社区经济特征，具有易辨别的特征。同时，这种划分趋向于"物化"指标，更注重"经济"因素，城市社区中的"物"成为区分社区类型的重要指标，这是市场化改革在城市社区中最为集中的体现，成为较为普遍的城市社区类型划分角度。因此，将社区类型按照这种物化指标进行划分具有合理性和必要性。另外，随着城乡一体化进程的推进和城市居民住房体系的完善，目前城市社区中还存在一类较为特殊但典型的社区类型，如正在拆迁改造的社区、村改居社区、保障房社区等，因此，这里单独将这类社区划分为一类社区，定义为转型社区。除此之外，因城市社区的复杂性，还存在大量的由不同典型社区类型混合而成的混合社区。

从相关分析结果来看，与社区类型相关关系较为显著的指标有：组织活动经费的充足程度、组织活动受益人群的广泛程度、组织活动的规律程度、组织成员的稳定程度、组织决策的规范化程度及组织负责人才干的高低程度。从数据分析结果来看，单位社区中的社区社会组织发展状况相对较好，接下来依次是商品房社区、混合社区、传统社区，发展状况相对较差的则是转型社区。单位社区的社区社会组织尤其表现为活动经费较为充足、负责人才干较好；商品房社区中的组织主要表现为组织决策规范化程度较高，在活动经费及受益人群广泛性方面稍显欠缺；混合社区中的组织主要表现为受益人群较为广泛，但在组织活动规律性和组织成员稳定性方面表现不足；传统社区中的组织活动较为规律，但在负责人才干方面稍显不足；转型社区中的组织除了其组织成员较为稳定之外，其他各个方面均表现不足（见表4）。

表4　不同社区类型中社区社会组织发展状况得分

单位：分

具体变量	社区类型				
	传统	商品房	单位	转型	混合
Q2. 活动经费的充裕情况	4	2	5	1	3
Q3. 每次组织活动的参与人数	4	2	3	1	5
Q4. 组织开展活动的规划情况	5	4	3	1	2
Q6. 组织活动参与者的稳定程度	2	4	3	5	2

续表

具体变量	社区类型				
	传统	商品房	单位	转型	混合
Q8. 组织事务的处理方式	2	5	3	1	4
Q9. 组织负责人的文化程度	1	4	5	2	3
得分总计	18	21	22	11	19

2. 社区社会组织发展状况与组织类型的相关分析

虽然各种类型的社区社会组织均是我国大力培育和发展的组织类型，但是不同类型组织的发展程度呈现参差不齐的局面。这能够为社区社会组织的进一步培育和发展提供有益参考。从相关分析结果来看，与社区社会组织类型相关关系较为显著的指标有：组织活动受益人群的广泛程度、组织活动的规律程度、组织成员的稳定程度、组织管理制度的完备程度、组织负责人才干的高低程度和组织未来发展规划的详细程度。从数据分析结果来看，文体活动类、慈善公益类和生活服务类的组织发展状况总体上处于相对较好的状态。而文体活动类的组织主要表现为组织受益人群较为广泛、组织活动的规律性强及组织成员较为稳定；慈善公益类和生活服务类的组织则在各类指标方面表现较为均衡，生活服务类的组织主要在组织成员的稳定程度方面有待加强；志愿服务类的组织主要表现为组织管理制度和组织未来发展规划较为完备，但是在组织受益人群的广泛程度方面表现不足；社区事务类的组织则表现为组织活动频率较低、组织发展缺乏长远规划（见表5）。因此，这提示我们在支持社区社会组

表5　不同组织类型的社区社会组织发展状况得分

单位：分

具体变量	社区社会组织类型				
	文体	慈善	生活	志愿	事务
Q3. 每次组织活动的参与人数	5	3	4	1	2
Q5. 组织活动的频率	5	4	3	2	1
Q6. 组织活动参与者的稳定程度	5	3	1	2	4
Q7. 组织内部是否有规章制度	1	2	3	5	4
Q9. 组织负责人的文化程度	1	3	5	2	4
Q10. 组织是否制定了自身发展规划	2	4	3	5	1
得分总计	19	19	19	17	16

织可持续发展方面要根据社区组织类型的不同特点因地制宜。尤其需要指出的是，文体活动类的组织在受益人群广泛性、组织活动规律性及参与者稳定性方面表现出较大优势，在一定程度上可以很好地发挥社区社会组织自治性、自愿性及公益性的优点，因此具有培育和发展的潜力。

3. 社区社会组织发展状况与组织成立起因的相关分析

社区社会组织从"无"到"有"的过程是决定社区社会组织发展方向和重点的重要因素，也会影响组织的发展状况。因此，对组织发展状况与成立起因进行相关分析有助于我们把握培育社区社会组织的方向和重点。从相关分析结果来看，与组织成立起因相关关系较为显著的指标有：街道、居委会的支持程度，组织活动受益人群的广泛程度，组织活动的规律程度，组织成员的稳定程度，组织管理制度的完备程度，组织负责人才干的高低程度和组织未来发展规划的详细程度。从数据分析结果来看，由市区政府有关部门倡导成立的组织发展状况相对最好，其次是由居委会倡导成立的组织，其余的由街道办事处成立的组织、居民自发成立的组织和个人倡导成立的组织发展状况相差不大，但是各种起因成立的组织发展状况在具体指标方面各有千秋。市区政府倡导成立的组织尤其在受益人群广泛性和组织成员稳定性两个方面较差，而在其他方面表现较为突出；居委会倡导成立的组织在各个指标方面均表现较为中等；居民自发成立的组织主要表现为组织活动规律性强、组织成员稳定性较强，但是在组织负责人才干及组织未来发展规划方面则明显不足；由街道倡导成立的组织主要表现为组织活动规律性较差；个人倡导成立的组织主要表现为组织受益人群较为广泛，但政府支持不足、组织管理制度不够完备（见表6）。

表6 不同成立起因的社区社会组织发展状况得分

单位：分

具体变量	社区社会组织成立起因				
	市区	街道	居委会	居民	个人
Q1. 政府部门对组织开展活动的支持	5	4	3	2	1
Q3. 每次组织活动的参与人数	1	2	3	4	5
Q5. 组织活动的频率	2	1	3	5	4
Q6. 组织活动参与者的稳定程度	1	2	4	5	3
Q7. 组织内部是否有规章制度	5	4	3	2	1
Q9. 组织负责人的文化程度	4	3	2	1	4
Q10. 组织是否制定了自身发展规划	5	4	3	1	2
得分总计	23	20	21	20	20

通过以上分析可以看出，作为一个事关社区治理有序化、科学化的重要主体，社区社会组织的发展状况并不是铁板一块，而是基于不同因素存在显著差异。我国社区社会组织因其自身特殊性，如政策推动性、公益性、自治性等，在发展过程中，受到诸如社区环境、社区社会组织自身定位及政策支持等多重因素的影响。因此，在社区社会组织培育与发展的具体过程中，我们不能一视同仁，不能忽视组织的具体性、特殊性和差异性，而需要立足社区社会组织的客观条件，因地制宜地选择适合组织自身发展需要的支持计划。如何才能把握组织自身的真实需要，不是政府意志抑或个人意志的体现，而是组织在不断发展过程中、不断满足社会需要过程中自觉、自醒的结果。要想社区社会组织能够在社区治理创新中发挥不可替代的重要作用，必须使其在社会认可度不断增加的环境下，在对自身综合能力自觉、主动追求的过程中，真正成为满足社区居民各类生活需求、文化需求、公共参与需求等的重要组织载体。

三　制约我国社区社会组织发展的原因剖析

缺乏资金、缺乏人才和缺乏场地是社区社会组织在抽样调查时提及最多的三大主要问题，从社区社会组织自身发展的实际状况来讲，这三个方面也确实是制约组织规模化、规范化发展的重要问题（见图4）。

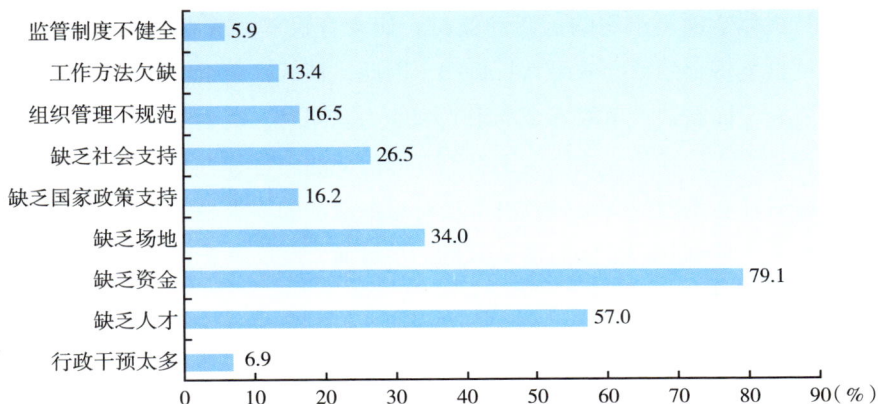

问题	百分比（%）
监管制度不健全	5.9
工作方法欠缺	13.4
组织管理不规范	16.5
缺乏社会支持	26.5
缺乏国家政策支持	16.2
缺乏场地	34.0
缺乏资金	79.1
缺乏人才	57.0
行政干预太多	6.9

图4　社区社会组织发展面临的问题

然而，通过对政府、企业、社区精英等多方主体的深度访谈及相关政策、文献研究发现，这三大问题并不是问题的根本，而是深层次原因的外化体现，如何克服当前制约社区社会组织发展外化的这三大问题，需要我们追究制约社区社会组织发展的深层次原因。我们发现，制约我国社区社会组织发展的原因主要表现在以下三个方面。

（一）社会支持不足，社会认可度不高

不管社区社会组织自身还是相关政府部门等相关主体，均认为缺乏社会支持是制约社区社会组织发展的主要原因。从根本上来讲，社会支持不足也确实成为组织缺乏资金、缺乏人才、缺乏场地的深层次原因之一。没有社会的支持，居民参与组织及组织活动的热情不高；没有社会的支持，组织缺乏社会性资源的支持，如资金、场地甚至人才。这样的局面也致使组织缺乏社会认可，得不到可持续发展，陷入自娱自乐的单一循环中。

（二）筹资渠道单一，评估方式偏行政化

筹资渠道单一是制约社区社会组织发展的又一原因。据了解，按照政策北京市每个社区平均每年8万元的社区公益金均是为了支持社会建设、社会组织发展，而实际上，这笔资金的花费却是充满曲折的。相关政府部门对资金的使用领域及其效果大伤脑筋，社区却不知如何有效利用这笔资金，结果通常只是用于支持文体活动类组织购买活动器材，如录音机等，或者用于购买会议礼品，这使这笔资金的社会效果大打折扣。因此，社区社会组织的发展通常并不是缺乏资金，而是缺乏争取资金的眼光和能力。同时，资金的来源也决定了组织活动评估方式，评估方式决定了组织开展活动的内容和方式。很显然，来自基金会或者社会捐赠的资金与政府资金对组织活动的要求是不同的，而前者正是推动社会治理创新的重要力量。但是，在目前，政府资金仍然是社区社会组织的主要来源之一。

以北京市西城区某街道为例，全街道共有29个社区、423个社区社会组织，属于社区社会组织发展状况较好的街道。从社区社会组织的经费来源看，全街道经费总计为68.1735万元，其中政府资助的经费为64.578万元，占比为94.73%，服务性收费为0.26万元，会费收入为0.4055万元，社会捐赠为

0.55 万元，其他收费为 2.38 万元①。可见，政府资助是支持社区社会组织运转的主要力量。单一的筹资渠道使得社区社会组织活动评估方式难免受政府部门评估方式的影响，表现出偏行政化的取向。而偏行政化取向的评估方式对社区社会组织发挥其公益性、自治性的功能是不利的，也是制约社区社会组织可持续发展的瓶颈。

（三）人才结构单一，专业能力不足

人才是组织发展的基础，缺乏人才一直被称为是当前社区社会组织发展面临的又一重要问题。对于社区社会组织，组织人才往往来源于社区，只有这样才能更好地服务于社区，才能持久地参与组织发展。当前社区社会组织的人才结构主要是由具有文艺、管理等才能，具有爱心、公益心的社区居民组成，对组织发展发挥至关重要作用的人主要是以组织负责人等社区领袖为主，社区领袖的偏好、兴趣决定着组织活动的内容及发展的方向，往往某一社区领袖决定着一个组织的存亡。过度地依赖于个人魅力和才能的组织大多是不能持久的，也无法促使组织的科学化、规范化发展。因此，人才结构单一和专业能力不足也是制约组织发展的重要原因。

总而言之，以上三方面的原因又是紧密相连、环环相扣的。社会支持不足最直接地体现为在社区社会组织发展过程中社会力量参与不足，这也导致了筹资渠道单一；单一的筹资渠道又无法吸引专业人才，过度依赖于社区领袖的人才结构也很难吸引专业人才；缺乏专业人才又使得组织无法拓展更广泛的资金来源，无法开展更专业的组织活动，无法更好地发挥组织服务于社区居民的优势；等等。因此，从组织的长远发展来讲，破解这些难题需要政府相关部门、组织自身、社会力量等多方主体的共同参与，从大处着眼、小处着手，在营造社区公益的良好氛围中促进组织的长远发展。

四 培育社区社会组织的对策建议

为了应对多元异质性的城市社会，为了应对社区居民日益增加的物质文化

---

① 北京市西城区某街道社区办 2009 年统计数据。

需求，城市政府的管理功能必须不断变化，政府管理的视野、管理的重点以及管理的方式都将呈现出新的特点，"它由原来具体而繁多的公共物品的提供甚至直接生产，走向宏观性的地方战略管理和社会资源整合管理；从日常的事务性管理，走向决策和协调管理；从自上而下的命令与指挥，转向维系社会资本、促进社会多元治理主体间的斡旋与合作、发展地方治理的网络体系。"[1]可见，在多中心的治理结构中，政府的角色不再是"运动员"，它的作用与责任不仅没有降低和减少，反而变得越来越重要，承担起宏观的战略管理、具体的协调管理以及培育社会资本的重大任务。也就是说，在新时期，关键的问题已不再是社区社会组织是否要发展、应该怎样发展，而是社区居民不断提升的物质文化需求、不断提升的生活品质的追求对自身组织化的需求也将日益增加。因此，在当前很长一段时间里，政府支持、引导社区社会组织发展过程中主动参与的显性化角色需要转变，城市政府必须要重新认识和定位政府在公共管理活动中的角色，变显性化的积极主动参与社区社会组织的培育和发展为具有前瞻性、反思性地发现问题、解决问题，营造组织发展的社会氛围。

（一）创造良好的政策环境

首先，要完善社区社会组织各方面的法律、法规制度，包括社区社会组织的成立制度、规范性制度、评估机制、奖惩机制和财税机制等一系列长效机制或制度，给予维持社区社会组织良好运转的制度保证。其次，要做好这些政策制度的宣传倡导工作，为营造社区社会组织蓬勃发展的氛围创造政策环境。再次，对不同类型的社区社会组织要给予明确的定义和性质界定，并成为一项政府常规工作，要求社区工作人员明确各类社区社会组织之间的差异，使其有重点、有倾向性地引导不同社会组织的健康发展。还有，由于社区社会组织类型的不同，获得收入的能力和渠道也不同，这样，政府在进行给予支持的制度设计时也应该有所区别、分类指导，什么类型的组织应该坚持什么样的原则、执行什么样的规定、获得怎样的经费支持，这些都应该纳入制度化程序。

---

[1] 孙柏瑛：《当代地方治理——面向 21 世纪的挑战》，中国人民大学出版社，2004，第 198 ~ 199 页。

（二）推动公益意识全民化的培养

社区社会组织具有公益性，其成员需要具有公益心。然而，要想社区社会组织得到更持续的发展，需要推动公益意识培养的全民化，营造全面参与公益的良好氛围。政府需要从政策制定和宣传方面注意进行公益意识全民化的培养，形成人人热爱公益、人人参与公益的氛围，对参与公益的个人和组织给予一定的政策奖励或扶持，如税收优惠。作为市场主体的企业应该主动参与公益，创造一定条件和相关制度激励员工参与公益，如在倡导加大"带薪休假"的员工福利时，将员工参与公益的时间与休假的时间联系起来，让员工在享受自身福利的同时，能为企业履行社会责任尽一份力，以形成双赢局面。当然，公益意识全民化的培养是一个系统的工程，是一个润物细无声的过程，需要渗透到全体公民生活、工作的点点滴滴，只有这样，才能实现公益意识的全民化，才能在社会治理过程中动员社会力量。

（三）开发文体活动类组织的公益力量

目前北京市关于社区社会组织的发展目标是要建立"以服务为主，以娱乐为辅"的类型齐全的社区社会组织。但矛盾的是，当前文体活动类的组织反而是发展状况明显较好的组织，不仅数量较多、规模较大，而且民众参与程度较高、活动受益人群较为广泛；相反，由政府大力倡导并推动的各类志愿服务类组织虽然在组织制度规范、组织发展规划方面明显优于其他类型的组织，但是在组织活动受益人群广泛性、组织活动规律性等方面却明显落后于文体活动类的组织。可见，文体活动类组织成员是社区组织化的主要力量，也将会是推动社区公益的重要力量。因此，我们不妨大力开发文体娱乐类组织的公益力量，推动自益性组织向公益性组织发展，这不仅是文体娱乐类组织发展的方向，也是社区社会组织发展的方向。

那么，在推动、引导转变的过程中，首先是要明确政府对慈善公益类社区社会组织的指导原则，像我们调查中的慈善公益类组织，如治安巡逻队、姐妹指路队、环保志愿者队、红十字队等，其从事的是慈善和公益方面的事务，其持续性运转的条件是什么？单凭成员的志愿精神是不够的，其持续发展要依靠社会的捐赠抑或是居委会的支持，获得社会捐赠才是发展的长久之策，这也是增强社区自我救助功能、拓宽基层社会救助渠道的重要方式，但必须要建立捐赠的相关制度以明确捐赠人和获得捐赠组织的相关权利与义务。而这正与上述政策制定、政策倡导、营造全面公益的氛围息息相关。

（四）推进以服务对象评价为主的组织评估方式

要想改变当前筹资渠道单一的局面，除了创造更好的条件扩大社会参与之外，还需要改革社区社会组织的评估方式，扎实推进以服务对象评价为主的组织评估方式。据了解，当前社区社会组织的培育和发展更多的是通过建立各级枢纽型社会组织。枢纽型社会组织作为管理、监督各类社区社会组织发展的主体、事实上的二级服务提供方，在当前政府资助占主导地位的前提下，其运作和评估方式不可避免地打上了官僚化烙印。对于服务社区居民的社区社会组织来讲，这种评估方式是不利于组织发展的，建议以传统民主评议来进行考评，这是促使组织回归其公益性本质的重要方式，也是打破筹资渠道单一化的助推器。

（五）提升社区精英的专业能力

社区精英往往是支撑社区社会组织发展的重要力量。社区精英作为社区社会组织的骨干力量，需要不断提升自己的专业能力，加强社会组织运作专业知识的学习。这不仅是政府的责任，也是自身发展的必然要求。专业水平能为组织带来更充足的资金来源，专业水平能为组织带来更为广阔的、更具持续性的发展空间，专业水平能为组织吸引更多的公众。同时，通过自身专业能力的不断提升以及专业知识的不断学习，使组织在与政府合作过程中保持自身的独立性，逐渐从完全依赖主管单位到独立自主安排自身活动，真正发挥社区社会组织应有的诸多功能。

总之，社区社会组织的培育和发展是创新社会治理方式的重要内容，也是承担和谐社区建设任务的重要组织载体，在推进社区公益、开展社区服务、解决社区问题、满足居民需求等方面发挥着越来越重要的作用。缺乏资金、缺乏人才、缺乏场地成为制约组织发展最为突出的外在表现，这些问题与社会支持不足、筹资渠道单一及人才结构单一等原因息息相关。破解这些难题需要政府、市场、组织自身等主体从大处着眼、小处着手，紧密围绕社区社会组织的特点推动其发展，使其充分发挥服务社区、服务居民、参与社区建设的功能。

B.7
中国城市街道办事处战略性绩效评价体系研究

黄玉玲　程 雁*

摘　要： 街道办事处的绩效水平直接关系着政策的落实和政府形象的塑造，因此建立城市街道办事处绩效评价体系至关重要。本文在深入研究绩效评价相关理论和"平衡计分卡中国化模式"实践经验的基础上，针对现阶段我国城市街道办事处绩效评价中存在的问题与不足，以北京市M街道办事处为例，努力探索符合我国城市街道办事处战略发展的绩效评价体系，以期给我国城市基层组织建设与发展提供相关借鉴。

关键词： 街道办事处　战略　平衡计分卡　绩效评价

随着近年来我国城市化的快速推进，处于城市管理体系最末端的街道办事处作用日益凸显。作为我国城市基层政府组织，街道办事处承担着城市管理、社会建设和公共服务等诸多职能，其绩效水平直接关系着该城市的政策落实和政府形象，因此构建城市街道办事处绩效评价体系至关重要。然而，当前我国城市街道办事处的绩效评价实践普遍存在缺乏战略导向、公众参与不足、评价指标体系设置不合理等各种缺陷，亟须向关注组织与个人协同发展的战略性绩效管理转变。在绩效评价相关理论和"平衡计分卡中国化模式"实践经验的

* 黄玉玲，中国人民大学公共组织绩效管理研究中心研究人员，中国人民大学公共管理学院博士生，研究方向为医院管理、公共部门人力资源与政府绩效管理；程雁，北京市西城区区委办公室科员，中国人民大学公共管理学院公共管理硕士，研究方向：公共部门人力资源管理和政府绩效管理。

基础上，本文综合运用文献研究法、实地调查法和案例研究法，以北京市 M 街道办事处为例，努力探索符合我国城市街道办事处特点的战略性绩效评价体系，以期给我国城市基层组织建设与发展提供相关借鉴。

一　相关概念与理论综述

（一）街道办事处

街道办事处是我国基本城市化的行政区划。根据 1954 年颁布的《城市街道办事处组织条例》和 2004 年修正的《地方各级人民代表大会和地方各级人民政府组织法》，街道办事处的法律性质为市辖区、不设区的市人民政府的派出机关。参照《北京市街道办事处工作规定》（1999）等地方政府相关文件，街道办事处的具体职能主要有四个方面：一是城市管理职能，负责环境卫生、绿化美化和违法建设查处等工作；二是社会管理职能，开展流动人口管理、婚姻登记、计划生育、人民调解、促进就业等工作；三是社区服务职能，包括发展社区服务事业、组建志愿者队伍、兴办福利事业、做好社会保障等；四是居民工作职能，包括反映居民诉求和组织群众性文教卫体、科普等社会公益活动。与其承担的各项职能相对应，街道办事处内部一般设有城市建设科、社区建设办公室、综合治理办公室、社保所、民政科、计划生育办公室等科室，内部组织机构健全，部门职能明确。

街道办事处是一个极具中国社会主义特色的政府基层组织。从世界范围来看，欧美发达国家和亚洲的日本、新加坡等国家政府都认为，城市由社区组成，社区是城市的基本组成单元，普遍将社区管理作为城市最基本的管理面，没有设立街道层面的管理层级。[1] 20 世纪 50 年代，联合国经济社会理事会出台了"社区发展计划"，建立了联合国社会事务局社区发展组，在许多国家和地区开展社区发展运动。时至今日，全世界已有 100 多个国家执行"社区发展计划"。因为不同国家的国体和国情的差异，城市基层管理

---

① 卢学晖：《社区精英主导治理：当前城市社区自治的可行模式》，《宁夏社会科学》2015 年第 4 期。

模式也千差万别，现列举几种比较有代表性的国外城市基层管理模式，如表1所示。

表1　国外城市基层管理模式

国家	城市基层管理模式
美　国	社区自治模式：市政府下的管理层是社区管理委员会，属于半官方组织。市政府不直接参与社区管理，但每年拨付给社区管理委员会运行经费
新西兰	三级模式：社区行政机构分为三个层次，分别是市政府设专门机构、半官方的社区委员会和社区服务组织
日　本	混合模式：町是城市基层管理机构，町以下的管理层是社区，日本主要以社区管理为主，政府对社区只是指导而非领导关系
新加坡	政府主导模式：政府有统一的社区工作指导和管理部门，政府对社区直接进行指导和干预，社区全部按政府决策履行职能
以色列	全国统筹模式：设有全国性社区组织——社区中心协会，社区中心协会对各地的社区中心负有指导、协调、监督职能

（二）平衡计分卡理论及其中国化模式

平衡计分卡在20世纪90年代由卡普兰和诺顿共同创建，是由财务、客户、业务内部流程、学习与成长四个层面构成的战略管理体系。其最初是针对营利性组织设计开发，后逐渐应用于公共部门。两位创始人首次将平衡计分卡引入政府部门，又在《战略中心型组织》一书中，提供了一个政府组织平衡计分卡框架，该框架将财务层面和客户层面替换为"实际成本"（Cost Incurred）、"价值创造"（Value Created）、"合法性支持"（Legitimizing Support）三个层面。[①] 尼文则认为，在调整政府部门的平衡计分卡时，应提升客户层面，而将财务层面作为一项约束条件置于平衡计分卡的最底层。[②] 在具体实践中，美国的交通运输部、国防部、北卡罗来纳州夏洛特市，澳大利亚的布里斯班市，新加坡的地方法院系统都广泛运用了

---

① 〔美〕罗伯特·卡普兰、戴维·诺顿：《战略中心型组织》，上海博意门咨询有限公司译，中国人民大学出版社，2008，第107~110页。

② 〔美〕保罗·尼文：《政府及非营利组织平衡计分卡》，胡玉明译，中国财政经济出版社，2005，第56~58页。

平衡计分卡。

2006 年，在中澳政府合作项目"中国领导人才绩效评估体系研究"中，平衡计分卡被系统地引入我国政府绩效管理实践中，并在黑龙江海林、北京延庆等试点地区取得了良好效果。在对各地政府绩效管理实践经验进行总结提炼的基础上，探索出了一套适合我国国情的平衡计分卡中国化模式。在地方政府平衡计分卡框架中，作为"上层建筑"的使命、核心价值观、愿景和战略仍然处于顶层，主体包括"利益相关者""保障措施""实现路径"三个层面。其中，利益相关者层面根据卡普兰和诺顿设计的平衡计分卡通用模板中的客户层面转变而来；实现路径代替了原内部业务流程层面；保障措施层面对应原来的财务和学习与成长层面，包括"政府自身建设""党的建设""财政资金"三个战略主题，见图 1。①

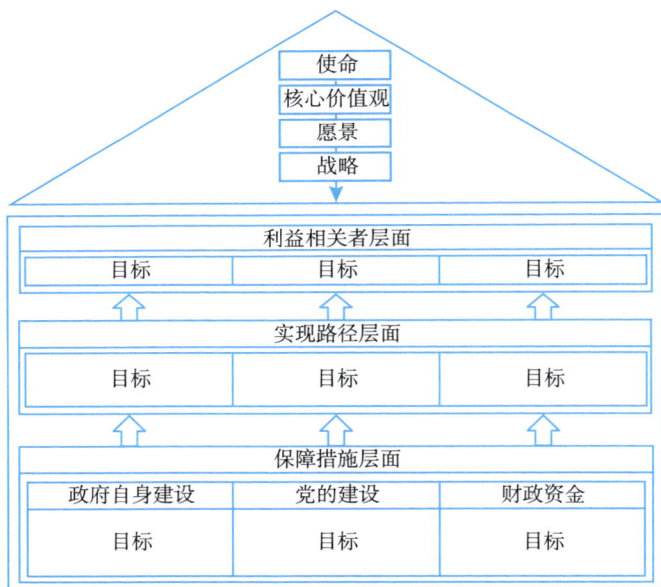

图 1　地方政府平衡计分卡总体模式

---

① 方振邦、罗海元：《政府绩效管理创新：平衡计分卡中国化模式的构建》，《中国行政管理》2012 年第 12 期。

二　城市街道办事处绩效评价现状及困境

（一）城市街道办事处绩效评价现状

随着我国行政管理体制改革的持续深入推进，街道办事处也迈出了改革的步伐，较为典型的实践案例包括在北京市石景山区、南京市白下区、安徽省铜陵市等地试点的撤销街道办事处、推进街道社区化的改革实践，以武汉市江汉区、上海市静安区为代表的街道办事处大部制改革试点，以及关于创新社会治理、加强基层建设的上海市"一号课题"等。城市街道办事处在改革管理体制、转变职能、变革组织架构的同时，也积极开展了一系列绩效评价实践，其主要类型有三：单维度工作绩效评价、多维度组织绩效评价和公务员个人绩效评价，具体如表2所示。

表2　我国各地区街道办事处绩效评价指标体系

维度	考核对象	考核指标内容
单维度工作绩效评价	北京市创建学习型社区先进街道评估指标体系（2011）	学习宣传（10分）、组织管理（10分）、条件保障（35分）、实施成效（45分）、特色创新（+10分）
	江苏省创建生态街道建设指标（2013）	饮用水水源地水质达标率、地表水环境质量、空气环境质量、声环境质量、建成区生活污水处理率、生活垃圾无害化处理率、工业污染源达标排放率、建设项目环评执行率、医疗废物安全处置率、道路绿化普及率、人均公共绿地面积、使用清洁能源居民户数比例
	上海市嘉定区街道卫生计生工作绩效考核体系（2014）	包括社会管理及人口综合调控，公立医院（社区）综合改革，计划生育，公共卫生重点工作，支持保障政策，社会效果及特色工作7个一级指标、27个二级指标和51个三级指标
多维度组织绩效评价	北京市崇文区街道办事处绩效考核指标（2009）	街道经济社会发展（发展现代服务业、综合信访维稳、社会保障、城市建设）；综合管理（纪检监察、组织工作、宣传工作、统战工作、计划生育、安全生产、依法行政、电子政务）；中心工作（旧城改造项目进度、第六次人口普查工作、"百日奋战"招商引资活动）
	浙江省温州市龙湾区街道考绩指标（2011）	重点工作（65分，含固定资产投资、重点工程政策处理、城乡统筹发展、六城联创、平安建设、计划生育工作6项指标）；"创先争优"（30分，含领导班子实绩考核排名、党的建设考核排名、区属单位对条线工作考核排名3部分）；"学比赶超"（10分）；民意调查（10分）
公务员个人绩效评价	厦门市思明区莲前街道机关工作人员绩效考核（2012）	包括"德、能、勤、绩、廉"五方面，采取量化方式，满分100分，由个人自评得分、群众测评得分、领导评定得分组成

（二）街道办事处绩效评价困境

虽然各地街道办事处在绩效评价实践中取得了一些成绩，但随着我国行政管理体制改革的深入推进和城市化的飞速发展，街道办事处的绩效管理水平还远远不能满足城市建设和社会服务管理的发展需要。就全国范围而言，街道办事处的绩效评价仍处在摸索阶段，尚未形成一个统一、完整、规范的评价体系，还存在比较突出的问题。

1. 缺乏战略导向

当前，许多地区街道办事处的绩效评估缺乏战略导向和战略眼光，绩效评价指标体系没有和街道的战略目标紧密结合，在评估的价值导向上有明显的任务导向和利益导向。绩效评估的各项指标以当年的中心工作、重点任务以及容易出亮点的"政绩工程"为重心，带有很强的功利色彩。而当一些平时忽视的问题积重难返的时候，又不得不采取所谓"大检查""大评比"等突击式运动来解决问题，始终没有建立长效机制。同时，由于推进方法不得当、战略传递梗阻，即使有好的工作思路，在执行过程中也面临着难落实的困境，导致上下协同力度不够，没有形成工作合力。

究其原因，一是我国城市街道办事处面临任务过多、功能过载的现实困境，造成了街道绩效评价的任务导向。街道办事处的工作包罗万象，"上管天文地理、下管生老病死"。随着城市规模的不断扩大，流动人口管理、出租房屋整治等很多工作都"下沉"到街道，加之某些上级职能部门强硬的任务摊派，致使街道工作任务越来越重。为完成各项计划任务、年度指标，街道工作常常陷入被动甚至疲于应付的境地。二是街道办事处一些领导干部不正确的政绩观，导致街道绩效评价的利益导向。有的领导急功近利，热衷于出典型、出亮点、造盆景，搞政绩工程，把工作思路局限于这些亮点和典型上，用"一好遮百丑"的理念来推进工作，求一时之效应、一阵之声势，往往忽视了街道工作的整体规划和全面发展。

2. 公众参与不足

从评价的参与者来看，目前，街道办事处的绩效评价多是由上级机关主导，行政系统内部评价的方式占绝大多数，缺少独立于行政系统的外部评价，作为街道管理服务对象的社会公众常常被排斥在评价主体之外。虽然有些地区的街道办事处参与了"万人评议政府""开门评议机关"等活动，增设了群众测评等环节，但在具体实施过程中，往往是形式大于内容，群众代表多由社区居委会工作人员或者热衷于社区事务的积极分子组成，很少全面反映广大民众的需求和利益。此外，绩效评价过程不够公开透明，具有封闭性，缺乏社会监督，社会公众参与度低，也导致绩效评价的公平性、公正性、客观性遭受质疑。

3. 评价指标体系设计不合理

一是评估指标不够全面，缺乏系统性，不能从多角度对街道办事处的组织绩效进行评价，指标之间未建立横向的相互支撑关系和纵向的因果驱动关系。二是没有实现财务指标与非财务指标的平衡。长期以来，GDP 一直是地方政府绩效考核的"第一指标"，片面强调经济指标的重要性，使得民生改善、社会进步、生态效益等非经济指标被忽视。虽然十八大以来中央明确提出"不再以 GDP 论英雄"，但在一些经济欠发达地区，招商引资等经济指标往往被赋予更大的权重，街道办事处绩效考核难以逃出"唯 GDP 论"的窠臼。三是没有实现结果性指标与过程性指标的平衡。当前街道办事处绩效考核往往以年度为周期，周期内缺乏有效的绩效监控指标。四是客观指标设置过少，主观判断指标太多，增添了绩效结果的人为因素，严重影响绩效评估的实效。五是部分指标权重设置不合理。一些街道办事处滥用"一票否决制"，扭曲了绩效评价目标，导致了资源浪费、低效率、盲目短视行为，使得"上级压下级层层加码、下级骗上级层层掺水"，造成了弄虚作假、瞒上欺下、报喜不报忧等一系列负面影响。[①]

街道办事处绩效评价体系设置的不合理，在领导干部考核环节体现得尤为明显。一直以来，领导干部考核主要围绕"德、能、勤、绩、廉"五个方面开展，由于缺乏客观的、具有可操作性的量化指标体系，容易产生晕轮效应、近因效应、中心化倾向等问题，走过场、讲关系、做人情等现象屡见不鲜。目前干部考核评价分为优秀、称职、基本称职、不称职几个等次，但是从评价标准来看都比较原则和笼统，不能体现不同工作岗位的特点。绩效评价内容的片

[①] 尚虎平、李逸舒：《我国地方政府"一票否决"式绩效评价的泛滥与治理——基于 356 个案例的后实证主义无干涉研究》，《四川大学学报》（哲学社会科学版）2011 年第 4 期。

面性，容易导致领导干部产生不正确的政绩观，妨碍行政效能的提升。

4. 未兼顾短期目标和长期目标

明确绩效目标是开展绩效评估的必要前提。当前，街道办事处的绩效评价一般以一个自然年度为周期，街道办事处在设计绩效评价指标时，也往往以是否完成年度指标为评价标准，从未将地区中长期的发展目标纳入评价范围。这主要是因为缺乏有效的战略目标分解，导致年度绩效目标未能与五年发展规划达成战略协同，五年发展规划成了束之高阁的文本。

在街道办事处实际工作中，这种"只顾眼前、不顾长远"的做法屡见不鲜。例如，在老旧小区综合整治和节能改造过程中，部分街道办事处为了完成市、区下达的年度指标，往往选择建成年代较新、改造难度小的小区作为试点，并没有把更多年久失修、居民需求更为迫切的老旧小区纳入改造范围，更没有制订覆盖全部老旧小区的中长期改造计划。年度目标完成了，但大多数群众的居住条件却没有切实改善，惠民政策的普惠性和连续性受到质疑，不仅工作收效甚微，还影响了区域的长远发展。

5. 评价结果运用流于形式

绩效评价结果的有效运用是整个绩效管理系统中的关键一环。在西方开展绩效评价实践较为成熟的国家，政府绩效评价结果被不同程度地运用到绩效计划改进、政府审计、预算改革、人事改革、组织优化以及服务型政府建设等方面。[①] 而就我国政府绩效评价实践来看，绩效评价结果尚没有充分发挥应有的作用。在基层街道办事处，绩效评价结果往往被认为只是一种"摆设"，结果运用的形式化倾向严重，并不对考核结果进行分析及做出改进。"评与不评一个样，评好评坏一个样"，使评价结果的运用流于形式。绩效评价结果运用方式较为单一，往往只和年底的评先评优相挂钩，难与评人、选人、用人相结合，更孤立于组织发展、个人奖惩、业务成就、收入报酬等其他人力资源管理系统之外。与此同时，也存在绩效评估结果利用的极端化倾向，推行"一票否决制"等硬性的制度规定，只注重奖惩，忽视了个人与组织能力的提高。此外，关于评价结果的运用，也缺乏评价申诉制度等相应的配套机制。

---

① 包国宪、董静：《政府绩效评价结果管理问题的几点思考》，《中国行政管理》2006 年第 8 期。

三 城市街道办事处战略性绩效评价体系的顶层设计

（一）M 街道办事处概况

M 街道位于北京市西城区中部，辖区面积 3.78 平方公里，辖区内共有各类社会单位 3199 个，商务楼宇 47 座，街巷胡同 80 条，设 19 个社区居委会，户籍人口 3.2 万户、8.6 万人，常住人口 1.3 万户、3.6 万人，流动人口 15649人，从业人员 21.3 万人。为承接街道办事处主要职能，M 街道办事处内部设有 10 余个科室组织开展具体工作，共有机关行政编制 123 名，其中街道办事处主任 1 名、副主任 4 名，其组织结构，见图 2。①

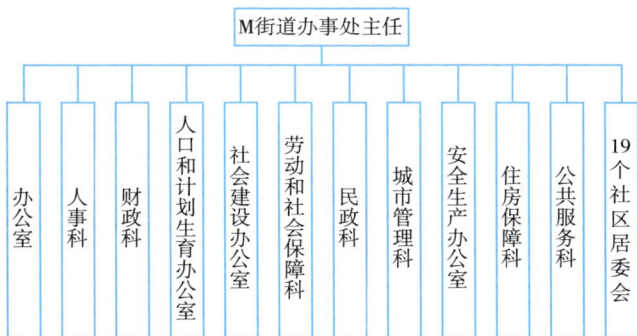

图 2 M 街道办事处组织架构图

在区委、区政府的领导下，M 街道确立了"融古融今、融诚融通、至善至美、人和政兴"的发展理念，通过实施金网、金桥、金通、金街、金韵"五金"工程，在安全、服务、数字、环境、文化五个方面积极打造街道品牌，努力成为经济强区的主战场、文化兴区的生力军、环境优区的新视点。

---

① 北京市西城区金融界街道办事处网站，http：//jrj. bjxch. gov. cn/index. ycs，2015 年 8 月 28日。

（二）M 街道办事处的使命与核心价值观

使命（Mission）是组织的核心，是组织长远发展的指南针。对于政府组织而言，使命就是政府组织在整个社会经济发展中所承担的角色和肩负的责任。结合 M 街道地处首都功能核心区的特殊区位以及所承担的特殊职能，M 街道是集中体现"四个服务"（为中央党、政、军领导机关的工作服务，为国家的国际交往服务，为科技和教育发展服务，为改善人民群众生活服务）、塑造首都形象、展示西城魅力最为直接的地区之一。因此，将 M 街道办事处的使命确定为：坚持"四个服务"的职责使命，全心全意造福金融街地区企业和人民。

核心价值观（Core Rules）是指企业经营中，努力使全体员工都必须信奉的持久不衰的信条，它是企业哲学的重要组成部分。对于政府组织而言，核心价值观是组织文化长期积累和沉淀的成果，是组织的行为准则。M 街道办事处在继承"北京精神"和西城机关精神的精髓的基础上，通过在机关干部和社区群众中广泛征集、集思广益，最终提炼出 M 街道办事处的核心价值观：高端一流、开拓创新、精品服务、融合发展。"高端一流"既代表着 M 街区的发展方向，将 M 街区建设成为与华尔街、伦敦金融城齐名的国际一流金融中心区，也代表着 M 街道办事处各项工作的高标准、严要求；"开拓创新"既预示着 M 街区空间拓展的发展规划，也彰显了改革创新、奋发有为的改革精神；"精品服务"是指要为驻区的中央国家机关、社会单位、金融企业和社区居民提供精品化的服务，是做好"四个服务"的延伸；"融合发展"是要凝聚社会各方面的力量，深化对辖区发展不平衡现状的认识，建立完善统筹协调机制，促进经济、文化、社会、环境等各方面融合发展。

（三）M 街道办事处的愿景与战略分析

愿景（Vision）是人们对组织未来的期盼，是组织发展的蓝图，界定了组织中长期（3～10 年）的发展目标。而对于政府组织而言，愿景与政府的中长期发展规划较为相似。由于 M 街区在北京市功能街区建设中的特殊地位，关于 M 街区的发展规划在北京市"十二五"规划和西城区"十二五"规划中均有所涉及。《北京市国民经济和社会发展第十二个五年规划纲要》指出，金融街要建设成为"国家金融管理和金融总部功能主要承载区"。《北京市"十二五"时期金融业发展规划》指出，要加快金融街发展建设，进一步聚集国家级金融机构总部，吸引发展资产管理机构，研究发布金融街金融指数，"增强金融街作为首都金融主中心区的辐射效应"。《西城区国民经济和社会发展第十二个五年规划纲要》指出，要以金融街为中心区，集中力量打造以金融业为核心的经济增长极，努力建设"具有国际影响力的金融中心"。结合西城区近期开展的"十三五"前期规划研究，将 M 街道办事处的愿景确定为：到 2020 年，全面构建金融产业聚集、环境设施一流、人文品牌升级的国际化功能街区。

战略（Strategy）是组织在认知其工作环境和实现使命过程中的优先发展方向，回答了"组织的战略绩效领域是什么"这一重要问题。SWOT 分析是一种环境—组织分析工具，通过分析企业内部环境的优势（Strengths）和劣势（Weakness），寻找影响企业战略的重要环境机遇（Opportunities）和挑战（Threats），抓住机遇，规避风险，扬长避短，形成适合企业发展环境的战略选择。如表 3 所示，下面将应用 SWOT 分析法对 M 街道办事处的战略环境进行分析。

表 3   M 街道办事处 SWOT 分析

内部能力 外部因素	优势（Strengths） ◎内部科室设置合理，分工明确 ◎干部年轻化、知识化程度高 ◎信息化建设基础好 ◎经济发展水平较高 ◎社会资源丰富 ◎资金、技术、知识密集程度高	劣势（Weakness） ◎内部协同化程度低 ◎行政效率低、人浮于事 ◎脱离群众 ◎辖区发展空间有限 ◎局部发展不平衡 ◎养老工作任务艰巨
机遇（Opportunities） ☆亚投行和丝路基金总部落户 ☆政策支持街区空间拓展 ☆老旧小区改造计划的实施 ☆服务型社会组织的发展	SO 发展型战略： 以经济发展和社会发展为主要目标，加强内部管理，提高领导干部素质，抓住机遇，迎接挑战，促进地区经济社会发展	WO 变革型战略： 紧抓空间拓展和国际化机遇，变革内部管理模式，促进地区产业升级和均衡化发展，改善群众生活条件
挑战（Threats） ☆经济发展新常态的影响 ☆来自北京 CBD、丽泽商务区、中关村互联网金融中心的竞争 ☆区域流动人口日益增多	ST 觅机型战略： 一方面充分发挥自身优势，另一方面避免威胁	WT 储备型战略： 加强内部整顿，储蓄力量，从外部吸引新鲜的人力资源和管理技术

通过 SWOT 分析，可以发现 M 街道办事处面临着发展型战略、变革型战略、觅机型战略、储备型战略四种战略选择。结合 M 街道办事处的实际情况，M 街道的优势资源目前已得到充分发挥，劣势资源具备改造的条件，因此 M 街道办事处优先采取变革型战略——"紧抓空间拓展和国际化机遇，变革内部管理模式，促进地区产业升级和均衡化发展，改善群众生活条件"，并明确了"产业升级""文化发展""社会建设""环境改善"这四个战略主题。

（四）绘制 M 街道办事处战略地图

M 街道办事处的战略地图是按照平衡计分卡的理念，以战略管理的语言和可视化工具，对街道办事处的工作进行图解式展示，也是开发街道办事处平衡计分卡的桥梁，见图 3。

M 街道办事处的战略地图由使命、核心价值观、愿景、战略以及利益相关者、实现路径和保障措施三个层面构成。

1. 利益相关者层面

利益相关者层面是由平衡计分卡通用框架的"客户层面"改造而来的，描述了组织差异化的利益相关者的价值主张，用以表明组织所提供的公共产品和公共服务满足了哪类利益相关者的何种需求。就街道办事处而言，它的利益相关者被划分为"上级机关""社会""居民"三大类。结合 M 街道的实际情况，按照不同利益相关者的需求，确定了"推动经济高端集聚发展""优化服务发展环境""改善居民生活质量"三个目标。考虑到街道办事处的组织性质和目标导向，应当将利益相关者层面置于 M 街道办事处战略地图三个层面的最上层。

2. 实现路径层面

实现路径层面，是由平衡计分卡通用框架的"内部业务流程"层面演变而来，回答了"组织战略蓝图如何被实现"这一重要问题。"实现路径"一词，也更符合政府组织的语言习惯。考虑到利益相关者层面的三个目标，在设计这个层面时，必须确定创造可持续价值的关键流程和流程目标。为了更好地实现利益相关者层面设定的目标，根据"产业升级""文化发展""社会建设""环境改善"四个战略主题，在实现路径层面设置的目标分别为：扩大金融产业集聚规模，疏解旧城低端业态；加快金融文化产业融合发展，繁荣群众文化

使命：坚持"四个服务"的职责使命，全心全意造福金融街地区企业和人民
核心价值观：高端一流、开拓创新、精品服务、融合发展
愿景：到2020年，全面构建高端产业集聚、环境设施一流、人文品牌升级的国际化功能街区
战略：紧抓空间拓展和国际化机遇，变革内部管理模式，促进地区产业升级和均衡化发展，改善群众生活条件

产业升级　　文化发展　　社会建设　　环境改善

推动经济高端集聚发展　　优化服务发展环境　　改善居民生活质量

扩大金融产业集聚规模　　加快金融文化产业融合发展　　推进社会资源开放共享　　推进城市精细化管理

疏解旧城低端业态　　繁荣群众文化生活　　创建五星级和谐社区　　实现基本公共服务全覆盖

争创学习型机关　　加强党的建设　　提高信息化程度　　增加资金投入

图 3　M 街道办事处战略

生活；推进社会资源开放共享，创建五星级和谐社区；推进城市精细化管理，实现基本公共服务全覆盖。

3. 保障措施层面

保障措施层面处于战略地图的最底层，与平衡计分卡通用框架的财务和学习与成长层面相对应。该层面界定了为支持实现路径需要大力开发和增值的无形资产内容。M 街道办事处认为在保障措施层面，需要实现以下目标："争创学习型机关""加强党的建设""提高信息化程度""增加资金投入"。

四　城市街道办事处战略性绩效评价体系的构建

（一）M 街道办事处平衡计分卡

根据上文设计的 M 街道办事处战略地图，围绕 M 街道办事处"产业升级""文化发展""社会建设""环境改善"的战略主题，将战略地图中利益相关者、实现路径、保障措施三个层面的 15 个目标转化为 25 项指标，并分别设立相应指标的目标值和行动方案，即可形成 M 街道办事处的平衡计分卡（见表 4）。

表 4　M 街道办事处的平衡计分卡

层面	目标	指标	目标值	行动方案
利益相关者层面	推动经济高端集聚发展	地区生产总值增速	7%	
	优化服务发展环境	服务对象满意度	95%	
	改善居民生活质量	城镇居民人均可支配收入增速	8.5%	
实现路径层面	扩大金融产业集聚规模	金融等现代服务业增加值比重	10%	
		新落户金融机构数量	30 个/年	
	疏解旧城低端业态	完成"七小"业态整治比重	80%	
		低端批发市场外迁户数	5 户/年	
	加快金融文化产业融合发展	金融支持文化产业发展资金额	1000 万元/年	
		文化企业上市数量	6 家/年	
	繁荣群众文化生活	文化惠民演出场次	50 次/年	
		群众性文化组织增加数	10 个/年	
	推进社会资源开放共享	辖区单位资源共享参与率	20%	
		开展社会共建活动次数	10 次/年	
	创建五星级和谐社区	和谐社区创建达标数	3 个/年	
		新增"一刻钟服务圈"数量	5 个/年	
	推进城市精细化管理	市容环境干净指数	85%	
		垃圾分类小区达标个数	20 个/年	
	实现基本公共服务全覆盖	机动车停车位增长数	1000 个/年	
		家庭医生式服务签约率	5%	
		养老床位新增比例	15%	
		城镇登记失业率	1.5%	

续表

层面	目标	指标	目标值	行动方案
保障措施层面	争创学习型机关	学习型机关评选情况	达标	
	加强党的建设	新建基层党建工作站数量	20 个/年	
	提高信息化程度	社区信息系统数据更新率	50%	
	增加资金投入	固定资产投资增速	10%	

在利益相关者层面，M 街道办事处的利益相关者包括上级政府、辖区各社会单位、社区居民等不同的利益群体，该层面的三个目标"推动经济高端集聚发展""优化服务发展环境""改善居民生活质量"分别由"地区生产总值增速""服务对象满意度""城镇居民人均可支配收入增速"三个指标来衡量。同时，为每个指标赋予相应的目标值，目标值的设定既要参考本年度国家和地方相应目标值的范围，也要符合 M 街道自身的发展规律。

在实现路径层面，围绕"产业升级"战略主题的两个发展目标"扩大金融产业集聚规模"和"疏解旧城低端业态"，分别通过"金融等现代服务业增加值比重""新落户金融机构数量""完成'七小'业态整治比重""低端批发市场外迁户数"4 个指标来衡量。围绕"文化发展"战略主题的"加快金融文化产业融合发展""繁荣群众文化生活"两个目标，设置"金融支持文化产业发展资金额""文化企业上市数量""文化惠民演出场次""群众性文化组织增加数"4 个指标。围绕"社会建设"战略主题的两个发展目标"推进社会资源开放共享"和"创建五星级和谐社区"，通过"辖区单位资源共享参与率""开展社会共建活动次数""和谐社区创建达标数""新增'一刻钟服务圈'数量"4 个指标来衡量。围绕"环境改善"战略主题，根据硬环境上"推进城市精细化管理"的目标和软环境上"实现基本公共服务全覆盖"的目标，分别选取了"市容环境干净指数""垃圾分类小区达标个数""机动车停车位增长数""家庭医生式服务签约率""养老床位新增比例""城镇登记失业率"6 个量化指标来评价。

在保障措施层面，用"学习型机关评选情况"来衡量"争创学习型机关"这一目标，用"社区信息系统数据更新率"评价"提高信息化程度"目标，用"新建基层党建工作站数量"衡量"加强党的建设"目标，用"固定资产投资增速"考核"增加资金投入"这一目标。

（二）M 街道办事处绩效评价量表

在 M 街道办事处平衡计分卡的基础上，增加考核指标的权重系数、数据来源、考核主体等要素，即可得到 M 街道办事处的绩效评价量表，见表5。相比于 M 街道办事处的平衡计分卡，其绩效评价量表更具有可操作性。

表5　M 街道办事处的绩效评价量表

层面	指标	目标值	满分	权重系数	得分	数据来源	评价主体
利益相关者层面	地区生产总值增速	7%	100	5		区统计局	区发改委
	服务对象满意度	95%	100	5		第三方机构	企事业单位、社区居民
	城镇居民人均可支配收入增速	8.5%	100	5		区统计局	区发改委
实现路径层面	金融等现代服务业增加值比重	10%	100	4		区统计局	区绩效办
	新落户金融机构数量	30 个/年	100	3		区工商局	区绩效办
	完成"七小"业态整治比重	80%	100	3		区重大办	区绩效办
	低端批发市场外迁户数	5 户/年	100	2		区工商局	区绩效办
	金融支持文化产业发展资金额	1000 万元/年	100	3		区文化委	区绩效办
	文化企业上市数量	6 家/年	100	2		区金融办	区绩效办
	文化惠民演出场次	50 次/年	100	3		区文化委	区绩效办
	群众性文化组织增加数	10 个/年	100	2		区民政局	区绩效办
	辖区单位资源共享参与率	20%	100	3		区外联办	区绩效办
	开展社会共建活动次数	10 次/年	100	2		区外联办	区绩效办
	和谐社区创建达标数	3 个/年	100	4		区社会办	区绩效办
	新增"一刻钟服务圈"数量	5 个/年	100	3		区社会办	区绩效办
	市容环境干净指数	85%	100	4		区市政市容委	区绩效办
	垃圾分类小区达标个数	20 个/年	100	3		区环境办	区绩效办
	机动车停车位增长数	1000 个/年	100	3		区交通委	区绩效办
	家庭医生式服务签约率	5%	100	4		区卫生局	区绩效办
	养老床位新增比例	15%	100	3		区民政局	区绩效办
	城镇登记失业率	1.5%	—	减分项		区人力社保局	区绩效办

续表

层面	指标	目标值	满分	权重系数	得分	数据来源	评价主体
保障措施层面	学习型机关评选情况	达标	100	4		区文明办	区绩效办
	社区信息系统数据更新率	50%	100	2		区信息办	区绩效办
	新建基层党建工作站数量	20 个/年	100	2		区委组织部	区绩效办
	固定资产投资增速	10%	100	4		区统计局	区发改委

注："城镇登记失业率"为减分项，意味着绩效周期内 M 街道的城镇登记失业若超出 1.5% 的范围，即扣减相应的分数。

在实际操作过程中，指标权重的确定采用德尔菲法，即专家意见征询法来判定，邀请绩效管理方面的专家学者以及西城区绩效管理委员会的主管领导共 10 人组成专家小组，通过匿名咨询、调查问卷等形式，最后获得具有统计学意义的专家集体判断，并通过 1～5 星级判定的形式呈现出来。各项指标数据的初始来源多为 M 街道办事处内部相应的职能科室，在 M 街道办事处将相应指标上报区级主管部门后，由区级主管部门对相应的数据进行辨别、修正，因此区级主管部门为各项指标数据的最终来源。在设定评价主体时，要注意区分内部评价和外部评价，如"服务对象满意度"指标即为外部评价指标，其评价主体为辖区的中央国家机关、企事业单位和社区居民，由第三方评价机构采取问卷调查等方式采集评价主体的满意度信息。根据 M 街道办事处绩效评价量表，通过年度绩效任务实际完成值与目标值的比对得出，原则上未完成目标值的根据完成比例计算得分；完成目标值的可得任务完成考评部分 100% 的分值。同时，还应注意过程性指标与结果性指标相结合，可采取过程管理考评（占总分值的20%）和任务完成考评（占总分值的80%）相结合的方式计算最后得分。

五　城市街道办事处战略性绩效评价体系实施的路径优化

（一）战略性绩效评价指标体系的运行机制

指标体系的建立是构建平衡计分卡过程中最为关键的一环。指标体系的建立通常包括指标征集、确认、发布、实施四个阶段。以 M 街道办事处为例，指标征集过程由五个步骤来完成：一是征集辖区居民和企业最为关心的经济、社会、文化等方面的问题，由各社区居委会、辖区各社会单位报送至街道；二是由各街道将收集来的问题汇集整理后形成指标，并与街道内各职能科室充分交流确定各项指标的目标值，然后报送至区绩效管理办公室；三是由区绩效管理办公室对各街道报送的指标进行汇总整理，并结合各街道的实际工作情况，分发反馈至各街道；四是由 M 街道办公室对区里反馈的指标进行修正，并参考年度工作计划，进一步规范本街道的指标体系；五是通过各社区居委会、各辖区单位向辖区内广大群众反馈年度指标，同时向街道辖区内的人大代表和政协委员征求意见建议。在指标确认阶段，由区绩效管理办公室按照全区性工作、局部性工作、事务性工作三个层面，分别赋予每个指标 1～5 级不等的权重。指标发布阶段，通过公共服务大厅、街道办事处官方网站将 M 街道办事处绩效评价指标体系向社会公布，这既是一个推行政务公开的过程，也希望社会各界对街道各方面建设工作予以监督。指标实施阶段，M 街道办事处各职能部门按照定性、定量、定时的原则落实各项指标，由区政府督察室、区绩效管理办公室、街道绩效管理办公室进行督促检查。

绩效评价指标可以分为定性指标和定量指标、前置指标和滞后指标、结果性指标和过程性指标三大类。其中，定量指标可以通过直观的数据来衡量；定性指标需要依赖评价者的主观判断。滞后指标指一段时期结束时的结果指标，如服务对象满意度；前置指标指驱动滞后指标绩效的指标，如"新市民之家"服务办结率。结果性指标是战略性的、结果性的、个人的日常行为不能直接影响的指标，如社会和谐指数；过程性指标是涉及内部业务流程的、运营性的、过程性的、员工的日常行为可以直接影响的指标，如社区工作例会召开次数。一个科学合理的城市街道办事处战略性绩效评价指标体系应该同时具备这些不同类别的指标。而具体每类指标应该占多大比例，要视绩效评价对象和绩效评价主体的具体情况而定。

（二）平衡计分卡实施中的绩效监控

在实施绩效目标和达成目标的过程中，绩效监控起到重要的作用。在 M 街道办事处平衡计分卡绩效评价体系实施的案例中，该单位采取的是"周总结、月报表、实时沟通、及时调整"的监控模式。为提高工作效率，M 街道办事处的日常管理工作与平衡积分卡结合执行，将本街道的年度战略目标分解成各部门战略目标，再由各部门细化分解为具体到每个月的工作计划。各部门每周对本部门的工作动态进行总结，每个月对本部门的指标完成情况进行梳理上报；M 街道绩效办每个月汇总各部门的指标报表，形成 M 街道的指标进度表，以备区绩效办抽查。街道绩效办与各部门之间定期对本部门工作推进过程中的难点进行沟通，确需对绩效目标和指标进行修正的，报领导审批后，及时对绩效目标和工作思路进行优化调整。整个监控过程将不同层级的人员通过平衡计分卡联系起来，进而推动形成统一的工作目标，从而高效开展工作。

（三）绩效评价结果的反馈应用

绩效反馈是绩效管理过程的重要组成部分，其作用不容忽视。政府部门的绩效反馈包括内部反馈和外部反馈两部分。内部反馈是使员工了解并改进自身绩效水平的重要手段。在 M 街道办事处的内部反馈中，上级领导对此也十分重视，对各级员工的具体工作提出修正的建议，通过创新的绩效管理方式，对领导干部进行培训，指导领导干部及时调整工作方向，促进工作水平进一步提高。外部反馈则是对外部评价主体的一种积极回应，可按照《政府信息公开条例》的有关规定，将平衡计分卡的评价结果在一定范围内进行公开，主动接受社会各方面的监督，充分听取社区居民和社会各方面对改进本单位绩效的意见建议，有利于扩大公众参与、推进民主决策。

绩效评价仅仅是绩效管理的一个关键环节，并非最终环节，将评价结果加以充分利用，才能真正发挥绩效评价的作用。在绩效评价结果利用方面，应发挥绩效评价机制的激励约束作用。M 街道办事处根据绩效评价结果，对各级领导干部进行定向的指导：奖励工作负责、群众满意的干部；指导业绩平平的干部提升业绩水平；批评教育搞形式主义、群众有意见的干部；及时调整群众意见大、不适合现任职务或岗位的干部。此外，还将干部个人绩效评价结果纳入干部选拔任用制度，对于连续三年获得优秀嘉奖的干部予以优先考虑，并与职务晋升、个人奖惩、培训与开发等其他人力资源管理子系统相挂钩。通过良好的选人用人机制，充分调动街道办事处工作人员的主动性、积极性和创造性，激励干部脚踏实地地工作，杜绝"庸、懒、散"等不良风气，努力打造一支"想干事、能干事、干成事"的干部队伍。

（四）其他运行保障机制

一是要完善组织保障机制。首先要争取本单位主要领导的支持；其次，要建立一支专业团队，聘请精通平衡计分卡理论的专家学者作为智囊团，同时培养组织内各部门的具体执行人，共同推进平衡计分卡理论和实践的统一。

二是强化宣传动员培训机制。因为基于平衡计分卡的绩效评价体系涉及组织每个成员的考核评价，因此需要最大限度争取全体成员的参与和支持。在具体实施中，可采取引进专家进行实地指导和培训的方式，对平衡计分卡的理论知识、个人计分卡和实绩考核量表的开发设计等内容进行培训。

三是建立绩效评价信息系统。可在现有的政务办公系统中嵌入平衡计分卡IT系统，实现工作进度报表的导入、目标进度的监控、年度考核分数的汇总等功能，进一步提高绩效评价的信息化程度，从而促进行政效率的不断提升。

四是强化信息公开机制。通过公开、透明、客观的政府绩效评价，消除政府与公众之间的信息不对称，增进政府与公众的联系，树立责任型政府的形象。

五是完善公务员激励约束机制。改革公务员薪酬制度，开展多种形式的表彰奖励，健全惩戒机制，进一步规范公务员行为，做到激励有效、约束有力。

六是建立评价申诉机制，保证当被评价者对政府绩效评价结果有异议时，有权向上级机关提请评价复议，进一步保证评价的公平公正。绩效评价本身是一个复杂的系统工程，必须与其他保障机制融为一体，才能形成制度合力。

城市文化篇

Urban Culture

B.8
基于灰色系统理论的北京
文化创意产业发展研究[*]

徐丽 李翠[**]

摘 要： 文化创意产业作为北京市的主要支柱产业，不仅在实现北京城市功能定位上发挥着举足轻重的作用，同时发展文创产业也是实现创意城市和发展生态城市的重要举措。本文基于灰色系统理论，以 2006～2014 年北京市文化创意产业数据为例，采用灰色关联、灰色聚类和灰色预测分析模型，定量分析北京文化创意产业行业关联度、产业内发展结构，预测未来三年发展趋势，提出未来北京市应该在软件、网络及计算机服务、设计服务和广告会展行业加大政策支持与投入力度，充分利用"互联网＋"的浪潮促进创意文化产业的发展。

[*] 本文为北京市2015年民办教育发展促进项目资金资助研究成果。

[**] 徐丽，北京城市学院经管学部，副教授，研究方向为文化贸易、区域经济；李翠，北京城市学院经管学部，讲师、博士，研究方向为组织行为、综合评价。

关键词： 文化创意产业　灰色关联　灰色聚类　灰色预测

当前，创意产业作为发达国家稳定和推动经济发展的重要动力源泉，已取得实质性进展，并发展成为巨大的创意经济浪潮。十七届六中全会上我党提出要把文化产业培育成为我国国民经济的支柱产业，中国的文化创意产业以前所未有的速度崛起。北京"十一五"规划提出："要把发展文化创意产业作为推进首都产业结构升级和经济增长方式转变的重要途径。"2006 年颁布国内首个《北京市文化创意产业分类标准》，将文化创意产业定义为"以创作、创造、创新为根本手段，以文化内容和创意成果为核心价值，以知识产权实现或消费为交易特征，为社会公众提供文化体验的具有内在联系的行业集群"，并兼顾北京的资源优势和发展领域将"北京市文化创意产业分为文化艺术，新闻出版，广播、电视、电影，软件、网络及计算机服务，广告会展，艺术品交易，设计服务，旅游、休闲娱乐和其他辅助服务九大类"，为后续的政策支持和研究奠定了基础。2014 年 2 月，国家把北京的核心功能定位为全国政治中心、文化中心、国际交往中心、科技创新中心，为符合首都功能定位的以文化、科技、创意、信息多元为特征的文化创意产业带来了新的机遇。所以，分析北京市文化创意产业发展现状，研究各行业与总产业发展的关联度，研究产业内部结构，预测产业未来发展趋势，对推动北京文化创意产业发展具有重要的现实意义。

一　北京文化创意产业运行现状

2014 年北京文化创意产业保持了良好的发展势头，产业规模持续扩大，效益进一步提高，对就业推动效果显著，文化创意产业依旧是北京第二大支柱产业。

（一）区域经济增长的重要引擎

北京文化创意产业增加值从 2006 年的 823.2 亿元，占北京 GDP 比重的10.1%，发展到 2014 年北京文化创意产业实现增加值 2794.3 亿元，占北京 GDP

比重的 13.2%，同期增长 3.1 个百分点。2006~2014 年间，北京市文化创意产业年均增长率达到 17.4%，超过同期北京 GDP 年均增长率 4.1 个百分点，文化创意产业的支柱作用明显。2006~2014 年北京文化创意产业收入年均增速为 13.9%，2014 年全年收入为 11029 亿元，是 2006 年北京文化创意产业全年收入的 3.05 倍，比 2013 年同期减少 5.39%，是 2006 年以来唯——次出现收入负增长的年份。与北京市第一支柱行业金融业相比，2006~2014 年北京文化创意产业总增加值为 15861.5 亿元，低于同期金融业总增加值 2395.2 亿元，各年增加值占 GDP 比重均略低于金融业，但文化创意产业的年均增速超过金融业年均增速 0.6 个百分点（见表 1 和图 1）。即使在部分新兴产业中文化创意产业的年均增速也超过如信息产业、高技术产业、信息服务业、物流业等七大产业。

表 1　2006~2014 年北京文化创意产业增加值和收入基本情况

单位：亿元，%

年份	2006	2007	2008	2009	2010	2011	2012	2013	2014
增加值	823.2	1008.3	1346.4	1489.9	1697.7	1989.9	2205.2	2506.6	2794.3
增长率	0.2212	0.2249	0.3353	0.1066	0.1395	0.1721	0.1082	0.1367	0.1148
收　入	3614.8	3827.6	5439.6	5985.7	7442.3	9012.2	10313.6	11657.1	11029
增长率	—	0.0589	0.4212	0.1004	0.2433	0.2109	0.1444	0.1303	−0.053

资料来源：相关年份《北京统计年鉴》，中国统计出版社。

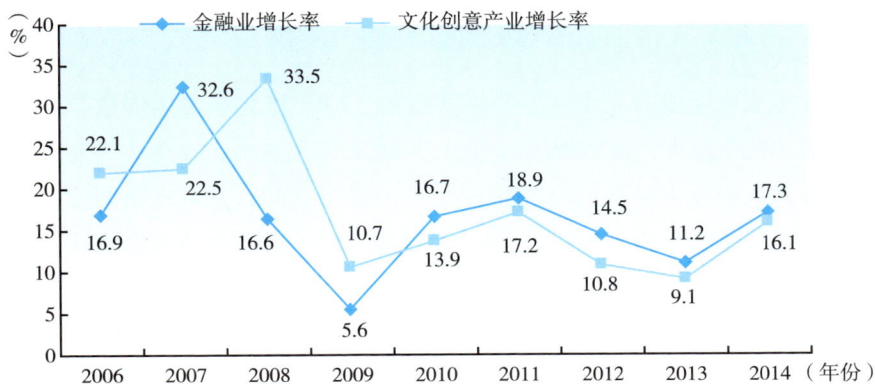

图 1　2006~2014 年北京文化创意产业和金融业增长率对比

资料来源：相关年份《北京统计年鉴》，中国统计出版社。

贡献率可用于分析经济增长中各因素作用大小的程度，众所周知，第三产业对北京经济增长的贡献率是三大产业中最高的，文化创意产业属于第三产业。2006～2014 年北京市文化创意产业平均贡献率为 15%，仅比北京的第一大支柱产业金融业贡献率少 1.6 个百分点。其中，2006 年、2008 年和 2009 年三年曾一度超过金融业对经济增长的贡献率。可见，文化创意产业对经济增长和产业升级转型的促进作用明显（见图 2）。

图 2　2006～2014 年北京文化创意产业与金融业贡献率对比

资料来源：相关年份《北京统计年鉴》，中国统计出版社。

（二）北京文化创意产业吸纳就业能力显著

文化创意产业成为北京就业的主要渠道，2014 年北京文化创意产业从业人员达到 109.7 万人，比 2006 年从业人员 89.5 万人高出 22.6%，占北京市从业人员年末人数比重的 9.5%。其中，"十一五"期间，北京文化创意产业的从业人员年均增长率为 8.3%，从业人员总数占第三产业总数及全市从业人员总数的 15.3% 和 11%。2012 年和 2013 年北京市文化创意产业吸纳就业人员达到次高峰和最高峰，分别为 152.9 万人和 161.7 万人（见表 2 和图 3）。

从走势上看，北京文化创意产业吸纳就业人员波动较大，增速最高点分别是 2007 年的 14.5% 和 2011 年的 14.6%。从 2011 年之后出现缓慢下滑，至2014 年出现较大幅度的负增长（−32.2%）。

表2　2006～2014年北京文化创意产业从业人数基本情况

单位：万人，%

年份	2006	2007	2008	2009	2010	2011	2012	2013	2014
从业人数	89.5	102.5	107.0	114.9	122.9	140.9	152.9	161.7	109.7
占第三产业比例	14.1	15.7	15.1	15.6	16.0	17.8	18.3	18.5	12.3
占北京市比例	9.7	10.9	10.9	11.5	11.9	13.2	13.8	14.2	9.5

资料来源：相关年份《北京统计年鉴》，中国统计出版社。

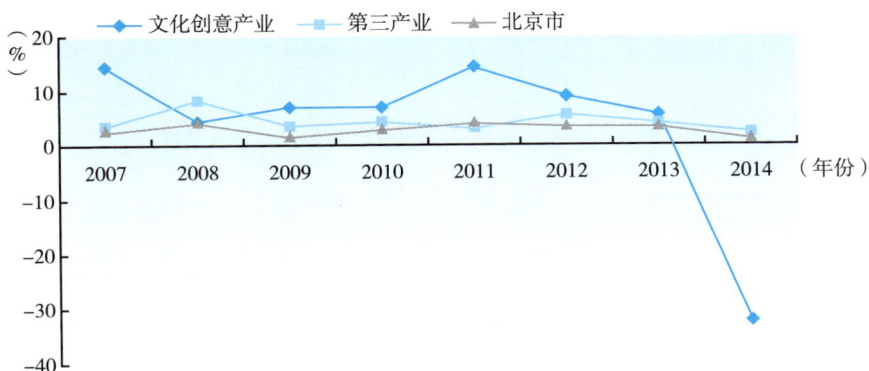

图3　2007～2014年北京文化创意产业、第三产业和北京市从业人数变动走势

资料来源：相关年份《北京统计年鉴》，中国统计出版社。

（三）北京文化创意产业内结构不断优化

从北京市文化创意产业的九大类来看，文化创意产业内部结构不断优化，并初步形成上游研究开发、中游生产制造、下游市场营销及衍生产品开发的文化创意产业链条。

2006～2014年，九类行业中年均增加值最高的行业为艺术品交易（31.4%），排在其后的软件、网络及计算机服务业年均增加值为21.2%，其他辅助服务为18.9%，广告会展为18.6%，年均增加值分别超过文化创意产业年均增加值14.1个、3.9个、1.6个、1.3个百分点。设计服务的年均增长率以低于总年均增长率0.7个百分点紧跟其后。除其他辅助服务个别年增长率有所下降之外，各行业年均增长率均呈现逐年走高之势（见表3）。

147

2014 年，北京已经初步形成以软件、网络及计算机服务为龙头，新闻出版及广播电视、电影和广告会展为主要支撑的四大行业。2014 年，四大行业的增加值总和为 2050.9 亿元，占全市文化创意产业总值的 73.4%；从业人数 77.7 万人，约占总从业人数的 70.8%；主营业务收入 7124.6 亿元，占总业务收入的 64.6%。其中，软件、网络及计算机服务增加值为 1415.9 亿元，增加值比重接近北京市文化创意产业的一半；收入 4291.7 亿元，占北京市文化创意产业比重的三成以上，占据绝对支柱地位。文化创意产业整体吸纳就业和创造就业岗位能力较强，但不同行业在吸纳劳动力和创造就业方面的能力也具有较大的差别（见表 4）。

表3　2006～2014 年北京文化创意产业各行业发展情况 *

单位：亿元

年份	2006	2007	2008	2009	2010	2011	2012	2013	2014
文化艺术	35.3	38.8	42.7	48.8	53.7	68.0	76.0	77.3	83.5
新闻出版	135.3	142.2	153.7	159.8	171.8	191.9	208.3	217.0	230.0
广播、电视、电影	73.5	102.7	120.1	124.5	138.6	154.0	177.6	186.0	200.5
软件、网络及计算机服务	375.5	483.4	703.1	710.5	847.1	1042.2	1190.3	1286.2	1415.9
广告会展	52.2	64.9	112.2	98.5	127.4	159.0	168.6	186.2	204.5
艺术品交易	10.1	13.8	20.5	30.9	43.0	56.4	59.2	67.3	75.6
设计服务	40.2	49.2	52.8	76.4	84.2	90.6	97.4	110.4	120.4
旅游、休闲娱乐	48.4	50.2	58.4	60.7	69.5	78.6	83.4	89.3	95.7
其他辅助服务	52.7	63.1	82.9	179.8	162.4	149.2	144.4	189.7	206.9

* 由于年鉴中 2013 年和 2014 年的数据缺失，所以本文以 2005～2012 年的数据为基础，构建时间序列，采用线性回归方法，得到 2013 年和 2014 年数据的估计值。

资料来源：相关年份《北京统计年鉴》，中国统计出版社。

表4　2011～2013 年北京文化创意产业活动单位基本情况

单位：万人，亿元

项目	从业人员人数			资产总计			收入合计		
年份	2012	2013	2014	2012	2013	2014	2012	2013	2014
文化艺术	7.2	7.4	3.7	551.2	676.3	737.6	237.0	267.6	189.9
新闻出版	15.6	15.4	10	1514.6	1714.5	1886.1	883.0	954.6	792.5
广播、电视、电影	6.0	6.1	4.8	1570.7	2008.6	2099.8	680.3	738.8	771.2

续表

项目	从业人员人数			资产总计			收入合计		
软件、网络及计算机服务	69.8	75.7	56.3	6529.0	7659.3	8582.1	3888.1	4291.7	4346.6
广告会展	12.5	13.5	6.6	1050.0	1267.9	1372.9	1256.8	1388.9	1214.3
艺术品交易	2.8	2.8	1.2	817.5	910.2	1112.1	705.6	1098.5	973.6
设计服务	11.9	13.8	9.7	1163.7	1436.4	1389.4	443.0	491.6	428.8
旅游、休闲娱乐	11.1	11.2	9	934.5	1082.7	1197.3	849.0	964.5	972.2
其他辅助服务	16.0	15.7	8.5	1444.0	1478.4	1655.6	1370.8	1460.8	1339.9

资料来源：相关年份《北京统计年鉴》，中国统计出版社。

（四）文化创意产业集聚区发展成绩显著

北京文化创意产业从首批认定 10 个市级文化创意产业集聚区，到 2006 年认定 30 个市级集聚区，已分布东城区、西城区、海淀区、朝阳区等主要城区，形成以市级集聚区为载体带动区县级集聚区的空间发展模式，区县级集聚区达到 100 个。30 个市级集聚区分布在不同行业，除其他辅助服务类外，其他八大类行业均建有文化创意产业集聚区（见表 5）。集聚区的发展模式根据它们的不同资源优势和特点分为创意技术设计研发类、动漫影视制作类、数字媒体类、文化展示与交易和会议展览四大类。比较有代表性的有中关村创意先导基地、北京 CBD 国际传媒产业集聚区、798 艺术区、潘家园古玩艺术品交易园区和宋庄原创艺术与卡通产业集聚区。从企业总量指标上看，集聚区呈现增加态势；从企业规模性指标上看，2013 年，市级集聚区内已有 742 家法人单位达到规模以上文化创意产业，收入达 1407.8 亿元，占市规模以上文化创意产业总收入的 14%。也不断涌现出骨干龙头企业，其吸纳投融资累计已经达到百亿元，这些文化创意集群发展符合未来产业建设和协调发展的需要，是孵化文化创意产品和服务的重要载体。

表 5　北京市级标准的文化创意产业集聚区行业分布一览

单位：个

文化创意产业行业	个数	文化创意产业行业	个数
软件、网络及计算机服务	6	文化艺术	5
广告会展	1	艺术品交易	2
广播、电视、电影	3	新闻出版	2
旅游、休闲娱乐	8	设计服务	3

二 北京市文化创意产业实证分析

灰色系统理论是由华中科技大学学者邓聚龙教授首创，1982 年《灰色系统的控制问题》和《灰色系统控制》两篇文章的发表，标志着灰色系统理论的诞生。该理论体系主要内容包括理论体系、分析体系、方法体系、模型体系和技术体系。灰色系统分析又包括灰色关联度分析、灰色聚类及灰色预测，灰色系统理论经过 30 多年的迅速发展，已经成为一门新兴学科，在众多学科领域中被广泛应用。

（一）北京市文化创意产业结构灰色关联度分析

灰色系统理论为分析子系统间的关联度提供了新的解决思路，通过量化对比时间序列数据变化发展趋势，实现对系统内数据的几何关系的呈现，进而得到参考序列与比较序列之间的关联程度。当两个序列变化趋势趋同时，表明两者的关联度较高，反之，则代表关联度较小。该方法对样本的规律性和数量要求不高，样本容量可以少到 4 个，对无规律数据同样适用，且计算量较小，几乎不会出现量化结果与定性分析相悖的状况。基于此，本文运用灰色关联分析法确定北京市文化创意产业的产值增量与文化创意产业内各行业产值增量的关联程度，找出对文化创意产业收入增加影响密切行业的分布。

灰色关联分析具体计算步骤如下：

Step1：计算各个序列的初值像。

$$X'_i = \frac{X_i}{x_i(1)} = \{x'_i(1), x'_i(2), \cdots, x'_i(n)\}, i = 0, 1, 2, \cdots, m$$

Step2：计算各序列的差序列。

$$\Delta_i(k) = |x'_0(k) - x'_i(k)|, \Delta_i = \{\Delta_i(1), \Delta_i(2), \cdots, \Delta_i(n)\}, i = 1, 2, \cdots, m$$

Step3：计算两极的最大差和最小差。

$$M = \max_i \max_k \Delta_i(k), m = \min_i \min_k \Delta_i(k)$$

Step4：计算系统的灰色关联系数。

$$\gamma_{0i}(k) = \frac{m + \xi M}{\Delta_i(k) + \xi M}, \xi \in (0,1), k = 1,2,\cdots,n; i = 1,2,\cdots,m$$

Step5：计算系统的灰色关联度。

$$\gamma_{0i} = \frac{1}{n}\sum_{k=1}^{n}\gamma_{0i}(k), i = 1,2,\cdots,m$$

为了更加准确地开展关联分析，本文引入了绝对关联度、相对关联度以及综合关联度的概念，并依据综合关联度的计算公式 $\rho_{0i} = \theta\varepsilon_{0i} + (1 - \theta)\gamma_{0i}$ 计算得到综合关联度，以此展开数据分析（其中，ε_{0i} 代表相对关联度，γ_{0i} 代表绝对关联度，θ 本文取值为 0.5）。

本文选取 2006~2014 年北京市文化创意产业总产值增量及九大行业分类产值增量（见表 3），数据来自 2006~2014 年《北京统计年鉴》，其中，年鉴中 2013 年和 2014 年行业分类部分数据缺失，为研究方便，本文以 2005~2012 年的数据为基础，构建时间序列，采用线性回归方法，得到 2013 年和 2014 年数据的估计值。通过确定分析序列，将 2006~2014 年北京市文化创意产业的产值增量作为参考数列，产业中的九大类行业作为比较数列；对各数列进行无纲量处理；确定分辨系数（通常为 0.5），计算关联度并排序。具体计算过程运用 GTMS 3.0 进行处理。

通过计算可得，九类行业的产值增量与北京文化创意产业的总产值增量的灰色综合关联度由大到小排序为：软件、网络及计算机服务，广告会展，设计服务，其他辅助服务，广播、电视、电影，艺术品交易，旅游、休闲娱乐，新闻出版和文化艺术，九类行业具体综合关联度见表 6。

表 6　2006~2014 年北京文化创意产业增加值关联度

行业名称	绝对关联度	相对关联度	综合关联度
软件、网络及计算机服务	0.7820	0.9086	0.8453
广告会展	0.5294	0.9646	0.7470
设计服务	0.5217	0.9472	0.7345
其他辅助服务	0.5462	0.8527	0.6994
广播、电视、电影	0.5244	0.7851	0.6548
艺术品交易	0.5124	0.7555	0.6339
旅游、休闲娱乐	0.5119	0.7177	0.6148
新闻出版	0.5234	0.6614	0.5924
文化艺术	0.5043	0.6213	0.5628

（二）北京市文化创意产业结构灰色聚类分析

聚类分析是指将研究对象集合分组为由类似对象组成的多个类的分析过程。聚类分析用于描述不同数据源之间的相似性，衡量数据之间的亲疏程度。灰色聚类法是常用的聚类分析工具之一，通过将所有的对象划分为某一特定类别或是聚集成几个能够定义的类别，实现聚类过程。灰色聚类法包括灰色关联聚类法和灰色白化权函数聚类法两种，其中白化权函数聚类是依据预先划定的类别阈值，将研究对象的各指标通过白化权函数进行类别归属确定，进行综合处理，实现研究对象的聚类分析过程。此外，根据处理问题特征的不同又可以进一步选择灰色定权聚类和灰色变权聚类。其中，灰色变权聚类由于在处理不同意义指标和不同量纲指标上的优越性能，在实际中应用较为广泛。灰色聚类法分析的具体步骤如下：

若记 $i = 1$，2，$\cdots$，n 为聚类样本，$j = 1$，2，$\cdots$，P 为聚类指标，$k = 1$，2，$\cdots$，m 为灰类，则：

Step1：按聚类指标所属的各灰类确定阈值；

Step2：按聚类指标所属的灰类确定白化权函数，将 n 个对象的第 j 个指标归类至 m 个灰类，称为 j 指标子类。另记 j 指标的 k 子类的白化权函数为 $f_j^k(.)$；

Step3：确定聚类权值，记为 η_j^k：

$$\eta_j^k = \frac{\lambda_j^k}{\sum\limits_{j=1}^{m} \lambda_j^k}$$

其中，λ_j^k 为 j 指标 k 子类临界值。

Step4：描绘出不同数据指标归属于不同灰类的程度，记为 σ_i^k：

$$\sigma_i^k = \sum\limits_{i=1}^{m} f_j^k(x_{ij}) \cdot \eta_j^k$$

式中，σ_i^k 表示对象 i 属于 k 灰类的隶属程度。

Step5：按照最大原则确定样本归类 $max \{ \sigma_i^k \} = \sigma_i^{k*}$，则称对象 i 属于灰类 k。

1. 指标选取及数据来源

本文结合北京文化创意产业发展的现状，从文化创意产业各行业产值地位、产业结构效益、产业生产效益、市场的扩张能力、就业吸纳能力和经济贡献几个角度进行研究，选取产值比重、比较劳动生产率、就业弹性系数、文化需求收入弹性及产业结构偏离度和贡献率 6 项评估指标，对文化创意产业的九大行业进行分类。考虑到北京文化创意产业九大行业 2013 年、2014 年部分数据的缺失，为研究方便，本文采用 2012 年相关数据，同时北京 GDP、北京从业人员年末人数等数据均为 2012 年数据。基于灰色变权聚类分析方法，本文以文化创意产业的九大行业为研究对象，故 $n=9$，共选取评估指标 6 项，故 $p=6$。根据北京文化创意产业发展方向，将九大行业分为优势、一般和弱势三种类型，即 $m=3$。具体评估指标值如表 7 所示。

表7　2012 年北京文化创意产业聚类 6 项指标值

项目	产值比重	产业结构偏离度	比较劳动生产率	文化需求收入弹性	就业弹性系数	贡献率
北京文化创意产业	1	0.0147	0.893	1.34	0.80	0.132
文化艺术	0.035	0.0022	0.654	1.73	(0.27)	0.005
新闻出版	0.097	0.0024	0.829	1.16	0.38	0.010
广播、电视、电影	0.101	−0.0046	1.846	0.84	0.58	0.015
软件、网络及计算机服务	0.419	−0.0035	1.056	1.19	0.98	0.091
广告会展	0.067	0.0018	0.836	0.56	1.39	0.006
艺术品交易	0.052	−0.0008	1.301	1.43	2.39	0.002
设计服务	0.075	0.0053	0.506	1.27	2.18	0.004
旅游、休闲娱乐	0.060	0.0054	0.464	1.41	0.84	0.003
其他辅助服务	0.093	0.0064	0.559	−1.84	1.72	−0.003

资料来源：相关年份《北京统计年鉴》，中国统计出版社。

2. 聚类分析

根据研究对象特点设置白化权函数的阈值，并得到白化权函数，如表 8 所示。

表8　2012 年北京文化创意产业聚类指标值白化权函数

指标	灰类 1（强）	灰类 2（中）	灰类 3（弱）
产值比重	$f_1^1(0.035, 0.095, -, -)$	$f_1^2(0.035, 0.065, 0.095, 0.419)$	$f_1^3(-, -, 0.065, 0.419)$
比较劳动生产率	$f_2^1(0.46, 0.8, -, -)$	$f_2^2(0.46, 0.5, 0.8, 1.85)$	$f_2^3(-, -, 0.5, 1.85)$

指标	灰类 1（强）	灰类 2（中）	灰类 3（弱）
产业结构偏离度	$f_3^1(-,-,0,0.0064)$	$f_3^2(-0.0046,0,0.002,0.0064)$	$f_3^3(-0.0046,0.002,-,-)$
文化需求收入弹性	$f_4^1(-1.84,1,-,-)$	$f_4^2(-1.84,0.5,1,1.73)$	$f_4^3(-,-,0.5,1.73)$
就业弹性系数	$f_5^1(-0.27,1.4,-,-)$	$f_5^2(-0.27,0.6,1.5,2.39)$	$f_5^3(-,-,0.6,2.39)$
贡献率	$f_6^1(-0.003,0.009,-,-)$	$f_6^2(-0.003,0.0035,0.009,0.091)$	$f_6^3(-,-,0.0035,0.091)$

最终获得灰色聚类的结果，如表 9 所示。

表 9　2012 年北京文化创意产业灰色聚类结果

行业编号	灰类类别	行业编号	灰类类别
行业编号 1	第 3 灰类	行业编号 6	第 3 灰类
行业编号 2	第 2 灰类	行业编号 7	第 1 灰类
行业编号 3	第 1 灰类	行业编号 8	第 3 灰类
行业编号 4	第 1 灰类	行业编号 9	第 3 灰类
行业编号 5	第 2 灰类		

比照行业编号和灰色聚类结果，转化获得北京市文化创意产业灰色聚类分析，具体见表 10。

表 10　2012 年北京文化创意产业灰色聚类分析

类别	行业名称	类别	行业名称
优势	广播、电视、电影	弱势	文化艺术
	软件、网络及计算机服务		艺术品交易
	设计服务		旅游、休闲娱乐
一般	新闻出版		其他辅助服务
	广告会展		

通过白化权函数的聚类将九大聚类对象的 6 项指标所含的白化权进行了综合处理，并得出 2012 年北京市文化创意产业的九类行业聚类为：竞争优势行

业包括广播、电视、电影，软件、网络及计算机服务和设计服务共 3 个行业；竞争一般行业包括新闻出版和广告会展共 2 个行业；竞争较弱行业包括文化艺术，艺术品交易，旅游、休闲娱乐以及其他辅助服务共 4 个行业。

三　北京市文化创意产业结构灰色预测

灰色系统预测模型是灰色系统理论的重要组成部分，该方法通过对原始样本数据的累加处理，使数据的规律性强化突出，进而可以利用少量信息进行模型运算和预测。由于灰色系统预测模型对样本数据的要求较低，不需要大样本数据建模预测，且模型的自适应性较强，能够进行快速响应，因此，灰色系统预测模型是预测评估最常用的工具之一，有较为广泛的适用性。在灰色预测的应用中，学者需要根据研究对象的特点以及原始数据的特征选择适宜模型，而当研究对象有显著的指数化变化特征时，则 GM（1，1）模型具有良好的预测效果。本文的研究对象文化创意产业属于经济系统，是典型的具备这一特征的系统，因此，本文选择 GM（1，1）模型开展北京市文化创意产业结构灰色预测分析。

灰色预测具体计算过程如下：

Step1：通过对原始数据做累加处理，用微分方程来逼近拟合。

设原始数据序列为 $X^0 = [x^0(1), x^0(2), \cdots, x^0(m)]$，$4 \leqslant m \leqslant \Omega$；

做一次累加生成 $x^1(k) = \sum_{i=1}^{k} x^0(i)$，$k = 1, 2, \cdots, m$；

生成数据序列为 $X^1 = [x^1(1), x^1(2), \cdots, x^1(m)]$。

Step2：建立微分方程，$\dfrac{dX^1}{dt} + aX^1 = u$。

Step3：用最小二乘法求系数矢量，即 $\lambda = [a, u] = (B^T)^{-1}B^T Y$。

其中，$B = \begin{bmatrix} -[x^1(2) + x^1(1)]/2 & 1 \\ -[x^1(3) + x^1(2)]/2 & 1 \\ \vdots \\ -[x^1(m) + x^1(m-1)]/2 & 1 \end{bmatrix}$，$Y = [x^0(2), x^0(3), \cdots, x^0(m)]^T$

Step4：解微分方程，得到离散形式的解。

Step5：得到预测序列，$\hat{X}^0 = [\hat{X}^0(2), \hat{X}^0(3), \cdots, \hat{X}^0(m)]$。

Step6：采用残差检验、关联检验以及后验差检验三种方法验证灰色预测的结果，精度检验等级见表11。

表11　精度检验等级参数表

精度等级	相对误差	关联度	均方差比值
一级	0.01	0.9	0.35
二级	0.05	0.8	0.5
三级	0.1	0.7	0.65
四级	0.2	0.6	0.8

（一）数据选取

基于灰色预测的 GM（1，1）模型，本文选取北京文化创意产业 2006 ～ 2014 年产业及行业增加值数据，分别对北京文化创意产业及各行业 2015 ～ 2017 年的产值进行预测，计算过程运用 GTMS 3.0 进行处理。

（二）预测检验及结果

本文采用残差检验、关联度检验以及后验差检验对预测结果进行验证，具体数据见表12，检验结果分析如下。

残差检验：基于预测模型，首先对 2006 ～ 2014 年数据进行预测，然后对比分析预测值与实际数据，得到产业平均相对误差 9.68%，在精度检验等级参照表中的三级，具体而言，艺术品交易行业和其他辅助服务行业误差较大，其余行业误差较小，都在可接受范围内，总体而言是可以接受的。

灰色关联检验：以原始序列为参考序列，以预测序列为比较序列，剔除第一项，通过灰色系统理论建模工具得到综合关联系数，得到文化创意产业各行业的预测值和实际值两组数据的平均关联度为 0.8949，为二级，可以接受。

后验差检验：分别计算各行业原始序列的均值、方差、标准差，同时求出残差序列的均值、方差、标准差，并进一步求出两者的均方差比值为 0.2142，小于 0.35，为一级，可以接受预测结果。

表 12　北京文化创意产业预测检验表

行业名称	平均相对误差(%)	关联度	均方差比值
文化艺术	4.19	0.6944	0.1802
新闻出版	1.48	0.9751	0.0869
广播、电视、电影	4.93	0.9522	0.1808
软件、网络及计算机服务	8.06	0.9522	0.1670
广告会展	12.16	0.9335	0.2430
艺术品交易	24.20	0.8814	0.2471
设计服务	7.59	0.8879	0.1938
旅游、休闲娱乐	2.25	0.9977	0.1035
其他辅助服务	22.30	0.7800	0.5253
产业均值情况	9.68	0.8949	0.2142

　　综合以上三种检验结果，可以认为预测模型可以接受，得到相应的时间响应函数（见表13）以及未来三年北京文化创意产业增加值和九大类行业增加值预测结果。其中，文化创意产业增加值分别是2015年3157.5亿元、2016年3600.2亿元和2017年4107.3亿元。九大类行业发展具体预测结果如表14所示。

表 13　北京文化创意产业灰色预测时间响应函数

行业名称	时间响应函数
文化艺术	$x(k+1)=301.250022exp(0.112108 \times k)-269.050022$
新闻出版	$x(k+1)=1839.549886exp(0.069829 \times k)-1732.749886$
广播、电视、电影	$x(k+1)=829.635337exp(0.103752 \times k)-751.635337$
软件、网络及计算机服务	$x(k+1)=3095.392357exp(0.143254 \times k)-2828.792357$
广告会展	$x(k+1)=463.634779exp(0.141266 \times k)-412266.634779$
艺术品交易	$x(k+1)=83.148.45exp(0.196393 \times k)-76.048345$
设计服务	$x(k+1)=359.51853exp(0.122816 \times k)-327.914853$
旅游、休闲娱乐	$x(k+1)=521.566392exp(0.088408 \times k)-483.96639$
其他辅助服务	$x(k+1)=625.950619exp(0.121964 \times k)-563.750619$

表 14　北京文化创意产业未来三年发展预测

单位：亿元

行业名称	2015 年	2016 年	2017 年
文化艺术	98.0	109.7	122.7
新闻出版	249.4	267.5	286.8
广播、电视、电影	230.7	256.0	284.0
软件、网络及计算机服务	1730.5	1997.0	2304.6
广告会展	250.8	288.9	332.7

行业名称	2015 年	2016 年	2017 年
艺术品交易	105.7	128.6	156.5
设计服务	141.9	160.4	181.4
旅游、休闲娱乐	106.8	116.7	127.5
其他辅助服务	243.7	275.4	311.1
文化创意产业	3157.5	3600.2	4107.3

四　结果分析及对策建议

（一）结果分析

1. 北京文化创意产业综合关联度结果分析

除其他辅助服务外，软件、网络及计算机服务，广告会展，设计服务和广播、电视、电影四个行业综合关联度分别为 0.8453、0.7470、0.7345、0.6548，这说明四大行业的产业增加值曲线与文化创意产业的曲线变化态势吻合度较高，即关联度较大。具体分行业来看，软件、网络及计算机服务业增加值一直以来就是北京文化创意产业之首，比重超过一半以上，近年来云计算、信息安全、大数据和移动互联网快速发展和应用，我国正在加快推进电信网、广播电视网和互联网三网融合，北京文化与科技融合给该行业的发展带来了广阔的空间。据可靠数据，2013 年北京举办各类展览 1105 个，其中国际展览283 个。展览累计面积775.3 万平方米，其中国际展览累计面积497.8 万平方米。接待展览观众556.3 万人次，国际展览观众人数268.9 万人次，无论从展会规模、人数和收入上，都说明北京的广告会展业正朝着国际化进程迈进。2014 年广告会展领域实现收入 868.1 亿元，占总收入的 10.6%，同比增长11.9%，对收入增长的贡献率为9.8%，以上两个行业成为拉动文化创意产业的主力军。设计服务虽然在增加值上对经济的贡献率尚小，但 2012 年增加值曲线与文化创意产业曲线关联度较高，从 2006～2014 年间的增速上看，基本接近整个文化创意产业的平均增速水平，说明设计服务行业也应是未来重点扶植的行业。北京作为国际级的影视传媒中心，在中央电视台、北京广播电视台等大型传媒机构和CBD国际传媒走廊的带动下，传媒、影视产业不断发展壮大。2014年，广播、电视、电影实现电影票房收入22.8亿元，同比增长22.7%，制作电视剧83部3052集、电视动画片17部7530分钟、电影270部，影视传媒业规模居全国前列。综上所述，以上四个行业与文化创意产业的关联度高，说明当前文化创意产业的发展与这四个行业的发展关系密切。

艺术品交易和旅游、休闲娱乐两个行业曲线与文化创意产业曲线的关联度一般。艺术品交易在2006年增加值为10.1亿元，2012年为59.2亿元，2014年为75.6亿元（估算），2006~2014年平均增速31%。2014年中国占全球艺术品市场份额为22%，位居第二。北京"798艺术区"、北京画廊协会下管理系列画廊，中国嘉德、北京保利、北京匡时和北京瀚海拍卖有限公司在国内乃至全球艺术品交易额排名中占据了主要位置，对北京文化创意产业做出了巨大的贡献。当前，艺术品交易面临国内外艺术品交易的激烈竞争，且基数较小，但因其具有提升城市美誉度和公众的文化修养的作用，也承载着社会文化传承的功能，尽管关联度一般，也有其发展的社会效益需要。同样，北京是悠久的历史文化和现代文明交汇之都，文化旅游资源丰富，内容涉及面广，现已开放文化旅游景点200多处，因知名度高，旅游配套服务设施完备，对国内外游客具有很强的吸引力。但旅游、休闲娱乐2006~2014年的增加值年均增速11%，并列于新闻出版，仅高于文化艺术2个百分点。以上说明，艺术品交易和旅游、休闲娱乐两个行业关联度分析与文化创意产业发展关系一般。

关联度较小的行业主要分布在新闻出版和文化艺术行业，分别为0.5924和0.5628。从文化创意产业整体发展来看，文化创意产业增长率为17.3%，而新闻出版和文化艺术2006~2014年年均增长率都处于最低点。这也说明了这两个行业与文化创意产业当前发展的相关性较弱。

2. 北京文化创意产业灰色聚类结果分析

从北京文化创意产业灰色聚类分析结果看，处于竞争优势的为广播、电视、电影，软件、网络及计算机服务和设计服务共3个行业，2012年增加值总和占整个产业增加值的66.4%；处于竞争一般的为新闻出版和广告会展共2个行业，2012年增加值总和占整个产业增加值的17.1%；处于竞争较弱的为文化艺术，艺术品交易，旅游、休闲娱乐以及其他辅助服务共4个行业，2012

年增加值总和占整个产业增加值的 16.5%。

结合九类行业产值增量与总产值增量的灰色综合关联度分析结果可以看到，软件、网络及计算机服务和设计服务兼具较强的竞争优势和增加值与产业增加值具有较高的关联度的特征，应属于优先发展的行业。优势行业中的广播、电视、电影虽然在关联度分析排序中位居第五，但是北京的政治文化资源为广播、电视、电影业提供了发展土壤和成长空间，使得在北京发展广播、电视、电影业成为一种独特的优势，近年来一直保持发展态势，北京市政府也逐步放宽审查制度以进一步培养该细分产业发展，也使该行业的吸引力和竞争力大增，所以，该行业也应属于重点发展行业。

新闻出版的增加值和文化创意产业增加值曲线关联度位列倒数第二，同时聚类分析中新闻出版属于竞争一般的行业，文化艺术属于竞争较弱的行业。主要因为当前国内外新闻出版业的竞争不断加剧，各媒体越来越同质化、差异不断缩小，随着国家在各大城市推进该行业的发展，北京新闻出版业的发展优势正逐渐消失。而文化艺术尽管在聚类分析中位于竞争劣势行业，同时关联度位列倒数第一，但因其承载着文化传播、文化弘扬和文化传承的使命，文化艺术在人的精神提升和激发人的创造力方面具有更大的隐性功能，所以，不能仅以经济指标为发展评价标准，也应对文化艺术加大扶持力度。

旅游、休闲娱乐业的劳动生产力竞争比较完全，劳动生产率水平停滞，对于经济的贡献程度未来预期减弱。虽然政府大力的招商引资和政策的扶持使得国内外众多名牌企业、名牌产品总部都设在北京，但是该行业由于互联网行业的冲击，单一线下实体的宣传不能取得更好的效果，由此在未来的影响力也遭到质疑。北京作为中国的艺术品交易市场中心，同样存在市场繁荣和乱象并存的现象，艺术品交易具有消费兼投资的特点，受经济环境影响较大，也存在泡沫化的风险。艺术品交易增加值在文化创意产业中的比重最低，对经济的贡献率除其他辅助服务行业外最低，产业结构偏离度为负，产值比重仅略高于文化艺术，大众化程度不高，属于一般发展行业。

3. 发展预测结果分析

在不考虑价格因素的情况下，估计未来三年北京文化创意产业增长率分别为 13%、14% 和 14.1%，年平均增长率约为 13.7%，低于 2006～2014 年年均增长率 3.6 个百分点，高于 2012～2014 年年均增长率 1.7 个百分点。从行业上看，预测未来三年艺术品交易，软件、网络及计算机服务，广告会展和设计服务年均增长率较高，分别为27%、17%、17%和15%，均高于文化创意产业预测年均增长率，新闻出版平均增长率排至最后为7%。除艺术品交易业外，其他预测与前期的关联度分析、聚类分析的结果基本保持一致。尽管受2012～2014年北京市总体GDP呈现下滑趋势、2012年和2013年文化创意产业也呈现下滑趋势的影响，但文化创意产业发展符合北京城市的功能定位，会得到更多的政策支持和鼓励，对未来的文化创意产业的增长会产生一定的积极影响，有望达到预测目标。

（二）建议

1.完善政策落实，实现分行业引导

北京应进一步出台系列发展文化创意产业相关政策，并强化落实、监管和调控，同时，根据不同行业发展的地位和趋势，研究出台有行业针对性的扶植政策和措施，实现分行业精准引导。如针对软件、网络及计算机服务业等北京文化创意支柱产业，应通过加强统计分析和预测，为其制定具体的、可操作性强的行业发展政策，引导该行业抓住信息安全、云计算、大数据和移动互联网等技术发展机遇，夯实发展基础和地位。针对新闻出版、文化艺术等位于竞争劣势且关联度较低的行业，也应制定相关政策加大扶持力度。

2.发展文化金融，加强金融创新

进一步发展《关于金融促进首都文化创意产业发展意见》构建的北京"九文"文化金融服务体系，推动文化创意产业融资增长，提升资源配置效率，完善文化创意产业金融链条。针对不同的行业发展需求，创新融资方式、拓宽融资渠道、创新财政支出方式、优化税收制度，如，为北京广播、电视、电影业等传统的资金资源要求高的行业提供持续的金融创新支持，打造影视航母；为广告会展业等对资本运作要求较高的行业提供资本运作技术支持，打造品牌展会，实现会展业与国际接轨。同时，还要充分考虑到广大的中小文化创意企业的金融需求，提供更便捷有效的金融产品和服务，焕发中小文化创意产业的活力。

3.加强产业融合，发挥带动作用

落实《北京市关于推进文化创意和设计服务与相关产业融合发展行动计

划（2015~2020 年）》，推动文化创意产业与发展较为成熟的、关联度较大的商业，金融业，科技服务业，工业制造业，信息传输、计算机服务业，软件业，体育，农业的融合发展，逐步形成以文化创意产业为中心的产业链条，发挥文化创意产业的带动作用。利用北京发展设计产业的资源优势和文化底蕴，激发设计活力，实现设计与影视、动漫、会展、工业、农业等产业融合，扩大北京的国际影响力，早日跻身全球最具活力"设计之都"行列，实现 2020 年设计产业年收入突破 2000 亿元的发展目标。

4. 完善人才引进机制，培育创意人才

与北京文化创意产业发展速度和目标相比，文化创意产业人才总体供给明显不足，同时，高门槛的户籍制度等使文化创意人才关注的住房、子女教育、交通、收入等问题无法得到保障，流失现象严重。建议加强政府与人才的交流互动，完善人才引进机制，制定人才评定标准，对有突出贡献、才能和具有国际视野的海归文创人才实行"绿色通道"，确保落户、创业专项资金、税收支持等关切的问题得以妥善解决。依托北京高校林立、研究机构众多的资源优势，在人才聚集地成立创意工作室、创意沙龙，举办创意设计竞赛活动，为创意火花碰撞提供平台，帮助创新成果进行展示交易，开展多层次、多渠道的人才培训，为北京文化创意产业的跨越式发展提供智力支持和人才保障。

参考文献

孙中刚：《北京市经济增长灰色预测与相关产业关联分析》，《商业经济研究》2015年第 10 期。

韩顺法：《文化创意产业对国民经济发展的影响及实证研究》，南京航空航天大学，博士学位论文，2010。

叶郎：《中国文化创意产业年度发展报告》，北京大学出版社，2012。

牛继舜：《世界城市　创意北京》，经济日报出版社，2014。

B.9
基于感知服务质量的北京市历史
文化类主题酒店研究

郑 洁*

摘　要： 随着酒店行业竞争的日益激烈，主题酒店的建设已成为一种国际潮流。近年来，我国主题酒店发展迅速，正逐渐成为中国酒店业的重要力量。北京作为我国主要的旅游城市，酒店行业最早与国际接轨。在激烈的市场竞争环境下，北京酒店业经过多年的发展，应对激烈的市场竞争，出现了较多选择历史文化作为主题的酒店，在发展过程中也出现了主题吸引物雷同、主题文化挖掘不深入、主题产品创意性不够、主题服务不到位等多方面的问题，亟待解决。通过成立北京主题酒店研究会、打造北京主题酒店行业典范、确立并实施北京主题酒店经营标准、推进北京文化创意产业繁荣发展等措施，可以实现促进并引导北京市主题酒店的健康有序发展。

关键词： 感知服务质量　主题酒店　主题产品　主题传递　主题环境

一　感知服务质量理论

（一）感知服务质量的内涵

芬兰学者 Gronroos（1984）依托认知心理学理论，提出了"感知服务质

---

* 郑洁，北京城市学院副教授，硕士，研究方向为旅游管理、酒店管理。

量"概念。Gronroos 对于服务质量的定义是基于差距论的，认为顾客感知服务质量是实际感知的服务水平与顾客期望的服务水平之间的比较。如果实际感知服务水平超出或符合期望服务水平，就会认为服务质量较高；反之，则认为服务质量较低。Parasuraman、Zeithaml & Berry（以下简称"PZB"，1985）将服务质量与顾客满意区分开来，也是基于差距论界定了服务质量的内涵，比较的双方为"实际的感知"和"服务的期望"，与 Gronroos 的观点非常相似。PZB（1985）强调服务质量中的"感知"这一过程，它产生于整个服务过程中顾客所感受到的服务优劣程度。Garman（1990）、Lehtine（1991）都从差距论的角度出发对服务质量进行了定义。这种比较是通过顾客在具体的消费经历中体会到的，是主观性的。

本项研究中，采用 PZB（1985）关于服务质量的定义：服务质量是顾客整体性的评价，是顾客对服务的期望与顾客接受服务后的实际感知之间的差距，即服务质量来自预期服务与感知服务的比较。

（二）感知服务质量分析模型

1. Gronroos 的感知服务质量模型

1982 年芬兰学者 Gronroos 提出了顾客感知服务质量模型（Customer Perceived Service Quality）。该模型有三个重要内容：第一是强调感知服务质量是主观概念；第二是认为感知服务质量是由服务期望与实际感知两者之间的差距决定的；第三是指出了影响期望服务和感知服务的具体因素。前者包括营销、口碑、形象和顾客需求，后者则分为服务的产出和传递过程两部分。

2. PZB 感知服务质量模型

美国的服务管理研究组合 PZB 对感知服务质量进行了更为深入的研究。1985 年，提出了服务质量差距模型。PZB 认为，差距来源于期望服务与实际感知服务水平之间的比较。顾客过去的消费经历、需求和口碑影响了顾客的服务期望；企业经营管理活动影响了顾客实际感知到的服务。PZB 从 20 世纪 80 年代中期研究开发了服务质量的重要计量工具——SERVQUAL 量表。

3. 感知服务质量的三因素模型

基于前人的研究，Rust 和 Oliver 提出了感知服务质量的三因素模型，即顾客感知服务质量由服务产品（Service product）、服务传递（Service delivery）和服务环境（Service environment）三部分组成。服务产品是指顾客从被提供的服务中获得的价值，是指顾客在服务中得到了什么，是服务的结果。这实际上是 Gronroos 所说的技术质量。服务传递是指顾客获取服务的方式，表示服务的提供过程，指顾客是如何得到服务的，就是 Gronroos（1982）所说的功能质量。服务环境是 PZB（1988）所指的服务质量的有形性，指企业提供服务与顾客进行消费的环境场所。

SERVQUAL 量表是目前应用较为普及的感知服务质量模型。但是从酒店业的特点而言，Rust 和 Oliver 的三因素模型更适用于主题酒店顾客感知服务质量的研究。本项目在研究过程中，将依托顾客感知服务质量三因素模型，结合主题酒店自身的经营特点，构建主题酒店顾客感知服务质量分析模型（见图1）。

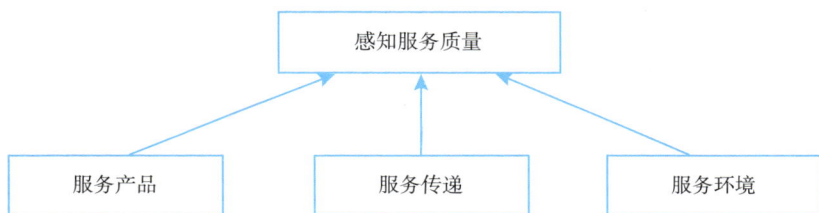

图1　感知服务质量三因素模型

（三）主题酒店感知服务质量分析模型

1. 相关概念界定

（1）主题酒店。主题酒店也称主题文化酒店，是一种以酒店功能为载体、以主题文化为特征、以满足宾客精神需求为核心卖点的体验式经济形态。其表象是所有产品都具有相同文化元素，其本质是能使宾客在消费过程中获得特定的文化体验。

（2）主题产品。主题产品是指顾客从主题酒店所提供的个性化服务中获得的不同于其他酒店的客观结果。换句话说，主题产品指的就是技术质量，这在主题酒店中就反映在服务的产出方面，它体现于顾客在酒店结束消费后的最终所获，这种客观结果便于顾客对主题酒店做出客观的评估。

本研究中，主题产品是指主题酒店按统一主题文化设计的有形产品，包括主题客房产品、主题餐饮产品、主题休闲产品、主题商品、主题活动、主题展馆等。

（3）主题活动。主题活动是主题经营链中的一个环节，是指在主题酒店内定期举办的各种活动，让顾客亲身体验到主题文化。在本研究中，主题活动是主题产品的一部分。

（4）主题展馆。主题展馆是指在主题酒店经营过程中，为了让消费者体验主题文化而专门设置的展馆或陈列物。如酒店内专门设置的茶文化展馆、民俗文化展馆等。

（5）主题商品。主题商品是指主题酒店在经营过程中根据主题文化设计并出售的各类商品。在本研究中，主题商品是主题产品的一部分。

（6）主题传递。主题传递是指顾客在主题酒店内获取服务的方式，它指的是酒店的功能质量，主要体现在顾客在被服务的过程中得到的经历与感受。对酒店来说是服务的提供过程，对客人来说是如何得到服务。本研究中，主题传递主要由主题内容、主题员工和主题服务三个要素构成。

（7）主题内容。主题内容是指主题酒店所选择的主题文化，也可以称作主题吸引物。主题吸引物可以是一个，也可以是多个。

（8）主题服务。主题服务是指消费者通过员工的服务体验酒店主题文化的服务过程。具体来讲，是指根据消费者的个性需求提供相应的服务，根据故事情节设计服务流程。服务人员可以扮演故事中的角色。

（9）主题员工。主题员工是指在主题酒店经营过程中，员工从立意、言谈举止等各方面所体现出的主题文化。

（10）主题环境。主题环境是指主题酒店依靠有形的服务为客人制造无形的感知，它帮助客人识别和了解主题酒店的独特之处。具体来说，是指通过酒店硬件和软件营造宾客体验的主题文化。主题环境包括外部环境和内部环境。

2. 主题酒店顾客感知服务质量分析模型

本文在研究过程中，依托感知服务质量三因素模型，结合主题酒店自身的经营特点，构建主题酒店顾客感知服务质量分析模型，如图2所示。

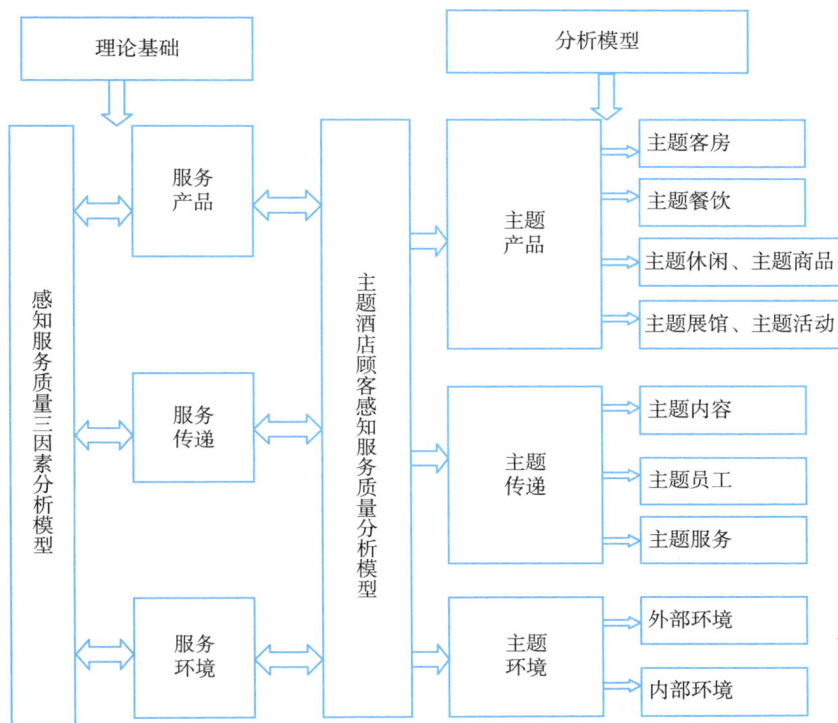

图 2 主题酒店顾客感知服务质量分析模型

二 北京市历史文化类主题酒店发展现状分析

（一）北京市历史文化类主题酒店发展概况

1. 国内外主题酒店发展概况

自 20 世纪以来，全球客源市场竞争加剧，主题酒店（Theme Hotel）应运而生。资料显示，美国加利福尼亚州玛利亚客栈是美国最早的主题酒店。1958年，其首先推出 12 间主题房间，后来发展到 109 间。业内人士普遍认为，美国大赌城拉斯维加斯是主题酒店之都。该城市有全世界 15 家最大的酒店，客房总量达十余万间，每家酒店都各具特色。此外，在其他国家和地区也有一些主题酒店，如以雅典卫城为主题的雅典卫城酒店，以历史音乐为主题的维也纳公园酒店，以摇滚音乐为主题的巴厘岛硬石酒店。

我国的主题酒店发展始于 20 世纪 90 年代。1995 年，以乒乓文化为主题的玉泉森信大酒店开业。1997 年，以道教文化为主题的成都鹤翔山庄改造成功。成都京川宾馆自 2002 年底开始改造，依托区域特点，改建成了三国文化主题酒店。2002 年，以威尼斯水城为主题的深圳威尼斯大酒店开业，该酒店是中国兴建的第一家真正意义上的主题酒店，对于中国主题酒店的发展具有里程碑的意义。近年来，我国主题酒店发展迅速，正逐渐成为中国酒店业的重要力量。山东省和四川省是我国内地最早开始尝试主题酒店的省份。从目前来看，北京、陕西等省份，依托其历史文化方面的优势，涌现出了大批以历史文化为主题的酒店；以广州、深圳为代表的沿海发达城市，依托其地理、经济方面的优势，出现了大批异域文化主题酒店。

2. 北京历史文化类主题酒店发展概况

历史文化类的主题酒店是指酒店选择历史上的某个时期作为主题吸引物，如成都的三国文化主题酒店、沈阳清文化主题酒店等。北京作为我国最重要的旅游城市，酒店行业最早与国际接轨。酒店业经过多年的发展，面对激烈的市场竞争环境，依托城市悠久的历史文化，出现了很多以历史文化作为主题的酒店。根据调研，我们发现北京历史文化类的主题酒店在目前的发展中主要表现出了以下几大特征。

第一，主题吸引物雷同，差异性小。主题酒店是通过选定的主题素材，采用文化融合的方式，以创造一个或多个文化主题为标志，从硬件（建筑、装饰、产品等有形方面）到软件（氛围、服务等无形方面）都围绕主题开展，带给顾客有价值的、难忘的体验的酒店。经过我们的调研，北京市历史文化类主题酒店选择的主题吸引物集中在两类：一类是依托老北京居民居住的传统四合院，选择以老北京四合院、胡同文化作为主题吸引物，如北京帽儿胡同客栈、紫地客栈、核桃树小院等，这类酒店数量最多；另一类是依托北京作为都城的历史，选择皇家或帝王文化作为主题吸引物，如颐和安缦等，这一类型的酒店数量相对较少。除了上述两类之外，还有以民国文化为主题的北京东方饭店、以中国佛文化为主题的北京觉品酒店。这些酒店数量较少、独具风格。

第二，主题酒店地区发展不均衡。从该类型主题酒店的地区分布上看，目前该类型的主题酒店主要集中分布在北京东城区、西城区，其他地区相对较少。在选择调研的 20 家酒店中，2 家酒店位于海淀区，仅占调研总数的 10%，其余 18 家酒店均位于东西两城区，占调研总数的 90%。

第三，客房数量及规模相对较小。在划分酒店规模时，通常会依据客房数量作为划分标准。一般意义上，小型酒店是指客房数量在 100 间以下；中型酒店是指客房数量在 100～300 间；中大型酒店是指客房数量在 500～1000 间；大型酒店是指客房数量在 1000 间以上。从调研的酒店来看，除了北京东方饭店客房数量达到 288 间，其余的酒店客房数量均不足 100 间，甚至有些酒店的客房数量不足 20 间。

（二）北京市主题酒店感知服务质量调查说明

为了从顾客感知的角度详细了解顾客入住北京市主题酒店的体验与感受，本文采用问卷调查的方式，设计了《北京市主题酒店感知服务质量调查问卷》。

问卷参照 Likert 量表设计，依据前文所述的主题酒店顾客感知服务质量分析模型，设计了调查问卷。其中主题产品维度共 9 个量表项，主题传递维度共 13 个量表项，主题环境维度共 11 个量表项，共计 33 个量表项（见表 1）。

表 1　北京市主题酒店感知服务质量研究量表

量表	维度	量表题项
主题产品	主题客房	1. 体现主题文化的客房家具
		2. 体现主题文化的客房用品
		3. 体现主题文化的客房卫生间用具
	主题餐饮	4. 体现主题文化的餐饮食品
		5. 体现主题文化的餐饮用具
	主题休闲	6. 体现主题文化的休闲娱乐项目
	主题商品	7. 体现主题文化的可购买商品
	主题展馆	8. 体现主题文化的主题展馆
	主题活动	9. 体现主题文化的主题活动

量表	维度	量表题项
主题传递	主题内容	1. 主题内容积极向上
		2. 主题内容与周边环境协调
		3. 主题内容具有独特性
		4. 主题内容的展示具有创意性
	主题员工	5. 员工仪容仪表体现主题文化
		6. 员工言谈举止体现主题文化
		7. 员工传递主题文化的能力
	主题服务	8. 体现主题文化的迎送仪式
		9. 体现主题文化的客房服务
		10. 体现主题文化的餐饮服务
		11. 体现主题文化的购物服务
		12. 体现主题文化的休闲娱乐服务
		13. 体现主题文化的主题展馆服务
主题环境	外部环境	1. 酒店建筑外观体现主题文化
		2. 酒店外部景观体现主题文化
		3. 酒店外部导引指示体现主题文化
	内部环境	4. 具有明显的主题文化标志
		5. 大堂环境体现主题文化
		6. 客房环境体现主题文化
		7. 餐厅环境体现主题文化
		8. 休闲娱乐环境体现主题文化
		9. 购物环境体现主题文化
		10. 主题展馆氛围体现主题文化
		11. 酒店内部导引体现主题文化

被调查者被告知"本问卷调查没有正确和错误之分，完全根据感觉和判断填写"，在对北京主题酒店的一系列表述中，依据对该表述的满意程度每个量表有五个选项，"1"表示"满意度非常差"、"2"表示"满意度较差"、"3"表示"一般满意"、"4"表示"满意"、"5"表示"非常满意"。

问卷内容主要分为两部分：第一部分是调查住店客人的基本资料，包括性别、年龄、学历、单位类型、职业、行业、收入、来店目的、每月住店次数、每次住店天数和如何得知本店；第二部分是主题产品、主题传递、主题环境三个维度量表陈述的评分部分，该部分是问卷的主体。

本次调研选择了北京市 20 家以历史文化作为主题的酒店，每家酒店共发放 15 份问卷，一共发放 300 份问卷。调研结束，共收回 300 份问卷，问卷收回率 100%。

对回收问卷逐一进行检查，去除无效问卷 48 份，最后获取 252 份有效问卷，问卷有效率 84%。

（三）北京历史文化类主题酒店顾客感知服务质量现状分析

1. 主题产品维度分析

关于主题产品维度，主要调查受访者对酒店主题客房产品、主题餐饮产品、主题休闲产品、主题商品、主题展示馆、主题活动 6 项的服务质量满意度。主题客房产品包括 3 项调查，主题餐饮产品包括 2 项调查，其余项目均包含 1 项调查。

（1）主题产品感知服务质量整体分析。总体来看，主题产品各调查项的得分均值为客房家具 4.13、客房用品 3.85、客房卫生间用具 3.92、餐饮食品 3.38、餐饮用具 3.39、休闲娱乐项目 3.45、可购买商品 3.13、主题展馆 2.85、主题活动 3.04。其中，客房家具得分值最高，满意度最大，主题展馆得分值最低，满意度最低（见图 3）。

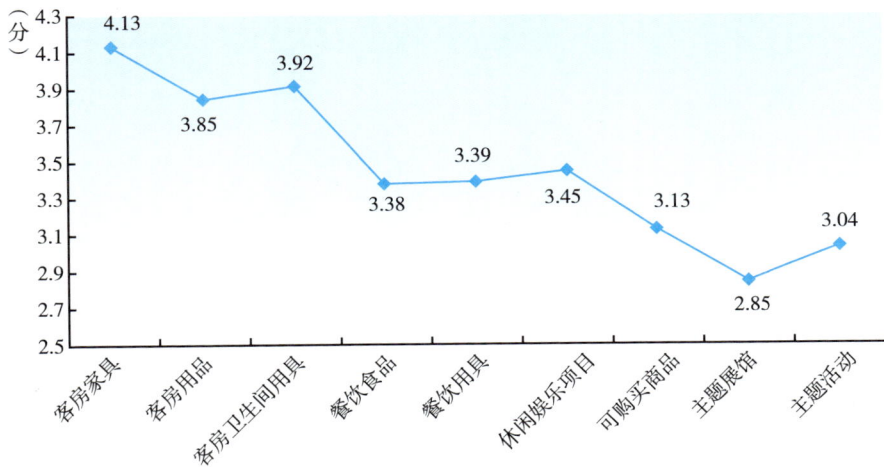

图 3　主题产品感知服务质量

（2）主题客房产品感知服务质量分析。对于客房家具项，受访者中选择非常差的有 2 人，占受访总数的 0.79%，选择较差的有 10 人，占受访总数的

3.97%，选择一般的有 41 人，占 16.27%，选择较好的有 101 人，占 40.08%，选择非常好的有 98 人，占 38.89%。对于客房用品项，受访者中选择非常差的有 2 人，占 0.79%，选择较差的有 20 人，占 7.94%，选择一般的有 54 人，占 21.43%，选择较好的有 114 人，占 45.24%，选择非常好的有 62 人，占 24.6%。对于客房卫生间用具项，受访者中选择非常差的有 4 人，占 1.59%，选择较差的有 11 人，占 4.37%，选择一般的有 60 人，占 23.81%，选择较好的有 102 人，占 40.48%，选择非常好的有 75 人，占 29.76%。

（3）主题餐饮产品感知服务质量分析。对于餐饮食品项，受访者中选择非常差的有 11 人，占 4.37%，选择较差的有 26 人，占 10.32%，选择一般的有 72 人，占 28.57%，选择较好的有 143 人，占 56.75%，无人选择非常好。对于餐饮用具项，受访者中选择非常差的有 10 人，占 3.97%，选择较差的有 27 人，占 10.71%，选择一般的有 69 人，占 27.38%，选择较好的有 146 人，占 57.94%，无人选择非常好。

（4）主题休闲产品感知服务质量分析。如图 4 所示，对于休闲娱乐项目调查项，受访者中选择非常差的占 6.75%，选择较差的占 5.16%，选择一般的占 24.21%，选择较好的占 63.49%，无人选择非常好。

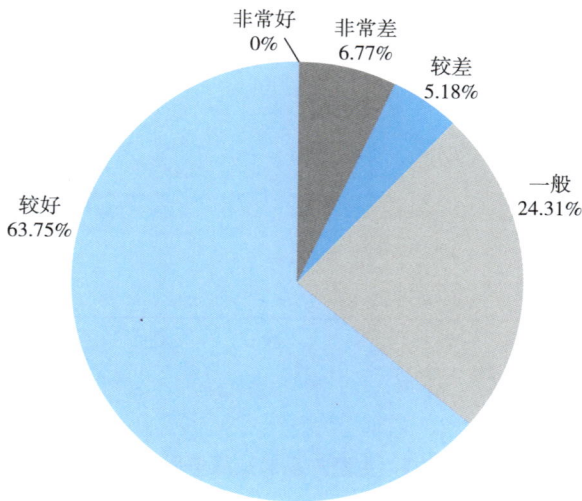

图 4 休闲娱乐项目感知服务质量

（5）主题商品感知服务质量分析。如图 5 所示，对于可购买商品调查项，受访者中选择非常差的占 11.51%，选择较差的占 13.10，选择一般的占 26.19%，选择较好的占 49.21%，无人选择非常好。

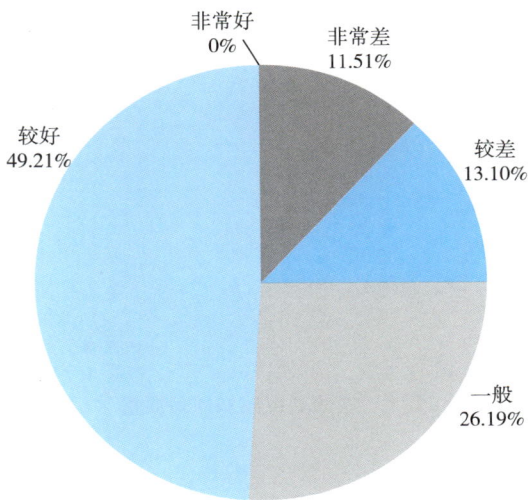

图 5　可购买商品感知服务质量

（6）主题展馆感知服务质量分析。如图 6 所示，对于主题展馆调查项，受访者中选择非常差的占 29.76%，选择较差的占 4.76%，选择一般的占 17.46%，选择较好的占 46.43%，选择非常好的占 1.19%。

（7）主题活动感知服务质量分析。如图 7 所示，对于主题活动调查项，受访者中选择非常差的占 16.27%，选择较差的占 12.7%，选择一般的占 23.81%，选择较好的占 45.63%，选择非常好的占 1.59%。

2. 主题传递维度分析

关于主题传递维度，主要从主题内容、主题员工、主题服务三个方面进行调查。对于主题内容，主要调查主题内容的积极性、主题内容与周边环境的协调性、主题内容的独创性、主题内容表现的创意性 4 个指标。对于主题员工，主要调查员工的仪容仪表、员工的言谈举止、员工主题文化传递能力 3 个指标。对于主题服务，主要调查酒店迎送仪式、客房服务、餐饮服务、购物服务、休闲娱乐服务、主题展馆服务 6 个指标。

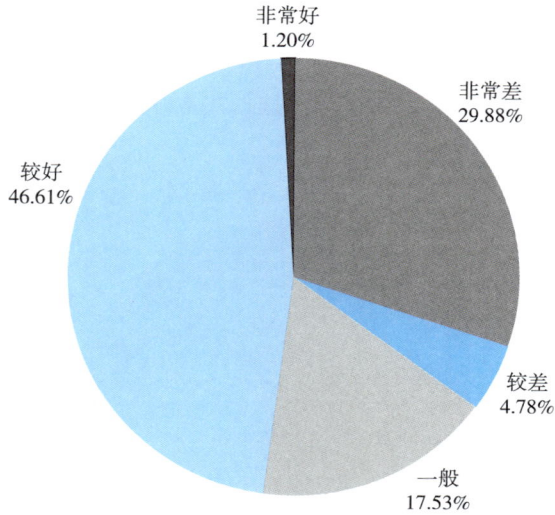

图6　主题展馆感知服务质量

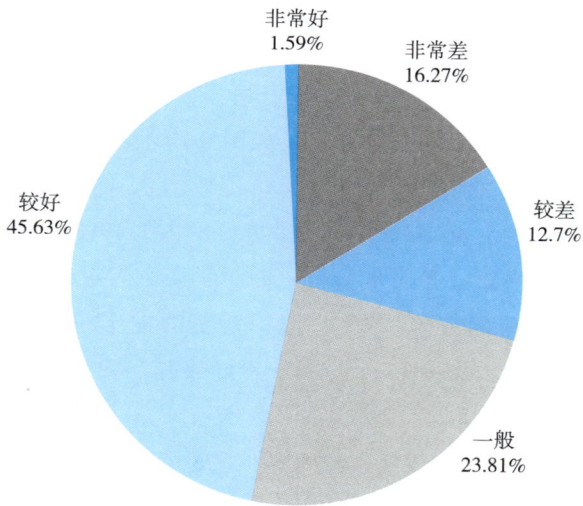

图7　主题活动感知服务质量

（1）主题传递感知服务质量整体分析。主题传递维度各调查项的得分均值如下。主题服务指标各调查结果：主题展馆服务3.49，休闲娱乐服务3.56，购物服务 3.35，餐饮服务 3.56，客房服务 3.72，酒店迎送仪式服务 3.47。主题员工指标各调查结果：员工的仪容仪表 3.66，员工的言谈举止 3.43，员工传递主题文化的能力 3.41。主题内容指标各调查结果：主题内容的积极性 4.29，主题内容与周边环境的协调性 4.22，主题内容的独创性 3.70，主题内容表现的创意性 3.64。

总体来看，受调查的 13 个指标中，受访者对"主题内容积极向上"满意度最高，而对"购物服务"满意度最低（见图 8）。

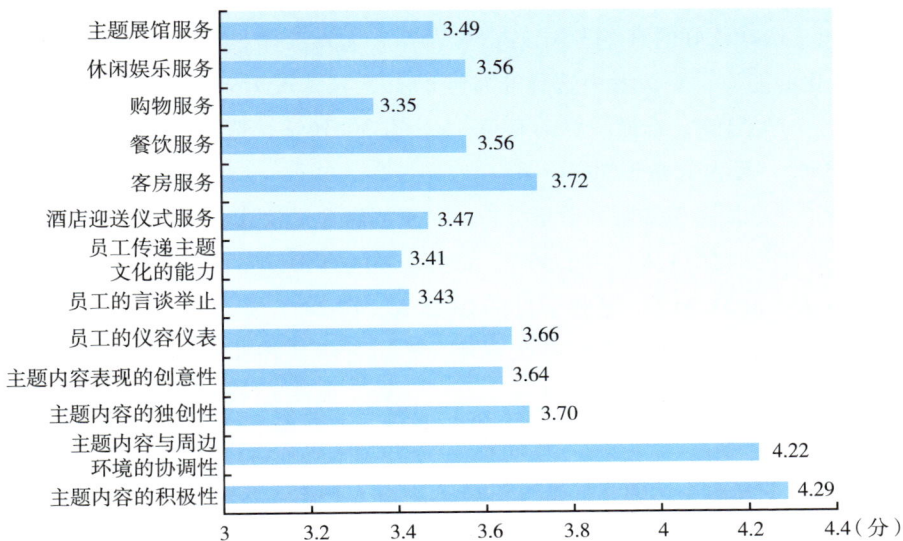

图 8 主题传递感知服务质量

（2）主题内容感知服务质量分析。对于主题内容的积极性，受访者中选择非常差的有 1 人，占 0.4%，选择较差的有 8 人，占 3.17%，选择一般的有 33 人，占 13.1%，选择较好的有 86 人，占 34.13%，选择非常好的有 124 人，占 49.21%。对于主题内容与周边环境的协调性，受访者中选择非常差的有 1 人，占 0.4%，选择较差的有 4 人，占 1.59%，选择一般的有 33 人，占 13.1%，选择较好的有 115 人，占 45.63%，选择非常好的有 99 人，占 39.29%。对于主题内容的独创性，受访者中选择非常差的有 3 人，占 1.19%，选择较差的有 5 人，占 1.98%，选择一般的 57 人，占 22.62%，选择较好的有 187 人，占 74.21%，无人选择非常好。对于主题内容表现的创意性，受访者中选择非常差的有 1 人，占 0.4%，选择较差的有 13 人，占 5.16%，选择一般的有 61 人，占 24.21%，选择较好的有 177 人，占 70.24%，无人选择非常好。

（3）主题员工感知服务质量分析。对于员工仪容仪表调查项，受访者中选择非常差的有 17 人，占 6.75%，选择较差的有 21 人，占 8.33%，选择一般的有 64 人，占 25.4%，选择较好的有 79 人，占 31.35%，选择非常好的有 71 人，占 28.17%。对于员工言谈举止调查项，受访者中选择非常差的有 5 人，占 1.98%，选择较差的有 24 人，占 9.52%，选择一般的有 80 人，占 31.75%，选择较好的有 143 人，占 56.75%，无人选择非常好。对于员工传递主题文化的能力，受访者中选择非常差的有 5 人，占 1.98%，选择较差的有 29 人，占 11.51%，选择一般的有 76 人，占 30.16%，选择较好的有 142 人，占 56.35%，无人选择非常好。

（4）主题服务感知服务质量分析。对于酒店迎送仪式服务调查项，受访者中选择非常差的有 14 人，占 5.56%，选择较差的有 33 人，占 13.1%，选择一般的有 79 人，占 31.35%，选择较好的有 72 人，占 28.57%，选择非常好的有 54 人，占 21.43%。对于客房服务调查项，受访者中选择非常差的有 17 人，占 6.75%，选择较差的有 15 人，占 5.95%，选择一般的有 58 人，占 23.02%，选择较好的有 95 人，占 37.7%，选择非常好的有 67 人，占 26.59%。对于餐饮服务调查项，受访者中选择非常差的有 18 人，占 7.14%，选择较差的有 23 人，占 9.13%，选择一般的有 72 人，占 28.57%，选择较好的有 79 人，占 31.35%，选择非常好的有 60 人，占 23.81%。对于休闲娱乐服务调查项，受访者中选择非常差的有 19 人，占 7.54%，选择较差的有 32 人，占 12.7%，选择一般的有 59 人，占 23.41%，选择较好的有 72 人，占 28.57%，选择非常好的有 70 人，占 27.78%。对于主题展馆服务调查项，受访者中选择非常差的有 66 人，占 26.19%，选择较差的有 16 人，占 6.35%，选择一般的有 51 人，占 20.24%，选择较好的有 73 人，占 28.97%，选择非常好的有 46 人，占 18.25%。

3. 主题环境维度分析

关于主题环境维度，主要是从酒店外部环境、酒店内部环境两个方面进行调查。对于酒店外部环境，主要调查酒店建筑外观、酒店外部景观、酒店外部导引指示 3 个指标。对于酒店内部环境，主要调查主题文化标志、大堂环境、客房环境、餐厅环境、休闲娱乐环境、购物环境、主题展馆氛围、酒店内部导引 8 个指标。

（1）主题环境感知服务质量整体分析。主题环境维度，各调查项的得分均值如下。酒店外部环境各指标调查结果：酒店建筑外观得分 4.06，酒店外部景观得分 4.04，酒店外部导引得分 2.82。酒店内部环境各指标调查结果：主题文化标志得分 4.01，大堂环境得分 4.16，客房环境得分 4.12，餐厅环境得分 3.69、休闲娱乐环境得分 3.68，购物环境得分 3.36，主题展馆氛围得分 3.2，酒店内部导引得分 3.73（见图 9）。

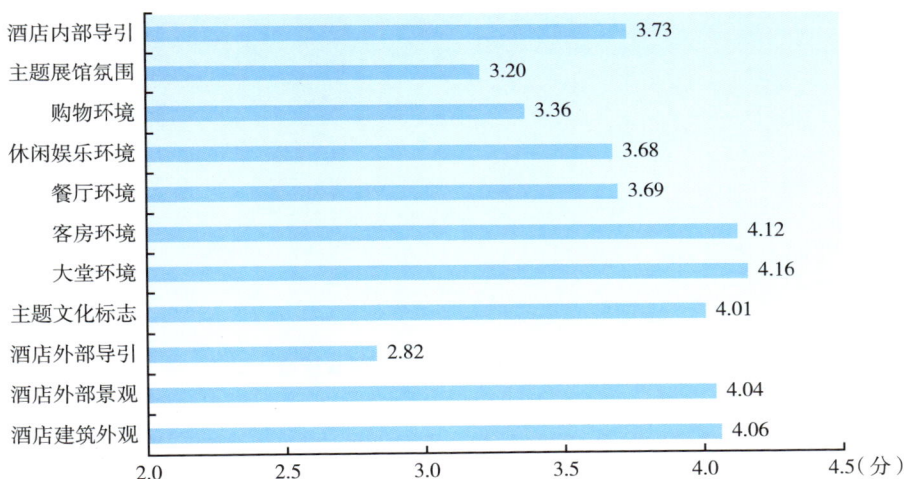

图 9　主题环境感知服务质量

总体来看，受调查的 11 个指标中，受访者对"大堂环境"满意度最高，对"酒店外部导引"满意度最低。

（2）外部环境感知服务质量分析。对于酒店建筑外观调查项，受访者中选择非常差的有 5 人，占 1.98%，选择较差的有 13 人，占 5.16%，选择一般的有 54 人，占 21.43%，选择较好的有 69 人，占 27.38%，选择非常好的有 111 人，占 44.05%。对于酒店外部景观调查项，受访者中选择非常差的有 3 人，占 1.19%，选择较差的有 19 人，占 7.54%，选择一般的有 46 人，占 18.25%，选择较好的有 81 人，占 32.14%，选择非常好的有 103 人，占 40.87%。对于酒店外部导引调查项，受访者中选择非常差的有 11 人，占

4.37%，选择较差的有 21 人，占 8.33%，选择一般的有 220 人，占 87.30%。

（3）主题文化标志感知服务质量分析。如图 10 所示，关于主题文化标志调查项，受访者中选择非常差的占 1.59%，选择较差的占 7.14%，选择一般的占 18.65%，选择较好的占 34.13%，选择非常好的占 38.49%。

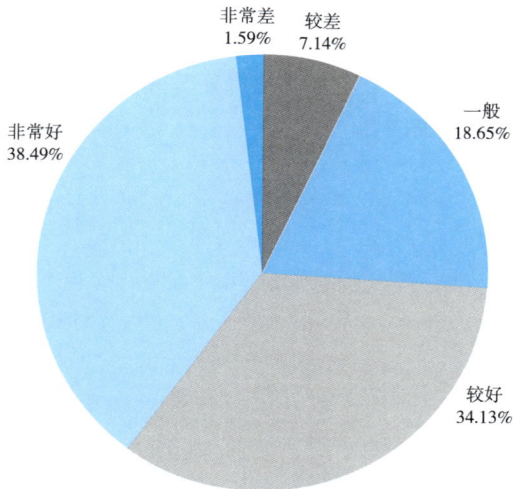

图 10　主题文化标志感知服务质量

（4）内部环境感知服务质量分析。关于大堂环境调查项，受访者中选择非常差的有 1 人，占 0.4%，选择较差的有 13 人，占 5.16%，选择一般的有 44 人，占 17.46%，选择较好的有 81 人，占 32.14%，选择非常好的有 113 人，占 44.84%。对于客房环境调查项，受访者中选择非常差的有 5 人，占 1.98%，选择较差的有 4 人，占 1.59%，选择一般的有 50 人，占 19.84%，选择较好的有 91 人，占 36.11%，选择非常好的有 102 人，占 40.48%。对于餐厅环境调查项，受访者中选择非常差的有 15 人，占 5.95%，选择较差的有 25 人，占 9.92%，选择一般的有 63 人，占 25%，选择较好的有 70 人，占 27.78%，选择非常好的有 79 人，占 31.35%。对于休闲娱乐环境调查项，受访者中选择非常差的有 11 人，占 4.37%，选择较差的有 30 人，占 11.90%，选择一般的有 53 人，占 21.03%，选择较好的有 93 人，占 36.9%，选择非常好的有 65 人，占 25.79%。对于购物环境调查项，受访者中选择非常差的有 39 人，占 15.48%，选择较差的有 21 人，占 8.33%，选择一般的有 63 人，占 25%，选择较好的有 69 人，占 27.38%，选择非常好的有 60 人，占 23.81%。对于主题展馆氛围调查项，受访者中选择非常差的有 64 人，占 25.4%，选择较差的有 11 人，占 4.37%，选择一般的有 48 人，占 19.05%，选择较好的有 69 人，占 27.38%，选择非常好的有 60 人，占 23.81%。对于酒店内部导引调查项，受访者中选择非常差的有 11 人，占 4.37%，选择较差的有 29 人，占 11.51%，选择一般的有 58 人，占 23.02%，选择较好的有 67 人，占 26.59%，选择非常好的有 87 人，占 34.52%。

三 北京市历史文化类主题酒店现存问题分析

（一）主题产品方面的问题

1. 客房用品、客房卫生间用具的主题性体现不够显著

从调查的得分情况看（见图 11），对于客房产品而言，受访者一致认为客房家具能够较明显地体现主题性，客房用品、客房卫生间用具虽能在一定程度上体现主题性，但是仍然有较大的上升空间。

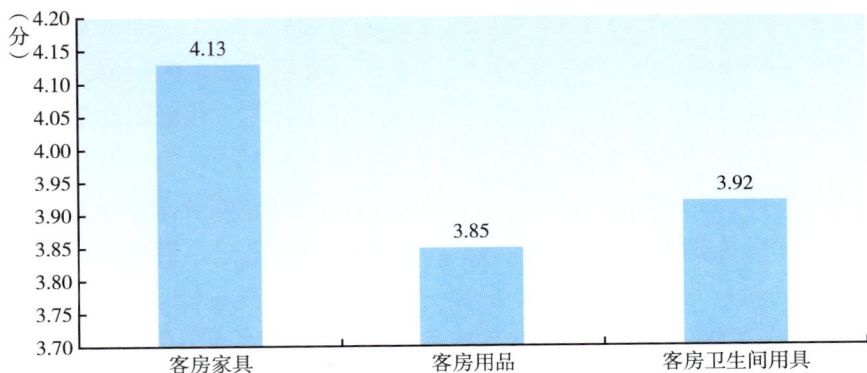

图 11 主题客房得分均值对比

在调研过程中，确实发现该类型的主题酒店为了体现中国传统文化，在主题客房开发过程中，均比较关注客房家具的主题性，而对于客房用品、客房卫生间用具的产品设计则差别较大。部分主题酒店在客房用品、客房卫生间用具的产品设计上能够体现鲜明的主题性，部分酒店则较少关注这两部分的产品开发。

2．缺乏餐饮食品或者提供的餐饮食品种类集中，不能深入体现酒店的主题文化

该类型的酒店，对于主题的选择大多集中在我国的传统文化，如四合院文化、中国佛教文化、皇家文化等。餐饮产品作为除客房产品外最重要的主题产品，对于主题文化的体现有非常重要的作用。我国传统文化源远流长，餐饮文化博大精深，北京菜更是自成一派。北京作为五朝古都，全国各风味菜技师多汇聚于此，菜肴原料天南地北，形成了兼收并蓄、格调高雅、风格独特、自成体系的"北京菜"。北京菜由地方菜、清真菜、宫廷菜、官府菜等融合而成，主要可以分为宫廷饮食、日常饮食、北京小吃三个部分。北京菜菜品繁多，仅北京小吃一项，就多达200余项。

在调研过程中，发现两个明显的现象：第一，大部分酒店不设置独立的餐厅。在受访酒店中，客房数量较少（10间以下）的酒店一般不设置独立餐厅。酒店不提供餐饮产品或者给客人提供菜单，实行餐饮外包服务。第二，酒店设置独立的餐厅。对于客房数量较多的酒店，酒店一般考虑设置独立的餐厅，直接提供餐饮服务。不管是直接或者间接提供餐饮产品的酒店，大部分酒店提供的餐饮产品集中在三类。第一类是饺子、包子、面条、馄饨等几种传统面食，第二类是日常菜品，第三类是几种常见的北京传统小吃、炸酱面及北京烤鸭等。

这些餐饮产品确实能够体现出酒店的历史文化特色，但是如果想通过餐饮食品和餐饮用具来深入体现某一具体的历史文化，还有很多工作需要做。

3．主题休闲娱乐项目较单一，开展主题活动的酒店数量较少

休闲娱乐项目是酒店重要的主题产品，主题活动更是对酒店主题的深入体现。在调研的20家主题酒店中，11家酒店有休闲娱乐项目，其余9家没有休闲娱乐项目。在提供休闲娱乐项目的酒店中，除颐和安缦具有休闲吧、游泳池、健身房等种类较多的项目外，其余10家酒店只有休闲吧（咖啡厅、酒吧、

茶吧）。

关于主题活动，在调研中发现了如下特点：第一，受访的 20 家酒店中，开发真正意义上的主题活动的酒店仅有 4 家（红墙花园、颐和安缦、秦唐府客栈 7 号院、吉庆堂四合院），仅占调查酒店总数的 20%。这一结果说明，开展主题活动的酒店数量非常少。第二，就目前开展的主题活动看，主要分成两类。一类是京剧、书法、乐器等中国传统文化展示，另一类是在日常定期举办或结合中国的春节、清明、中秋等传统节日，由酒店组织的供游客参与的各类活动，如包饺子、贴春联、游胡同等。第三，90% 以上的酒店均提供相关的旅游服务，如阅微庄提供的长城大巴游、晚间文艺演出等。游客通过这些活动可以增强对中国历史文化的了解和认知，但这类活动应该作为酒店主题活动的有益补充，而不是用这类活动取代酒店本身的主题活动。

4. 缺少可以购买的主题商品或商品的主题文化体现不明显

在受访的 20 家酒店中，5 家酒店为顾客提供了主题商品，占受访酒店总数的 25%，其余的 15 家酒店均没有提供可供游客购买的主题商品，占受访酒店总数的 75%。这 5 家酒店中，3 家酒店专门设立了独立的购物场所，占调查总数的 15%，2 家酒店设有购物展台或购物柜台，占调查总数的 10%。

关于商品的主题性体现，在提供主题商品的 5 家酒店中，仅 2 家酒店的主题商品能较好地反映酒店主题，另外 3 家酒店提供的商品能够体现中国特色，但不能很好地体现酒店主题。以东方饭店为例，该酒店是业内公认的主题酒店，以民国文化作为主题，可以说开创了北京主题酒店的先河，在主题酒店的运营方面积累了较为丰富的经验。通过对东方饭店商品部的调研，东方饭店的商品部虽提供了书籍、服饰、土特产、工艺品等种类丰富的商品，但是基本体现的仅是中国特色，至于民国文化这一主题则无从体现。

5. 酒店内基本没有能够反映主题文化的主题展馆

如图 12 所示，主题展馆在一级指标主题产品所对应的 6 个二级指标中均值最低，为 2.85，对于满意度，选择"一般"以下的受访者达到了 52%，说明受访者对该项的满意度比较低。接受调研的 20 家酒店中，除 3 家酒店有独立展馆之外，其余 17 家酒店均没有设置反映酒店主题文化的独立展馆。通过分析，原因主要有以下几个：第一，酒店对主题文化挖掘不够深入，缺乏这方面的经营意识。第二，部分酒店受规模面积的限制，没有多余的空间设置独立的展馆展示主题文化。第三，部分酒店认为整个酒店本身就是一个展馆，不需要设立独立的展馆。

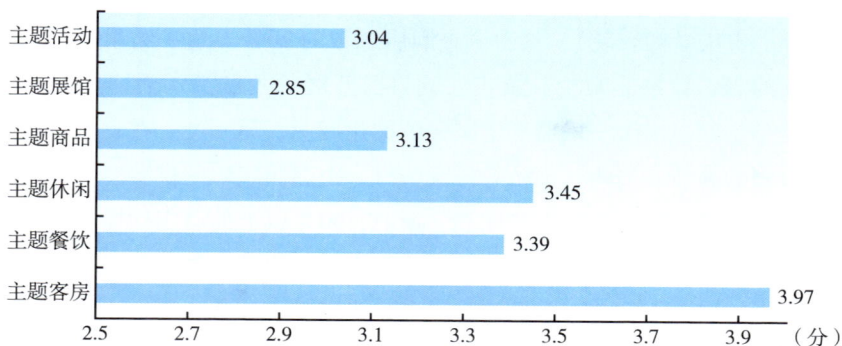

图12　主题产品各指标得分均值对比

笔者认为，为了让宾客更好地体验主题文化，酒店应该尽可能设置专门的展馆或陈列馆。如以老北京四合院文化作为主题的酒店，可以增加与老北京民间传统、习俗相关的展览，让宾客更加了解老北京四合院人的生活状态、传统习俗，从而更加深入地了解甚至喜爱北京四合院。

（二）主题传递方面的问题

1. 主题内容相对雷同、独特性差，主题内容展示的创意程度不高

对于与主题内容所对应的4个调查项，除了主题内容的积极性、主题内容与周边环境的协调性2项均值超过4分，主题内容的独创性、主题内容的创意性得分均不足4分（见图13）。通过对20家酒店的调研，1家酒店的主题是民国文化，1家酒店的主题是中国佛文化，1家酒店的主题是清朝皇家文化，其余17家酒店均认为主题就是中国文化或北京文化。由此可以看出，北京该类型的酒店主题存在很大的相似性，独创性较差。

关于主题内容展示的创意性，应该通过对酒店主题产品的开发来实现。如前文所述，对于主题产品的开发，大多数酒店还是集中在对主题客房产品的开发，较少关注主题餐饮、休闲娱乐、商品、展馆等其他方面。因此，综合来看，顾客对这方面的满意度不够高。

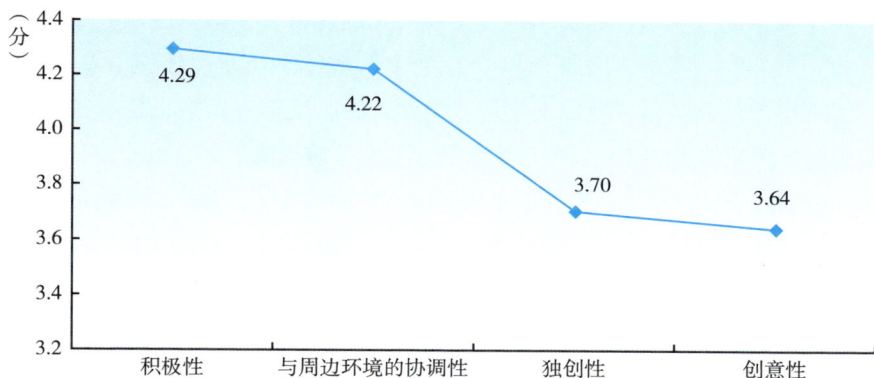

图 13　主题内容各指标得分均值对比

2. 员工言谈举止不能深入体现主题文化，主题文化传递能力较差

关于对酒店员工的调查，3 个二级指标满意度均不高，未超过 4 分。在所有受访的 20 家酒店中，一线服务员基本都穿着具有中国元素的服装，可以显示酒店的中国文化，因此在 3 项调查中，仪容仪表得分相对较高。但仅通过具有中国元素的服装无法进一步凸显酒店独特的历史文化主题，要提高对此项指标的满意度，还应该关注除服装之外的其他部分，如妆容、发型、配饰等。

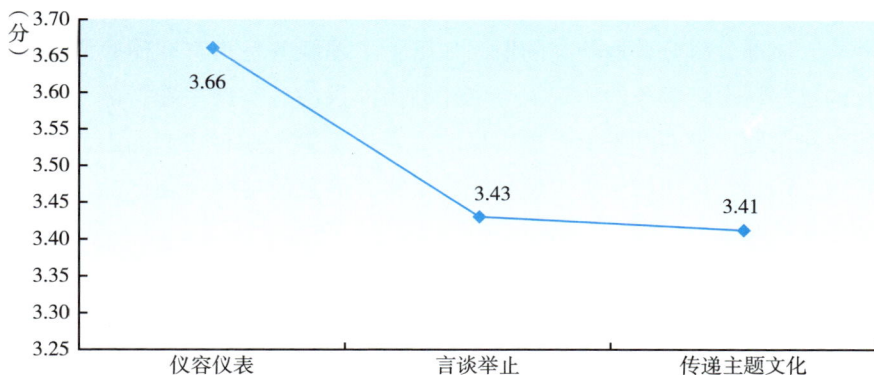

图 14　主题员工各指标得分均值对比

关于员工的言谈举止、员工传递主题文化的能力，在调研过程中发现了如下现象：第一，一线员工大部分以女性为主，整体学历水平不高，集中在高中、大专层次，较少本科及以上学历。第二，酒店员工言谈举止普遍符合当代礼仪规范，无法体现酒店独特的历史文化。如对于客人的问好，目前通行的做法是国际通用点头礼，基本没有酒店采用我国传统的拱手礼。第三，酒店员工对主题文化的传递能力存在差异。调研中随机采访了部分酒店一线员工，有些不知道酒店是何主题，有些对酒店的主题一知半解，不能深入回答客人的问题。相比而言，管理层对于酒店主题文化则相对比较了解，能够对客人进行较全面的介绍。

3. 缺少展示主题文化的迎送服务或仪式

迎来送往作为中国传统文化的重要组成部分，在很大程度上体现了主人对客人的重视和热情。作为展示历史文化的主题酒店，迎送仪式作为体现主题文化的重要一环是不可或缺的。研究表明，宾客对酒店的第一印象和最后印象至关重要，直接决定了宾客对酒店的满意程度。一个具有主题特色的迎送仪式可以让宾客的旅途有一个美好的开始和结束，让宾客在住店期间有一个完整的体验。调研发现，20 家酒店中，有些酒店受条件制约，没有此项服务。开展此项服务的酒店与非主题酒店差别不大，缺乏特点和特色。

4. 没有体现主题特色的其他服务

至于主题服务的其他各项指标，除主题客房服务得分超过 3.7 分，其余各项得分均在 3.5 分左右，主题展馆服务最低，仅为 3.07 分（见图 15）。深入分析，该部分得分普遍不高的原因如下：主题服务是指宾客体验酒店主题文化的过程，主题服务的实现需要依托酒店提供的各类型主题产品。如前文所述，在主题产品的开发上，酒店目前主要还是集中在客房产品上，较少关注餐饮、购物、休闲娱乐等类型。缺乏了宾客满意的这些主题产品，主题服务则无从谈起。

（三）主题环境方面的问题

1. 缺少外部导引或者导引过于简单，无法体现主题文化

如图 16 所示，由于这类酒店大部分依托四合院这种独特的建筑形式，因此酒店的建筑外观、外部景观能够较好地体现主题文化，因此这两项得分较高。至于外部导引则得分较低，仅为 2.82 分。

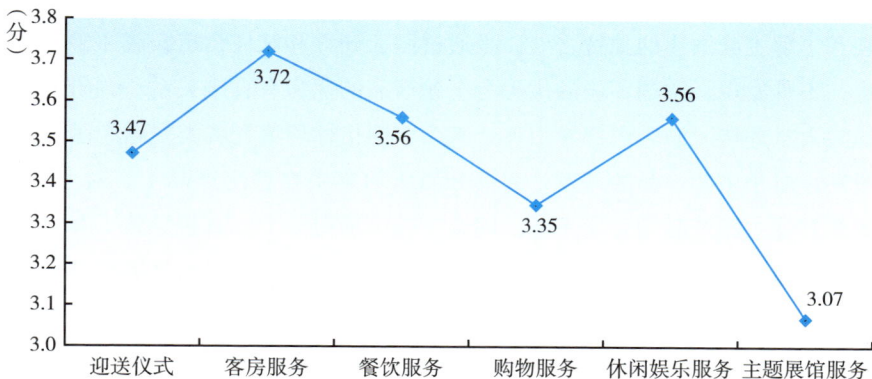

图 15　主题服务各指标得分均值对比

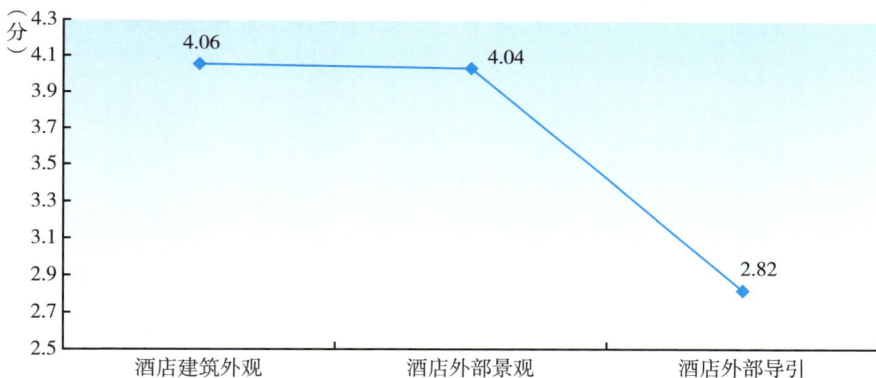

图 16　外部环境各指标得分均值对比

由于依托北京传统的四合院，此类酒店大多地处四合院聚集区的胡同内，地理位置不明显，难以寻找。在调研中，很多受访者都反映了这一问题。有些酒店已经意识到了这一问题，做了相应的导引。但是，从发现的导引标志看，基本上只有一块指示牌，无从体现酒店的主题文化。

2. 内部环境没有显著体现主题文化

关于内部环境这项二级指标，主要从 8 个维度进行了调查。从得分情况看，除了大堂环境、客房环境得分均值超过 4 分外，其余 5 项均不足 4 分。其中，得分最低的是主题展馆氛围，仅为 3.20 分。

主题环境是主题酒店依靠有形的服务为客人制造无形的感知，它帮助客人识别和了解主题酒店的独特之处，是通过酒店硬件和软件营造宾客体验的主题文化。不难发现，主题环境的优劣与主题产品的优劣有直接关系。调研的 7 项指标除大堂环境、酒店内部导引外，其余 5 项指标均依托各类主题产品。如前文所述，对于主题产品的开发，大部分酒店均集中在客房产品上，对于餐饮、休闲等其他主题产品均开发不够。因此，在该项得分上，直接导致了客房环境得分值较高，餐饮环境、休闲娱乐环境、购物环境、主题展馆氛围得分值均较低。大堂是酒店客人抵达酒店时最先接触到的酒店空间，是给客人留下第一印象和最后印象的地方，酒店的经营管理者历来非常重视对大堂环境的设计。因此，调查中，该项指标的得分值较高。

四　北京市历史文化类主题酒店发展建议

（一）成立北京主题酒店研究会（社团），推进北京主题酒店健康有序发展

国内主题酒店发展到今天不过近 20 年历史，行业内可以借鉴的经验不多。单体的主题酒店由于规模小，在主题遴选及确定、主题产品设计与开发、主题宣传营销、市场推广等方面，都缺乏一定的力度，因此就需要发挥组织优势。基于此，有必要建立相应的组织机构，以保障北京市主题酒店的持续发展。北京主题酒店研究会可以依托北京市旅游局相关部门或北京市旅游行业协会，利用组织的吸引力，聚集企业、院校、政府部门三方面的有效资源，优化整合，对北京市主题酒店的发展进行研究，指导酒店进行主题选择、主题产品开发等。由于专家对行业的了解较为全面深入，宏观把握下做出的主题设计和产品设计必然具有可行性，很大程度上避免了酒店投资或经营的失败。

1. 制度建设和工作程序化

工欲善其事，必先利其器。主题酒店研究会要想发挥对北京主题酒店发展的引导作用，首先需要完善研究会自身的建设。研究会自身的建设，关键在于研究会内部的制度建设和程序化运作。研究会作为一个正式的组织，需要在今后的发展中逐步正规化，也就是需要制度建设，只有制度建设到位了，才能够

做好。研究会制度的建设，主要包括管理制度、人事制度和财务制度，其中财务制度的建设和规范尤为重要。研究会日常运转所需要的费用，来源于会员单位缴纳的会费。明确会费的收支渠道和方向，实际上是研究会对会员负责的一种表现。研究会的主要目的是为会员单位提供服务，通过智力资源的凝聚和扩散，来推动主题酒店的发展。所以，这一组织是在行业需求和行业发展的基础上产生的，这就要求这个组织不能因为人的变化而变化转移，只有这样，研究会才能成为一个独立的研究会，成为一个形成并体现会员意志的研究会，这才是这个机构的最高意志。

2. 理论研究与实践指导

搭建研究会的理论研究与实践指导平台，进行主题酒店理论研究并为会员单位进行咨询指导和培训。

（1）北京市主题酒店理论研究。借助研究会所拥有的各类资源，结合国内外有关主题酒店的成功经营案例，整合理论与案例，对北京市主题酒店的发展进行全方位、多角度的研究。在进行理论研究工作的同时，调研北京市主题酒店的发展情况，编写《北京市主题酒店发展年度报告》，通过实证分析来归纳现状，分析规律，并预测未来的发展趋势和竞争态势，引导北京市主题酒店的健康发展。随着研究的不断推进，可以联合高校和会员酒店，发挥其各自优势，即学术界掌握理论，酒店掌握行业情况然后逐步推出有关主题酒店理论和实践经验的系列著作。

（2）北京市主题酒店建设指导。主题酒店要以提高客房出租率，最终提高酒店收入为目标。国内外主题酒店经营成败的案例证明，准确的主题策划是主题酒店经营成功的前提。主题策划是在主题酒店创建实施前期进行的项目策划及主题策划项目的具体实施方案，包括主题选择、主题定位、主题形象体系设计等。主题策划是主题酒店的灵魂，涉及很多深层次的文化要素，还涉及文化主题在一个特定地区内的配置平衡问题。因此，在进行主题策划时，要综合考虑多种因素。除了主题选择外，还要考虑到平衡发展防止恶性竞争的问题。同时，文化主题不是简单的文化包装，必须要把它转化成文化竞争力、吸引力、注意力和记忆力。竞争力的打造，需要对转化工作进行提炼和指导，所以这就不仅仅是简单的文化主题的选择，还要考虑到如何将主题文化与产品服务完美结合，达到以主题吸引客源、以主题创造效益的效果。

3．联合营销，共同开拓客源市场

北京主题酒店研究会需要研究的一个重要问题就是如何拓展客源市场。主题酒店目前面临的一个主要困难是消费群体不足，黄金客户少，忠诚客户更少。这种情况得不到改变，主题酒店的意义就无法体现。所以，开拓客源市场自然是研究会首先应关注的问题。

客源市场的拓展，营销是关键的一步。通过市场营销提高知名度，吸引客源，靠特色的主题文化、主题产品和服务留住客人，把"头回客"变为"回头客"，才能逐步拓展客源市场，并逐渐提高在行业内的影响力。通过调研发现，北京市历史类主题酒店的规模都相对较小，对于这样的中小型酒店来说，单体营销的力量比较薄弱，难以在市场上产生较大的影响。因此，要想扩大主题酒店的行业影响力，联合营销战略不可或缺。

具体来说，可以依托研究会，为会员单位搭建主题酒店联合营销平台。借助每年国际、国内旅游交易会平台，充分做好对主题酒店的联合营销工作。通过多种形式，展现主题酒店的不同文化主题，以"文化"和"主题"的多样性与吸引力形成展览会的独特卖点，目的在于扩大主题酒店在旅游市场内的知名度，强化"主题酒店"在酒店行业内的定位与特色。此外，可以在联合营销的宣传手册上印上所有的会员单位，放到每个会员酒店的每间客房里、前台问询处等，形成主题酒店成员内部的相互营销，逐步培育市场上集群的品牌效应，逐步扩大客源市场。

4.加强主题酒店成员的经验交流和信息交换

第一，内部的交流与沟通可以采用简报、网络和交流会等形式。简报可以保证会员酒店之间及时沟通信息，也会增强组织的向心力。在研究会发展成熟、主题酒店在行业内的影响力和公认度不断增强以后，可以公开出版正式刊物，发表与主题酒店有关的理论型学术论文和时间性强的案例研究文章等，既可以增强业内交流，还可以进一步提高主题酒店在行业内的认知度和竞争力。

第二，建立研究会网站。构建主题酒店和研究会网络交流与信息共享的平台，同时可以实现会员主题酒店网上统一预订。

第三，加强主题酒店研究会及成员酒店与外部的沟通。一方面，可以了解学习同行的一些先进理念和经验，另一方面，通过与大酒店杂志以及各类媒体进行研究会信息与外界的交流和沟通，还可以组织各成员酒店进行各类考察，学习国内外先进的管理经验。

（二）建立并推行北京市主题酒店行业标准，规范主题酒店经营

从全国范围看，国内主题酒店的发展经历了两个阶段：自由发展阶段和有组织的发展阶段。1995～2004 年是自由发展阶段。其间，各家酒店自我摸索，进行主题酒店探索和建设，缺乏组织的推动力量。2004 年之后是有组织发展阶段。其间各主题酒店开始进行相互交流，确定行业标准。

2004 年 11 月，中国第一届国际主题酒店研讨会在成都京川酒店召开，与会人员探讨了有关国际主题酒店研究会成立的相关事宜。2006 年 12 月 8 日，山东济南的玉泉森信大酒店举行了国际主题酒店研究会创立大会。会议通过了《国际主题酒店研究会章程》，学习了《主题酒店开发、运营与服务标准》。2007 年，四川省旅游星级饭店评定委员会出台了《四川省主题旅游饭店的划分与评定标准》。

2009 年浙江省举行了全省饭店业文化特色主题建设发展论坛。2011 年 5 月，浙江特色文化主题饭店创建工作推进会召开，会上针对浙江省地方标准《特色文化主题饭店评定标准（报批稿）》进行了深入研讨。2011 年 6 月，浙江省旅游局行业管理处依据标准完成了对千岛湖 70 家公社知青饭店的评定，正式评出了浙江省首家特色文化主题饭店，在浙江以特色文化为主题的饭店渐成风尚。2013 年山东省旅游饭店协会出台《山东省主题文化饭店划分与评定标准》，山东省主题文化饭店的评定工作也已经于 2014 年 1 月 1 日起开展落实。2014 年，国务院发布的《国务院关于促进旅游业改革发展的若干意见》（国发〔2014〕31 号）中明确提出"鼓励发展特色餐饮、主题酒店"，预示着文化主题饭店即将迎来发展黄金期。同年，由国家商务部发布、中国饭店协会起草的《文化主题饭店经营服务规范》（SB/T 11044－2013）国家行业标准于2014 年 12 月 1 日正式实施。

北京作为我国最重要的旅游城市，酒店行业最早与国际接轨。酒店业经过多年的发展，面对激烈的市场竞争环境，出现了大量不同类型的主题酒店。这些酒店在发展过程中，由于缺乏统一的行业标准，出现了低价竞争、市场混乱、文化传播乏力等多方面的问题。基于此，2012 年，北京市旅游发展委员会提出并组织起草了北京市地方标准《主题酒店的等级划分与评定规范》（征求意见稿），希望规范北京市主题酒店的经营发展。该标准以经营的整体性、

顾客的体验性为评定原则，将北京主题酒店分为五个等级，即"单花主题酒店"、"双花主题酒店"、"三花主题酒店"、"四花主题酒店"及"五花主题酒店"。最低为单花，最高为五花。最低级单花主题酒店仅指具备主题文化的酒店，最高级五花主题酒店是指有主题文化核心卖点并形成完整主题经营链，软硬件充分体现主题文化的酒店。从目前来看，该地方标准已经在北京市质量监督局网站上完成了公开征求意见，尚未正式发布。从调研来看，北京市主题酒店的经营者对这一标准也缺乏了解。因此，希望这一地方标准能早日出台并正式实施，规范、引导北京主题酒店的健康有序发展。

（三）利用聚群效应，建立主题酒店（群），打造文化典范，创造示范效应

聚群效应，是指在一定的区域文化、制度背景下，相互联系的企业依靠合作协议、承诺与信任，在某一地理区域动态聚集，实现产业或产业链的动态平衡的集合体。

通过调查发现，北京在东、西两城区有大量的历史文化类主题酒店。它们分布相对集中，均以四合院、胡同主题文化为依托进行经营，具有相同的文化背景。但是不同的酒店又因自身规模、经营理念等因素形成了各自独有的特色，这些酒店在某些资源方面是互补的。因此，我们认为这些酒店可以利用群聚效应进行创新型发展。笔者建议将同等类型的主题酒店整合在临近胡同里，打造以老北京四合院文化为主题的胡同，建立北京城内特色地标性胡同。

首先打造一条具有北京特色的民俗风情旅游的地标性胡同，将附近的小吃店、饭馆、早点摊、出售旅游纪念品的商店、人力车、京剧等具有鲜明北京特色的事物迁入其中，同时配合迁入四合院文化主题酒店。其次再辅以服务人员富有传统特色的服装配合，将这条胡同打造成集"吃住行，游购娱"于一体的北京"老"胡同，使得宾客最初得到的感受不是来住"酒店"，而是住在老北京的四合院中。最后由于这条胡同里的受益机构都是以盈利为目的的商家，可以从商家收取一定的费用用于胡同的维护。这样酒店等营利性机构既可以依托整个胡同得到发展，也实现了这些营利性机构以所得的一部分利益来反哺胡同。

（四）大力推进北京文化创意产业发展，拓展主题酒店的产品设计与开发，创造主题酒店的独特性

主题产品是指顾客从主题酒店所提供的个性化服务中获得的不同于其他酒店的客观结果。因此，主题产品的开发、设计是主题酒店经营成败的关键。主题酒店在经营过程中必须突出主题，从设计、建设、装修到管理经营、服务都应注重酒店独特的主题内涵，突出酒店的文化品位，从而在市场上形成独特鲜明的主题形象。巴厘岛硬石酒店是亚洲第一座摇滚音乐主题酒店，其客源对象集中于摇滚乐的爱好者，有散客、家庭及团队，其鲜明的主题形象及全面的酒店主题文化营造使其在巴厘岛上众多的酒店中独树一帜。位于酒店大堂的Centerstage酒吧是硬石文化的心脏，酒吧中心有个"回"字形两米高的演出台，对面的墙上还有个大屏幕，对演出场进行直播。每逢周一到周六，晚上8时开始直到午夜，有世界各地的摇滚乐队在这里进行现场表演。客人在酒店观看演出，不需要购买门票，不需要点饮料等额外消费，可以自由欣赏。

对北京历史文化类主题酒店进行调研发现，依托老北京特有的建筑形式，大量的主题酒店选择了以老北京四合院、胡同文化作为主题吸引物。主题吸引物的雷同导致了在主题产品开发与设计上，同样存在差异性小、雷同性大。通过对经营者的访谈发现，很多酒店的经营者们已经意识到了这方面的问题，但是却缺乏解决的能力。第一，由于缺乏对传统文化的保护，导致传统文化逐渐消亡，给该类型主题酒店的产品创新设计与开发带来了很大的难度。第二，经营者们本身缺乏对主题文化的深入了解，无法进行有效的主题酒店产品创新。第三，从整个社会环境看，文化创意产业不够繁荣，具有国际影响力并体现"北京服务""北京创造"的文化产品不够丰富，缺乏该方面的专业人才。

基于此，如果想从根本上解决这一问题，就必须在宏观上推进北京文化创意产业的繁荣发展，培育更多的市场空间。从全国范围来看，杭州是文化创意产业发展的典范。杭州是联合国教科文组织全球创意城市网络"工艺和民间艺术之都"，拥有全国唯一的"两岸文化创意产业合作实验区"，是全国首批"国家级文化和科技融合示范基地"和"国家三网融合试点城市"。杭州是全国首个建有两家文化创意金融专营支行的城市，拥有全国首个文化创意企业无形资产担保贷款风险补偿基金。2015年，清华大学国家文化产业研究中心与

亚太文化创意产业协会共同研究完成了《两岸城市文化创意产业竞争力研究报告（2015）》。其中"文创实力"单项评估结果显示，大陆位居前十的城市是：北京、上海、杭州、广州、深圳、西安、长沙、武汉、成都、天津。有关专家认为，杭州的文创实力能够跻身全国前三，成绩非常突出。北京的文化创意产业，凸显的是主旋律；上海的文化创意产业，体现在经济和金融领域；而杭州围绕"创意生活"的总体目标，把社区和社会形态建构作为重点，是一种不可替代的成功做法。

总结杭州文化创意产业发展的启示，主要有如下几点：第一，从政府角度看，政府培育与政策导向是文化创意产业繁荣发展的前提。政府要重点做好顶层设计及制度安排，为文化创意产业的发展营造良好氛围与发展空间，引导文化创意产业找到适合自身特点的运行模式，为文化创意产业发展搭建完善的市场体系。第二，从企业角度看，需要充分释放企业的活力，为企业发展提供支持。第三，要健全投融资支持体系。不可否认，文化创意产业是资本密集型产业，资金是企业的命脉。投融资体系的建立健全需要大胆创新，整合各方资源，需要政府、社会资本、金融机构的协同创新。

（五）政府出台相关优惠政策，扶持、鼓励北京市中小型酒店企业持续发展

根据调查，北京市以历史文化作为主题的酒店基本上属于中小型酒店，从企业规模看，属于中小企业的范畴。从经营模式看，该类型酒店大多采用的都是独立经营的模式，而非国际知名酒店所采用的连锁或集团化模式。因此，北京的主题酒店在发展过程中具有很大的劣势。

第一，资金劣势。一方面，在确实因需要开发某些重大项目而一时面临资金短缺时，该类型酒店无法像连锁经营模式那样短期内聚集和调动资金，以适应这些开发项目的资金需要。另一方面，该类型酒店也较难从银行及有关金融机构获得贷款。第二，市场营销劣势。在进行市场推广过程中，受独立经营模式的限制，该类型酒店无法使用统一的字号和品牌、统一规格的设施设备、统一的服务程序和统一的服务标准，因此，较难在市场上树立起独特的形象。此外，在客源积累方面，该类型酒店受资金和技术水平限制，目前尚无法拥有中央预定系统（CRS）。第三，成本劣势。在进行成本管理时，该类

型酒店不能通过大批量采购获得价格和条件上的优惠、降低酒店的营业成本以及避免采购失误。第四，人才劣势。由于该类型酒店在市场上缺乏知名度，往往吸引不了行业内的专业人才。调研中，很多管理者都反映很难招聘到专业的酒店管理相关人员。在一项对酒店管理专业毕业生的调查也显示，90%以上的毕业生更愿意选择知名度高的国际大品牌酒店，鲜有选择该类型酒店的。

因此，在目前的市场环境下，仅依靠中小型酒店本身无法解决上述问题，需要政府从各个方面给予扶持。

1. 政府主导，建立北京市主题酒店发展基金

准备金的垫底资金来源可以有两种：第一种是政府财政拨款，按一定比例逐年增加；第二种是从主题酒店的营业收入中提取一定比例。发展准备金由政府掌握，用于支持主题酒店的发展、新建主题酒店创业资助、主题酒店产品开发、主题酒店贷款风险准备金等。主题酒店发展基金实行有偿使用、滚动发展，同时在会计科目中设置坏账准备金，用于备抵一些主题酒店因经营不善而形成的呆账和坏账。在主题酒店发展基金制度建立之前，先由财政拨款承担，对特定主题酒店实行优惠融资政策。

2. 政府给予中小型独立酒店企业财政援助

国外政府对中小企业的资金扶持，常采用财政援助的形式。各国政府实施财政援助的具体做法主要有财政补贴和贷款援助两种。

（1）财政补贴。法国财政补贴的主要做法有：中小企业每新增一个就业机会，政府给予相应的财政补贴。对于三年内增加员工数量的中小企业，政府会根据增加员工人数的多少，给予这些中小企业每人1万~2万法郎的财政补贴。此外，政府还会对每个雇佣学徒提供1.6万法郎的补贴；补贴中小企业研究开发经费，可达其投资的25%；对雇佣青年和单身妇女的中小企业给予一定的补贴；对节能企业，每节约1吨石油补贴400法郎。

（2）贷款援助。美国和日本主要通过贷款援助扶持中小企业。美国以担保贷款形式为主。美国中小企业局（SBA）的主要任务就是以担保方式让银行向中小企业提供贷款。具体做法主要有三种：第一种是一般担保贷款；第二种是少量的"快速车道"担保贷款；第三种是出口及国际贸易企业的担保贷款。根据不同的贷款形式，SBA可以为中小企业提供最高达90%的担保贷款。日

本则通过政府设立的金融机构对中小企业进行低息贷款。这样的金融机构有"中小企业金融公库""国民金融公库""工商组合中央金库"等。这些金融机构为日本中小企业长期、低利率融资。此外，日本政府还设立了相应机构对中小企业的民间银行贷款提供信用担保。

3. 加大对中小型独立酒店的财税扶持力度

世界各国在对中小企业进行税收扶持时，会采取对特定中小企业的税收优惠。这是指政府对某些特定行业的中小企业实行特别的税收优惠，这些行业通常对提高国民生活水平起到重要作用。德国对 50% ~ 60% 的手工业企业免征营业税；对中小企业中占据相当比例的合伙企业，工商所得的免税额为 4.8 万马克，对 4.8 万 ~14.4 万马克工商所得，实行 1% ~5% 的等级税率。为了促进主题酒店的有序发展，增强文化软实力，政府可以考虑对符合该类别的酒店实行特别的税收优惠，如提高税收起征点、降低税率、实行一定程度的税收减免等措施。

4. 支持北京市主题酒店人才储备与培养

目前，北京市主题酒店在发展过程中，人才缺失是比较明显的问题，主要表现在三个方面：第一，酒店招聘普通工作人员困难。第二，缺乏既懂得酒店经营又具有丰厚文化底蕴的专业管理人员。从政府层面看，可以考虑出台一些相关的政策帮助企业解决这些方面的问题。例如，对于在该类型酒店工作的一线员工给予培训、提高员工整体福利等多方面的扶持措施，增强员工对该类型酒店的认知及员工对企业的归属感。此外，对于在产品开发与设计上遭遇的瓶颈，可以通过政府层面寻找企业需要的各方面人才，进行产品开发与创新。第三，政府搭台，将旅游院校与这些中小企业对接，联合培养酒店需要的人才，保证这类酒店所需人才的持续发展。

B.10
基于实地调研的北京南锣鼓巷文化旅游创意开发对策研究

杨培玉*

摘　要：　南锣鼓巷是北京著名的历史文化街区，是游客必游之地、文化集聚之区，具有巨大的创意开发空间。本文从南锣鼓巷的概况入手，阐述了南锣鼓巷的主要文化旅游资源及其特点，在实地调研的基础上对南锣鼓巷的文化旅游创意开发现状进行了全面分析，并指出了存在的主要问题，最后提出了相应的开发对策。

关键词：　北京　南锣鼓巷　文化旅游创意开发

引　言

历史文化名街是我国宝贵的文化遗产，承载着一个城市的时代脉搏和历史变迁，对其进行传承保护和创新开发，是有关城市发展理论研究和实践探索的重要课题，得到了各方面的高度关注和一致认可。历史传统文化以历史文化名街为载体，在现代文明的发展进程中，这些历史文化名街融入了现代时尚元素，出现了中西融合、古为今用的全新景象，但在其开发过程中出现了忽略资源本色、由于利益驱动盲目开发、破坏历史遗迹等不尽如人意的地方。南锣鼓巷是北京最著名的历史文化名街之一，具有典型的代表性，对其创意开发现状、问题及对策进行研究将为北京乃至全国的历史文化名街的创意开发提供借鉴，具有重要的理论价值和现实意义。

＊　杨培玉，北京城市学院教授，硕士，研究方向为旅游规划、旅游文化。

一　南锣鼓巷概况

南锣鼓巷是北京最古老的街区之一，建于公元 1267 年，从鼓楼东大街到平安大街南北贯通，全长 787 米，成为元大都时期有名的南北通道，至今已有近 750 年的历史。南锣鼓巷是呈棋盘式布局的传统居民区，规模大、品极高、资源丰富，完整地保存着元代胡同院落肌理，各种极具历史厚重感的府邸、宅院坐落在周边的胡同里，使这里成为具有浓郁老北京风情的街巷。这里曾经是元大都的中心，是商人和官员集中的富庶之地。

随着社会的发展，南锣鼓巷这个传统文化融入了时尚元素和创新元素，文化创意产业与旅游产业相结合，呈现出快速发展的态势，现已具有一定的旅游规模和文化创意氛围，出现了一批餐饮店、服装店、酒吧、咖啡店、文化书店、工艺品店、古玩店、会所客栈、民俗商品店、时尚创意品店、创意工作室等。在这条古巷中，生活越来越丰富，文化元素越来越多元，时尚特色越来越鲜明，传统文化与时尚文化正在不断地交融创新。

二　南锣鼓巷的主要文化旅游资源及其特点

（一）南锣鼓巷的主要文化旅游资源

南锣鼓巷的主要文化旅游资源有历史文化资源和现代文化风情两大类。其中历史文化资源包括历史文化保护区、历史文物古迹和历史人物遗迹三类，现代文化风情包括特色酒吧文化、特色餐饮文化、特色服饰文化和特色创意文化。

历史文化保护区位于东城区西部，东西南北被交道口南大街、地安门外大街、地安门东大街和鼓楼东大街所围合的地块就是南锣鼓巷历史文化保护区，被北京市政府批准列为第一批 25 片历史文化保护区之一。历史文化保护区以南北走向的南锣鼓巷为轴线，东西两侧对称分布着 16 条平行胡同，在南锣鼓巷周边的胡同里，有很多文物古迹，大多已被政府列为文物保护单位，其中有全国重点文物保护单位 1 处（可园）、北京市文物保护单位 11 处、东城区文物保护单位 10 处，总计 22 处。南锣鼓巷文化街区也是人文荟萃之地，从皇亲贵胄、民国元首到文化名人、大师巨匠，都曾在这片街区上居住和活动，从而形成了丰厚的历史文化积淀。

现在的南锣鼓巷是传统与现代的结合体，在传承传统文化的同时，也承担着现代文化休闲的功能，已经被打造成北京市的一条特色文化街，成为外国游客流连忘返的一大场所，被美国《时代》周刊杂志推荐为 25 处必去的亚洲风情体验地之一。南锣鼓巷已成为古都北京风貌展示、休闲旅游和文化创意的特色街区。在今日的南锣鼓巷文化街里，特色酒吧文化、特色餐饮文化、特色服饰文化、特色会所（客栈）文化、特色创意文化等在此汇聚，各类文化元素融合共生，演绎出别样的现代文化风情。这里的酒吧和咖啡馆悠闲清雅，有"过客""红人坊""小新的店""12 平方米咖啡吧""喜鹊""三棵树"等；这里的特色餐吧，古今传承，中西交融，有古朴别致的"锣鼓洞天"、中西合璧的"哑摸"、西班牙风味的"红宝鼎"以及超高人气的"文宇奶酪店"等；这里的特色服饰店铺，名字奇特，有"创可贴 8""肚脐眼""小满意大衣橱""饰绝"等；这里的会所和客栈多为民居改造而成，人称胡同旅店，如"东堂客栈""北平国际青年旅社""北京古巷 20 号商务会所""胡同人旅馆"等；这里有各类手工艺类的民族工艺品和艺术品小店，另有多家创意工作室，如"乐天陶社""视界手工制陶""成家家居""火柴语录""杂客""传运书刊""东方工艺品设计店""南国风工艺店"等。

（二）南锣鼓巷文化旅游资源的特点

南锣鼓巷文化旅游资源主要有以下三大特点：第一，地理位置优越，交通出行便捷。南锣鼓巷的交通条件良好，出行便利。地铁 6 号线或 8 号线直达南锣鼓巷，有 5 条公交线路可直达南锣鼓巷，20 多条公交线路可达南锣鼓巷附近，可步行前往。第二，历史文化悠久，建筑格局独特。南锣鼓巷是目前北京旧城保存最完整的四合院群和历史文物古迹、名人故居、历史遗存与遗址最集中的地区，极为完整地保存着元大都里坊的历史遗存。历经了元明清三代，南锣鼓巷已经成为古城居民的活化石，城市历史的活档案。第三，多元文化融合，创意氛围良好。古老的胡同四合院文化与现代都市文化在这里结合，古老的东方文明和西方文化在这里融合，传统民俗文化、历史建筑文化和现代文化风情在这里兼容并蓄，碰撞出古今中外绚烂文化的色彩，成为中外游客的旅游胜地。

三　南锣鼓巷文化旅游创意开发现状分析

（一）实地调研与问卷调查说明

为了进一步了解南锣鼓巷的旅游资源概况、开发建设现状及游客的满意度，笔者在文献研究的基础上于2015年6～8月间对南锣鼓巷进行了实地调研、人员访谈和问卷调查。其中发放问卷200份，回收有效问卷196份，有效率98%。

调查问卷的内容主要包括三个部分：第一部分是关于游客人口统计学特征的调查，共7道题；第二部分是关于南锣鼓巷各方面在游客当次旅游经历中的重要程度和游客对其满意程度的调查，共分为4个调研项目、18个调研指标，每个调研指标均从重要度和满意度两方面调查；第三部分是关于游客对旅游经历的整体评价和建议，共2道题。其中，第二部分是采用五点量表尺度的评判题，重要度/满意度选项按次序分别为："非常重要/非常满意""较重要/较满意""一般重要/一般满意""较不重要/较不满意""非常不重要/非常不满意"，重要度/满意度依序分别赋予5、4、3、2、1五个等级的分值。

为客观科学定量反映重要性与满意度之间的差异，构建IPA指数，其测度公式为：

$$IPAI = \frac{I - P}{I} \times 100$$

式中IPAI表示重要性－表现性分析指数；I表示重要性；P表示表现性。分析指数越低，其满意程度越高；反之满意程度越低。根据不同要素对满意度造成的影响程度大小，将IPA指数分成5个级别：≤5.00表示非常满意、5.01～10.00表示比较满意、10.01～20.00表示一般满意、20.01～30.00表示较不满意、≥30.01表示非常不满意。

（二）文献研究与实地调研结果

1.旅游基础设施与服务设施建设状况

在南锣鼓巷的历史发展中伴随着不断地修缮和保护，它的变化也在改变着当地居民的生活。从 2003 年起，南锣鼓巷开始陆续出现一些小酒吧，到 2006 年，南锣鼓巷的酒吧街已经自发形成规模，到 2009 年该地已经初步形成了以休闲旅游、文化艺术、创意设计、艺术品交易、游戏动漫等为主的文化旅游创意产业。其间，政府加大了对南锣鼓巷的旅游基础设施和服务设施建设，加强了政策导向和资金支持，并对南锣鼓巷的保护和发展制订了相应的规划方案。

2005 年 11 月至 2008 年 6 月，政府重点加强了对南锣鼓巷的环境整治建设，共投资 3.3 亿元，先后实施了市政道路铺装、雨污管线改造、8000 户居民煤改电、院落修缮、周边 16 条胡同整治、电力线入地、信息安全监控、火灾自动报警喷淋、商业街提升改造、业态优化、历史文化挖潜等 10 多项工程。[1]

2006 年政府为南锣鼓巷制定了五年一个阶段共计三个阶段为期 15 年的保护与发展规划。其中 2011～2015 年属于中期阶段，主要是建立和完善该地区包括交通微循环系统建立等的公共基础设施与服务设施，同时加强"数字南锣"建设。2013 年 10 月 4 日，南锣鼓巷 WiFi 系统已正式开通。WiFi 系统的覆盖，是交道口街道打造"数字南锣"的一项主要内容，提升南锣鼓巷地区的公共服务水平，让游客感受到更人性化、更便利的服务。

2.文化旅游创意产品开发状况

（1）打造南锣鼓巷胡同文化品牌。政府全力支持打造南锣鼓巷胡同文化品牌，连续举办多届以胡同文化为主题的南锣鼓巷胡同文化节。2006～2012 年，已经连续举办了六届，首届"南锣鼓巷胡同文化节"在北京东城区举办，融合老北京市井风情和民俗曲艺表演于一体。文化节上既展现了反映居民丰富文化生活的各种传统技艺，如踢花键、抖空竹、民乐演奏、书法绘画、民间手工艺制作（粘毛猴、捏面人）等，也举办了各类展览和文化讲座，如胡同摄

---

[1] 张祖群、朱良森：《南北锣鼓巷的遗产保护和文化创意产业发展》，《北京社会科学》2011 年第 5 期。

影展、四合院沙盘模型展、历史文化讲座等。各界的南锣鼓巷胡同文化节都千变万化、精彩纷呈，但万变不离其宗，依托的都是北京传统历史文化，围绕的都是北京胡同文化主题。

（2）打造有文化底蕴的创意特色店铺。有文化底蕴并富有创意的店铺是南锣鼓巷的一大特点和亮点。市、区政府通过建立业态调整资金，投资1000多万元来推动南锣鼓巷的街区建设，进一步优化产业结构，强化街区文化特色，对符合要求的有创意、有特色的店铺进行政策支持和资金帮扶，最终使南锣鼓巷主街商户由2006年的76家商户发展到2013年的130多家商户，并形成了一定规模。经过对业态的不断升级和调整，产业品级和品质得到了有效提升。据调查，这些店铺的类型基本上属于文化创意产业所属类别，包括民族工艺品、艺术品交易类商户，酒吧、咖啡馆类商户，文化餐吧类商户，客栈会所类商户，创意工作室和其他类商户（见表1）。南锣鼓巷主街店铺的客流量较大，每年旅游旺季的第二和第三季度，平均每个店铺每天接待1000多人，其中约38%为国内的外地游客，25%为国外游客，其余的大多为本地客人。

表1　南锣鼓巷店铺的主要类型

单位：家，%

店铺类型	数量	比例
民族工艺品、艺术品	39	30
酒吧、咖啡馆	37	28.5
文化餐吧	22	16.9
客栈会所	7	5.4
创意工作室	6	4.6
其他	19	14.6
合　计	130	100

（三）问卷调查结果分析

1. 旅游客源市场状况

奥运会以前，南锣鼓巷的客源以本地人居多，这里每年吸引消费者多达50万人以上。从本地客源的年龄上看，南锣鼓巷中店铺的顾客平均年龄在15

岁到 45 岁之间，以年轻人为主。他们大都热爱生活与艺术，充满活力、富有想象、热爱美食、喜欢创意、追求时尚。从客源的职业和身份来看，有学生、自由职业者、教师及公司职员，其中学生比重最大，占 45%，其次为自由职业者，占 25%。相当一部分顾客是听朋友介绍或者从杂志上得知慕名而来。北京奥运会期间，南锣鼓巷的日客流量达到万人，成为众多奥运官员、运动员、工作人员和游客的必游之地。北京奥运过后，外地游客，尤其是外国人激增。2007 年，南锣鼓巷实现销售总额近 5000 万元，到 2009 年，南锣鼓巷销售总收入突破 1 亿元，税收收入 2000 万元，带动就业 1000 余人，全年累计客流量达 160 万人次。

近年来，南锣鼓巷街区的整体风貌也有了很大改观，不仅调动了许多外来投资者的积极性，也提高了南锣鼓巷居民参与街区建设的主动性。在保护和恢复历史文化风貌的同时，进一步发掘旅游资源、商业资源，并已形成一定的规模和知名度。如今街区的商业氛围日益活跃，经济活力也在不断地增强，吸引着络绎不绝的观光游客和消费者。

据问卷调查（见图 1），南锣鼓巷地区游客的出行方式如下：在调查的 196 人中，根据出行方式的不同，步行的有 20 人，占 10%；自行车的有 25 人，占

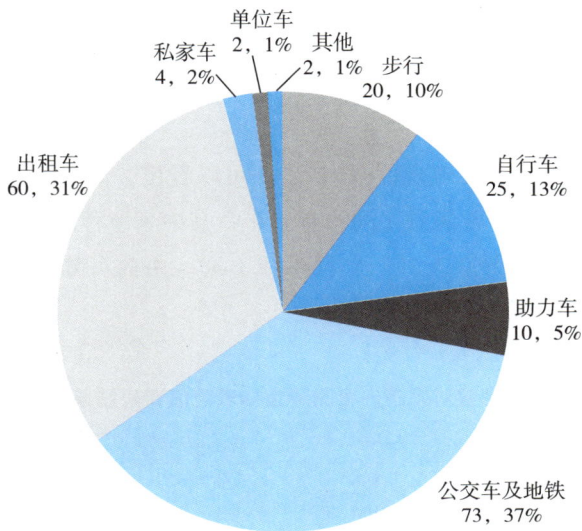

图 1　南锣鼓巷地区游客出行方式比例结构

13%；助力车的有 10 人，占 5%；公交车及地铁的有 73 人，占 37%；出租车的有 60 人，占 31%；私家车的有 4 人，占 2%；单位车的有 2 人，占 1%；其他有 2 人，占 1%。在这项出行方式的调查数据中，公交车、地铁和出租车的使用率所占比例接近 70%，私家车及公车的使用率与一般地区相比较低。

2. 游客的满意度调查结果分析

游客对南锣鼓巷的满意度主要围绕 4 个评价项目展开，包括游客对旅游内容的满意度、对信息服务的满意度、对基础设施的满意度、对娱乐内容的满意度。以下将从此四方面进行统计分析。

（1）游客对旅游内容的满意度。

①指标重要度（期望值）。从表 2 可以看出，游客对 3 个测评指标的期望值均值分别是特色建筑 3.73、人文故居游览 3.46、创意商品 3.33。由此可知，游客对旅游内容评价项目的总体期望值均值为 3.51。

表 2　游客对旅游内容测评指标期望值调研结果统计

指标	N	极小值	极大值	均值
南锣鼓巷——特色建筑	196	1	5	3.73
南锣鼓巷——人文故居游览	196	1	5	3.46
南锣鼓巷——创意商品	196	1	5	3.33
有效的 N（列表状态）	196			

②指标调研满意度（表现值）。从表 3 可以看出，游客对 3 个测评指标的评价在非常不满意到非常满意之间均有分布，其中满意程度的均值分别是特色建筑 3.69、人文故居游览 3.31、创意商品 3.38。由此可知，游客对旅游内容评价项目的总体满意度均值为 3.46。

表 3　游客对旅游内容测评指标表现值调研结果统计

指标	N	极小值	极大值	均值
旅游内容——特色建筑	196	1	5	3.69
旅游内容——人文故居游览	196	1	5	3.31
旅游内容——创意商品	196	1	5	3.38
有效的 N（列表状态）	196			

③满意度分析结果（IPA 指数）。根据上述调研结果，结合前述 IPA 指数计算公式，可以得出表4。其中，I－P 表示实际感知满意度与期望值之间的差距（见图2）。

表4　旅游内容指标层期望值、满意度与 IPA 指数评价结果

类别	指标/项目名称	重要性(I)	满意度(P)	I－P	IPA 指数	对应满意度
测评指标	特色建筑	3.73	3.69	0.04	1.0724	非常满意
	人文故居游览	3.46	3.31	0.15	4.3353	非常满意
	创意商品	3.33	3.38	－ 0.05	－ 1.5015	非常满意
测评项目	旅游内容	3.507	3.460	0.047	1.3308	非常满意

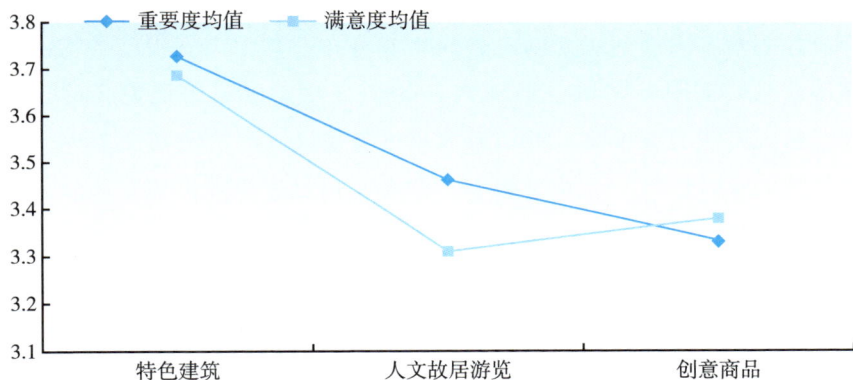

图2　旅游内容各测评指标均值分布

由表4和图2可知，游客对南锣鼓巷的特色建筑、人文故居游览和创意商品的满意度为非常满意。综上所述，游客对旅游内容的总体满意程度为非常满意，说明游客对旅游内容的实际感知与实际预期总体上是相符的。

（2）游客对信息服务的满意度。

①指标重要度（期望值）。从表5可以看出，游客对6个测评指标的期望值均值分别是旅游信息咨询服务 3.33、解说内容的丰富性 3.33、解说途径的多样性 3.27、解说方式的趣味性 3.33、游客意见与建议反馈的便利性 3.46、游客意见处理的及时性 3.58。由此可知，游客对信息服务评价项目的总体期望值均值为 3.38。

表5　游客对信息服务测评指标期望值调研结果统计

指标	N	极小值	极大值	均值
南锣鼓巷——旅游信息咨询服务	196	1	5	3.33
南锣鼓巷——解说内容的丰富性	196	1	5	3.33
南锣鼓巷——解说途径的多样性	196	1	5	3.27
南锣鼓巷——解说方式的趣味性	196	1	5	3.33
南锣鼓巷——游客意见与建议反馈的便利性	196	1	5	3.46
南锣鼓巷——游客意见处理的及时性	196	1	5	3.58
有效的 N(列表状态)	196			

②指标调研满意度（表现值）。从表6可以看出，游客对6个测评指标的评价在非常不满意到非常满意之间均有分布，其中满意程度的均值分别是旅游信息咨询服务3.08、解说内容的丰富性3.00、解说途径的多样性2.96、解说方式的趣味性2.98、游客意见与建议反馈的便利性2.94、游客意见处理的及时性2.94。由此可知，游客对信息服务评价项目的总体满意度均值为2.98。

表6　游客对信息服务项目测评指标表现值调研结果统计

指标	N	极小值	极大值	均值
信息服务——旅游信息咨询服务	196	1	5	3.08
信息服务——解说内容的丰富性	196	1	5	3.00
信息服务——解说途径的多样性	196	1	5	2.96
信息服务——解说方式的趣味性	196	1	5	2.98
信息服务——游客意见与建议反馈的便利性	196	1	5	2.94
信息服务——游客意见处理的及时性	196	1	5	2.94
有效的 N(列表状态)	196			

③满意度分析结果（IPA指数）。根据上述调研结果，结合前述IPA指数计算公式，可以得出表7。其中，I－P表示实际感知满意度与期望值之间的差距（见图3）。

表7 信息服务指标层期望值、满意度与 IPA 指数评价结果

类别	指标/项目名称	重要性（I）	满意度（P）	I－P	IPA 指数	对应满意度
测评指标	旅游信息咨询服务	3.33	3.08	0.25	7.5075	较满意
	解说内容的丰富性	3.33	3.00	0.33	9.9099	较满意
	解说途径的多样性	3.27	2.96	0.31	9.4801	较满意
	解说方式的趣味性	3.33	2.98	0.35	10.5105	一般满意
	游客意见与建议反馈的便利性	3.46	2.94	0.52	15.0289	一般满意
	游客意见处理的及时性	3.58	2.94	0.64	17.8771	一般满意
测评项目	信息服务	3.383	2.983	0.400	11.8227	一般满意

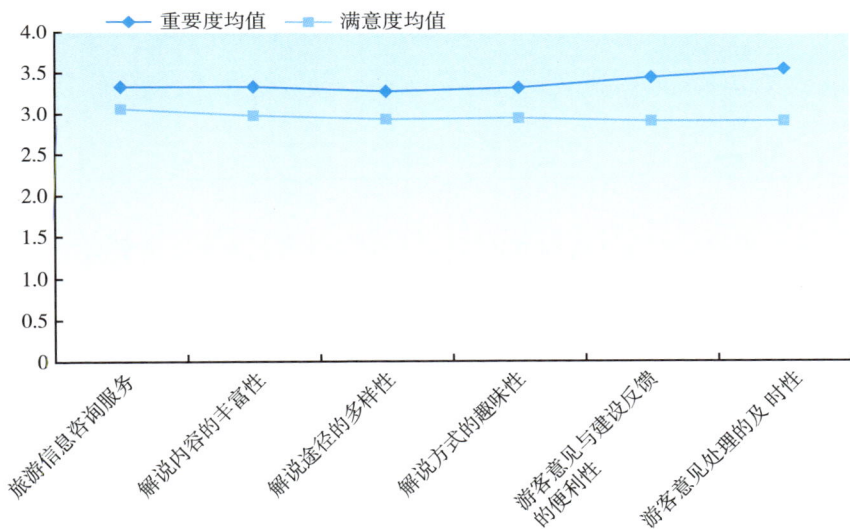

图3 信息服务各测评指标均值分布

由表7和图3可知，游客对南锣鼓巷的旅游信息咨询服务、解说内容的丰富性、解说途径的多样性的满意度为较满意，对解说方式的趣味性、游客意见与建议反馈的便利性、游客意见处理的及时性的满意度为一般满意。综上所述，游客对信息服务的总体满意程度为一般满意，说明游客对信息服务的实际感知没有达到实际预期，需要对南锣鼓巷的信息服务进行全面加强和改进。

（3）游客对基础设施的满意度。

①指标重要度（期望值）。从表8可以看出，游客对7个测评指标的期

205

望值均值分别是交通的便利性和停车场使用的便捷性 3.62, 休闲设施服务 3.60, 卫生环境水平 3.69, 购物服务 3.69, 餐饮服务 3.56, 一般便利设施（如自助取款、充电等）服务 3.56, 对儿童、老人等特殊便利设施服务 3.37。由此可知，游客对基础设施评价项目的总体期望值均值为 3.58。

表 8　游客对基础设施测评指标期望值调研结果统计

指标	N	极小值	极大值	均值
南锣鼓巷——交通的便利性和停车场使用的便捷性	196	1	5	3.62
南锣鼓巷——休闲设施服务	196	1	5	3.60
南锣鼓巷——卫生环境水平	196	1	5	3.69
南锣鼓巷——购物服务	196	1	5	3.69
南锣鼓巷——餐饮服务	196	1	5	3.56
南锣鼓巷——一般便利设施(如自助取款、充电等)服务	196	1	5	3.56
南锣鼓巷——对儿童、老人等特殊便利设施服务	196	1	5	3.37
有效的 N(列表状态)	196			

②指标调研满意度（表现值）。从表 9 可以看出，游客对 7 个测评指标的评价在非常不满意到非常满意之间均有分布，其中满意程度的均值分别是交通的便利性和停车场使用的便捷性 3.21, 休闲设施服务 3.15, 卫生环境水平 3.23, 购物服务 3.48, 餐饮服务 3.37, 一般便利设施（如自助取款、充电等）服务 3.35, 对儿童、老人等特殊便利设施服务 3.02。由此可知，游客对基础设施评价项目的总体满意度均值为 3.26。

表 9　游客对基础设施项目测评指标表现值调研结果统计

指标	N	极小值	极大值	均值
基础设施——交通的便利性和停车场使用的便捷性	196	1	5	3.21
基础设施——休闲设施服务	196	1	5	3.15
基础设施——卫生环境水平	196	1	5	3.23
基础设施——购物服务	196	1	5	3.48
基础设施——餐饮服务	196	1	5	3.37
基础设施——一般便利设施(如自助取款、充电等)服务	196	1	5	3.35
基础设施——对儿童、老人等特殊便利设施服务	196	1	5	3.02
有效的 N(列表状态)	196			

③满意度分析结果（IPA 指数）。根据上述调研结果，结合前述 IPA 指数计算公式，可以得出表10。其中，I－P 表示实际感知满意度与期望值之间的差距（见图4）。

表10　基础设施指标层期望值、满意度与 IPA 指数评价结果

类别	指标/项目名称	重要性(I)	满意度(P)	I－P	IPA 指数	对应满意度
测评指标	交通的便利性和停车场使用的便捷性	3.62	3.21	0.41	11.3260	一般满意
	休闲设施服务	3.60	3.15	0.45	12.5000	一般满意
	卫生环境水平	3.69	3.23	0.46	12.4661	一般满意
	购物服务	3.69	3.48	0.21	5.6911	较满意
	餐饮服务	3.56	3.37	0.19	5.3371	较满意
	一般便利设施(如自助取款、充电等)服务	3.56	3.35	0.21	5.8989	较满意
	对儿童、老人等特殊便利设施服务	3.37	3.02	0.35	10.3858	一般满意
测评项目	基础设施	3.584	3.259	0.326	9.0873	较满意

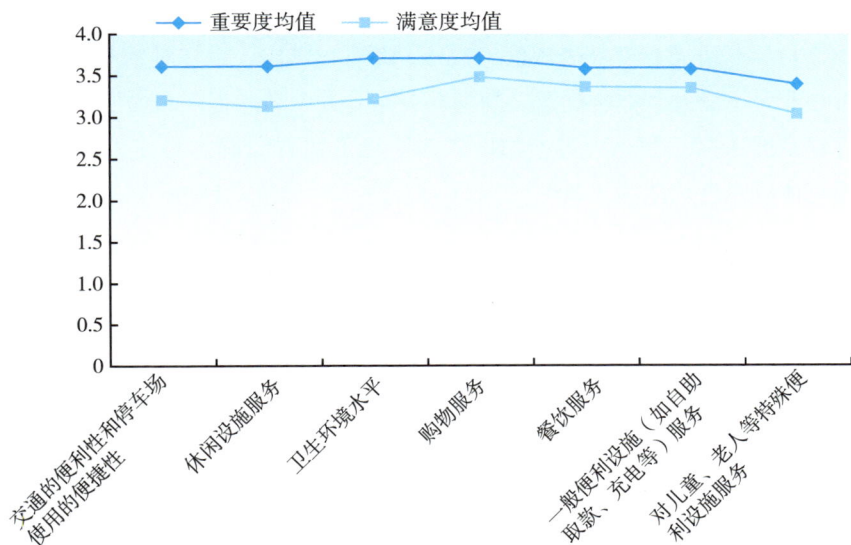

图4　基础设施各测评指标均值分布

由表 10 和图 4 可知，游客对交通的便利性和停车场使用的便捷性、休闲设施服务、卫生环境水平和对儿童、老人等特殊便利设施服务的满意度为一般满意，对购物服务、餐饮服务和一般便利设施（如自助取款、充电等）服务的满意度为较满意。综上所述，游客对基础设施的总体满意程度为较满意，说明游客对基础设施的实际感知和实际预期还有一定的差距，需要对南锣鼓巷的交通设施、休闲设施服务、卫生环境水平和特殊便利设施服务进行改进与加强。

（4）游客对娱乐内容的满意度。

①指标重要度（期望值）。从表 11 可以看出，游客对 2 个测评指标的期望值均值分别是娱乐内容丰富度 3.60、娱乐内容参与度 3.62。由此可知，游客对娱乐内容评价项目的总体期望值均值为 3.61。

表 11　游客对娱乐内容测评指标期望值调研结果统计

指标	N	极小值	极大值	均值
南锣鼓巷——娱乐内容丰富度	196	1	5	3.60
南锣鼓巷——娱乐内容参与度	196	1	5	3.62
有效的 N（列表状态）	196			

②指标调研满意度（表现值）。从表 12 可以看出，游客对 2 个测评指标的评价在非常不满意到非常满意之间均有分布，其中满意程度的均值分别是娱乐内容丰富度 3.40、娱乐内容参与度 3.21。由此可知，游客对娱乐内容评价项目的总体满意度均值为 3.305。

表 12　游客对娱乐内容项目测评指标表现值调研结果统计

指标	N	极小值	极大值	均值
娱乐内容——娱乐内容丰富度	196	1	5	3.40
娱乐内容——娱乐内容参与度	196	1	5	3.21
有效的 N（列表状态）	196			

③满意度分析结果（IPA 指数）。根据上述调研结果，结合前述 IPA 指数计算公式，可以得出表 13。其中，I－P 表示实际感知满意度与期望值之间的差距（见图 5）。

表 13　娱乐内容指标层期望值、满意度与 IPA 指数评价结果

类别	指标/项目名称	重要性（I）	满意度（P）	I－P	IPA 指数	对应满意度
测评指标	娱乐内容丰富度	3.60	3.40	0.20	5.5556	较满意
	娱乐内容参与度	3.62	3.21	0.41	11.3260	一般满意
测评项目	娱乐内容	3.610	3.305	0.305	8.4488	较满意

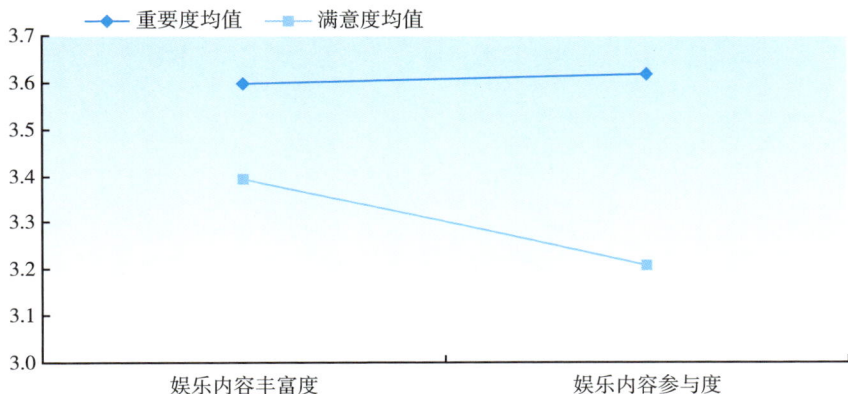

图 5　娱乐内容各测评指标均值分布

由表 13 和图 5 可知，游客对娱乐内容丰富度的满意度为较满意，对娱乐内容参与度的满意度为一般满意。综上所述，游客对娱乐内容的总体满意程度为较满意，说明游客对娱乐内容的实际感知没有达到理想的实际预期，需要对南锣鼓巷娱乐内容在丰富度和参与度上加以改进。

（5）游客对南锣鼓巷的整体评价和建议。

①游客对南锣鼓巷的整体满意度。由图 6 可知，游客对南锣鼓巷的整体满意率主要集中在一般满意（32%）和较满意（57%）之间，非常满意的只有 4%，没有非常不满意的。

②游客对南锣鼓巷开发的建议。在被调查的游客中有 67.31% 的人认为应该控制车辆通行，解决路窄人挤的现象；有 63.46% 的人认为应该开放部分特色人文故居；有 34.62% 的人认为应该减少同种类商铺的个数，适当增加一些创意商铺；有 73.08% 的人认为应该增加垃圾桶、座椅等基础设施，基础设施设计感应与周边环境相适应。

非常不满意
0%

非常满意
4%

较不满意
7%

一般满意
32%

较满意
57%

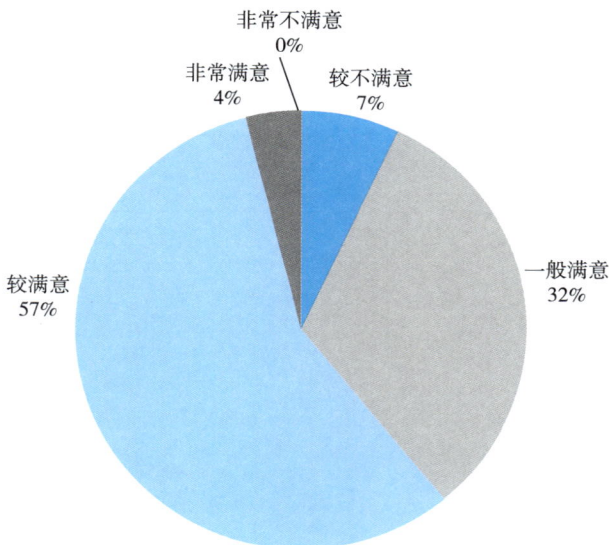

图 6　游客对南锣鼓巷的整体满意度比例结构

四　南锣鼓巷文化旅游创意开发存在的问题

南锣鼓巷的开发与建设受到了多方关注，政府方面出台相关政策支持，加大专项资金筹集力度；历史、文化与旅游专家们出谋划策，指点迷津；各类投资者出钱出力，夯实产业基础，扩大产业规模。经过多年的规划与保护、投资与建设，南锣鼓巷焕发出了新的光彩，奠定了良好的文化创意基础，形成了良好的社会口碑和国际声誉，赢得了稳定的客源市场，形成了良好的经济和社会效益，成为一条有特色的历史文化名街。尽管如此，规划与实施、建设与维持、理想与现实还存在差距，南锣鼓巷在文化旅游创意产品开发方面还存在不尽如人意、有待完善的地方，还有优化和提升的空间。

（一）整体规划不强，科学监管不足

南锣鼓巷在整体规划、协调发展方面还不够深入、全面，在文化旅游创意人才和服务人才队伍建设方面还缺乏整体规划，对资源的整合开发方面还存在不足，对沿街店铺的整体发展方向还不够明确，对文化旅游创意产品的整体开发还缺乏有针对性的指导，对旅游客源市场的整体培育和集体营销还不够到位。例如街区内的一些旅游项目在产品设计、市场营销、形象宣传等方面缺乏整体设计，缺乏对资源的有效整合，旅游景点以静态观光的内容居多，往往造成景点近距离重复，参与性的活动较少，规划的线路形成不了吸引力，即使一些单个的景点有一定的吸引力，也难以留住游客，形不成整体的竞争力。部分颇具特色的四合院及文化遗址被作为民居或办公场所，并没有向游人开放，过往的游客无法参观这些散发历史味道的"珍品"，当然，开放的前提条件还是应当做好对古建筑的保护工作。要使南锣鼓巷这片文化宝地能够散发其应有的光辉，政府有关部门还需要经过进一步地统一协商和统一规划管理。

近些年来，该街区通过发展旅游，一些地方的部分旅游资源造成了各种形式的破坏，有的破坏相当严重，令人担忧。主要原因是缺乏统一管理，虽然有的店铺也在规范其经营，但规范本身未必健全，即使是好的规范，往往也不能百分之百地按规范的方案来实施。因此，规范店铺经营的关键问题是现在许多店铺的定位不够准确，没有一个主管单位对其经营行为进行监控，管理也很零散、不统一。随着南锣鼓巷旅游产业的迅速发展，一些商家在经济利益的驱使下过分地粗放经营，使一些胡同与名胜古迹损失严重，特别是古建筑受到了不同程度的破坏。同时人为破坏也比较严重，特别是游客在旅游过程中对古建筑造成的破坏相当大。这在一定程度上反映了在旅游开发过程中对于古建筑的保护缺乏有力有效的宣传和监管手段。另外，对车辆行人并行混乱的现状还缺乏有效的交通疏导和管制措施，对公共区域的卫生还缺少专门单位的有效监督和管理。

（二）文化气息缺失，商业氛围过浓

一个文化旅游景点的核心内容就是这个地区所特有的文化体验。历史传统文化就是南锣鼓巷的灵魂，灵魂是有深度的，单凭走马观花式的游览很难触碰到。在南锣鼓巷的旅游开发中，对文化内涵的挖掘和历史价值的解读还不够深入，"古为今用、历史再现、古今贯通"的开发准则在南锣鼓巷还没有得到深入的体现。南锣鼓巷在历史文化活动上的开发、创新不够，特色不够突出，历史文化活动寥寥无几。南锣鼓巷是真正代表北京胡同文化的一条胡同，具有老北京浓厚的历史文化底蕴。作为胡同四合院文化和老北京风土民情的"活化石"，南锣鼓巷内的非物质文化遗产——老北京胡同民俗艺术毫无踪影。纷至沓来的游客听不到独特的老北京胡同叫卖声，看不见倒书书法的绝活，品不到国粹京剧艺术，感受不到京城五大当铺之一万庆当铺当年的盛景。虽然举办了一年一度的南锣鼓巷胡同文化节，搜寻到了传统文化的影子，但是几天的"热闹"过后，又陷入了"平静"的境地，历史文化活动和民俗风情活动在南锣鼓巷没有得到持续的呈现和发展。

特色、文化、创意几乎成为南锣鼓巷的代名词，因此，许多投资者看重南锣鼓巷的巨大商机，纷纷加入其中。其中一些店铺的投资者盲目追求眼前的经济利益，没有对旅游资源和旅游项目进行充分论证与科学规划就匆忙进行商业开发，因此具有较大的盲目性，这些都严重影响了游客的旅游效果，同时也使他们对该地产生了不良印象，损害了南锣鼓巷的旅游形象。同时，随着扎堆在南锣鼓巷店铺的增多，南锣鼓巷的商业气息日渐浓厚，店铺之间彼此的竞争使得很多商品的价格被压得很低。此外，随着南锣鼓巷知名度的与日攀升，南锣鼓巷的租金也水涨船高，高额的租金和商家间恶性的竞争，将对南锣鼓巷的文化旅游创意产业发展产生更多负面影响。

（三）创意特色减退，服务配套不足

最初南锣鼓巷掀起艺术浪潮的时候，几乎都是创意十足的服饰店、艺术品店、咖啡馆、工作室等，充满艺术文化气息又不失和谐安静。能够吸引许许多多中外游客来到南锣鼓巷的原因，自然是因为这里不仅能够让人体验到老北京胡同里浓厚的京味儿，同时也因这里是充满了文化创意气息的街景古巷。负责管理南锣鼓巷片区的东城区交道口街道已经颁发了有关于这条古巷的业态指导目录，里面明确表明支持具有自己风格特色的创意产品、书店还有手工艺术品等这些类别的零售店。但是，在经济利益的驱动下，这些规定似乎成了一纸空文，南锣鼓巷的店铺经营者不太关心街区的文化氛围，反而更加关心自己的眼前利益，久而久之造成小吃杂摊急剧增加，南锣鼓巷变得更像小吃一条街。在这里，创意商铺反遭挤压，创意氛围堪忧。南锣鼓巷文化旅游创意产品的创意特色不足，明显表现在旅游商品和旅游活动两个方面。据调查，销售特色旅游纪念品的店铺摊位很少，南锣鼓巷的商品和服务虽具备一定特色，但尚未开发

出极具创意的带有南锣鼓巷区域标志性色彩的独特旅游纪念品。民族地域文化的差异性与南锣鼓巷经济的可持续发展及长远利益是一致的，所以南锣鼓巷富有创意的特色旅游纪念品是带动经济快速发展不可缺少的因素之一。在旅游活动创意方面，缺乏有影响力的历史文化与民俗文化的体验活动，缺少对历史风貌和民俗风情的深度体验及对历史场景的创意设计与情景再现。

据调查，南锣鼓巷的配套服务设施及服务不够健全。首先，景区解说系统不完善，解说牌的设置地点不合理、不方便，解说牌缺乏系统的规划与设计，内容不完善、信息不充分，导致一些游客不能更深入地了解景点，使景区解说牌的功能得不到充分的体现。其次，南锣鼓巷本身缺少专业的旅游咨询中心，缺乏具有深厚历史与文化功底的旅游讲解人员，使导游管理混乱，缺乏规范，大大降低了游客的旅游体验值。最后，南锣鼓巷文化街区很多标志牌、垃圾箱、纪念品专卖店设计得较为生硬，不够便利，还有一些商铺的老板没有考虑到购物场所环境的改造，某些店铺只具备基本购物设施，缺乏辅助性购物设施，缺少必要的休息区域。

五　南锣鼓巷文化旅游创意开发对策

（一）开发原则

南锣鼓巷的形象定位是"大都之心、元生胡同、民居风情、创意空间"。大都之心表明了南锣鼓巷作为元大都几何中心的重要区位地标的意义，元生胡同体现了城市肌理与格局的历史价值，民居风情蕴含着北京典型传统四合院民居的怀旧情怀，创意空间展示着旅游传统文化和旅游创意文化的结合与提升。南锣鼓巷的文化特点是融历史文化、民俗文化和现代文化于一体，其文化旅游创意产品的开发应该坚持历史性与地域性原则、民俗性与参与性原则、艺术性与创新性原则。

1. 历史性与地域性原则

南锣鼓巷是历经元、明、清、民国、新中国几个历史阶段，横亘古今740多年的历史遗留下来的人类宝贵财富，这些财富具有典型的历史和地域特征，具有极高的历史考察和文化鉴赏价值。历史遗存离开了特定历史和特定地域，就失去了其应有的历史价值，旅游资源的历史性和地域性决定了旅游审美的历史性和地域性。在文化旅游创意开发时，必须坚持保护与开发并重，原真与创意结合。通过文化创意，还原历史真实面貌，凸显其历史性和地域性的特点。

2. 民俗性与参与性原则

南锣鼓巷是北京传统民居文化的集聚地，在历史的长河中留下了丰富多彩的民居民俗风情，凝聚成了宝贵的非物质文化遗产。在文化旅游活动创意开发时，要坚持民间生活化、民俗体验化，让旅游者切身参与到当地民众的民俗活动中去，再现民间繁华与热闹的历史场面，使其在民俗风情的深度体验中实现自我满足、自我陶醉和自我完善，从而达到求知益智、求真移情、求异猎奇、放松身心、愉悦心情的目的。

3. 艺术性与创新性原则

南锣鼓巷不仅是历史文化和民俗文化的"活化石"，更是多元文化的汇聚地，在这里有广阔的文化创意空间。开发文化旅游创意产品，既要尊重历史、贴近民俗，又要追求艺术审美性和科技创新性。只有这样，才能让现代的时尚生活文化与老北京传统文化融合在一起，迸发出蓬勃的生命力。现代的时尚元素经过创新设计和艺术加工，为传统文化提供了有效载体，使历史文化更加绚烂多彩；现代文化在厚重的历史文化的基础上进行创新和创意，会更显时尚与活力。

（二）开发对策

1. 加强整体规划设计，提高科学监管力度

在南锣鼓巷街区的发展过程中，政府要通盘考虑，注重整体规划设计，既要注重历史文化价值的积极保护，又要尊重市场、尊重辖区居民的利益，注重激发历史文化街区潜在的活力。依据该地旅游发展状况，确立南锣鼓巷文化创意产业街区的发展方向，采取公共游憩空间模式与博物馆模式相结合，在统一整体规划的前提下，按照一定的标准把项目分解为若干个子项目。通过微循环即产权置换等方式，腾出一部分房屋作为经营场所，建立较为完备的软件服务保障机制，营造良好的投资发展环境。根据该区旅游发展方向确立重点产业，并且切实提高相关旅游活动的进入门槛，进行业态调整。还要整合一批中小企业，形成具有一定规模的创意、研发、制作、市场化一条龙的产业链和较为合

理的产业布局，培育固定的市场群体。

积极推进基于市场机制与政府宏观调控相结合的管理体系，完善开发与建设、运作与监管的有效机制，出台相关政策，采取有效措施，加强对古建筑的保护和对文化旅游创意开发及旅游市场运作的监督和管理，加强对文化旅游创意人才和旅游服务人才的引进和培训。政府及相关执行机构或部门应进一步完善南锣鼓巷的运营考核管理办法，即控制性的规划方案，对各店铺的从业人员要进行定期的培训和考核，要进一步规范经营、统一管理，不断提升商业经营的内在品质和美誉度。要进一步规范交通管制，提高人力三轮车人员的素质，规范三轮车夫的行为，控制人力三轮车的运营线路，应当设立固定接待点和人力三轮车骑行线路专用区域，并且加强监控。加强对机动车辆限时通行的监管和疏导，减少人车并行混乱场面的出现，尽快完善胡同交通微循环系统，缓解交通出行压力，还古巷一个有序环境。

2. 深挖历史文化内涵，彰显传统文化价值

南锣鼓巷在历史上属于大都之心、元生胡同，对其历史文化内涵的研究要植根于整片历史文化保护区中，不能割裂开来。因此，对南锣鼓巷文化旅游的创意开发要树立大旅游开发观念，不仅仅限于一条古巷的开发，要整合资源，加强区域开发，不断丰富传统文化内涵，彰显传统文化价值的完整性和历史性。加强夜晚灯光的创意设计，凸显里坊布局、胡同肌理、蜈蚣造型和四合院建构，让游客在夜晚领略古代建筑格局的独特魅力。同时，要加强历史文化旅游资源的保护性开发，实现文化资源的社会价值，增加旅游资源的社会效益，提高游客的体验值。从一定意义上来讲，资源的保护是为了更好地利用，利用的过程中必须注重保护，这样才能够可持续地利用和保护。可以在现有参观景点基础上，保护并且开发文物古迹，使游客能够更深一步地了解老北京的街巷文化，以提高其旅游的质量。通过进一步修缮、保护和开发一部分古建筑和古院落并建立博物馆等设施，使游客在该地有一个更全面、更立体、更深刻的认识。

采取有力措施，加快文化旅游创意产业的发展，营造创意氛围，以避免过度的商业化，可在两侧胡同中适当嵌入一些不破坏风貌的产业，有序引导一部分有影响力的创意产业进入院落。应该在深刻认识南锣鼓巷历史文化精髓的基础上，强化对精神内涵的理解，由单一的文化创意产业转向以包括四合院会

展、传统曲艺项目表演、民俗节庆活动、怀旧场景出租等在内的京味文化展示为中心的内涵式发展，成为有国际水准的"东方传统四合院文化区"的典范。同时，以"胡同文化节"为切入点实现该地区历史文化资源的深度开发，使这些传统历史文化活动常态化，使好的创意、活动和商品有一个持续展示的平台，使南锣鼓巷成为一条名副其实的"胡同特色文化街"。

3. 提高文化创意水平，健全相应配套服务

加大文化创意的力度，举办一些能彰显传统历史文化价值的活动，让游客直接参与到当地的民俗活动中去，提高体验值。目前，南锣鼓巷在传统历史文化活动上的开发、创新不够，特色不够突出，传统历史文化活动少。南锣鼓巷的特色就是老北京胡同文化，在建设开发中应充分挖掘当地的地域、季节、民俗特色，在此基础上科学合理地增加娱乐项目及文化活动的相关配套设施，充分展现其独特的吸引力。例如，可以定期在南锣鼓巷举办一些户外活动，活动内容类似传统的"赶大集"，商户们可以在街上摆摆小摊，供游人欣赏民俗图书、品尝北京小吃；设立京味儿叫卖和杂耍，重拾老北京胡同中独特的叫卖声；可以邀请民间艺人来展露自己的绝活，像吹糖人、皮影戏等；可以举办一些能供游人体验和感受老北京生活等的相关活动，例如售卖一些京剧脸谱，让游客按照自己的喜好免费为这些脸谱上色、让捏泥人的师傅教授游客捏泥人的方法，以及讲述泥人人物的神话故事，让游客在切身体验中感受宁静质朴的老北京胡同韵味；还可以利用中央戏剧学院丰富的演出资源，通过真人演绎来模仿再现当年胡同店铺中真实的交易情境，以宣扬老北京的胡同文化。另外，还可以请一些音乐人和乐队来助兴。这样可以让国内外游客在活动中认识老北京胡同民俗艺术，享受休闲的市井时光，体验富有创意的文化生活。

突出胡同文化主题，融入现代科技元素，加大传统文化旅游创意商品开发，提高其历史价值和艺术价值的含量；增设小型胡同文化博物馆，增加实物产品、历史物件和人物事件的展现、展示，制作3D动画，还原历史繁华场景，循环播放；南锣鼓巷主街有恢宏一时的万庆当铺遗址，有北京内城最高点"水准点"，有雕刻精致的石鼓、上马石等，周边16条胡同内的历史文化遗迹、名人故居资源更是丰富。因此，应该加大开发、宣传力度，通过举办多种形式的南锣鼓巷旅游发展论坛，生产文化旅游创意商品，制作文化旅游创意产业发展宣传片和宣传册，组织参加各类国际文化创意产业博览会，设置专门展

区，进一步宣传展示南锣鼓巷的文化创意成果，为南锣鼓巷文化旅游创意产业创造良好的发展环境。

应该加强对街区各类旅游配套设施的创意设计和开发建设，突出新颖别致的特色并与保护区景致相容，在场所、形态、规模等方面实现标准化、可视化。这些设施包括洗手间、休息区、指示牌、街区整体解说牌、分景点解说牌、垃圾箱等服务设施及一部分传统娱乐设施。建立专业旅游咨询中心，完善导游服务系统，开拓电子导游服务，建立一支既懂历史文化又懂旅游的导游人才队伍，适当吸纳当地居民加入，加强北京胡同文化的有效传播。同时，要加强对导游人员的培训，提高导游服务质量，树立街区文明形象。

参考文献

李友唐：《北京历史上对街道的称谓》，《北京档案》2011 年第 8 期。

杨培玉、王培英：《北京文化旅游产品的开发现状及其对策》，《北京城市学院学报》2010 年第 3 期。

Yang. Peiyu：*Study on Creative Development Path of Tourism Commodities in Beijing*，Proceedings of ICSP2015，DEStech Publications，2015。

张瑞生：《烟袋斜街：发挥政府职能，规范历史街区业态》，《中国文化报》2011 年 2 月 23 日，第 6 版。

左犀：《北京胡同之"根"究竟在哪儿》，《北京观察》2011 年第 6 期。

北京文化论坛文集编委会：《打造先进文化之都培育创新文化——2011 北京文化论坛文集》，首都师范大学出版社，2012，第 120 ~ 128 页。

王岗：《北京历史文化资源调研报告集》，中国经济出版社，2013，第 88 页。

王强：《北京市历史文化资源若干典型案例研究》，经济科学出版社，2013，第 71 页。

姚林青：《文化创意产业集聚与发展：北京地区研究报告》，中国传媒大学出版社，2012，第 201 页。

城市法治篇

Urban Law

B.11
城市管理执法领域行政执法状况研究

北京市城管执法局执法规划处

摘　要： 通过对北京市城管执法情况、行政执法责任制落实情况、行政执法程序完善情况、行政执法监督工作基本情况等的调研分析，就目前城管执法体制机制存在法律保障不健全、执法难度大、外部执法环境不好、队伍自身素质有待提升等突出问题，结合北京城管执法实际，提出了具有针对性的政策建议。

关键词： 城市管理　行政执法　体制机制

自 2010 年以来，北京市城管执法系统在市委、市政府的正确领导下，转变工作理念，创新执法方式，认真履行职能，深化城管执法体制改革，严格落实行政执法责任制，强化行政执法监督考核机制，在改善北京城市面貌、维护城市环境秩序和社会稳定等方面发挥了重要作用，行政执法工作取得明显成效。

一 城管执法基本情况

（一）机构及人员情况

在机构设置上，按照北京市城管执法局、区城管执法监察局、街（乡镇）城管执法队三级设置，市局、区县局为同级政府的直属行政执法机构。市局主要负责全市城管执法机关的指挥、调度、协调、监督、考核、培训及重大案件、跨区域案件、专业性较强案件的执法工作，与区县局是业务指导关系。区城管执法监察局的人权、财权由所属区县政府负责，除朝阳区外，其他区县队伍实行统一管理。

在执法力量上，目前北京市有城管执法人员 6594 名，男女比例为 2.58：1，干部平均年龄为 39.5 岁，大学本科以上学历占 80.8%，另聘用辅助执法人员 7353 人，是我市仅次于公安的第二大执法力量。

（二）法律法规执行情况

1. 处罚情况

2010～2014 年 5 月底，北京市城管执法部门共立案 12.52 万余起。其中，市容环境卫生方面立案 6.7 万起；公用事业方面立案 1531 起；施工现场管理方面立案 1155 起；环境保护管理方面立案 1419 起；交通运输管理方面立案 7297 起；工商行政管理方面立案 42930 起；城市规划管理方面，累计参与拆除违法建设 2010 万平方米。

2. 执法事项开展情况

实践中，经常开展的 20 类执法事项为：①违法建设；②无照经营（包括无照经营出租车、人力三轮车等业务）；③未按要求履行维护市容环境卫生责任；④擅自摆摊设点；⑤乱堆物料；⑥店外经营；⑦擅自（散发、悬挂、张贴、刻画、涂写、喷涂）宣传品、广告；⑧未按规定采取防尘措施；⑨违反规定倾倒建筑废弃物；⑩未按规定清运建筑垃圾渣土；⑪无准运证件运输；⑫运输车辆不符合要求；⑬运输车辆泄漏遗撒；⑭车轮带泥行驶；⑮无资质单位和个人擅自收集、运输餐厨垃圾；⑯未经批准进行夜间施工；⑰非出租汽车擅自安装顶灯、计价器等客运设施或者标识；⑱违反规划设置户外广告设施；⑲未按规定设置牌匾标识；⑳擅自占用城市道路；等等。经常开展的执法事项，也是群众关注度高、与群众利益密切相关的举报高发问题。

（三）执法成效、经验和创新情况

1. 转变治理方式，破解执法难题

实行环境秩序分级分类管理。北京市划分为四类地区，实行不同的治理标准和措施；坚持疏堵结合，严禁非法需求，理顺合法需求，推动无序变有序，破解城市痼疾顽症；前移执法关口，对违法行为"高发时段、高发地区、高发形态"实施高峰勤务模式；推广"事前宣传告知、事中调查取证、事后训诫处罚"等非现场执法方式，整治环境秩序乱象；推进"智慧城管"建设，建立城管物联网平台，北京市环境秩序视频监控密度提升 15 倍，提高精准调度、精细执法、应急处理和便民服务水平。在履行综合执法职责的基础上，加强城市管理行政执法综合监管、综合协调，努力成为各主管部门、区县政府的"腿"和"眼睛"。2013 年 6 月以来，向区县、相关部门下发监管通知单 1.2 万件，使城管执法更权威、更有力。

2. 牵动整合资源，提高执法效果

完善"党政领导、城管牵头、属地落实、部门配合、公安保障、公众参与"的环境秩序治理模式，牵动 37 个单位开展环境秩序四个"百日整治"，"八大亮点工程、六项重点整治"，"三大整治行动、四大爱民工程"等整治行动；成立市城管执法协调领导小组，加强城市管理行政执法资源的组织统筹，形成了领导高位协调、部门齐抓共管、属地部署执行的工作体系。四年来处理群众反映问题 145 万起，年均上升 28.4%；整治环境秩序重点点位 3922 个（次），同比上升 47.8%；城管与相关部门月均联合执法 1500 余次，城管、公安两部门月均联合执法 800 次。队员年人均查处案件数高出其他执法部门 4倍，走在全市前列。设置临时疏导区 780 个（次）。协调新增微循环运营路线94 个、便民蔬菜点 4489 个、信息发布栏 5583 个，有力提升了环境秩序水平和为民服务能力。

3. 严格规范管理，提升队伍形象

以争创全国城管一面旗帜为目标，打造"队伍一流、管理精细"的北京

城管品牌。借鉴公安管理模式，从严治队，整肃风纪，严格落实"三严禁、四不准"的城管铁规铁纪。落实市、区、街三级培训体系，抓好全员轮训培训，开展领导任职培训和执法人员专业技能培训，提高队伍素质和履职能力。推进媒体公关、危机公关、典型公关、社会公关，构建全方位立体化的宣传动员格局。成立城管志愿者协会，壮大志愿者队伍，拓宽群众参与渠道，培育社会自治力量。依托"城管地图"公共服务平台构建信息化市民参与体系，增强了便民服务互动的时效性和便捷性。在外地城管负面曝光不断增多的情况下，北京城管实现了队伍形象持续向好。四年来，全城管系统受到社会表扬1.7万次，年均上升23.9%；群众回访满意率年均上升4%；媒体正面报道2.3万余条，年均上升29.8%；风纪投诉年均下降10%；城管社会服务满意度近三年连续上升，达到77.92%，为2004年开展第三方调查以来的最高值；17位市领导先后73次专门批示给予肯定，实现了政风行风从倒数第一跃居第五的历史性突破。

二　行政执法责任制落实情况

（一）执法主体、职权及依据情况

1.执法主体情况

市城管执法局、各区（县）城管执法监察局、天安门分局均具有独立的行政处罚主体资格。各区（县）城管执法监察局及天安门分局的执法队均以所属区（县）城管执法监察局及天安门分局名义执法；西站地区分局以西城区城管执法监察局名义执法；燕山分局以房山区城管执法监察局名义执法；开发区分局以开发区管委会名义执法。

2.职权及依据情况

目前，履行12个方面的职能（市容环境卫生、市政、公用事业、园林绿化、环境保护、施工现场、停车、交通运输、工商、规划、旅游、食品安全管理），392项处罚权。适用法律、法规、规章共57部，城管部门执法依据层次不一、种类繁多，且主要集中为原管理部门执行的法律、法规、规章，城管部门执法依据随着职能的调整而改变。处罚权五项，包括：警告、罚款、没收违法所得和非法财物、吊销许可证（针对燃气）、责令停工整顿等；强制措施两项，包括：查封、扣押（暂扣）；强制执行两项，包括：强制拆除（违法建设、户外广告等）、强制清除。

（二）行政执法责任制相关制度的建立或实施情况

1. 完善执法资格管理和考评制度

结合当前形势任务和执法资格管理的实际，重新起草执法资格管理办法，认真组织执法资格培训和考试，坚决执行行政执法人员资格审查制度，促进执法资格管理的科学化、规范化。按照城管执法系统综合考评的总体要求，修改完善执法资格管理考评细则，加强对全系统执法资格管理工作的考核评价。同时，完善执法人员数据库建设，改造城管执法人员执法资格管理系统，实现与北京市人力资源管理系统的有效整合对接，加强对全系统人员个人信息的管理，全面掌握人员调动情况，实现对执法人员和执法资格的动态管理。

2. 健全和完善行政处罚案卷评查制度

在常规案卷评查的基础上，增设区县互评互查、现场执法文书考核等评查方式，重点对执法队员执行行政处罚裁量基准制度进行考核，并坚持案卷评查通报制度，确保评查的客观性和科学性。几年来，城管执法机关的一般程序执法案卷在全市行政执法机关案卷评查中取得了优秀成绩。

3. 编制城管执法大纲，规范执法行为

2012年4月，《北京城管执法大纲》经国务院法制办、北京市政府法制办、市公安局法制办相关领导和高校的法学专家评审通过，正式向全市印发，为一线执法人员执法工作提供了指南，使城管执法严格按照法定职权和法定程序履行执法行为，从制度与程序上抑制和减少随意性，做到平等对待行政相对人，保护当事人的合法权益，强化了城管执法的规范性。

4. 健全执法协调机制，制定工作规范

制定城管执法协调工作规范和联合执法工作规范，协调市住房城乡建设委、市路政局健全完善了北京市施工工地和高速公路车辆运输台账，协调市住房城乡建设委运用科技手段加强对施工工地的管理。制定并印发了《关于进一步加强全市大型活动环境保障工作现场指挥调度和督察工作的意见》，进一步明确了大型活动指挥调度体系、组织架构、活动分级、市区城管责任等，并建立完善了情况通报、指挥调度、现场督察、信息报送四项机制。

5. 推行"四公开一监督"制度

即公开城市管理责任清单，公开网格化管理机制，公开处罚的标准、过程和结果，公开"月检查、月曝光、月排名"情况，建立联合监督机制，进一步明确环境秩序突出违法行为的管理主体、执法责任、工作标准以及责任人等，实现政务公开透明，促进整治任务落实。

（三）自由裁量权的规范情况

北京市城管执法局自成立以来，始终将行政处罚自由裁量权的规范作为一项重要工作来抓，出台了相应的行政执法实施意见。2009 年下发了《关于规范城管执法行政处罚自由裁量权的通知》（京城管发〔2009〕96 号），对贯彻落实《北京市城管执法系统实施行政处罚自由裁量权办法》作了部署，对 23 项常见违法行为的自由裁量权进行先期规范，并在部分区（县）城管执法监察局试行。2010 年发布《关于全面推进城管执法机关行政处罚裁量权规范工作的通知》（京城管发〔2010〕125 号），在全市城管执法机关全面推行自由裁量权规范制度，实现了全部行政处罚自由裁量权的规范化。经过四年的实践检验，北京市城管执法机关规范自由裁量权工作实施效果明显，有效减少了"同案不同罚、合法不合理"的现象，解决了"一案多法、标准不一"的问题，在促进廉洁执法、防范廉政风险方面发挥了重要作用。

三　行政执法程序完善情况

目前，城管执法机关主要依据《中华人民共和国行政处罚法》、《中华人民共和国行政强制法》、政府法制办《关于印发〈北京市城市管理监察行政处罚程序规定〉及相关文书的通知》（京政法制监字〔1998〕32 号）实施行政处罚、行政强制等执法程序。为贯彻落实上述法律规范，完善行政执法程序，主要开展了以下工作。

1. 制定相关实施办法

2001 年发布《北京市城管监察系统行政处罚使用一般程序案件法律文书制作标准及评分办法》。2007 年发布《关于印发北京市城管执法系统现场执法文书考核办法的通知》（京城管执字〔2007〕74 号），创新案卷监督方式，每月开展案卷评查工作，规范了行政处罚及强制措施的实施。2012 年出台了《北京市城管执法机关涉案物品管理规定》（京城管发〔2012〕51 号），加强和规范了对涉案物品的管理处置。

2. 出台专项执法流程

在专项违法形态整治工作中，按照一事一流程、一事一规范的要求，针对小广告电子信息提示系统、小广告停机、"黑车"执法及滞留车处置、违法建设执法及拆除、大型户外广告执法及拆除、"僵尸车"处理等出台专项执法流程，规范了执法程序，提高了执法效率，为指导规范基层城管执法工作起到重要作用。

3. 推动立法进程

随着城管执法机关的行政处罚职责不断增加，部分职责的专业技术含量和执法难度越来越大，执法程序履行越来越复杂，《北京市城市管理监察行政处罚程序规定》（京政法制监字〔1998〕32 号）已经不符合城管执法实践，需要根据城管执法机关职责进行调整、根据新法律规范及政策要求进行修订。目前，一方面，市城管执法局广泛借鉴其他省市对城管执法机关立法的经验，进行立法调研，努力推动出台《北京市城市管理综合行政执法条例》；另一方面，借鉴"国家工商总局"关于执法程序的规定，在积极协调、沟通市政府法制办、市高院的基础上，根据相关法律规范并结合城管执法实践，推动制定《北京市城市管理综合行政执法程序规定》，出台更权威、认可度更高的执法程序。

四　行政执法监督工作情况

1. 完善监督制度

在 2008 年制定出台《北京市城管执法系统行政执法责任制追究办法》的基础上，进一步完善《北京市城管执法人员行为规范》《关于查处城管队伍风纪问题管理办法》《关于健全和规范约谈工作机制的管理办法》等八项行政执法配套规章制度，并于 2004 年起委托专业调查机构开展公众评价工作，以内外部投诉受理系统为平台，充分运用案件审核、执法检查、效能考评、责任追究等手段，变事后考评为全过程、全方位监管，确保了执法效果。同时，实现"96310城管热线""北京城管综合执法信息""电子法律文书"三个系统相关数据与市行政监察现代化工程电子监察平台对接，主动接受市纪检监察部门的监督。

2. 注重综合考评

按照"有尺度、有标准、公平、公正"的原则，制定完善《北京市城管执法系统综合考核评价办法》，建立内部考核和社会评议相结合的行政执法评议考核指标体系，突出考核重点，细化考核范围及标准，注重激励约束效果，明确考核结果运用，并结合城管日常执法工作实际，适时调整考核评议内容及指标，不断提高考核评议工作的科学性和有效性。通过队伍监督、绩效考核和工作评价，及时发现、研究和解决日常执法工作及队伍管理中的各类问题，确保各项任务的顺利完成，使队伍执法能力及水平不断提升。

3. 突出作风监管

通过96310热线、政风行风热线、信访、网络意见信箱和聘任城管监督员等多种渠道，搭建内外并重、多级覆盖的刚性监督网络体系，并立足队伍执法风纪投诉、建议的受理查办工作，积极落实"四项机制"：①投诉全时分析机制。对风纪类投诉举报按类别、划区域、分阶段地统计汇总，针对群众反映集中、突出的重点问题，通过日曝光、周汇总、月通报、季考核等方式，加大对执法人员及其行为的规范、警示、监督力度。②风纪问题预警机制。根据近年风纪投诉定期同比、环比浮动幅度，以及问题类别比重等指标的对比、分析结果，明确正常变化范围及预警值。凡接近上限指标，立即通过提前反馈、及时警示、例会通报等措施，要求区县城管执法监察局采取有效办法，遏制投诉增长，增强防范主动性。③重点人员监管机制。结合人员管理和岗位工作特点，有针对性地加大对因思想认识模糊而导致纪律观念不强、行为约束不严，因性格脾气急躁而易出现不当言行，因工作任务繁重而出现思想懈怠、要求放松倾向等"三类"重点人员的教育引导和警示防范，及时采取教育提醒、思想引导、心理疏导等干预办法，降低执法风纪问题的发生概率。④案件多级督办机制。按照"件件要查实、件件有结果"的要求，实行"一事一督""一对一督办""一督到底"的"三个一"督察办法，认真调查核实群众投诉，严格落实约谈、通报制度。自2010年以来，共下发督办单432件，对86件重点案件实施"一对一督察"，约谈区县城管执法监察局主管领导 11 次，相关情况均纳入队伍考核范畴。

五　城管执法体制机制存在的突出问题及意见建议

（一）体制机制存在的突出问题

1. 法律保障不健全

国家层面没有专门性的法律法规，本市尚未制定城市管理地方性法规。2008 年施行的《北京市实施城市管理相对集中行政处罚权办法》，存在法律位阶较低、职能界定不够精准、执法保障力度有待加强、手段措施不能满足执法需求等问题。作为单一规范相对集中处罚权的办法，与新形势下北京城市管理的发展需求不相适应。

2. 城管执法难度大

（1）执法手段有限。城管执法手段主要包括教育纠正、行政指导、警告、先行登记保存、扣押、查封、没收、罚款等，没有疏导手段。实践中，柔性的教育劝导、警告等手段，执法效果较差，很难制止违法行为。采取暂扣、扣押等强制措施以及强制执行时，当事人不配合，也无其他强制手段保障，且极易引发肢体冲突、暴力抗法，甚至引发媒体负面炒作。

（2）前端许可管理不规范。城市管理涉及规划、许可、执法等多个部门、多个环节，且应是相互依存、相互促进、相互制约的，完全依靠末端的"兜底执法"，只能治标，不能治本，更多的应是前端规划好、源头管理好，减少问题发生。

（3）职责划分不规范。城管职能定位尚不清晰，划转标准和范围模糊，职能交叉重叠，执法主体不明确，甚至一个违法形态有多个主责部门，依然存在重复执法、多头执法、空白执法的现象（如露天烧烤经营涉及食品安全、坐商无照经营或超范围经营、餐饮业未按规定设置油烟处理装置、生活噪声扰民等问题；非法运营涉及交管、交通、工商、城管等部门）。

（4）协调配合难度大。城管机关履行职能多，协调范围广、部门多，导致协调难度大、任务重；联合执法整治中存在临时协调、各自为战、联而不合等情况，甚至还存在"法定职责退半步"的现象，工作合力难以实现最大化。

3. 外部执法环境不好

城管执法对象有其特殊性，执法工作时常得不到群众的理解与支持，暴力抗法事件时有发生，导致执法人员心理压力大，工作缩手缩脚，生怕被炒作，执法趋向弱化。另外，长期被负面舆论包围，城管队员承受着较大的心理压力，影响城管执法队伍的稳定性。

4. 队伍自身素质有待提升

队伍的整体素质和社会治理能力与北京城市管理标准、市民群众要求还有一定差距。队伍管理缺乏"政令畅通、纪律严明"的特点，造成执行力不强，影响队伍的专业化建设和规范化执法。由于城市快速发展、人口激增，城管执法力量与承担的职责任务严重不匹配，队员老龄化严重，长期超负荷工作，影响工作效率。聘请协管人员协助执法以应对繁重的执法任务，易发生不规范、不文明现象，影响执法严肃性。

（二）意见与建议

改革城管执法体制，是深化城市管理体制改革的重要内容。为落实中央、北京市委、市政府要求，以及习近平总书记考察北京时的讲话精神，结合北京城管执法实际，改革城管执法体制的设想如下。

（1）完善队伍管理体制。落实市委、市政府推进重心下移，做实、做强街乡、社区的要求，实行三级设置、两级管理，坚持统放结合，做精市局、区县局，做强、做实基层执法队。①市、区县城管执法队伍实行两重管理。这有利于队伍的政令畅通、执法规范，也是市委、市政府《关于深化城管执法体制改革全面加强首都城市管理综合行政执法工作的意见》的明确要求。②区、街城管队伍实行统一管理。对基层执法队，坚持统放结合，"统"就是组织人事工作由区县局管理，有利于统筹全区执法资源，避免权力地方化、地方利益化、队伍"乡丁"化；"放"就是把执法力量最大限度放在基层，赋予街乡镇"三权"：对城管执法队伍的使用权、考核权以及干部任免建议权，增强街乡镇统筹协调能力，落实属地责任。③充实基层执法力量。在市、区县两级局机关工勤岗位设置文职人员，替代执法人员，下沉到基层执法队；重点地区适当增加辅助执法人员，解决一线执法力量不足的问题。

（2）适当调整城管执法职能。按照中央推进综合执法的要求，适度调整城管行使行政处罚权职责范围。按照以街面环境秩序类为主、与城市管理密切、易于执法以及整体划转的原则，明确城管执法职责范围，并落实国务院法制办的要求，尽可能整体切割，避免引发新的推诿扯皮，且职责划转后原有部门不能再履行划走的职责，确保权责一致，职责明晰。

（3）提高城管治理能力。①依法严格执法。坚持严管严控，大幅提高立案处罚率、媒体曝光率、案件移送率，特别是重点地区要严管重罚，用足用好现有法律政策。②强化部门联动机制。一方面，加强部门执法联动，充分发挥城管执法协调领导小组作用，形成工作合力，基层在街乡镇的统筹调度下，推进联合执法、捆绑执法、联勤联动；另一方面，延伸和丰富执法手段，推进与管理部门、其他执法部门的执法文书互认，将综合执法处罚结果纳入行政部门管理范畴。通过委托执法、授权执法等形式，把管理部门的手段作为城管处罚的延伸执法措施，丰富执法手段。同时，可以探索将行政处罚结果与居住证挂钩，纳入社会诚信系统等。③推进信息共享和大数据城管建设，搭建城管物联网平台，充分利用信息化手段进行监控、认证、取证，推广非现场执法模式，避免和减少执法冲突，提高城管执法效率。按照"五网"融合的要求，加强信息共享，实现信息的互通互查。同时，要建管并重，疏堵结合，完善小区功能，加强源头治理，挤压违法空间，共同破解环境秩序突出问题。④强化公众参与治理。发挥企事业单位自我治理主体作用，用好"门前三包"制度，落实自律责任，自觉减少违法行为；指导行业协会等社会组织，发挥行业自律、社会引导等作用，加强自我管理、自我服务；主动接受媒体和社会各界监督，奖励为城市环境秩序做出贡献的个人、企业和社会组织，发动市民群众自觉维护环境秩序。支持媒体对引发环境秩序突出问题的单位和个人进行曝光。

（4）强化综合监管力度。在城管执法协调领导小组统筹下，进一步强化城市管理执法工作综合监管职能。①落实城市管理综合执法"四公开一监督"制度，公开城市管理责任清单，公开网格化管理机制，公开处罚的标准、过程和结果，公开"月检查、月曝光、月排名"情况。②固化城管、公安等部门参加的联合督察制度，在市、区两级成立城管、公安联合督导组基础上，推进街乡镇实施联合督导工作，加强市、区县、街乡镇三级联合督察的衔接。③完善城市环境秩序考核评价体系和奖惩机制，实施"以奖促治"制度，强调对属地的激励。

B.12

北京城市管理领域政府立法研究

郑齐猛*

摘　要： 通过对北京市现有城市管理立法概况的分析，我们可以发现北京市现有城市管理领域的立法与北京市世界城市的发展定位不相称、与国际化大都市不相称，与国家和北京市的"十二五"规划要求有一定差距。北京市轨道交通管理的政府规章存在一定的漏洞和缺陷，缺少城市应急管理方面的法规规章，城市安全运行方面立法存在不足，需要制定北京市"城市管理条例"或者"城市管理办法"。

关键词： 北京　市政立法　规章

　　随着城市化进程的加快和人口的快速增长，北京作为国家的首都，作为特大型城市，其城市运行管理面临着越来越多的问题和挑战。目前，北京在城市管理方面进入了实施精细化管理阶段。北京市如何以政府立法的方式进一步改善首都北京的城乡环境面貌、进一步提高城市精细化管理水平、增强市政管理公共服务能力，构建与首都北京经济社会发展高地相适应的城市管理，已经成为北京市当前应当着力解决的重要问题。以政府立法的方式加强城市管理是法治政府建设的必然要求，是有效管理城市的必然途径。因此，加强城市管理领域的政府立法工作十分必要。本文系统梳理北京城市管理政府立法的现状，分析有关城市管理领域政府立法存在的问题，最后阐述今后应当着力加强政府立法的对策建议。

---

* 郑齐猛，中共北京市大兴区委党校教研室副主任（主持工作），副教授，博士，博士后，研究方向为法学。

一 "城市管理"的基本界定

现代城市管理是一种复杂的政府监督和管理行为。广义的城市管理是指对城市一切活动进行管理，包括政治的、经济的、社会的和市政的管理。狭义的城市管理通常就是指市政管理，即与城市规划、城市建设及城市运行相关联的城市基础设施、公共服务设施和社会公共事务的管理。本文所言的城市管理是一种狭义的城市管理，即市政管理，是指为了保障城市基础设施正常运转、维护城市公共空间良好秩序，对市容环境、园林绿化、市政公路、城市排水、公共客运交通、道路交通安全等实施的管理。

二 对北京城市管理领域现有政府立法的梳理

北京市城市管理领域的政府立法是为了加强北京市城市运行和管理，提高城市运行效率和质量而制定的地方政府规章。目前，北京市城市管理领域的规章共42部，可以分为交通运输管理、市政设施管理、城管执法领域、城市区域管理领域四个次领域。

（一）交通运输管理

目前北京市交通运输领域的规章共14部，占城市管理领域规章总数的33.3%。这些规章具体为：《北京市城市道路管理办法》《北京市地下铁道列车车票使用办法》《北京市公共汽车电车车票使用办法》《北京市机动车市场管理暂行规定》《北京市摩托车报废管理办法》《北京市汽车租赁管理办法》《北京市人力三轮车客货运输业管理办法》《北京市铁路专用线共用管理办法》《北京市小客车数量调控暂行规定》《北京市城市轨道交通安全运营管理办法》《北京市道路交通安全防范责任制管理办法》《北京市民用机场净空保护区域管理若干规定》《北京市民用运输机场管理办法》《北京市机动车停车管理办法》。

（二）市政设施管理

目前北京市市政设施管理领域的规章共8部，占城市管理领域规章总数的

19.1%。这些规章具体为：《北京市供热采暖管理办法》《北京市城市公共供水管理办法》《北京市地下设施检查井井盖管理规定》《北京市地下铁道通风亭管理规定》《北京市公共厕所管理办法》《北京市机动车公共停车场管理办法》《北京市非机动车停车管理办法》《北京市清洁燃料车辆加气站管理规定》8部。

（三）城管执法领域

目前北京市城管执法领域的规章共16部，占城市管理领域规章总数的38.1%。这些规章具体为：《北京市"门前三包"责任制管理办法》《北京市架空线管理若干规定》《北京市人民政府关于加强垃圾渣土管理的规定》《北京市人民政府关于禁止车辆运输泄漏遗撒的规定》《北京市人民政府关于扫雪铲冰管理的规定》《北京市标语宣传品设置管理规定》《北京市城市建筑物外立面保持整洁管理规定》《北京市户外广告设置管理办法》《北京市禁止露天烧烤食品的规定》《北京市实施城市管理相对集中行政处罚权办法》《北京市城市道路和公共场所环境卫生管理若干规定》《北京市公共场所禁止吸烟范围若干规定》《北京市蔬菜零售网点建设管理办法》《北京市实施国家重大活动保障措施的若干规定》《北京市建设工程施工现场管理办法》《北京市民用建筑节能管理办法》16部。

（四）城市区域管理领域

区域管理领域的规章共4部，占城市管理领域规章总数的9.5%。这些规章具体为：《北京市人民政府关于实施〈北京市经济技术开发区条例〉办法》《北京市王府井步行街地区管理规定》《北京市天安门地区管理规定》《北京天竺综合保税区管理办法》4部。

三　北京城市管理领域政府
规章分布

表1直观地展现政府规章在各个领域的分布状况、发布日期、修订日期以及主管部门等。

表1　北京市城市管理领域政府规章分布一览（截至 2015 年 8 月）

领域	规章名称	发布日期	修订日期	上位法	主管部门
交通运输管理	北京市城市道路管理办法	2005 年 6 月 1 日		国务院《城市道路管理条例》	北京市交通委员会
	北京市地下铁道列车车票使用办法	1992 年 12 月 16 日	2006 年 5 月 30 日		北京市市政市容管委会
	北京市公共汽车电车车票使用办法	1996 年 8 月 20 日	2006 年 4 月 11 日		北京市交通委员会
	北京市机动车市场管理暂行规定	1990 年 5 月 28 日	2014 年 7 月 9 日		北京市工商局
	北京市摩托车报废管理办法	2002 年 9 月 11 日		国务院《报废汽车回收管理办法》	北京市公安交通管理局
	北京市汽车租赁管理办法	2012 年 3 月 1 日			北京市交通委员会
	北京市人力三轮车客货运输业管理办法	1987 年 4 月 10 日	2007 年 11 月 23 日		北京市交通委员会
	北京市铁路专用线共用管理办法	1992 年 3 月 26 日	2007 年 11 月 23 日		北京市交通委员会
	北京市小客车数量调控暂行规定	2010 年 12 月 23 日			北京市公安交通管理局
	北京市城市轨道交通安全运营管理办法	2004 年 4 月 28 日	2009 年 6 月 26 日		北京市交通委员会
	北京市道路交通安全防范责任制管理办法	2005 年 11 月 11 日		北京市实施《中华人民共和国道路交通安全法》办法	北京市公安交通管理局
	北京市民用机场净空保护区域管理若干规定	2010 年 9 月 9 日		民用机场管理条例	北京市交通委员会
	北京市民用运输机场管理办法（2015 年 1 月 1 日施行）	2014 年 10 月 22 日			北京市交通委员会
	北京市机动车停车管理办法	2013 年 11 月 18 日			北京市交通委员会

领域	规章名称	发布日期	修订日期	上位法	主管部门
市政设施管理	北京市供热采暖管理办法	2009 年 12 月 12 日			北京市市政市容管委会
	北京市城市公共供水管理办法	1992 年 12 月 8 日	2010 年 11 月 27 日		北京市市政市容管委会
	北京市地下设施检查井井盖管理规定	1990 年 8 月 27 日	2007 年 11 月 23 日		北京市市政市容管委会
	北京市地下铁道通风亭管理规定	1993 年 3 月 1 日	2006 年 4 月 11 日		北京市市政市容管委会
	北京市公共厕所管理办法	2008 年 5 月 7 日		北京市市容环境卫生条例	北京市市政市容管委会
	北京市机动车公共停车场管理办法	2001 年 5 月 12 日			北京市市政市容管委会
	北京市非机动车停车管理办法	2002 年 6 月 7 日	2010 年 11 月 27 日		北京市市政市容管委会
	北京市清洁燃料车辆加气站管理规定	1999 年 7 月 29 日	2010 年 11 月 27 日		北京市市政市容管委会
城管执法领域	北京市"门前三包"责任制管理办法	1999 年 3 月 18 日			北京市市政市容管委会
	北京市架空线管理若干规定	2011 年 5 月 31 日		北京市市容环境卫生条例	北京市市政市容管委会
	北京市人民政府关于加强垃圾渣土管理的规定	1994 年 8 月 17 日	2007 年 11 月 23 日	《地名管理条例》和《北京市地名管理办法》	北京市市政市容管委会
	北京市人民政府关于禁止车辆运输泄漏遗撒的规定	1996 年 8 月 13 日	2010 年 11 月 27 日	北京市市容环境卫生条例	北京市市政市容管委会
	北京市人民政府关于扫雪铲冰管理的规定	1994 年 3 月 1 日	2007 年 11 月 23 日	北京市城市市容环境卫生条例	北京市市政市容管委会
	北京市标语宣传品设置管理规定	2006 年 1 月 13 日	2007 年 11 月 23 日	北京市市容环境卫生条例	北京市市政市容管委会
	北京市城市建筑物外立面保持整洁管理规定	2000 年 5 月 31 日	2007 年 11 月 23 日	北京市市容环境卫生条例	北京市市政市容管委会
	北京市户外广告设置管理办法	2004 年 8 月 5 日	2007 年 11 月 23 日	北京市市容环境卫生条例	北京市市政市容管委会

续表

领域	规章名称	发布日期	修订日期	上位法	主管部门
城管执法领域	北京市禁止露天烧烤食品的规定	2000 年 9 月 25 日	2007 年 11 月 23 日		北京市市政市容管委会
	北京市实施城市管理相对集中行政处罚权办法	2007 年 11 月 8 日		行政处罚法	北京市市政市容管委会
	北京市城市道路和公共场所环境卫生管理若干规定	1989 年 11 月 5 日	2007 年 11 月 23 日	北京市市容环境卫生条例	北京市市政市容管委会
	北京市公共场所禁止吸烟范围若干规定	2008 年 3 月 31 日		市人大常委会《北京市控制吸烟条例》	北京市市政市容管委会
	北京市实施国家重大活动保障措施的若干规定	2014 年 10 月 21 日			
	北京市蔬菜零售网点建设管理办法	2013 年 10 月 8 日			北京市商务委员会
	北京市建设工程施工现场管理办法	2001 年 4 月 5 日	2013 年 5 月 7 日	国务院《建设工程安全生产管理条例》	北京市住房和城乡建设委
	北京市民用建筑节能管理办法	2014 年 6 月 24 日			北京市住房和城乡建设委
城市区域管理领域	北京市人民政府关于实施《北京市经济技术开发区条例》办法	1998 年 4 月 29 日	2006 年 12 月 5 日	北京市经济技术开发区条例	
	北京市王府井步行街地区管理规定	2000 年 9 月 1 日	2007 年 11 月 23 日		
	北京市天安门地区管理规定	2004 年 3 月 18 日			
	北京天竺综合保税区管理办法	2010 年 2 月 1 日		国务院关于同意设立北京天竺综合保税区的批复	

四　今后北京市拟制定的有关城市管理的政府规章

加快法治城市建设，进一步加强地方立法工作，城市管理应当是重点加强立法的领域之一。构建精细智能的城市管理，保障城市安全协调运行，提高城市抗灾应急能力，推进智能感知精细管理，推进专项应急法规体系建设，修订完善《北京市实施〈自然灾害救助条例〉办法》等法规规章。

今后北京市计划出台有关"城市管理"的政府规章主要有：《城镇私有房屋翻建扩建规划管理若干规定（修订）》（市规划委起草）、《排污许可证管理暂行办法》（市环保局起草），已经纳入未来政府立法的主要有：《商品交易市场管理办法》（市工商局起草）、《消防设施管理规定》（市公安局起草）、《公共交通车票使用办法（修订）》（市交通委起草），已经纳入未来立法规划、着手进行前期调研计划的政府规章立法内容主要有：实施《风景名胜区条例》办法（市园林绿化局起草）、非机动车摩托车等车辆管理若干规定（市公安局起草）、道路照明和景观照明管理办法（市市政市容委起草）、轨道交通建设工程安全质量管理规定（市住房城乡建设委起草）、地震应急避难场所管理办法（市地震局起草）、西客站地区管理若干规定（西站地区管委会起草）。

五　北京有关城市管理领域的政府规章存在的问题

（一）有关城市管理领域的政府规章立法主体存在的问题

目前北京市政府规章立法一般是由政府职能部门起草的，这一做法的主要理由是：政府职能部门与其他部门相比更了解自身业务，更了解本部门执法情况及存在的问题，并且具有专业知识丰富，资料比较齐全，组织起草草案更便捷等优势。但在立法执法实践中，常常出现这种现象：谁执法，谁起草草案，形成"部门化立法"现象，易产生部门利益法制化弊端。政府职能部门起草草案，往往会把自身的权力写得多多的，把自己的职责、义务、责任写得少少的。因为，政府职能部门一般惯性思维作祟，习惯站在本部门本单位本系统立场上思考问题、解决问题，不能站在全局的高度，往往不由自主地加强本部门本单位本系统的权力，强调本部门本单位本系统的利益，同时也会尽可能减轻甚至规避本部门应当承担的义务及责任，而忽视行政相对人权利的保障。

从以往的立法情况看，北京市政府立法，一般都是委托具体的执法部门起草草案。从已经纳入2015年的政府行政立法情况，以及未来政府立法规划来看，立法草案都是委托具体的执法部门起草。这一现状不符合中央十八届四中全会精神，也不符合北京市《关于贯彻落实党的十八届四中全会精神全面推进法治建设的意见》的精神，应当予以改变。

（二）有关城市管理领域的政府规章立法内容存在的问题

1. 轨道交通管理的政府规章存在漏洞和缺陷

目前，北京市规范轨道交通的政府规章主要有：《北京市铁路专用线共用管理办法》《北京市城市轨道交通安全运营管理办法》《北京市地下铁道通风亭管理规定》《北京市地下铁道列车车票使用办法》等。这些规章主要从安全、车票等方面规范了城市轨道交通的运营，但很多城市轨道交通的内容缺乏相应的规定，例如城市轨道交通运营服务、运营秩序的维护、运营监管措施、票价补贴、反恐安检、人身意外伤害等，又如轨道交通中运营商的法律地位缺乏相应的规定。2006年修改的政府规章《北京市地下铁道列车车票使用办法》中有些内容已经与现实不符，例如月票问题，该规章有不少内容规定了月票的使用，但北京市早在2007年11月1日就宣布取消地铁月票。北京市一直对公共交通实行政府财政补贴，2012年补贴达170亿元，2013年、2014年超过180亿元。北京地铁在经营管理模式上采取的是投融资、建设、运营三分开的经营模式，由独立注册的北京市地铁运营有限公司承担地铁运营工作。北京市城市轨道交通运营基于其纯公益性定位，运营票价较低，与运营成本不对称，运营亏损严重。北京市政府在目前的地铁运营中采取全额财政补贴的方法承担了这笔数额不菲的亏损额。由于运营亏损的测算以及补贴的方法、程序等缺乏相应的法规规章规定，因此，政府如何补贴、怎样进行补贴都缺乏相应的地方法规规章的具体规定。

2. 城市安全运行方面立法存在不足

这里所说的"城市安全运行"主要是指使城市基础设施与公共服务能够不断地满足城市社会公众的经济、社会、文化需求，从而确保城市稳定、协调、有序地持续运转。确保城市安全运行，涉及面较为广泛，如污染防治、动物防疫、气象灾害防御、自然灾害救助、建筑节能、消防设施管理等，很多内容属于城市管理的范畴。现行北京市城市安全运行方面立法存在的问题主要有：有些政府规章的立法目的往往更关注于创造整洁、优美的市容环境，而忽视城市运行的安全性，例如《北京市城市建筑物外立面保持整洁管理规定》；突发事件发生时，我们有《北京市实施〈中华人民共和国突发事件应对法〉办法》，但对常态下城市运行的日常规范和管理，城市公共设施运行中的危险源进行立法规范，特别是对公众安全意识的提升、安全文化教育方面尤为薄弱。

3. 北京市地下管线管理方面存在立法不足

城市各种管线是城市安全运行的基础，也是城市精细化管理的物质基础。这里的管线主要涉及供电、供水、燃气、通信、路灯、污水、雨水等各种管道、线路。管线与人民群众工作、生活息息相关，必须保证地下管线有序建设和正常运行。截至 2013 年 1 月，北京市地下管道、线路总长度达 13 万余公里，其中，直线、主干线、干线相加总共有 7.1 万公里，涉及供电、供水、燃气、通信、路灯、污水、雨水 7 大类 30 余种管道线路。这些管线多为底线管线，其所有权、使用权、管理权主体往往较为复杂，分属于不同行业的众多主体。随着北京经济社会的迅速发展，北京城市建设日新月异，北京地下管线建设数量、长度激增。由于受传统条块分割的影响，北京地下管线建设错综复杂，给地下管线管理带来很大难度，随之而来的问题也越来越多。这些问题主要表现在：一是北京没有建立起统一的公共管线的信息数据库和地下管线监督管理机构。有关地下管线信息不共享，特别是分管主体太多，且各自为政。二是北京城市中的各种施工缺乏相应报批程序，在施工中常有伤及地下管线行为，造成水、电、通信中断，水、燃气泄漏，甚至造成交通中断，这些事故时有发生，有的还造成了人员伤亡和重大的财产损失。三是由于缺乏统一监管，实践中往往重复铺设地下管线，需要多次重复开挖道路，往往影响正常交通秩序，也影响道路工程质量。由于体制因素，道路建设中，往往忽视地下管线建设，两者不能同步完成，结果是道路建成了，为了铺设地下管线不得不开挖新建道路。我国目前尚无专门的城市地下管线管理与保护的法律，在北京尚无规范地下管线的地方性法规和地方政府规章。

4.《北京市水域游船安全管理规定》存在不足

现行《北京市水域游船安全管理规定》于 1988 年 3 月发布，并分别于 1997 年 12 月、2004 年 7 月、2007 年 11 月作了三次修订。该规定内容过于简单，总共只有 5 个条文，对于游船的检验、维修和保养，驾驶人员的考核，航行，码头建设，安全保障等问题仅作了原则性规定，缺乏细则。同时，对于游船的停泊、安全应急预案设置、防污、监督检查等问题则未作规定，可操作性不强。

5. 北京市超限运输管理存在不足

2011 年国务院颁布了《公路安全保护条例》，用 8 个条文分别规定了车辆的生产和销售监管、大宗货物集散场所监管、限制设施的设立、对超限车辆的许可、"治超"检查措施、对违规超限运输行为的处罚等问题，但这些规定大都比较原则，缺乏具体的实施细则。而在上述条例出台后，交通运输部 2000 年制定的《超限运输车辆行驶公路管理规定》与上述条例存在不一致，内容也较为滞后，无法适应经济社会的快速发展、交通运输形势的变化和治超执法的需求。目前，该法尚未修订。在北京市，尚无治理超限车辆的地方法规和规章。而湖北、浙江、宁夏、山东等省、自治区已完成了治超的地方立法工作。

（三）有关城市管理领域的政府规章立法存在的空白问题

1. 缺乏解决交通拥堵的法规规章

为了解决北京市的交通拥堵现象，从 2004 年起，北京市每年以政府规范文件的形式出台缓解北京市区交通拥堵阶段工作方案，并且制定了《北京市人民政府关于进一步推进首都交通科学发展加大力度缓解交通拥堵工作的意见》（京政发〔2010〕42 号）。然而北京市交通拥堵现象并没有得到有效缓解。北京市城市道路交通规划和建设滞后、交通立法滞后是造成交通拥堵的重要原因。北京市第十一次党代会报告指出：未来五年，北京推动中国特色世界城市建设的奋斗目标之一是，交通拥堵得到有效治理，中心城区公交出行比例力争达到 50%。北京市原有的政府规章在具体内容上并没有保障"公交优先"相应规范和对策。因此，加强公交立法，用法律手段保障"公交优先"势在必行，是解决交通拥堵的重要举措之一。

交通影响评价是促进城市交通与土地利用协调发展、改善居民出行条件、缓解交通拥堵的重要手段。在这方面无论是发达资本主义国家，如美国、英国，还是在新加坡、中国香港，都有很好的经验可资借鉴。这些国家和地区通过出台交通影响评价制度，并严格实施这些制度，取得了很好的效果。我国对于交通影响评价问题，缺乏明确具体的法律规制，《道路交通安全法》、《道路交通安全法实施条例》虽对交通影响评价问题作了规定，但这些规定大多较为原则和笼统，未规定具体的评价程序和机制，因此其实施力度难以保证。北京市迄今也未就交通影响评价问题立法。实践中，由于没有政府立法，没有相关法律规范的约束和制约，北京交通影响评价工作还处在无序状态，如评价范围不明确，评价结论落实不够、重视不够等。

2. 缺乏北京市城市应急管理方面的法规规章

全国范围内应急方面的地方法规有 3 部，应急方面的地方政府规章规定多达 62 部。但北京市在应急方面的地方立法目前仅有《北京市实施〈中华人民共和国突发事件应对法〉办法》（2008），有一些规范性文件，如《北京市应急志愿者管理暂行办法》（2013），尚没有地方政府规章出台。北京市应急管理法律体系还不够完善。

3. "城市管理"缺乏统一地方法规或政府规章

城市管理对于保障城市基础设施正常运转、维护城市公共空间良好秩序意义重大。城市管理涉及面较为广泛，如市容市貌、园林绿化、市政设施、道路交通运输等。北京市城市管理方面的立法处于分散状态，仅有地方政府规章《北京市实施城市管理相对集中行政处罚权办法》（2008），没有统一、专门的"城市管理"法规规章。我国很多省市都出台有专门的"城市管理条例"或者"城市管理办法"，这些经验可资借鉴。另外，北京市城市管理执法缺乏统一的执法程序，现有的执法程序处于分散、零星状态，不利于城管执法的规范化。

4. 北京市乡村公路管理存在不足和法律真空

交通运输部《农村公路建设管理办法》仅涉及乡村公路的建设问题，并不涉及农村公路的养护与管理问题。《北京市公路条例》将乡村公路统一纳入公路管理的范围，确立了市交通行政管理部门为乡道、村道的规划主体，区、县政府为乡道、村道的管理主体，乡镇政府为乡道、村道的建设、养护主体的工作机制，在规划建设、养护、路政管理等方面实行与国道、省道等公路相同的规范，同时设专章对乡村公路的年度养护计划编制，建设资金的渠道来源、使用和监督等问题作了规定，使乡村公路被纳入统一管理的范畴。但《北京市公路条例》对乡村公路的规定较为原则，对其特殊性规定得不够具体、充分，一些条款也不尽合理。

六　对北京市城市管理领域中政府立法的对策建议

（一）完善北京市城市管理领域政府立法主体

北京要建设法治中国"首善之区"，在全国率先建成法治政府，政府行政立法必须要规范。北京市政府行政立法首先应当规范立法主体，这是贯彻十八届四中全会精神所需，也是推进政府立法规范化、科学化所需。北京城市管理涉及人民群众的切身利益，政府规章立法必须破除"行政权力部门化、部门利益法制化"倾向。

应当建立政府法制部门主导政府规章立法工作制度。把政府规章立法草案起草权从政府职能部门拿出来，从源头上切断"部门利益法制化"渠道。建立政府规章立法顾问制度，为立法部门提供帮助。这里立法顾问应当涵盖专家学者、相关法律工作者、执法实务人员等。对部门间争议较大的立法事项，做好引入第三方评估工作，这里的"第三方"必须与立法及其立法内容没有利害关系。对于有些争议较大，涉及多方利益的政府规章草案起草工作，应当引入没有利害关系的第三方进行分析、评估、论证，防止久拖不决、草案迟迟不能出台，从而影响立法进程。另外，开门立法，广泛征求广大人民群众的意见建议，畅通公民参与政府立法的各种渠道。

（二）需要尽快制定相关政府规章

1. 需要制定城市交通方面的政府规章

北京交通拥堵有目共睹，其中凸显北京城市交通类法制建设起步晚，较为薄弱。如公共交通的管理，关于公共电汽车经营和运营管理、轨道交通规划和建设管理、出租汽车发展定位和运营管理等，仍没有法规依据可循，行业管理无法可依。北京急需出台一批促进交通可持续发展、缓解交通拥堵的配套法规规章，以保障公共交通管理、出租汽车管理、城市道路管理、汽车租赁管理、水运管理、乡村道路管理等工作的顺利开展。当前需要制定完善以下交通类政府规章。

（1）制定《北京市轨道交通管理办法》。重点规范城市轨道交通运营服务、运营秩序的维护、运营监管措施、票价补贴制度、反恐安检、人身意外伤害等内容；修改《北京市地下铁道列车车票使用办法》中与现实不符的内容，如月票等，把它纳入《北京市轨道交通管理办法》当中。

（2）制定《北京市城市公共交通管理办法》。现有交通立法通常主要解决的是交通安全问题，鲜有解决交通拥堵问题的法规规章。应当制定《北京市城市公共交通管理办法》，立法保障"中心城区公交出行比例力争达到50%"、立法保障"公交优先"。

（3）制定《北京市交通影响评价办法》。规定交通影响评价相关制度，如规定交通评价的责任主体、评价范围和基本程序、评价的基本要求以及相应的法律责任，用政府立法的形式理顺城市公共交通规划建设管理程序与交通影响评价的关系。北京交通影响评价主要是为了缓解北京城市交通拥堵，改善北京居民交通出行条件。主要措施是通过分析、判断、预测北京城市规划和建设项目实施后，新生成的居民交通需求对城市交通系统运行的影响，对城市规划方案或者建设方案、建设项目选址等在城市交通方面的科学性、合理性进行评价和分析，并且提出适当的交通规划方案和交通改善措施，以保证城市道路、公交等配套交通设施与城市规划、开发、建设等项目相协调，改善城市交通基础设施。

（4）修订《北京市水域游船安全管理规定》。现行的《北京市水域游船安全管理规定》内容过于简单，可操作性不强。2008年7月，交通运输部公布了《游艇安全管理规定》，在上位法已经出台的情况下，下位法应尽快做出修订。兄弟省市已纷纷进行水域游船安全管理立法。目前，海南、辽宁、苏州、青岛等省市已针对水域游船的安全管理问题制定了地方政府规章。有必要重新制定《北京市水域游船安全管理规定》，全面规范北京市水域安全的管理问题，保障广大游客的基本安全。

（5）制定《北京市超限运输管理规定》。北京道路交通压力非常大，为了从根本上解决非法超限运输问题，杜绝各种超限运输安全隐患，北京市应当制定《北京市超限运输管理规定》，从规范管理、提升服务的角度出发，应当从以下几个方面作出规定：一是规定治理超限运输所适用的原则，将治理超限运输行为上升为政府行为；二是明确北京区县政府将治理超限运输所需经费纳入本区县财政预算；三是明确规定区县政府和相关管理部门在治理超限运输中的责任和义务；四是明确规定超限认定标准，并使得超限认定标准更加科学、合理、规范；五是简化许可手续；六是规定运货源头企业、个人应当履行的义务和责任；七是规定道路运输企业质量信用信誉考核制度；八是建立治超实行固定站点与流动监测相结合机制，规定监测程序与规范，建立运输企业"黑名单"、举报奖励制度；九是明确强制措施条件，确保治超效率；十是规范行政处罚裁量权，按照不同的违法危害程度、不同违法情节，划分不同的处罚档次，规范行政处罚自由裁量权，规范行政处罚与犯罪的衔接；十一是建立治超部门联动工作机制，管理部门信息共享，实行违法信息登记抄报、追踪处理；十二是规范护送情形及任务、收费范围和标准。

（6）制定《北京市乡村公路管理办法》。为了加强北京乡村公路管理、保证乡村公路安全畅通、促进北京城乡经济社会发展一体化，应当适时制定《北京市乡村公路管理办法》，一方面细化《北京市公路条例》的规定，另一方面弥补其不足。如规定区、县政府对乡村公路进行管理，乡、镇政府对乡村公路进行建设、养护的具体职责范围；规定村道的路产、路权性质。规定村民委员会在村道建设和路政管理中的职能和作用，农村集体是农村土地的所有权人，在农村土地上建设村道，村民委员会应有发言权，在村道的管理上，村民委员会也应有一定的职责；将乡道、村道养护资金列入财政预算，规定其使用规范；规范对乡村公路桥梁的养护，包括养护管理工作制度、养护技术规程、检查、维修和改造、危桥的限行和禁行措施等。

2. 制定《北京市城市应急管理办法》

2005 年 4 月，北京市突发公共事件应急委员会宣布成立。北京市应急委统一负责领导全市突发公共事件的应对工作，下设常设办事机构，即北京市突发事件应急委员会办公室。北京市有应急方面的领导机构还远远不够，应当制定应急方面的地方法规或者政府规章，立法内容应当包括城市应急管理预防、应急处置程序、事前和事后的评估等。

3. 制定《北京市城市市政设施管理办法》

城市安全运行离不开对道路、桥梁、公共停车场、城市照明、供热、燃气、排水等地下管线进行统一规范管理，故制定综合的"市政设施管理办法"实属必要。该立法能够改变北京市各部门各自为政的局面，加强对市政公用设施的管理，确保市政设施安全运行。

4. 制定《北京市城市综合管理办法》

北京市城市管理方面的立法处于分散状态，仅有地方政府规章《北京市实施城市管理相对集中行政处罚权办法》（2008），没有统一、专门的"城市管理"法规规章。我国很多省市都出台有专门的"城市管理条例"或者"城市管理办法"，以规范城市管理执法活动。另外，北京市城市管理执法缺乏统一的执法程序，现有的执法程序处于分散、零星状态，不利于城管执法的规范化。因此，北京市需要制定专门的"城市综合管理办法"，实体内容涉及城市管理的方方面面，如市容市貌、园林绿化、市政设施、道理交通运输等；程序内容涉及城管执法的具体方法、步骤等。

5. 制定《北京市地下管线管理办法》

我国目前尚无专门的城市地下管线管理与保护的法律，在北京尚无规范地下管线的地方性法规和地方政府规章，虽然 2005 年 2 月 24 日北京市政府办公厅发布了《北京市城市地下管线管理办法》，但其只是政府令，缺乏法律约束，且在内容上存在较大缺陷：首先，未规定管线信息的收集和监管机构，也未规定信息共享问题。其次，未规定地下管线铺设后有关部门的信息提交或报告义务。铺设地下管线信息不共享，各自为政，难以保证地下管线的安全问题。最后，未规定损坏、重复开挖地下管线的法律责任。法规的缺失让地下管线统筹和有效管理难以实现，城市精细化管理难以完成。应及时制定地方政府规章《北京市地下管线管理办法》，待条件成熟时，再上升为地方性法规。

结　语

北京市的城市管理进入精细化管理阶段，进入建设世界城市阶段，这对城市管理提出了更高的要求。这里所说的城市管理是一种狭义的城市管理，即市政管理，具体内容包括市政设施管理、交通管理、城管执法、城市运行安全硬件管理等。通过对北京市现有城市管理领域政府规章的梳理，列表分析北京市现有城市管理领域政府规章的分布情况，我们可以发现北京市现有的城市管理领域的政府规章存在一定不足，与国家和北京市的"十二五"规划要求有一定差距。北京政府立法规范化、科学化首先需要解决立法主体的去"部门化"，应当由政府法制部门主导政府立法。在政府立法内容上，今后应当加强轨道交通管理方面的政府立法、制定北京市解决交通拥堵的法规规章、制定北京市城市应急管理方面的法规规章、制定综合的《市政设施管理条例》、制定专门的《城市综合管理条例》或者《城市管理办法》、制定《北京市地下管线管理办法》、立法规范乡村公路的管理、立法规范城市超限运输问题等。

信访案件的纠纷识别与矛盾化解研究

——以北京市 D 区为例

何 倩 缪仁康*

摘 要： 长期以来，信访承担着权利救济功能，并且其受理范围未区
分不同的矛盾纠纷类型。随着信访法治化的逐渐推进，信访
范围的不确定性和模糊性已经不适应法治化和矛盾纠纷化解
的需要。明确信访受理的范围，需要对不同的矛盾纠纷进行
识别，排除应由其他方式解决的纠纷，并确立"正三角"结
构的行政纠纷解决模式。同时，完善整体配套制度，如分类
识别、诉访分离、案件终结、信息共享等，推进信访矛盾纠
纷的化解。

关键词： 信访 纠纷 识别 矛盾 化解

引 言

随着国家治理体系和治理能力改革的深入，在国家治理中发挥重要作用的
信访制度的法治化也正逐步展开。2014 年 3 月 19 日，中共中央办公厅、国务
院办公厅颁布了《关于依法处理涉法涉诉信访问题的意见》（以下简称《意
见》），其中提到"实行诉讼与信访分离制度"，具体来说，就是把涉及民商
事、行政、刑事等诉讼权利救济的信访事项从普通信访体制中分离出来，由政

---

* 何倩，北京城市学院讲师，博士，研究方向为行政法、信访法制；缪仁康，北京城市学院副
教授，研究方向为商法、信访学。

法机关依法处理。这种分离是信访职能改革的一种尝试。信访制度的产生是为了加强党和国家公权力与人民群众之间的沟通和联系，同时承担着一定的行政救济功能。虽然2005年出台的信访条例规定了信访的定义，但在表达上仍然过于笼统宽泛、语焉不详，这也正是近年来信访陷入"案件几何数增长，结案率日趋下降"怪圈的原因之一。因此，厘清信访的概念和职能，成为信访法治化道路上的一个重要步骤。从北京市D区的信访数据来看，当前，纠纷类信访仍然占信访总量的很大比例，事实上，这部分纠纷更易引发矛盾和冲突，通过信访方式解决的效果并不好。尤其在城市的快速发展中，这种冲突体现得尤为明显，更加需要对其中的纠纷进行识别，信访不能大包大揽，明确信访能解决什么类型的冲突，将不能解决的交由其他正常途径解决，才是城市发展中矛盾化解的应有之义。

一　纠纷类信访案件的界定

（一）"信访"概念的内涵

信访作为国家权力机关和民众沟通的方式历史悠久，不过，作为正式用语出现在规范中则是1963年的《信访档案分类办法》，到1972年中共中央转发《关于加强信访工作和维护首都治安的报告》的批语中，正式在中央文件中使用了"信访"，"信访"成为一个专用词语。[1] 尽管信访这一名词出现的时间长达50多年，但是信访的定义却一直较为模糊，其受理范围的弹性也较大。狭义信访主要来自2005年出台的信访条例，是指公民、法人或者其他组织采用书信、电子邮件、传真、电话、走访等形式，向各级人民政府、县级以上人民政府工作部门反映情况，提出建议、意见或者投诉请求，依法由有关行政机关处理的活动。[2] 广义的信访除了上述行为外，还包括向司法机关、纪检监察部门等各种国家权力机关进行申诉、投诉并寻求公正的行为。通常意义所说的信访指的是狭义的信访。尽管《信访条例》第14条规定，对依法应当通过

---

[1]　李微：《涉诉信访制度研究》，中南大学，博士学位论文，2008，第35页。
[2]　孙悦良：《信访制度法治化研究》，苏州大学，博士学位论文，2012，第2页。

诉讼、仲裁、行政复议等法定途径解决的投诉请求，信访人应当依照有关法律、行政法规规定的程序向有关机关提出。但在实际操作中，仍然面临范围不清、职责笼统等情况。这与中国的司法权威薄弱，崇尚"清官之治"等历史文化传统相关，也与当代中国高速发展中利益冲突高发、急需表达利益诉求的出口相关，同时，信访的"一票否决制"也助长了人们的某种预期。众多因素，使得"在信访博弈中出现的国家常常处在一个左右为难的困境中：作为游戏规则的制定者与仲裁者，国家既要保证言语的畅通并以此抵制基层政府的官僚主义，但又无力应付有时汹涌而来的大规模的进京上访和集体上访以及因此对社会造成的冲击；国家既要为民做主保持其美好的形象，又要防止有人借机滋事无理取闹；既要对某些基层政府的违法现象进行严厉弹压，又不得不在一定程度上维护基层官员的既得利益以激励其执行中央政令的积极性"①。冲突中的双方也希望以非正常方式获得自己的利益，曾经闹得沸沸扬扬的唐慧一案反映了信访中普遍存在的博弈心理，而非按照法律原本的规定获得公正的裁决。要走出"人治"和"法治"的困境，信访的概念需要重新审视，制定明确的受理范围。

对于信访的功能一直存在争议，信访的功能，有人概括为"民意表达、权力监督、权利救济、社会稳定"四大功能；② 也有三大功能说，如信息传递功能、政治参与功能、监督功能，③ 政治参与功能、权力监督功能、权利救济功能④等等；另外还有两大功能说，指公民政治参与、意见表达功能和权利救济功能。⑤ 从信访制度的历史来看，虽然表述各有不同，但内涵上差别并不大，其中两大功能说更为贴近信访职能实际运行状态。在这两个功能中，权利救济的功能更为民众所熟知，而其政治民主参与的功能反而被弱化。⑥ 许多群体性的信访案件都是与权利救济诉求直接相关，由此也产生了很多涉法涉诉信访。涉法涉诉信访是权利救济功能的一个重要体现，但却不能等同权利救济功

---

① 李宏勃：《法制现代化进程中的人民信访》，清华大学出版社，2007，第206页。
② 秦后国：《论我国信访制度的困境及其完善》，《社会主义研究》2010年第5期。
③ 相庆梅：《解决纠纷视角下的信访制度研究》，《社会科学家》2014年第4期。
④ 孙大雄：《信访制度功能的扭曲与理性回归》，《法商研究》2011年第4期。
⑤ 刘克毅：《简论信访制度功能的改进路径——以信访制度纠纷解决功能为讨论中心》，《河南财经政法大学学报》2013年第5期。
⑥ 孙大雄：《信访制度功能的扭曲与理性回归》，《法商研究》2011年第4期。

能。尽管涉法涉诉信访已经从普通的信访体制中分离了，但信访并不是只有政治参与的功能，还具有权利救济功能。要明确权利救济功能如何在信访体制中体现，需要首先明确纠纷的概念。

（二）信访中的纠纷因素

权利救济和纠纷存在密切联系，权利救济诉求的缘起往往是由纠纷产生，权利得以实现和救济伴随着纠纷得到彻底解决。在信访改革的不同观点中，不管是主张剥离权利救济功能者，抑或是主张强化该项功能者，都需要立足于何为纠纷的基础之上。

1. 纠纷类信访与政治参与类信访的区分

纠纷在不同的学科语境下有不同的含义。作为法理意义上的纠纷，有美国学者认为，纠纷是一种包含着明确的，可通过法庭裁判争议的冲突，是冲突的一种类型或一个层次。[1] 日本学者则把纠纷的构成要素概括为：一是利益，二是对立，三是争议，四是纠纷，即为了实现自己的欲求而相互以某种行为影响对方。[2] 在我国，有学者认为，纠纷是指社会主体之间的一种利益对抗状态；[3]也有的认为纠纷或争议是指特定主体基于利益冲突而产生的一种双边或多边的对抗行为。[4] 可以说，法理上的纠纷和冲突、利益相关，这是各家之共识。但在大陆法系中，并非所有的纠纷都可以通过法庭裁判解决，纠纷更多地表现为双方或多方因自身的利益冲突而产生的对抗状态，既可以通过诉讼途径解决，也可以通过非诉途径解决。纠纷的解决内容可以分为两类，一类为规范性的，另一类为状况性的，前者依据法律或规范，比较刻板但稳定，后者则更多根据利益来衡量，较为灵活，看重结果[5]，这两者有着不同的解决方式。因此，区分是否存在有纠纷要素的信访，最重要的标准在于是否明确有法律上的利益和主张，而非是否可以通过诉讼解决。这也是权利救济型和政治参与型信访的区分。可以说，纠纷类信访指的是采用多种形式，向各级人民政

---

[1] 程凯：《社会转型期的纠纷解决研究》，华南理工大学，博士学位论文，2013，第 54 页。

[2] 程凯：《社会转型期的纠纷解决研究》，华南理工大学，博士学位论文，2013，第 55 页。

[3] 何兵：《现代社会的纠纷解决》，法律出版社，2003，第 1 页。

[4] 范愉、李浩：《纠纷解决——理论、制度与技能》，清华大学出版社，2010，第 11 页。

[5] 杨小军：《信访法治化改革与完善研究》，《中国法学》2013 年第 5 期。

府、县级以上人民政府工作部门反映情况，希望由政府解决其利益冲突，实现权利救济。它既包括涉法涉诉信访，也包括无法通过司法和诉讼渠道解决的信访。

2. 可诉讼与不可诉讼纠纷信访的区分

纠纷类信访产生的原因很多，一是政策原因导致的纠纷。如城市的旧城区改造、土地使用用途变更、企业破产改制等引起大面积的拆迁，从而引发了很多纠纷。另外，不同时期社会变革中积累的历史遗留问题，在现有的法律体系中无法解决，也会形成纠纷类信访。二是经济利益诉求的增长导致的纠纷。随着经济的快速发展、贫富差距的扩大，人们在经济利益方面的诉求越来越多，如就业、上学、医疗等，也会产生很多利益冲突。三是社会体制变革产生的纠纷。计划体制下单位承包一切的格局瓦解，但旧体制下人们的社会文化心态并没有完全转变。人们很容易将依赖单位的心态转为依赖政府，希望政府能够解决所有的问题，这也是信访中出现很多民事纠纷的原因之一。因此，纠纷类信访在整个信访中所占比重较大。

3. 以北京市 D 区纠纷类信访为例进行分析

以北京市 D 区为例，其纠纷类信访在总体信访案件中所占的比例较大。该区历史悠久，自明代以来就有行政建制。新中国成立后经过数次区划调整，目前管辖 10 多个城市街道，200 多个城市社区。该区域位于大城市的中心城区，地理位置重要，属于核心功能区，其中的很多街道社区都属于典型城市社区。D 区的信访案件与矛盾冲突也具有城市社区的典型特征。

（1）体现大城市快速发展中新旧交替的冲突。在城市快速发展过程中，其悠久的历史与中心城区的地理位置，使得该区集中体现了新时期下大城市新旧城区发展、社区发展中产生的矛盾冲突，也体现了城市社区在经济社会发展中的主要矛盾。如一些知青返城待遇、私房落实等历史遗留问题；随着经济的发展，老城区与新城区的交叠，土地的快速增值，引发了很多房屋的拆迁、利益纠纷。拆迁进度缓慢，成为社会经济发展的最大难题，拆迁方与被拆迁居民的经济利益冲突、拆迁地区环境脏乱差与居民生活质量高要求的差距、居民私搭乱建追逐私利与政府城市管理的对立，都成为地区信访矛盾的主要源头。

（2）城市社区落后的管理方式与新时期要求的矛盾。城市社区管理矛盾也是重大信访矛盾源头之一，业主的要求与物业的服务之间的差距、有

限的公共空间与居民的个人优先选择冲突、居民自我管理自我服务的参与
性与对社区服务的便利要求，导致了许多的信访案件。但不同的社区类型
又有不同的特点，国家机关大院的矛盾相对较少，主要是对居住环境、便
民服务的要求和建议较少，而老旧平房区的水热电气、居民之间矛盾较多，
现代物业管理的商品房住宅小区矛盾集中在物业收费和物业服务上，单位
宿舍楼这种老旧小区的矛盾集中体现在物业管理缺失、私占公共空间方面。
同时，城区日渐增加的高密度人口，也给城市管理带来了严峻的考验。

（3）人口聚集带来的众多问题。处在新旧交替、城市转型时期的矛盾
冲突导致了 D 区信访案件数一直高居不下，并且混合了纠纷类与非纠纷类
的案件。从数据来看，D 区 2013 年 1 月至 2014 年 7 月的信访总量为 5185
件，其中超过 20% 属于纠纷类信访。纠纷类信访具体可以分为表 1 中的几
类。

表 1　2013 年 1 月至 2014 年 7 月 D 区纠纷类信访案件情况统计 *

性质	领域	数量
具有民事因素	家庭纠纷；邻里纠纷；物业管理纠纷；医疗纠纷；环境纠纷；拆迁纠纷	400 余件
具有行政因素	城市管理纠纷；规划拆迁纠纷；住房安置纠纷；环境保护纠纷；社会建设纠纷	800 余件
具有刑事因素	打人、偷盗、毁坏财物等因报警无果产生的纠纷	60 余件

* 北京市信访矛盾分析研究中心委托课题 "纠纷类信访社会矛盾化解机制实证研究" 课题组的调研成果。

需要说明的是，在这些纠纷类信访中，存在部分竞合，例如邻里之间关于
相邻权的纠纷，往往涉及城市中的违章建筑，城市管理部门负有一定的职责，
其对于违章建筑不查处也说明了行政机关的不作为，因此既具有民事因素，也
具有行政因素。环境纠纷也存在类似情况。拆迁纠纷较为特殊，在《国有土
地上房屋征收与补偿条例》颁布之前，拆迁没有明确区分商业利益和公共利
益，在这类纠纷中，既有和开发商的安置补偿问题的纠纷，也有和政府征地规
划的纠纷，因此既有民事因素也有行政因素。

这些纠纷类信访中仍然有大量涉法涉诉的纠纷类信访，在信访的职能改革
中，信访的权利救济功能并未完全剥离，很多无法通过诉讼途径解决的仍然需

要通过信访途径实现公平正义和权利救济。因此，区分这些纠纷类信访显得尤为重要。

（1）因公共政策引起的纠纷类信访案件。在社会发展进程中，公共政策会随着社会变革的需要发生变化。公共政策的制定具有灵活性、时效性的特征，而法律法规则具有稳定性、程序性的特征。因此，常常会出现法律法规还没有具体规定，而仅有公共政策出台的情形。法律不能朝令夕改，因此常常不能对日新月异的社会生活规定的面面俱到。社会管理经常依托于公共政策进行。在新旧公共政策产生冲突时，必然也会给相关利害关系人带来利益的冲突，由此产生了纠纷信访。而此类纠纷因为没有明确的法律依据，无法通过正常的司法诉讼渠道解决。此时，信访应发挥其拥有的丰富政府资源的优势，因势利导，进行协调，根据新形势作出判断，力求公共利益增长和私人权利保护的平衡。

（2）因历史原因引起的纠纷类信访案件。在 D 区 2013 年 1 月至 2014 年 7 月的信访中，还有 200 多件属于历史遗留问题。如因土地制度、财产权制度在历次运动中发生了多次变化，导致房产所有权的纠纷。此类纠纷因公权力的制度运行产生，又无法通过正常的司法途径解决，需要运用公权力资源进行协调。还有拆迁安置中大量存在的重复访，以历史原因居多。很多当年已签订了安置补偿协议的，但因多年来物价上涨、房价上涨，协议中的补偿安置无法满足被拆迁人基本生活而产生纠纷。对于这类信访，因为协议已经签订、时效已过，也无法通过正常的司法途径解决。如果是公权力主导的改造拆迁规划，也同样应由权力部门协调解决。

（3）不属于信访范畴的纠纷诉求案件。大量的涉及民商事、行政、刑事等诉讼权利救济的信访事项不属于信访范畴。如小区业主与物业之间的矛盾冲突，邻里之间的纠纷，故意伤害、盗窃等刑事案件，行政主体的违法行政行为，等等，能够通过诉讼等方式处理的均不属于信访范畴。

二　纠纷类信访案件引发的原因和规律

虽然我国已建立较为成熟的司法制度，但在传统信访受理范围中仍存在大量本应由司法程序解决的纠纷类案件，这与我国特殊的历史时期和相关制度的运行特点有密切关系。

（一）转型期社会矛盾复杂性与治理方式滞后性的冲突

1. 转型期社会矛盾的复杂性

社会转型期利益的分化与利益群体的形成，引起利益冲突，这是转型期社会矛盾产生的内在根源。转型期经济体制改革不断向纵深推进，资源在各个利益群体重新组合分配，不同群体之间的利益关系和分配关系会呈现出更多的多元化、多样化趋势，不同群体之间的利益差异会进一步加剧，迫切需要政府在社会治理过程中，能兼顾和协调不同群体、阶层之间的利益关系。转型期的社会矛盾表现为渐进性与突发性并存的特点。未能及时化解个体矛盾往往会转化为群体矛盾，也有可能引发群体性事件，从而导致社会矛盾突然爆发、迅速扩展，造成严重后果。转型期的社会矛盾还具有偶发性与联动性并存的特点。[①]具体表现为一小部分群体发动的群体性事件，如处置不当，极容易煽动其他群体人员参与进来，从而引发多起社会矛盾事件。

2. 社会治理方式有待完善

目前，社会治理方式主要有以下特点：①社会治理手段单一、落后。传统的治理手段主要依靠行政手段，随着社会的多元化，面对日趋复杂的社会矛盾和问题，传统的治理手段因缺乏规范性、系统性和统一性，不能有效化解社会矛盾和解决社会问题。②缺乏社会矛盾疏导机制和预警机制。传统的社会治理方式更多的是一种事后弥补的被动型管理方式，而不是未雨绸缪的"预防型"管理方式，这种方式无法顺应社会的快速发展，难以及时、准确地了解社会问题，把问题消灭在萌芽状态或及早提出防范或应对措施。[②]

复杂的社会矛盾与滞后的社会治理方式之间的矛盾客观存在，导致大量的社会纠纷产生，现有的纠纷解决机制对社会矛盾的缓和起到了重大作用，但不能完全化解转型期复杂的社会矛盾。实践中，作为信访机关，除了受理《信访条例》规定信访受理范围内的案件，也承担大量的纠纷类信访案件，在一

---

① 王郅强：《和谐秩序与利益协调——转型期中国社会矛盾治理研究》，吉林大学，博士学位论文，2006，第40页。

② 李松锦：《论转型期政府社会治理能力建设》，福建师范大学，硕士学位论文，2008，第20页。

定范围内对于化解社会矛盾发挥了积极的作用。这既是纠纷类信访案件引发的原因，也是纠纷类信访案件存在的依据。

（二）司法途径解决纠纷的局限性

纠纷类信访案件，具有纠纷因素，大多具有可诉性，为什么信访人没有选择司法途径解决纠纷，而直接选择信访呢？这与司法途径解决纠纷具有的局限性有关。

1. 立法具有滞后性

我国正处于社会转型时期，经济等各方面快速发展，不断出现新事物、新问题、新矛盾，而立法具有滞后性，这在客观上使部分纠纷无法通过司法途径得到化解。即使选择了司法途径解决该类纠纷，也很难达到化解纠纷的目的。立法的滞后性，也导致法官在审理案件中对新出现的事物反应较慢，人民法院在审理某些新类型的案件时，经常会遭遇缺乏法律依据的尴尬情形，而以现有法律做出的判决往往令当事人难以接受和信服。

2. 调整范围的有限性

司法途径受理案件范围具有严格性、法定性，而社会矛盾复杂多样，许多纠纷未能在法定范围之内，导致这类纠纷未能被司法机关受理。对不属于受案范围内的案件，司法机关一律不予立案或裁定驳回起诉。

3. 程序的复杂性

纠纷当事人选择诉讼来解决纠纷，必须要遵守法律事先设计的复杂程序规则，而要认识和理解这些程序规则对一般的当事人具有一定的难度。法律条文表达具有专业性的特点，加之诉讼程序的复杂性，阻碍了当事人对诉讼法律条文的理解，进而影响了诉讼解决纠纷的有效性。

4. 维权成本高

通过司法途径解决纠纷需要进入严格周密的司法程序，需要经过冗长的时间过程。一般纠纷要经历两级法院审理程序，司法机关的司法裁判生效后，如果当事人未能履行生效判决的内容，还需要经历执行程序。这意味着当事人如果要选择司法途径解决纠纷，要承担较大的时间成本。另外，诉讼的专业性要求高，当事人一般需支付较为高昂的律师费，才能在程序中处于有利地位，这笔不小的开支也使很多当事人未选择司法途径。

（三）信访方式解决社会矛盾的特点

与司法途径相对应，目前信访方式具有的一些特点，使得其成为人们解决社会矛盾的首选：一是信访受理范围广，如前所述，信访条例的定义较为宽泛，实践操作中也没有严格限定范围。二是形式成本低①，人们可以通过电话、邮件方式直接申诉权利主张，而不需要额外费用，如案件受理费、律师费等。三是现有的考评机制，如信访案件一票否决制，要求信访必须接访、处理，提高了信访人对案件解决的预期。四是政府资源较为丰富，行政权较之司法权在人民群众中的影响更大，加之我国传统文化中崇尚的"清官之治"影响深远，人们在寻求纠纷解决时首选政府。

由此可见，要改变当前信访制度的困境，需要针对这些原因和规律，调整信访受理范围，化解纠纷类信访案件。

三　纠纷识别与信访受理范围的调整

如前所述，在信访案件中存在较多纠纷类案件，而识别这些案件的最终目的是要将不属于信访范畴的纠纷类案件引导出去，使信访受理范围法治化。概括来说，涉及民商事、行政、刑事等诉讼权利救济的信访事项都应当分离出去。信访虽然也具有一定的权利救济功能，但其范围需严格限定，对于涉法涉诉案件、民间纠纷不予处理，而只处理民众和公共部门之间的纠纷。② 信访是行政救济的方式，而非司法救济的手段，其受理范围的定位是官民之间的纠纷。信访过多地参与到诉讼权利救济过程中，会产生许多负面影响，消解司法纠纷解决机制的终局性、权威性，造成了国家政治认可性的流失。③

---

① 用"形式成本"的表述，是因为信访的实质成本并不一定低，特别是在可以越级上访时期，人们长途跋涉的路费、住宿费等其实很高。

② 邱春新、邱新有：《"有限信访和有效信访"：中国信访改革的新路径——基于有限政府和有效政府理论》，《理论导刊》2013 年第 2 期。

③ 刘克毅：《简论信访制度功能的改进路径——以信访制度纠纷解决功能为讨论中心》，《河南财经政法大学学报》2013 年第 5 期。

（一）区分不同性质的纠纷类型

信访受理范围调整的基础是建立纠纷识别机制，区分不同性质的纠纷类型。根据 2014 年颁布的《意见》及相关法律规范的规定，凡是纠纷争议可以通过诉讼途径解决的，都应当实行分离。根据上文对纠纷类信访案件界定的描述，大量存在的民事因素、刑事因素的纠纷类信访都属于此类，应当从信访受理范围中分离出去。这些民事纠纷、刑事纠纷应引导其通过正常的民事、刑事纠纷途径解决，而信访解决的是行政纠纷。行政纠纷的解决途径包括信访、行政复议和行政诉讼。处理好这三者之间的关系是调整信访受理范围的重点。

（二）改变当前行政纠纷"大信访，小诉讼"的局面

尽管行政纠纷属于信访受理范围，但因行政纠纷的解决途径还包括行政诉讼和行政复议，信访并非单一的解决机制，因此需要处理好信访、行政复议和行政诉讼的关系。

行政纠纷具有以下特点：一是行政纠纷是因行政部门的管理行为引起的，有行政行为的存在；二是纠纷一方是行政管理部门，是行政主体和公民、法人、其他组织之间的纠纷；三是存在利益冲突和权利主张。目前，行政纠纷仍然以信访方式解决为主，从 2013 年北京市信访、行政复议和行政诉讼的数量来看，信访数量远远大于复议和诉讼之和，如表 2 所示。

表 2　北京市 2013 年进入不同解决途径的行政纠纷数量情况 *

单位：件

途　径	数量
信　访	265000
行政复议	4968
行政诉讼	4105

＊北京市信访矛盾分析研究中心委托课题"纠纷类信访社会矛盾化解机制实证研究"课题组的调研成果。

当前这种结构成为"倒三角"结构（见图 1），这种结构并非正常的行政纠纷解决模式，相反，"正三角"结构才是有效的解决模式（见图 2）。

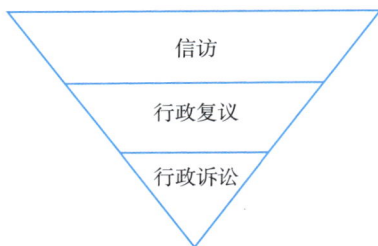

图1　"倒三角"结构

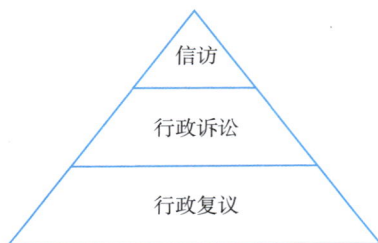

图2　"正三角"结构

"正三角"结构优于"倒三角"结构的原因在于：一是信访作为一种非正式纠纷解决机制，其程序虽然简单灵活，但非正式的协商、沟通建立在双方能力对等的基础上才最能发挥效果，而行政纠纷中最大的问题是双方并不对等，因此人们对协商的合法性、公平性、有效性均产生怀疑。二是信访解决矛盾纠纷的机制特点并不适合纠纷类的矛盾化解，容易引发各种问题，例如，信访没有完善严格的终结机制，容易导致当事人反复主张权利，长期使得当事人的权利义务状态不稳定，不像复议和诉讼方式具有定纷止争的作用。如2013年1月到2014年7月D区信访案件，属于第一次信访的占3798起，其余均为两次以上的重复访，多的达到上百次，其中2~50次重复访的为1273起、50~500次重复访的为106起、500~900次重复访的也有8起。如此高频率的重复访削弱了人们对法治的信任，不利于矛盾的化解。三是行政复议处理行政纠纷具有专业性，应该成为行政纠纷中最重要的方式，而行政诉讼作为定纷止争的程序，可作为复议解决不了的案件的处理保障。信访只是处理剩下的不能通过复议和诉讼解决的纠纷，如历史遗留问题、因公共政策变化引起的问题等。信访本身游离在法治边沿，本身包含不稳定因素。忽视严格的司法途径解决纠纷，与我国努力构建法治社会、依法治国的理念也相去甚远，因此，行政纠纷的解决应首先注重完善行政复议、行政诉讼等制度，增加其实效。①

除了可以通过复议、诉讼途径解决以外，已经通过司法程序终结审理的也不应再纳入信访受理范围，这是维护司法权威和程序正义、节省社会资源、实现法治化的必然要求。

四　纠纷类信访案件的化解机制

面对众多的社会纠纷，如何妥善处理信访法治化和人们日益增长的信访诉求的关系，仅明确信访的范围还远远不够，还需要建立成熟配套的机制。

（一）建立分类识别制度

建立审查机制，提高受理门槛，是减少信访存量、调整现有信访制度的重要方式②，而建立信访的审查机制与分类识别制度的确立关系密切。行政纠纷信访的定位在于官民冲突中无法通过行政诉讼、行政复议解决的事务。一是因社会制度变迁或公共政策变化导致的纠纷，没有法律上的依据能通过行政复议或诉讼解决的，可通过信访的方式获得救济。二是行政复议和行政诉讼有着相对严格的程序规定，如果纠纷已过行政复议或行政诉讼时效，但所涉及的利益冲突急需解决，也可以通过信访的方式获得权利救济，前提是当事人有正当理由耽误了法定时效。否则，应视为信访人自愿放弃行政复议、行政诉讼权利或有意规避行政复议、行政诉讼，信访工作机构可不予受理此类事项。③信访部门应确立此种分类处理机制，可复议或诉讼的应该明确书面告知相应的途径，已经经过司法终结审理的，也应书面告知其不受理的具体原因。

在具体解决纠纷过程中，首先要做好接访人员的培训工作，这是识别分类的

---

① 杨建顺：《行政法总论》，中国人民大学出版社，2012，第285页。
② 刘正强：《信访的"容量"分析——理解中国信访治理及其限度的一种思路》，《开放时代》2014年第1期。
③ 贺荣：《行政纠纷解决机制研究》，中国政法大学，博士学位论文，2006，第72页。

基础。经过识别后，确定是政治参与类信访的，按照相关规定处理；确定是民事、刑事纠纷的，书面告知并提供详细的渠道和途径，做好第一道法律知识普及的工作，必要时可以帮助他们联系法律援助人员，信访部门配备的律师也可提供相应的法律咨询；确定是行政纠纷的，则按照行政纠纷类信访的途径进行解决。对于不属于信访受理范围的纠纷，纠纷的实质处理结果不再纳入考评范围，但是接访人员是否有详尽书面理由和说明，需作为职责考核的内容。

（二）实行诉访分离机制

化解纠纷类信访案件，除了建立分类识别制度，还需要落实诉访分离机制。信访制度与司法制度在化解社会矛盾方面各有所长，信访制度解决社会纠纷具有明显的单方性、行政性和非程序性等基本特征，而司法制度解决社会纠纷具有平等的对抗性、正当的程序性和终局的裁判性。[①] 根据两种制度的特点，实行诉访分离，排除相互的影响和干扰。2013 年 11 月，党的十八届三中全会通过《中共中央关于全面深化改革若干重大问题的决定》，提出要"把涉法涉诉信访纳入法制轨道解决，建立涉法涉诉信访依法终结制度"。2013 年 12 月，最高人民法院院长周强也提出，要运用法治思维和法治方式，依法推进涉诉信访工作机制改革，积极推行诉访分离，依法规范涉诉信访工作秩序。依法终结涉诉信访的理念基础在于"诉访分离"。长期存在的诉访不分主要表现在涉诉信访处置渠道的多元化、处置手段的行政化和处置目标的短期化。[②] 相应地，建立诉访分离机制，即将涉诉信访纳入正式的司法程序，减少外部的行政干预，确立纠纷解决机制的定纷止争作用，才能有利于权利义务状态的长期稳定。

一是通过立法科学界定"诉访分离"的标准、范围、主体等，把适宜"法律程序处理的诉讼案件"与"按照信访工作机制处理的事项"加以区分。[③] 二是在识别涉诉纠纷类信访案件基础上，将其从信访制度中逐渐剥离。涉及民事诉讼、刑事诉讼、行政诉讼的纠纷类信访案件，交由国家司法机关处置，纳入正式的司法程序。信访部门不再受理涉诉信访事项，也不再协调司法机关处

---

① 胡夏冰：《涉法涉诉信访法治化的根本路径》，《人民法院报》2013 年 12 月 1 日，第 2 版。
② 谢家银、陈发桂：《诉访分离：涉诉信访依法终结的理念基础与行动策略》，《中共天津市委党校学报》2014 年第 6 期。
③ 曹斯：《立法完善涉诉信访终结机制》，《南方日报》2014 年 1 月 10 日，第 A04 版。

理涉诉信访的事项，告知信访人通过正常的司法途径解决纠纷。"司法的归司法，行政的归行政"。① 三是提高司法公信力。在现有制度下，行政纠纷可以通过行政复议、行政诉讼和信访解决。但是这些制度在实行过程中存在互有交叉、范围不清的情况，也造成了纠纷解决的低效。在发生行政纠纷时，即使是可以通过司法途径的，人们也愿意选择信访而非司法途径解决。因此，只有从根本上提高司法救济的权威性和有效性，才能减轻信访机关的压力。四是降低诉讼门槛。法院应按照规定受理案件，不能人为提高诉讼门槛，增加诉讼难度。与我国民事诉讼和刑事诉讼相比，行政诉讼的门槛较高。虽然经过修订《行政诉讼法》后，纳入行政诉讼的受案范围有所增加，但仍然不能满足日益增长的行政纠纷案件的解决需要。因此，扩大行政诉讼的范围，减少诉讼成本，降低诉讼门槛②，是将行政纠纷更多纳入司法途径的必由之路。五是严格诉讼程序，在诉讼过程中，对于当事人或者其他利害关系人反映的有关涉诉信访事项进行审查，符合法律规定的，进入诉讼程序依法进行处理，并严格按照程序和审限制度审理案件，杜绝随意拖拉，及时作出裁判，防止当事人在久拖不决的情况下转而求助信访制度。严格实行二审终审制度，定纷止争，已经穷尽法律程序，或者涉诉信访人反映的问题已经依法得到公正处理，则不应再启动程序，同时也应当做好解释说明工作，防止出现新的矛盾冲突。③ 谨慎提起再审程序，除非有再审制度中规定的事由出现。防止纠纷反复处置，最终导致权利义务空置，进入信访领域。

（三）落实案件终结制度

2014年4月，国家信访局公布《关于进一步规范信访事项受理办理程序引导来访人依法逐级走访的办法》（以下简称《办法》）中规定："已经省（自治区、直辖市）人民政府复查复核机构审核认定办结或已经复查复核终结备案，并录入全国信访信息系统的来访事项，来访人仍然以同一事实和理由提出投诉请求的，不再受理。"同时，已经经过司法程序终结审理的，也不予受

---

① 胡夏冰：《如何实现诉访分离》，《人民法院报》2014年1月30日，第2版。
② 孙大雄：《信访制度功能的扭曲与理性回归》，《法商研究》2011年第4期。
③ 胡夏冰：《如何实现诉访分离》，《人民法院报》2014年1月30日，第2版。

理。这一规定有助于改变信访"不停审"的现状。尽管信访不同于司法途径具有严格的程序设置，尽管信访与司法途径解决的问题有不同之处，但信访同样承担着和司法途径一样的目标，即解决纠纷、化解矛盾。纠纷的处理是在均衡各方利益的前提下，寻求公平公正，公平公正既包括实体正义，也包括程序正义，因此及时获取争议的处理结果和终结纠纷状态也是公正的一个体现。信访同样需要终结，无休止的调查只会浪费社会资源，给利益纠纷的主体带来不安定的状态。

信访案件中矛盾的化解需要建立必要的案件终结制。如果允许信访人不停地反复提起信访程序，会导致大量信访资源的浪费，反而使真正需要传达的诉求得不到关注与回应。同时，重复访的大量存在也使得部分信访人存在博弈心理，反而不利于矛盾的解决。案件终结制度，一是明确有权确认部门。信访事项经过不同层级信访部门处理后，由有权确认部门进行复查复核。根据相关法律规范的规定，省（自治区、直辖市）信访部门具有确认权，该规定具有一定的合理性：层级过低，不能发挥信访的应有功能，导致合理的诉求得不到关注和回应；层级过高，既浪费信访资源，同时案件过于集中也使得处理案件压力过大，终结制度的实施面临困境。二是明确终结的条件。信访案件经过复查复核后，可以确定相应的处理意见适当并合法的，或者相关合理诉求依照法律规范、政策已经妥善解决的，或者反映的问题已妥善处理的，在这些情况下，当事人又以同一事由重新信访的，或者提出超出法律规范、政策规定的要求的，可以终结案件，不再受理。三是完善终结确认程序。有权确认部门经过复查复核后，符合终结条件的，以书面形式做出终结认定，并录入信息共享系统，防止信访人在其他信访部门以同一事实和理由再次提起。在确认时，必须进行全面的复核，审查问题的解决情况，需要有调查核实的完整记录，同时可以采取听证会等形式广泛听取意见。

（四）完善信息共享制度

信访的信息共享制度，是分类识别制度、诉访分离制度、案件终结制度的基础，只有建立了有效畅通的信息共享制度，才能使之真正实现。从前述 D 区的信访案例来看，存在大量的重复访、多次访的情况。如果有畅通的信息共享，可以有效减少重复多次的信访事项。根据 2014 年《办法》的规定，从

2014 年 5 月起，信访部门不再接待越级走访。因此，为了迅速识别是否属于信访受理范围、是否属于越级走访、信访是否已终结等情况，有必要在信访部门建立信息共享制度。通过将有关信息联网，有效地分辨出信访人的事项是否属于不受理的范围，有助于信访分类识别制度、诉访分离制度、终结制度的有效实施。

随着科技及互联网技术的发展，信访信息共享平台的建立具备了相应的技术支持。信息共享平台包括纵向和横向两个部分。2006 年全国信访信息系统项目开始建设，信访事项逐渐从纸质记录录入网络系统当中。但是，系统的覆盖面和联动性上仍然有欠缺。完善信息共享平台，一是实现信息平台的跨地域性，由于信访实行属地管理、分级负责，因此在信息平台的设置上，也限于地域性。但现实中信访人并非局限于某一个区域，而是在不同区域和部门反映问题。从 D 区接待的信访案例来看，有不少是其他区域的信访人。因此，实现跨区域的信息共享，才能有利于上级政府了解较为完整的信访情况，减少信访人上访费用，提高办事效率。二是建立部门之间的互通互联，大部分地区的信息系统限于各自的部门，而承担信访功能的部门众多，除了信访局，还有人大、政协、公检法、纪委等。因此，在各个不同的部门有必要建立互通互联的信息平台，实现信息共享，以便于及时沟通，有效整合信访资源。三是扩大基层信息平台的覆盖面。在一些地区，由于基层信访部门缺少一定的技术和资金支持，许多基层信访部门未覆盖信息平台，即使建立了信息系统，使用率也不高，缺乏专门的人员进行系统的操作和使用。因此，需要对这些地区加大支持力度。总之，信息共享平台的建立和完善需要在全国实现统一布局，在不同地区、不同部门、不同层级之间实现互通互联。

（五）改革信访考评机制

近年来，一些地方建立的信访考核机制都是以结果为导向的，以结果论成败[1]。《信访条例》规定"属地管理、分级负责、谁主管、谁负责"的信访工作责任制，上级对下级"一票否决"的考核机制，加上"维稳"的现实考量，都在无形中形成巨大压力。该管的不该管的都先受理，采取息事宁

---

① 杨小军：《信访法治化改革与完善研究》，《中国法学》2013 年第 5 期。

人的方式，防止信访人将事情闹大，影响考核结果，但带来的负面作用也是不容忽视的。在这种考核机制下，人们的预期会膨胀，期待通过非正常途径解决纠纷。但是，即使再丰富的政府资源也是有限的，无法面对大量增加的信访事件。同时，也损害了司法的权威和公正，不利于法治社会的建设。

因此，应当确定信访处理的法治化标准，而不是以"零上访"等结果来考评。松动信访治理的属地责任，强化分类与专业化治理，特别是全国统筹的力度①。在信访分类识别的基础上，明确不属于信访受理范围的，信访人员加以引导并书面告知信访人相应的救济途径，但最后的解决结果和信访人的行为不应纳入信访考评范围。如果没有加以明确告知引导，或者不作为的，则形成新的行政行为，行政相对人可以针对此种不作为寻求相应的权利救济。

结　论

长期以来，信访承担的功能远远超过它原本的职能范围。由于人们对政府权威的信任和法律知识的缺乏，在很长一段时间，当人们遇到纠纷不知道采取何种方式时，均求助于信访，期望信访能够解决各种矛盾纠纷。但无论是信访的理论基础还是事实的数据均表明，这是信访不可能完成之任务。相反还可能导致司法虚化，社会矛盾冲突长期得不到解决。尽管 2014 年《意见》重新确立了纠纷分类的制度，将原本不属于信访解决的纠纷排除出去，但是选择惯性在一段时间内仍然较难改变。因此，在这个阶段需要建立成熟配套的机制逐渐引导人们采用其他的方式去解决纠纷。虽然信访部门不再受理民事纠纷、刑事纠纷等应通过其他途径解决的案件，但是仍然要按照以人为本的原则，信访接访人员详尽地书面告知其应采取何种途径进行权利救济。当案件终结时，要耐心细致地做好思想教育工作，把法律、法规、政策等规范和理由解释清楚。

---

① 刘正强：《信访的"容量"分析——理解中国信访治理及其限度的一种思路》，《开放时代》2014 年第 1 期。

当然，纠纷类信访社会矛盾的化解，不仅是信访工作面临的问题，更需要建立全面、有效的社会矛盾化解机制，使社会矛盾避免突发性爆发，使社会矛盾处于可控的状态；建立合理的诉求表达途径，及时有效地化解个体、小群体社会矛盾，避免小群体间的联动演变为社会矛盾事件；建立高效的引导系统，正确引导解决社会矛盾的诉求表达方式的合法化。

城市生态篇

Urban Ecology

B.14
中国城市环境质量评价的现状和展望[*]

王　强　刘玲玲[**]

摘　要：　随着社会经济的快速发展和城市化进程的加快，我国城市环境质量日益下降，环境问题也受到越来越多的社会关注。城市环境质量建设评价是正确认识城市环境现状，把握城市环境演变规律的前提和必要手段，它是相关政府管理部门制定政策、治理环境的基础和依据。本文的目的在于全面梳理我国现有城市环境建设评价的现状，分析其中的问题和不足，提出相应的建议和展望，为美丽中国诉求下的城市环境建设提供参考与借鉴。

关键词：　城市环境评价　综合评价　城市治理

---

[*] 北京市社科基金重点项目，"首都城市环境建设评价与指数研究"，资助项目编号：13JDCSD012。

[**] 王强，北京城市学院讲师，博士，研究方向为城市管理、项目管理等；刘玲玲，北京城市学院副教授，博士，研究方向为城市管理。

　　随着社会经济的快速发展和城市化进程的加快，我国城市环境质量日益恶化。以雾霾为例，在所有空气污染指标中，可吸入颗粒物（PM10）和细颗粒物（PM2.5）是目前影响我国城市空气质量的关键性因素和主要污染物[1]。PM2.5和PM10对人类健康的危害非常严重。研究表明，若大气中PM10浓度上升$10\mu g/m^3$，日死亡人数上升0.53%；若大气中PM10浓度上升$10\mu g/m^3$，日死亡人数上升0.85%[2]。诸如此类的例子很多，因此环境问题受到越来越多的社会关注。城市环境质量建设评价是正确认识城市环境现状，把握城市环境演变规律的前提和必要手段，它是相关政府管理部门制定政策、治理环境的基础和依据。

　　西方国家在城市环境评价方面起步早并积累了丰富的经验。美国是最早进行环境质量评价的国家，他们在20世纪60年代就提出了针对水环境和大气环境的评价指标，比如橡树岭大气环境质量指数等。1970年加拿大科学家安东尼·弗雷德针对城市环境提出了"环境压力、环境状态和社会响应"的相互作用原理。这一原理发展成为城市环境可持续发展理论，为今后很多环境评价指标的建立提供了理论依据。经济合作与发展组织（OECD）在1978年提出城市环境指标体系，其核心指标包括三大部分：环境压力指标（如大气中硫化物、氮化物和颗粒物粒度等大气环境指标，城市交通密度和城市化进程指标等）、环境状态指标（包括城市受到大气污染、噪声污染和水污染的地区面积和人口数量等指标）和社会响应指标（城市绿地面积、未开发的土地面积、新车的排放规定、噪声削减措施等城市环境控制指标）。此后，很多国家和地区也都制定了相应的环境评价指标体系。1996年意大利国家统计研究所（ISTAT）在原有"环境压力、环境状态和社会响应"的基础上又增加了"驱动和影响"两个因素，建立了城市地区环境可持续性指标。联合国可持续发展委员会则在"驱动力、状态、响应"框架下，综合考虑经济、社会、环境和机构四个系统，构建了包含134个指标的评价体系，这一体系发表在《21世纪章程》中，对国际影响较大。该指标体系突出表现了环境受到压力和环境退化之间的因果关系。

　　随着人们对城市环境认识的不断深入，国外城市环境指标体系也在不断发

---

① 李广德、李效文：《北京市区春夏 PM2.5 和 PM10 浓度变化特征研究》，《环境科学与管理》2013 年第 5 期。

② 戴海夏、宋伟民、高翔等：《上海市 A 城区大气 PM10、PM2.5 污染与居民日死亡数的相关分析》，《卫生研究》2004 年第 3 期。

展完善。除了城市环境可持续发展理论和指标，国外又发展了生态城市理论和指标、人居环境理论和指标及最新的低碳城市理论和指标。

在实践方面，国外已经就环境问题建立了完备的法律制度体系和管理体系。这些法规和管理体系是进行城市环境考核的标准和保障。由于在环境教育方面投入较大，公众参与意识明显提高，公众参与已经成为西方国家环境考核的重要力量。严格的奖惩结合制度则进一步促进西方国家发展绿色环保产业的积极性，整个社会为营造绿色空间而努力形成良性循环。

我国的城市环境评价工作从 20 世纪 70 年代开始，最早的环境评价工作是北京西郊的环境质量研究及官厅流域水源保护研究。进入 20 世纪 90 年代，随着我国城市环境问题的日益突出，环境质量评价、环境质量监测已经成为大众广泛认可和关注的工作。本文的目的在于全面梳理我国现有城市环境建设评价的现状，寻找其中的问题和不足，提出相应的建议和展望，为美丽中国诉求下的生态文明建设提供参考和借鉴。

一 我国城市环境评价理论研究现状

目前我国针对城市环境评价的理论研究很多，我们沿着指标体系和评价方法的思路对目前的文献进行了梳理。

（一）指标体系的研究现状

目前国内对城市环境评价的指标体系可以分为单因素评价和综合评价两大类。一般来说，单因素评价简单易行，但是无法给出全面的环境状况的评价。综合评价虽然考虑了影响城市环境的各种因素，但是指标庞杂，适用性较差。

1. 单因素评价指标体系

单因素评价指标主要包含以下几种：第一类是空气环境类指标，其中包括二氧化硫排放指标、氮氧化物指标、大气颗粒物粒度指标等。最近几年，大气颗粒物粒度指标的研究较多，如陈柳等[1]利用 Daubechies 小波对西安市 PM10

---

① 陈柳、马广大：《小波分析在 PM10 浓度时间序列分析中的应用》，《环境工程》2006 年第 1 期。

浓度时间序列进行了分析。孙杰等①基于 Daubechies 小波分析了北京市 2002 年 PM10 时间序列及其成因。徐鸣等②利用 Morlet 小波研究了乌鲁木齐市 PM10 的多时间尺度的演变特性。第二大类是水环境类指标，这方面的研究比如黄菁③、张红凤等④学者的研究，他们将工业废水、液体污染排放等指标纳入环境评价之中。第三大类是固体污染物类指标，这类指标包括工业固体废物排放和城市废弃物指标等。其他类指标很多，包括森林覆盖率指标、自然资源利用率指标等。

总之，单因素评价只考虑某一种主要污染物对环境的影响。当有多种污染物同时对环境造成影响时，单因素评价需要将各种污染物指标分别计算，单独评价。这类评价指标体系的优点在于直观明了，数据可获得性、持续性较好，但是忽略了各种污染物对环境的综合作用，从理论上对环境污染的复杂性解释不足。

2. 综合评价指标体系

考虑到单因素评价指标的局限性，目前城市环境评价中综合评价指标较为通用。在综合评价指标体系中，多种环境因素指标综合考虑，形成一个较为完善的评价体系。这类指标注重定量化建模研究。

综合性评价指标体系中最为普遍的是可持续发展指标体系。一个地区或国家的环境质量指标一般都可以在可持续发展评价中得以体现。基于这个原理，1991 年经济合作与发展组织提出世界上第一套环境指标体系，该体系包含直接的和间接的环境压力、环境状况指标和社会响应 3 大类 50 个指标。1995 年国际开发研究中心和世界保护同盟提出"可持续性评估指标表"，该指标体系包含水资源、土地、空气、资源利用等 5 个要素 51 个指标，是一个综合环境的结构化分析程序。2001 年联合国可持续发展委员会《可持续发展

---

① 孙杰、高庆先、周锁铨：《2002 年北京 PM10 时间序列及其成因分析》，《环境科学研究》2007 年第 6 期。

② 徐鸣、赵柳生、王斌：《PM10 浓度时间序列多时间尺度分析的小波方法》，《环境科学与技术》2008 年第 4 期。

③ 黄菁：《环境污染与城市经济增长：基于联立方程的实证分析》，《财贸研究》2010 年第 5 期。

④ 张红凤、周峰、杨慧等：《环境保护与经济发展双赢的规制绩效实证分析》，《经济研究》2011 年第 3 期。

指标：指导原则和方法》建立了可持续发展指数，其中环境维度提出了55个标准。

近几年，环境可持续发展指数（Environment Sustainability Index，简称ESI）应用较为普遍。该指数由耶鲁大学、哥伦比亚大学和世界经济论坛在2002年共同推出。可持续发展指数的指标体系分为五大核心内容，分别是环境系统状况、环境管理水平、社会和制度情况、环境压力缓解状况和人类脆弱性的减轻。由于该指标体系比较全面，故该指标适用于各个国家和地区间环境可持续性的比较。经过对2002年到2005年环境可持续发展指数ESI连续4年的追踪，2006年耶鲁大学法律与政策中心和哥伦比亚大学国际地球科学信息网络中心在此基础上又提出了环境绩效指数（EPI），该指数包含空气质量、气候变化、土地保护、水质量等6大类16项指标，2008年该指标体系进一步扩大包含了25个指标。

EPI并不能给出健康环境的指数水平或范畴，但其指标体系可以帮助各国政府发现当地的环境问题和环境发展趋势，并通过跨国、跨地区的绩效比较对当地环境政策进行绩效评估，从而有助于政策制定者筛选那些有效的环境政策、选择最佳政策模型和行动榜样。在2014年EPI的榜单中前十名全是欧洲国家。美国排名第49位。日本排名第23位，是亚洲排名最好的国家。我国的排名为第116位，还有很长的道路要走。

通过多年的努力，我国城市环境评价的研究在评价指标选择、评价指标的标准、评价模型、指标处理等方面与国际标准进一步接轨，提出了很多综合性评价指标体系。比如，我国也提出了自己的可持续发展指标体系。其中由国家科技部、中国21世纪议程管理中心和国家统计局联合提出的中国可持续发展指标体系比较有影响力。这一指标体系以国家统计资料为依据，分3个层次共计296个指标，其中定量指标100个、定性指标196个。该指标体系包含生存支持系统、发展支持系统、环境支持系统、社会支持系统、智力支持系统5大系统的评价体系。中国科学院也提出一个可持续发展指标体系，该体系包含5大系统208个指标。这5大系统是环境支持系统、经济发展能力系统、资源支持系统、社会支持系统和体制管理系统。

除去可持续发展指标体系，我国学者也提出许多针对我国城市特点的综合评价指标体系。王协斌从人文环境、环境质量、经济环境、污染控制和环境建设 5 个方面提出了 24 个指标构建环境友好型城市指标体系。王西琴等[1]使用工业废气排放量、工业废水排放量、工业废弃物排放量的排放水平来综合表征城市的环境质量水平，并构建了一个综合指标体系对天津市城市环境进行评价。沈锋[2]则利用工业废气、工业废水和工业烟尘设计了上海市综合污染水平指标，并以此研究上海经济与环境污染的相关性。宋永昌等学者提出了城市环境质量评价的三级指标体系，其中目标层由城市功能、城市结构和管理协调度三大指标构成。这三大目标引领了包含基础设施、城市绿化、物质还原、人口结构、城市环境、资源配置、生产效率、社会保障、城市文明、可持续性 10 个准则层指标。这些准则层指标则由更详细的 30 个三级指标来描述。杨万平等[3]构建了中国环境污染指数指标体系，该体系综合考虑了工业废气排放量、工业二氧化硫排放量、工业烟尘排放量、工业粉尘排放量、工业废水排放量、工业固体废弃物 6 大指标对环境的影响。北京大学叶文虎等从城市环境、社会发展、资源管理、经济发展 4 个方面出发，构建了包含 71 个指标的可持续发展的指标体系。袁晓玲等[4]将工业废气、工业废水和工业固体废弃物排放量等 6 个指标综合为"非合意"的污染排放指数，并以此为基础研究城市的能源效率。黄光宇等学者提出一个包含 3 级评价指标的生态城市指标体系，其中一级指标包含 3 个方面，它们分别是生态社会文明程度、生态经济效率和自然生态的和谐度。该指标体系的二级指标包含人类发展及精神健康水平、社会管理机制健全程度、社会服务保障体系完善水平、经济发展水平适应度、经济发展效率、人工环境协调水平、经济持续发展能力、自然环境水平 8 个二级指标，这 8 个二级指标又包含了 64 个三级指标及其赋值标准。该指标体系的评价结果只有达到或未达到生态城市两个，无法进行城市间的排名和对比。杨龙等[5]则

---

① 王西琴、李芬：《天津市经济增长与环境污染水平关系》，《地理研究》2005 年第 6 期。

② 沈锋：《上海市经济增长与环境污染关系的研究——基于环境库兹涅茨理论的实证分析》，《财经研究》2008 年第 9 期。

③ 杨万平、袁晓玲：《对外贸易、FDI 对环境污染的影响分析》，《世界经济研究》2008 年第 12 期。

④ 袁晓玲、张宝山、杨万平：《基于环境污染的中国全要素能源效率研究》，《中国工业经济》2009 年第 2 期。

⑤ 杨龙、胡晓珍：《基于 DEA 的中国绿色经济效率地区差异与收敛分析》，《经济学家》2010 年第 2 期。

提出基于多种污染物指标构建综合评价指标的思路。此外，还有生态足迹指标体系，如杨开忠等学者以此基础设计的中国城市生态文明建设评价指标体系。这些综合性评价指标都对我国城市环境建设评价指标体系构建产生了积极的意义。

综上所述，综合性的评价指标体系覆盖面广，评价内容全面、体系结构完整，能够从多维度来评价城市的环境状况，从而体现出整体优化的发展思想。但是这类评价体系包含数量众多的评价指标，这些指标之间可能存在相关性，有些互为条件，甚至互为因果。指标间的互相影响增加了计算的复杂性和难度。此外有些指标数据难以获得，或是难以得到连续数据，这些都可能导致最终结论的片面性，从而使其应用受到限制。同国际上现有的同类综合指标体系相比，我国的城市环境综合指标体系在指标数量及选择、模型数量及构成、指标体系有效性等方面适合中国城市的特点。但是，二者都存在指标数量众多、指标量化困难、指标权重分配随机主观性强、数据可获得性差等问题。因此，目前尚没有任何一个综合性指标具有足够的权威性来进行不同城市环境质量的对比。

（二）评价方法的研究现状

关于环境评价的方法很多，原则上所有应用于综合评价理论的方法都可以用来评价城市环境。在评价方法上主要涉及指标的处理和筛选、指标权重的确定和综合指标的计算方法等。

1. 评价指标的筛选和处理方法

城市环境评价指标数量众多，有的指标体系包含几十个甚至上百个指标。因此，如何确定这些指标间的相关性并进一步进行简化对于评价结果的影响巨大。

因子分析法是较常用的指标处理方法，其基本原理就是将相关性较大的几个指标归为同一类，从而形成一个因子，这样就可以用少数几个因子去描述多个指标。王维国[1]综合运用因子分析法对大陆 37 个城市的人居环

---

[1] 王维国、冯云：《基于因子分析法的中国城市人居环境现状综合评价及影响因素分析》，《生态经济学》2011 年第 5 期。

境进行了综合评价和比较研究，文章认为经济发展水平、社会保障、产业结构、居民就业和基础设施条件是决定我国城市人居环境的主要因素。郭莉等[1]和朱承亮等[2]也曾利用因子分析法分析环境综合指标。黄亚林等[3]采用因子分析法进行了武汉市城市化过程中的空气质量响应研究。但是因子分析法对于数据准确度要求很高，本身计算难度大，应用范围有限。

主成分分析法也是一个较为常用的指标处理方法，主成分分析法采用降维的原理，通过指标间相关性分析，可以将多个指标转化为一个或是几个综合指标，从而减少指标数量。程砚秋[4]利用改进的基于核主成分分析的方法对我国 10 个副省级城市的生态状况进行研究，构建了生态评价模型。叶超[5]采用主成分分析法对四川省 18 个城市的人居环境进行评价，并得出四川省城市人居环境等级排名。主成分分析法通过高维变量的综合和简化，能够最大限度地保留原始数据信息，从而客观地确定各个指标的权重。但是主成分分析过程中有时容易遗漏重要成分或选择次要的主成分，从而使研究结果偏离实际。

除去上述两种常用的方法以外，灰色聚类、模糊聚类等方法也常常用于城市环境指标的处理。

2. 指标权重计算方法

如前所述，城市环境综合评价指标体系中指标众多，而且既有定量指标也有定性指标，如何分配指标权重，对于评价结果至关重要。

层次分析法是 20 世纪 70 年代初美国的运筹学家萨蒂提出的一种层次权重决策分析方法，该方法的优势在于可以将定量和定性方法相结合。该方法一经推出，便在美国国防部的科研课题中获得应用，以后逐渐推广到各个领域。王

---

① 郭莉、郭亚军：《区域生态经济评价模型及实证研究》，《技术经济》2006 年第 8 期。

② 朱承亮、岳宏志、师萍：《环境约束下的中国经济增长效率研究》，《数量经济技术经济研究》2011 年第 5 期。

③ 黄亚林、丁镭、张冉、曾克峰、刘超：《武汉市城市化过程中的空气质量响应研究》，《安全与环境学报》2015 年第 3 期。

④ 程砚秋、迟国泰：《基于核主成分分析的生态评价模型及其应用研究》，《中国管理科学》2011 年第 3 期。

⑤ 叶超、许武成、张立立：《基于主成分分析的四川省城市人居环境评价》，《西昌学院学报（自然科学版）》2010 年第 2 期。

金凤等①在构建城市环境绩效评估体系中利用层次分析法（AHP）确定各个指标的权重，并以此构建了扬州市 2006～2009 年的压力－状态－响应（PSR）概念模型。李帅等②将层次分析法和熵权法相结合，并用这一方法确定了宁夏回族自治区 5 个地级市的人居环境评价指标体系的权重。刘继才③采用网络层次分析法研究地铁对城市环境的影响，提出地铁建设对于城市文化景观环境、居民居行环境和城市生态环境的影响最大。

熵值法（也称为信息熵）也经常用来确定指标权重。根据信息论的基本原理，信息熵是系统无序程度（相对于热力学中的混乱程度）的一个度量。如果某个城市环境评价指标的信息熵越小，其时间序列上观测到的数据变化越大，说明指标提供的信息量越大，因此这一指标在综合评价中所起作用理当越大，应该赋予较高的权重。张鹄志等④基于城市群可持续发展理论构建了包含社会经济要素、环境质量要素和自然资源要素在内的城市群生态环境评价指标体系，其中熵权法被用来确定指标权重。李建龙等⑤将灰靶理论和熵权法相结合，利用生态系统服务功能价值法进行山西省晋城市环境影响评价。

拉开档次法是郭亚军⑥提出的一种新的权重确定方法。为了最大限度地体现评价对象的差异，该方法通过计算对称矩阵的最大特征向量来确定指标权重。赵涛等⑦在对中国 30 个省市自治区的环境压力综合评价的研究中采用"纵横向"拉开档次法确定环境压力综合指标。杨万平⑧采用该方法对 1995～2006 年全国各省市的环境污染进行了综合评价。

---

① 王金凤、刘臣辉、任晓明：《基于层次分析法的城市环境绩效评估研究》，《环境科学与管理》2011 年第 6 期。
② 李帅、魏虹、倪细炉、顾艳文、李昌晓：《基于层次分析法和熵权法的宁夏城市人居环境质量评价》，《应用生态学报》2014 年第 9 期。
③ 刘继才、罗剑、杨晨辰：《地铁建设对城市环境的影响研究——基于网络层次分析法的灰色模糊综合评价》，《西南交通大学学报（社会科学版）》2014 年第 2 期。
④ 张鹄志、马传明、王江思：《基于层次分析——熵权法的中原城市群生态环境评价》，《安全与环境工程》2014 年第 1 期。
⑤ 李建龙、师学义：《基于熵权灰靶生态系统服务价值模型的土地利用规划环境影响评价——以晋城市为例》，《环境科学学报》2015 年第 6 期。
⑥ 郭亚军：《一种新的动态综合评价方法》，《管理科学学报》2002 年第 4 期。
⑦ 赵涛、猴雪：《中国省域环境压力综合评价》，《安全与环境学报》2015 年第 3 期。
⑧ 杨万平：《中国省际环境污染的动态综合评价及影响因素》，《经济管理》2010 年第 8 期。

除去上述方法以外，有序加权评价法、几何评价法、平方根调和平均法、德尔菲法、主观赋权方法等也经常被用来确定指标权重的分配。

3. 评价模型

综合指标或指数的计算模型对于评价结果也很重要。

指数模型在城市环境评价中应用最为广泛，该评价方法将被评价城市的原始数据与评价标准之比作为指数，然后通过数学方法综合成为城市环境的评定尺度。国外针对城市环境趋势的研究，主要以环境库兹涅茨曲线为主，这也是一个典型的指数模型。环境库兹涅茨曲线（EKC）是一条倒 U 形曲线，它指出：随着经济的发展，城市环境先是逐渐恶化，当经济发展到一定阶段之后，城市环境又开始逐渐好转。环境库兹涅茨曲线为 "先污染，后治理" 的环境政策提供了理论依据，认为环境危机只不过是一个阶段性现象，当经济增长达到较高阶段后，它就会自动得到解决。肖攀等[①]采用基于 "坏产出" ML 指数对 2003~2010 年全国 286 个城市的环境全要素生产率进行分析，探求其动态变化趋势。陈晓红等[②]通过引入曼奎斯特－伦伯格指数，构建了湖南省动态环境绩效评价指数，对湖南省 13 个地级城市进行实证研究。指数方法种类很多，计算简便，但是不同指数间可比性和通用性较差。

模糊综合评价模型也是常用的评价方法，该模型以模糊数学为理论基础，通常利用隶属函数将定性的指标定量化处理，非常适合城市环境评价的特点。最新的文献显示，刘丹[③]采用模糊综合评价方法对黑龙江省的 12 个主要城市的环境可持续发展水平进行评价。鲁艳玲等[④]采用改进的模糊评价的方法，同时结合层次分析法、灰色关联分析法等构建了城市人居环境评价模型。采用模糊评级的结果往往是给予被评价对象一个分级结果，如 "好" "一般" "较差" 等。

---

① 肖攀、李连友、唐李伟、苏静：《中国城市环境全要素生产率及其影响因素分析》，《管理学报》2013 年第 11 期。

② 陈晓红、周智玉：《基于规模报酬可变假设的城市环境绩效评价及其成因分解》，《中国软科学》2014 年第 10 期。

③ 刘丹：《基于二级模糊综合评价的城市环境可持续发展能力评价》，《统计与决策》2014 年第 18 期。

④ 鲁艳玲、胡红亮、张彦峰：《基于改进模糊综合评价模型的城市人居环境评价体系研究》，《微电子学与计算机》2013 年第 9 期。

灰色评价模型以灰色系统理论作为支撑，通过灰色关联度分析，对含有不确定因素的系统进行评价，尤其适合于数据较少的评价项目。晋盛武等[1]利用灰色关联度分析对安徽6个典型城市用环境库兹涅茨曲线（EKC）形态进行实证研究。刘志国等[2]采用灰色系统评价方法评价中国西部河谷型主要城市的环境质量。

此外，大量的人工智能模型也被用于城市环境的评价，比如人工神经网络方法、支撑向量机算法、遗传算法、蚁群算法和模拟淬火算法等。张鹏达[3]采用BP人工神经网络算法构建城市环境空气质量预测模型，并分析讨论了该模型的泛化能力。路春燕等[4]采用BP神经网络和城市生态环境压力指数对延安市的城市生态环境压力与城市化水平进行了相关分析和回归分析。刘坤等[5]则采用支撑向量机研究了烟台市经济增长与环境污染的关系。李明等[6]采用遗传算法对中国35个主要城市的人居环境质量进行定量评价。

综合上述文献，目前的评价模型包括数理模型（线性和非线性模型）、人工智能模拟模型两大类[7]。虽然数理模型对于模拟和预测城市的某些子系统具有较大的优势，如建立城市水资源的供需模型、城市污染物的预测、城市环境质量的评价等，但是由于它是由刚性系统衍生出来的，因此它在城市环境系统这样兼有柔性和灰色系统特征的综合研究中就有一些不足，而人工智能算法模型却能弥补这方面的不足。

---

[1]　晋盛武、吴鹏、金菊良：《安徽典型城市环境 K 线形态及灰色关联度分析》，《环境科学学报》2013 年第 7 期。

[2]　刘志国、杨永春：《中国西部河谷型城市环境质量评价》，《干旱区资源与环境》2005 年第 3 期。

[3]　张鹏达：《基于 BP 神经网络的城市环境空气质量预测模型》，《自动化技术与应用》2014 年第 1 期。

[4]　路春燕、卫海燕、白俊燕：《基于 BP 神经网络的城市化发展生态环境压力响应研究——以延安市为例》，《干旱区资源与环境》2012 年第 4 期。

[5]　刘坤、刘贤赵、常文静：《烟台市经济增长与环境污染关系实证研究——基于 VAR 计量技术的检验分析》，《环境科学学报》2007 年第 11 期。

[6]　李明、李雪铭：《基于遗传算法改进的 BP 神经网络在我国主要城市人居环境质量评价中的应用》，《经济地理》2007 年第 1 期。

[7]　赵晓丽、曹祯：《我国城市生态环境评价指标体系构建的研究》，《能源与环境》2011 年第 3 期。

二 我国城市环境评价的实践情况

我们从国家层面和城市自身层面两个角度梳理我国城市环境评价的实践现状。

（一）国家层面的现状

目前国家实践层面上主要有环保模范城市、园林城市、宜居城市、生态城市等指标体系。

1. 环保模范城市评价

环保模范城市评价工作由中国环境保护局组织实施，其目的是树立在城市实施可持续发展方面做出成绩的一些典型城市，从而引导城市建设向着"社会文明昌盛，经济健康快速发展，生态良性循环，资源合理利用，环境质量良好，城市优美洁净，生活舒适便捷，居民健康长寿"的方向努力。

为贯彻落实《国务院关于环境保护若干问题的决定》和《中共中央关于加强社会主义精神文明建设若干问题的决定》这两份重要文件的精神，国家环保局在《国家环境保护"九五"计划和2010年远景目标》中提出"要建成若干个经济快速发展、环境清洁优美、生态良性循环的示范城市"的目标。为了实施这一目标，国家环境保护局于1997年制定了《国家环保模范城市考核指标（试行）》并在当年展开了环境保护模范城市的评选工作，第一年获得国家环境保护模范城市称号的城市包括大连市、深圳市、厦门市、威海市、珠海市5个城市。进入"十一五"之后，国家环保总局又相继推出《国家环境保护模范城市创建与管理工作规定》（环办〔2006〕40号）和《"十一五"国家环境保护模范城市考核指标及其实施细则》。经过几年的运作，国家环境保护模范城市的评选和管理工作不断规范和完善，2011年1月27日，国家环保总局颁发并实施了《国家环境保护模范城市创建与管理工作办法》，与此同时宣布原有的考核标准废止。

新的环境保护模范城市评选办法包括总则、创建申请、考核验收、公示公告、复核、监督管理和附则七章，包含56条细则。新的考核标准包括创建方法和考核条件两大部分，共30项。其中创建方法中明确2项指标：即①城市环境综合整治定量考核要连续三年名列本省或自治区前列；②连续三年未发生重大、特大环境污染和生态破坏事件，近一年内没有重大违反环保法规的案件发生并且有完备的环境突发事件应急预案和演练记录。考核指标共 27 项，包括社会经济 5 项、环境质量 5 项、环境建设 10 项、环境管理 7 项。新的标准突出环境建设和环境管理工作，所占指标最多。以环境建设为例，环境建设指标包括：受保护的国土面积的比例、城建区绿化覆盖率、污水集中处理率、污染排放达标率 100%、清洁能源使用率、城市集中供热普及率、机动车环保监测率、生活垃圾无害化处理率、工业废物处置率和危险物处置率 10 项指标。

此外，与其他评价体系不同的是国家环境保护模范城市的称号不是终身制，有效期为 5 年，而且每 3 年要复查一次，一旦发现问题，要对相关城市进行约谈甚至提出警告并取消称号。截至 2012 年 2 月 8 日，国家环保局共命名环保模范城市 14 个，已经通过现场复核等待重新命名的城市 2 个，待复核的原国家环境保护模范城市 67 个。

国家环境保护模范城市的评价对于改善城市环境起到了巨大的推动作用，以 2008 年国家环境保护模范城市的一些数据为例，其水质达标率高出全国城市的平均水平 4.96%；空气质量优良率高出平均水平 30.99%；绿化覆盖率高出全国城市的平均水平 3.58 个百分点；公众对城市环境保护满意率平均值为 78%，比全国城市平均值要高出 16.83 个百分点。

2. 园林城市评价

园林城市的评选具有强烈的中国特色，其概念来源于钱学森教授提出的"山水城市"的概念，而这来自中国传统私家园林的启发。在城市环境评价中，最初的园林城市评价更多地强调城市景观的塑造，以中国传统审美的标准评价城市环境，这类似于欧洲国家"花园城市"的概念。园林城市的建设要体现城市的特色，我国最初的四大园林城市分别是昆明、南京、杭州和长春。

1992 年，中华人民共和国住房和城乡建设部制定了首部《园林城市评选标准（试行）》。2000 年，建设部又制定出台了《国家园林城市标准》及相应的《创建国家园林城市实施方案》。新的标准包含组织管理、规划设计、景观保护、绿化建设、园林建设、生态建设、市政建设和特别条款 8 个方面。相比1992 年的评选标准，新的指标体系更加侧重城市绿化和生态环境状况，其中绿化建设占 30 分、生态建设占 15 分，是主要判断指标。这一指标体系较少涉及城市社会、经济等方面的指标。

1992 年我国评选了第一批国家级园林城市，分别是北京市、合肥市和珠海市。在此之后，截至 2014 年 1 月全国共命名国家级园林城市 15 批，其中国家园林城市 113 个、国家园林县城 89 个、国家园林城镇 22 个。

在园林城市的评价基础上，2007 年住房和城乡建设部又提出"国家生态园林城市"的概念和评价标准。这一标准是理性与感性的完美组合，要求城市发展既要有"生态城市"的科学因素，又要具备"园林城市"的美学感受，申报城市必须获得"国家园林城市""中国人居环境奖"等称号。

作为城市发展的一种先进模式，生态园林城市要求候选城市在园林城市的基础上，更多利用生态学原理，通过城市绿化、保护生物多样性等多种手段，提高城市的生态功能，保证居民对本市的生态环境有较高的满意度。

3. 宜居城市评价

随着人们对人居环境问题的研究，人们对城市环境问题认识的深度、广度都在不断发展，"宜居城市"的概念走入人们的视野。宜居城市和人居环境互为因果，人居环境的改善是宜居城市建设的基础，人居环境不仅包括居住区拥挤程度、邻里环境、居住建设项目等微观层面的内容，在宏观方面更包含了城市化进程中人类居住区可持续发展等宏观内容。总之，宜居城市是指对城市适宜居住程度的综合评价。这些城市的共同特点是：环境优美、文明进步、社会安全、生活舒适、美誉度高、经济和谐。

1976 年，联合国在首届人居大会召开之后成立了联合国人类住区委员会（UNCHS）和联合国人居委员会（CHS）。1989 年，联合国创立全球最高规格的"联合国人居环境奖"。在联合国环境规划署和国际公园协会（IFPRA）的指导和帮助下，1997 年美国、英国、日本、加拿大和比利时等国家共同发起举办了第一届国际宜居城市的评选活动，以后每年进行一次评选。该项评价从景观、园林环境改善、文化遗产保护管理、环境改善实践、公众参与城市规划5 大方面对城市进行评价，这一活动被称为城市环境评价的"绿色奥斯卡"奖，每年参评的城市众多，仅 2004 年就有 16 个国家 51 个城市进入决赛阶段的评选。2000 年，中华人民共和国建设部主持设立了"中国人居环境奖"。

2005 年 12 月，南京大学城市与区域规划学院和中国城市科学研究会向中华人民共和国建设部申报了《宜居城市科学评价标准》项目，并获得批准立项。经过两年的调研走访和科学研究，该项目于 2007 年 4 月通过了建设部组织的验收评审。2007 年 5 月 30 日，中国《宜居城市科学评价标准》正式发布。该评价标准总分 100 分，包括六大一级指标，它们分别是社会文明度（权重 0.10，10 分）、经济富裕度（权重 0.10，10 分）、环境优美度（权重 0.30，30 分）、资源承载度（权重 0.10，10 分）、生活便宜度（权重 0.30，30 分）、公共安全度（权重 0.10，10 分）。如果一个城市的宜居指数达到 80 分且没有否定条件即认为是"宜居城市"。

中国城市竞争力研究会也提出中国宜居城市的标准，即《GN 中国宜居城市评价指标体系》，该体系包含社会文明指数、生态环境健康指数、生活便利指数、城市安全指数、生活舒适指数、城市美誉度指数和经济富裕指数在内的 7 项一级指标。这些一级指标由 48 项二级指标和 74 项三级指标进行支撑。截至目前，中国城市竞争力研究会已经利用该指标对中国 289 个城市连续 7 年进行了评价，逐年公布中国的十佳宜居城市，如表 1 所示。

表 1　中国宜居城市评价结果

时间	获得宜居城市称号的城市
2009 年	青岛、苏州、泰州、厦门、宁波、长沙、聊城、河池、包头、信阳
2010 年	南京、厦门、南通、聊城、绍兴、云浮、台州、银川、信阳、丹东
2011 年	青岛、苏州、贵阳、合肥、金华、威海、云浮、信阳、九江、绥芬河
2012 年	苏州、金华、威海、惠州、台中、南宁、信阳、芜湖、衢州、宜春
2013 年	威海、珠海、金华、惠州、台中、信阳、南宁、衢州、曲靖、香港
2014 年	珠海、成都、金华、惠州、信阳、烟台、合肥、南宁、曲靖、遂宁

其中 2005～2014 年上榜次数最多的城市是金华，上榜 7 次；其次是信阳，上榜 6 次；贵阳和九江并列第三，上榜 5 次。2015 中国十大宜居城市排名为：深圳、珠海、烟台、惠州、信阳、厦门、金华、柳州、扬州、九江。

4. 生态城市评价

联合国教科文组织在 20 世纪 70 年代发起"人与生物圈（MAB）"研究，其中苏联生态学家 O. Yanitsy 首次提出生态城市的概念，他认为技术和自然的充分融合才能建设生态城市。这种理想模式将充分发挥城市居民的创造力和生产力，并能够最大限度地保护城市环境和居民的身心健康，形成良性循环。虽然我国 200 多个城市和地区都先后提出了低碳城市、绿色城市等口号，但生态城市的目标毫无疑问会是未来城市发展的方向。

虽然生态城市的概念已经受到全球的广泛关注，但是这一概念至今还没有公认的确切定义。即便如此，生态城市也至少包含如下三个方面的考量：碳排放、就业率和包含城市绿化率、公共交通、慢行系统、循环利用等一些常用指标。

我国从 20 世纪 80 年代开始进行生态环境建设的研究和探索。1999 年我国批准海南率先进行生态省的建设，2001 年我国又批准黑龙江、吉林进行生态省的建设，陕西、四川、山东、福建也先后提出建设生态省。约有 20 多个城市如天津、上海、广州、宁波、成都、昆明、贵阳、扬州、长沙、威海、厦门、铜川、深圳、十堰等都先后提出建设生态城市的奋斗目标。2002 年，国家环境总局制定了《生态县、生态市和生态省建设指标（试行）》，该指标体系围绕社会生态、经济生态和自然生态三个方面确定了 30 项指标，并对达标条件给出量化标准。该指标体系突出了生态城市建设要求经济、环境、社会协调发展，而不仅仅是生态环境的保护与发展，是一个最接近于生态城市内涵的标准体系。从其评价内容来看，主要从经济发展、环境保护和社会进步三方面来考核生态城市，而生态政治和生态文化两项未得到很好的体现。

（二）城市层面的现状

上述城市环境评价的实践来自国家层面主要部委和比较有影响力的国际组织，除此之外，我国很多城市也进行城市环境评价方面的有益探索，纷纷提出加强城市环境建设、考核与评价，提高城市发展质量和水平。这反映了我国各城市从政府到市民对城市环境建设问题的关注及重视，以及对改善城市生活质量的迫切愿望。

宜春市在城市环境建设中，注重城市规划，以城乡人工复合生态系统作为城市建设的核心工作；贵阳市则在城市环境相关的法律法规建设方面取得了成绩，颁布了《贵阳市建设循环经济生态城市条例》（2004 年 11 月），这是我国第一部生态城市建设法规；天津市则在同国外城市的合作中取得了丰富经验，在 2007 年与新加坡合作建设天津滨海新区，这是全球首座生态城市；深圳市在城市环境建设过程中，建立了一系列的控制机制，包括生态控制、政策调节、规划调控和国土控制；大连则在城市环境评价中将模糊优选理论与模型用于实践；广东省在城市环境评价工作中建立了"城市环境卫生质量评价体系"，评价对象包括道路清扫保洁作业、垃圾收集运输、垃圾终端处理、政府管理、环卫工人民生条件、环卫投入与产出的比较、公众参与程度和政府职能部门履行职责评价等。

三 我国城市环境评价的问题和展望

（一）城市环境评价指标体系差异较大，缺乏权威性

随着评价主体和研究视角的不同，现有的城市环境评价指标体系差异较大，缺乏权威性的评价体系。在理论上，有些人主张"少而精"的评价体系，例如单指标评价，认为这样的评价标准可操作性强；有些人则主张采用"细而全"的综合评价指标体系，认为这样的评价体系可以从整体上把握城市环境。前者认为过多的指标会因为指标间的相关性导致指标间关系复杂、可操作性差，评价结果无法正确反映城市真实性，后者认为过少的指标不全面，无法反映城市的真实情况，特别是抹杀城市的特色，评价结果不能反映城市的真实性，因此有必要根据来自不同方面的环境污染指标全面、客观、公正、合理地对整体环境污染进行整体评估。在实践方面，国家建设部、国家环境总局等单位站在各自的角度进行城市环境建设的评价工作，而各个城市也有自己的环境建设和评价方法。除此之外环境建设评价的理论研究和实践之间也存在较大距离，一些学术理论上评价指标体系在模型设计上比较完善，但和实际运用存在较大距离；而一些实践中运用的评价指标体系，又往往比较简单，缺乏科学性。

造成城市环境评价指标体系缺乏权威性的原因很多，指标数量和种类众多是主要原因。对于城市空气质量、水质量都有经典的定量指标进行评价，因此对于这些定量指标的权威性不容置疑。城市环境还包括城市秩序环境、城市文化环境、城市景观和居民满意度这些以定性为主的指标，这些指标的加入，再加上各指标间权重分配的不同，造成了不同指标体系间的巨大差异。因此，未来的研究中可以将一些权威经典的定量指标和一些反映地方特

色的定性指标分开，从城市建设的硬环境和软环境两个角度进行城市环境的评价工作。

（二）环境质量的概念和环境污染的概念混淆

现有的环境评价混淆了环境质量的概念和环境污染的概念。一些评价指标，以空气质量指标为例，现有的评价指标体系常常用空气中颗粒物粒度含量、空气氮氧化物含量和硫化物含量等来表示当地的环境质量，而这些指标恰恰是空气污染指标。而环境质量指标应该是描述环境对于人类生活发展的适应程度，而环境污染指标则正好相反，是对环境质量进行破坏的定量描述。因此如何利用指标体系来描述环境质量是需要深入解决的问题。

（三）重视城市环境治理，轻视自然环境的自净化功能

现有的指标体系一般都涵盖了城市环境治理的情况，但是忽略了城市自然环境的自净化功能。环境治理工作体现了人类对城市环境进行改善的能力和水平，但是已有科学证明湿地、植被等对于水污染、固体污染物、空气污染都具有吸收、净化作用。如果没有对城市环境自净化功能的描述和评价，就无法准确测度城市发展过程总的"合意产出"和"非合意产出"，阻碍环境污染与环境质量的双向逻辑演进通道，导致环境质量评价的失衡，也降低了环境质量评价的规范性和科学性。袁晓玲等[1]在中国环境状况的评价过程中引进了环境自净能力这一指标，开始将环境的自净化功能纳入研究视野，但是目前的研究缺乏系统性，在深度和广度上都无法满足需要。因此，如何在指标体系中度量和描述不同城市自然环境的自净化功能是一个值得深入研究的问题。这需要我们在未来的研究中构建环境自净化功能指标，从而规范环境质量研究范式，从环境质量、环境污染、环境吸收三个角度进行指标体系的建设，提出能够反映环境质量、环境污染、环境吸收的多维度评价指标。

（四）生态城市的评价将是未来城市评价的主要方向

生态城市的评价将是未来城市评价的主要方向，目前这方面的研究尚显不

[1] 袁晓玲、张剑、王仑：《将环境吸收因子纳入成本的厂商区位投资分析》，《西安交通大学学报（社会科学版）》2005 年第 3 期。

足。广义上的生态城市是一种新的文化观念，这种观念根植在人与自然"天人合一"的理念中。利用生态学原理设计建设城市，我们可以建立和谐、高效、健康和可持续发展的城市人居环境，可以建立起经济、社会和自然协调发展的社会关系，可以实践资源的循环利用和可持续发展生存方式。

生态城市的创建标准要能够反映城市发展过程自然生态、社会生态和经济生态三个方面的发展状况。在自然生态方面，考察城市的开发建设是否在自然环境的承载力范围内，是否最大限度地保护了自然环境的原生态，是否最大限度地减少了对自然生态的消极影响；在社会生态的方面，考察城市的开发建设是否坚持以人为本，是否将和谐发展、平等、自由、公正和稳定的社会环境作为建设的蓝图；在经济生态方面，考察城市的建设和发展是否能够合理使用自然资源，提高资源循环利用水平，在生产、消费、交通、居住等人居环境方面是否坚持可持续发展的理念和方式。在上述三大方面的引领下，生态城市指标的建设还要能够反映以下 8 个方面的内容：①城市规划建设、机构和功能是否符合生态学原理；②自然资源的使用方式是否达到节约高效的要求；③城市的消费模式是否促成了物质能源的循环利用；④城市基础设施是否完善，居民生活质量如何；⑤人工环境是否对自然环境产生了破坏，二者是否形成人与自然的和谐共处；⑥城市发展过程中对本土文化、居民生活特点和文化遗产的保护如何；⑦城市居民是否有自觉的环境道德观念和生态意识；⑧是否有完善的生态调控管理与决策系统。

B.15
大气污染治理北京市 PM2.5初始排污权分配研究

——基于总量分配模型

沈映春　李雅兰*

摘　要： 初始排污权的分配是排污权制度实施中承上启下的重要环节，初始分配的方法有免费分配、公开拍卖和标价出售三种。根据北京市的实际情况和当前排污权理论与实践的发展情况，本文选取了第一层次排污权分配模型——总量控制模型来对北京市进行实证分析。同时，对该模型做出了适当的改进，使其更加适应北京市空气污染治理的现实要求，并初步得出了北京市各区县在可持续发展的前提下可以获得的PM2.5初始排污权数量。

关键词： 初始排污权　免费分配　总量控制模型

一　导言

自2012年以来，京津冀地区出现大范围持续性雾霾天气，大气中PM2.5含量屡次突破300（根据空气质量标准，超过300为重度污染）。对空气污染的治理迫在眉睫，但企业和政府间信息不对称、环境问题的复杂多变性以及经济发展和环境保护间的固有冲突，使得以行政命令和收取治污税费为主的传统

---

* 沈映春，北京航空航天大学副教授，博士，研究方向：发展经济学；李雅兰，北京航空航天大学经济系学生。

方式成本较高，经济效率低，无法有效应对当前的污染状况。

发达国家市场化的治污方式对解决这种治污困境有很好的效果。早在 20 世纪 70 年代，美国就针对当时的空气污染状况出台了《空气清洁法案》，旨在建立国家大气质量标准并统筹各州的治污情况。他们也遇到了环境治理和经济发展之间的矛盾，于是美国逐步引入"补偿政策""气泡政策""净得政策"等多种排污权交易的方法，并于 90 年代形成公开的市场化交易平台。之后，这一政策在处理空气污染、水污染的多个案例中都取得了很大的成功，以较低的经济代价控制了污染。

在我国，继 20 世纪 90 年代引入排污权交易制度后，又于 2001 年 4 月与美国环保协会签订《推动中国二氧化硫排放总量控制及排放权交易政策实施的研究》合作项目。2007 年 11 月 10 日，我国第一个排污权交易中心在浙江嘉兴成立，这标志着中国的排污权交易系统已经逐渐步入正轨。但目前主要的研究和实践都集中在河流流域排污权制度上，较少将排污权用于空气污染治理方面。

排污权交易体系可分为 5 个方面：确认环境产权、确认排污总量、初始排污权分配、建立运营排污权交易市场、对交易进行监管。在这 5 个步骤中，"初始排污权分配"是承上启下的重要环节，根据初始分配制度，污染物排放总量被分配成若干份，按照制度要求分配给一个层级中各个排污主体。在落实总量目标的同时，形成相对排他、可交易和可测量的排污权份额，为之后排污权交易机制的运行打好基础。

鉴于初始排污权分配的重要作用，本文从此处入手，运用和改进现有的初始排污权分配方法，对北京市的具体情况进行实证分析，考察如何在北京市合理分配初始排污权。

二 文献综述

排污权制度在治理环境污染问题上低成本、高效率的优点吸引了国内外众多学者对此问题进行深入的研究。由于欧美各国在工业发展的过程中最先遇到各种环境问题，故而也在治理方法的探索上先行一步。

国外对排污权问题的研究最早可以追溯到科斯，科斯定理中提出的明晰产权，用市场交易的方式解决环境污染问题的确是制度上、理论上的创新，但由于产权界定困难、交易成本过高等一系列经济和制度问题，它的意义一直限于理论层面，并没有太多的实践价值。直到 1968 年戴尔斯（Dales）在其著作《污染、产权与价格》中明确提出了建立初始排污权并赋予其可交易性以缓解环境污染问题的思想，排污权交易理论才逐渐在美国得到应用与实践。

戴尔斯指出，从政府角度来看，排污权是政府赋予排污企业的产权。而基于经济的外部性考虑，这一产权应当进入市场体系进行交易，通过市场化的产权转让体系使得排污总量上达到帕累托最优。

1966 年克劳克（Crocker）在《空气污染控制系统结构》中将排污权交易的思想应用于空气污染的治理。克劳克认为这一思想改变了环境领域行政管理的信息需求，政府只需要计算并控制总的排放量，而不必关心每一个排污者的成本函数和受害者的损害函数。对市场机制的充分运用，使得排污权定价由市场买卖双方决定，这减少了行政成本，提高了经济效率和环境保护的总体效果。

在戴尔斯和克劳克提出排污权交易体系的理论后，鲍莫尔（Baumol）和奥茨（Oates）于 1971 年在《环境保护中标准与价格的使用》一书中对这一理论进行了论证。该书主要通过数学方法论证了如何设计税收系统完成环境治理目标，这在本质上同排污权交易的论证是相通的。他们的结论是统一的税率可以实现统一的边际成本，进而达成环境治理的目标。在税收体系中，统一税率的确定需要通过不断的迭代实验获得，但在市场化的排污权交易体系中，买卖双方在交易中自然形成市场价格，省去了确定税率的高额成本。

1973 年泰坦伯格在《排污权交易——污染控制政策的改革》一书中对排污权交易体系进行了全面论述，并提出了对非均匀型污染物排放交易权的设计。他认为对于混合污染物，单一的交易价格是不够的，必须采用不同系数根据污染源地理上的远近程度确定不同的交易价格标准。

在这些基础理论之上，欧美各国的学者对排污权制度进行了研究，主要集中在排污权交易制度上。关于初始排污权的分配，则大多以法律形式进行规范，比较突出的是美国的《清洁空气法》及其修正案。而各国根据自己的情况，对排污权的初始分配也采取了不同措施：美国 SO_2 削减计划中初始分配采用拍卖和无偿分配相结合的方法；麻省 OTC NOx 预算计划采用适时调整的分配方法；丹麦、英国和挪威的 CO_2 排放权交易采用的是免费分配为主，辅以拍卖的方法。这些模式对我国的排污权实践都有一定的借鉴意义，但是国外的经验是以发达的市场经济环境和完善的法律制度为基础的，因而将其照搬应用于我国会有很多问题。

基于我国的实际情况，国内学者也对排污权的初始分配问题进行了很多研究，根据国内的实际情况，也提出了一些有针对性的分配模型和操作方法。主要的研究成果如下。

在排污权交易和分配的经济学原理方面，李寿德、肖江文、陈德湖、赵文会等提出排污权交易的目的是降低环境管制者治理环境问题的成本，加快环境达标的速度。鲁炜等在对国内外排污权初始分配模式进行比较分析后，结合我国现实发展状态，提出我国应选择免费分配与公开拍卖相结合的分配模式，该方式实质上类似于目前已经在欧美应用的碳排放额度分配机制。

在对垄断和分配效率的研究中，吴亚琼等认为排污权总量的控制要以合理分配作为核心。从效率和公平两方面，构建初始排污权分配的协商或仲裁机制，分析相关利益方可能的行为和结果，并对结果的经济效率和公平性进行了讨论。陈德湖等认为在实施排污权交易时，最大关注焦点在于排污权的初始分配方法，在市场不完全竞争的前提下，排污权交易的交易效率会由于垄断效应而降低。

利用多目标决策和群体决策研究的方法，张志耀等提出了排放权总量分配的群体决策方法，李寿德等认为实施排污权的初始分配和交易制度，在实践中首先要解决的一个关键问题是初始排污权的分配问题。该研究基于经济最优性、公平性和生产连续性原则，构建了排污权初始免费分配的多目标决策模型，并对该模型进行数学解释。

排污权总量控制下的分配研究注重对数学模型的利用，王勤耕等通过引入平权函数、平权排污量和有效环境容量等变量提出了区域排污权的初始分配方法。李爱年等对显性的有偿分配排污权的机制进行了理论和实证分析。该研究成果认为，初始排污权免费分配中可供选择的参照基准点大体分为3类，即成本效率分配、现时经济活动量分配和非经济因素分配。古宏伟等在分析大气环境容量的基础上，提出了排污权分配的2种初始方式：计划方式和市场方式。在排污费总量均衡的前提下，排污权初始分配的市场方式可以实现计划方式下的整体效益最大化，但这需要大力降低交易成本。赵文会等认为在给定排污总量上限的前提下，分配时要兼顾效率和公平，同时考虑其他综合因素，构建出初始分配的极大极小模型，分析出最优解存在的 KKT 条件，并对模型求解进行了初步探索。

关于分配动态纠错机制，刘力等结合广东省的情况，以二氧化硫气体为例，尝试构建一个以广东省为交易区域、以排污市场化与效率化为目标的交易体系，着重考虑排污权交易的初始分配方式以及动态纠正方案。

总体来看，目前国内学界对排污权的探索主要集中在理论和模型的研究，借鉴了国外的研究成果，形成了多种解决排污权分配的模型，涉及免费分配、拍卖竞标和标价出售这三种形式，在每种形式下都产生了多个分配规则。但当前的研究大部分是针对流域污染治理来进行的，虽然对空气污染的治理有一定借鉴意义，但问题依然突出，例如，污染物不同、总量检测的方式不同，扩散途径也不同。而对空气污染进行研究则是在近几年才逐渐开始的，理论上虽有各种新方法，但实际运用却寥寥无几，像山西煤矿城市排污权分配方式、广东区域性 SO_2 排污权交易。特别是，在北京雾霾如此严重的情况下，对北京市应用排污权制度治理空气污染的研究几乎为 0。本文希望能从初始排污权分配这一点切入，研究如何在北京市应用排污权制度。

本文主要关注对初始排污权免费分配这种模式，在免费分配的方式下，就有两个层级的分配（从总控制区到子控制区；从子控制区到单位厂商）。鉴于排污权在我国还属于新生制度，本文主要研究第一层级的分配，研究总量分配模型，根据北京的实际情况对模型进行改进，利用改进后的模型对北京市进行实证分析，确定北京市初始排污权的分配量。

三 模型建立

（一）理论基础

外部性的存在使得资源配置偏离帕累托最优，即市场出现失灵。尽管通过对企业进行补偿，可以使其放弃"外部不经济"的经济行为（排放污染物），但由于污染涉及的范围广，受害者很多，多方主体之间达成一致十分困难。

为了解决这一问题，罗纳尔德·H. 科斯提出了"科斯定理"。他认为只要产权明晰，交易成本为零或很小，则无论初始产权赋予谁，市场均衡的最终结果都是有效率的。这一理论的意义在于，当产权明晰后，私人成本和社会成本将趋于一致，使外部性"内部化"，最终重新达到帕累托最优。

但科斯定理还存在一些问题：第一，很多公共物品的产权无法准确界定；第二，由于交易成本过高等问题，很多产权是不能转让的；第三，即使产权可以转让，也不一定就能实现帕累托最优。

排污权交易理论就是要在市场经济和法律完善的条件下解决产权明晰问题，减少交易成本，实现社会整体的帕累托效率。其交易原理如图 1 所示。

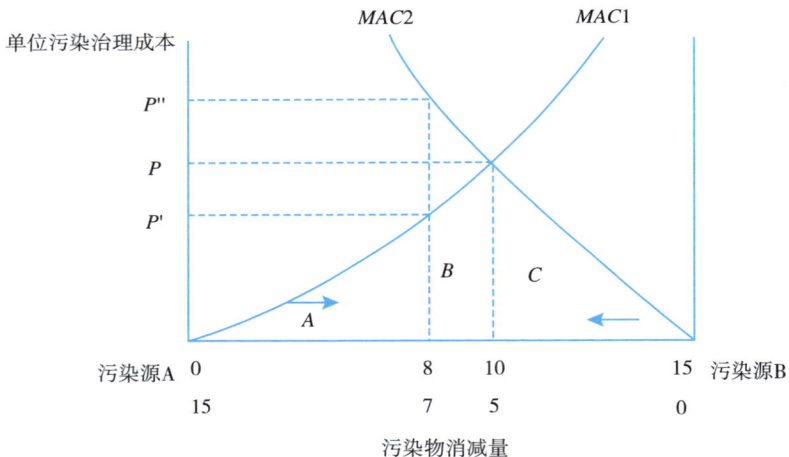

图1　排污权交易原理分析

图 1 中 MAC 表示两家厂商控制污染的边际平均成本，横轴表示污染物削减量，左右两原点之间的点表示两个厂商对减排污染物不同程度的责任分配。纵轴表示单位污染治理成本。假设有两个厂商分别产生污染源 A、B，它们均制造 15 单位的污染物，总计产生 30 单位污染物，当地环境承载力最高为 15 单位，则两个厂商共需削减 15 单位污染物的排放。由图 1 可知，当 A 厂商减

排 10 单位，B 厂商减排 5 单位时，在达到整体减排效果的前提下，所需成本 $(A + B + C)$ 最少。

排污权交易使减排污染物成本较低的企业增加减排量，成本较高的企业减少减排量，提高治理污染的效率，在总排放量一定的情况下，使治污费用达到最低。

（二）模型的建立——第一层次分配模型

1. 分配对象

根据以往对初始排污权分配的资料可以看出，用于分配的排污权并不是全部的排污总量，而是区域内可容纳的排污总量 – 生产生活基本排污量 – 未来经济发展预留排污量。

对可分配的排污权而言，还要再进一步区分为按历史排污水平确定的比例分配和根据竞争机制进行的分配。因为"生产生活基本排污量"和"未来经济发展预留排污量"在一定时间内基本是一个常数，按历史排污水平分配的部分也是一个确定的外生变量，所以本文所研究的只是根据竞争机制进行分配的那一部分排污权。

2. 分配方法

初始排污权分配一般有免费分配、公开拍卖和标价出售这三种形式。后两种形式会给企业带来额外的成本，改变当前的市场状况，因而会遇到很多阻力。有鉴于此，中外普遍将政府免费分配排污权作为排污权制度建设初级阶段的主要形式。

初始排污权免费分配是一个逐层分配的过程，环保部门根据全国或部分地区的污染状况，规定总的排污指标；该地区按照本区域行政区划进一步划分权利（第一层分配）；最终由基层行政单位将排污权分配给辖区内的各排污企业（第二层分配）。简化的过程如图 2 所示。

在初始排污权不同的分配层次中应该采取不同的分配方式。在第一层分配中，应对最高级控制区设定的排污权总量层层分解。在我国，一般划分为 5 个层次：全国、省或自治区、省辖市、省辖市区或县、县城区或乡镇，每一层次都可以作为最高级控制区向下一级控制区分配排污权，同时也作为上一级的子控制区接受初始排污权。

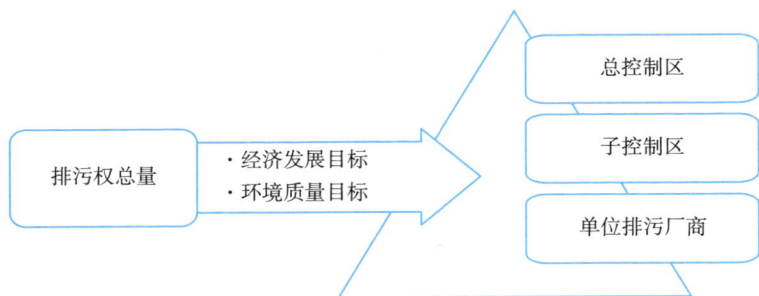

图2　初始排污权分配层次图

　　在一级分配中要注意"区域发展状况"和"行业发展状况"这两方面。各子控制区过去的发展水平不一致，未来的发展方向也不同，在分配排污权时要考虑到当地的实际情况，在总量控制下应以巩固和提升经济发展水平为目标，简单地说，就是要通过排污权的分配促进当地高耗能产业的合理布局和转型升级。各行业生产要素不同，原料工艺不同，所产生的污染量自然也不同，在逐级分配的过程中，一定要考虑子控制区中主要行业的影响，立足于各行业的现状和未来发展需求，公平科学地分配排污权。

　　二级分配是分配到具体企业，要考虑经济性、公平性、历史水平等多重因素，因而产生了不同的定量测算方法。主要有以下三种：多目标规划模型法、多指标决策法和竞争性混合决策法。

　　以北京当前的情况来看，排污权制度还处在初级阶段，很多内容还停留在理论讨论的层面，因此本文主要研究通过政府免费分配排污权到子控制区的模型，即一级分配模型，希望借此探索出北京市环境保护和经济发展的合理模式。通过比较分析，本文认为王勤耕教授等提出的区域排污权初始分配方案[①]大体是比较适合北京情况的，具体模型如下。

Q：分配给每一个子控制区的初始排污权数量。

M：平权排污量，即该子控制区内各类污染源实际排污量的加权和。

　　n：子控制区内有 n 类污染源；m：各类污染源实际排污量；

----

　　①　王勤耕、李宗恺、陈志鹏、程炜：《总量控制区域排污权的初始分配方法》，《中国环境科学》2000 年第 1 期。

f：每类污染源实际排污量所占的权重。$f = (b/a) \cdot c$

　　a：生产技术水平

　　b：污染治理水平

　　c：未来发展规划因子

N：控制区环境容量，现在对环境容量的测算采用较多的方法有大气扩散箱模型、大气扩散烟团轨迹模型，此外还有高斯模式、ADMS、ISC－AERMOD等。这属于环境工程学方面的内容，在本文中不再详述，在实际模型中也只取大略估计值。

d：经济密度因子，主要用控制区内工业用地占比来确定，反映的是各控制区工业发展密度、经济发展水平。

α：权重因子，初始排污权的分配要综合考虑各类污染源的实际排污情况（M）和控制区总体环境容量（N）。显然，初始排污权的分配（Q）越接近平权排污量（M），就越贴近现实情况，越具可行性，但环境质量目标未必能得到保障；相反，若初始排污权的分配（Q）越接近控制区总体环境容量（N），则环境质量目标越有保障，但可能会因脱离实际而降低可行性。为了使区域排污权的分配既现实可行，又与环境质量目标相一致，就需要同时兼顾平权排污量和环境容量。因此需要通过 α 来配比这两者的重要程度，从宏观上控制污染治理强度和环境质量达标速度。α 的取值范围为 $0 \leqslant a \leqslant 1$。为公平起见，同一时期同一级别的各个控制区，权重因子最好取相同的值。

β：总调整系数，某控制区的排污权总量应等于其下一级所有控制区排污权及预留控制量之和。

定义：X——上一级控制区排污权；Y——上一级控制区预留控制量

$$Q_{mk} = (1 - \alpha_k) \cdot M_k + \alpha_k \cdot N_k \cdot d_k \quad (k = 1, 2, \cdots, K)$$

K 为同级所有控制区的个数。于是，根据总量约束条件，总量调整系数为：

$$\beta = \frac{X - Y}{\sum\limits_{K=1}^{K} Q_{mk}}$$

系数和各级变量总结如下：

系数	一级变量	二级变量	三级变量
β(总调整系数)	N(环境容量)		
α(权重因子)	M(平权排污量)	m(实际排污量)	
d(经济密度因子)		f(平权函数值)	a(生产技术水平要素)
			b(治理污染水平要素)
			c(未来发展规划因子)

该模型采用的变量目的明确、清晰明了，对实际问题的解决提供了一种明确的思路，在排污权体制建立初期有很强的实际意义，故本文采用该模型进行实证分析。但是这个模型的提出最先是为了解决以煤炭为主要行业的区域 SO_2 减排问题的，如果应用于北京这种工业种类众多、污染源分散、点源面源众多的城市，有必要对此间的变量选择进行一定程度的改进，下文实证分析中会对此进行详细说明。

四　实证分析

（一）背景情况

根据《2013 年北京市环境状况公报》（以下简称《公报》），可以看到在大气环境方面，主要污染物排放增量得到有效控制，指标数值持续下降，但污染物排放总量仍大幅超出环境容量，环境质量的改善仍面临艰巨挑战。

2013 年是北京市实施《环境空气质量标准》（GB 3095 – 2012），全面开展 6 项污染物监测的第一年，《公报》首次按新标准和《环境空气质量评价技术规范（试行）》（HJ 663 – 2013）评价空气质量。监测结果如表 1 所示。

表 1　2013 年主要大气污染物监测结果

项目	达标	未达标
二氧化硫（SO_2）	年均浓度 26.5	
一氧化氮（NO）	24 小时平均第 95 百分位浓度 3.4	
细颗粒物（PM2.5）		年均浓度 89.5，超标 156%
二氧化氮（NO_2）		年均浓度 56.0，超标 40%
可吸入颗粒物（PM10）		年均浓度 108.1，超标 54%
臭氧（O_3）		日最大 8 小时滑动平均第 90 百分位浓度 183.4，超标 14.6%

资料来源：北京市环保局，《2013 年北京市环境状况公报》。

由表 1 可以看出，PM2.5 是六大主要污染物中超标最严重的，已经成为北京市大气污染的元凶。

从其化学构成来看，PM2.5 主要由有机物（OM）、硝酸盐（NO_3^-）、硫酸盐（SO_4^{2-}）、地壳元素和铵盐（NH_4^+）等构成，分别占 PM2.5 质量浓度的 26%、17%、16%、12% 和 11%。这些二次粒子主要由气态污染物在大气中经二次转化生成，累计占 PM2.5 的 70%，是重污染情况下 PM2.5 浓度升高的主要因素。

从 PM2.5 的来源看，区域传输贡献占 28%～36%，在重污染情况下，甚至可达 50% 以上。本地污染排放贡献占 64%～72%，其中机动车、燃煤、工业生产、扬尘是四大主要来源，分别占 31%、23%、18% 和 14%。其中机动车对 PM2.5 产生综合性贡献。首先，机动车直接排放构成 PM2.5 的有害污染物，比如有机物（OM）和元素碳（EC）等。其次，机动车排放的气态污染物包括挥发性有机物（VOCs）、氮氧化物（NO_x）等是 PM2.5 中二次有机物和硝酸盐的"原材料"，同时也是造成大气氧化性增强的重要"催化剂"。最后，机动车行驶还会激起道路扬尘，造成多重污染。在其他排放源中，餐饮、汽车修理、畜禽养殖、建筑涂装等共约占 PM2.5 的 14%，如图 3 所示。

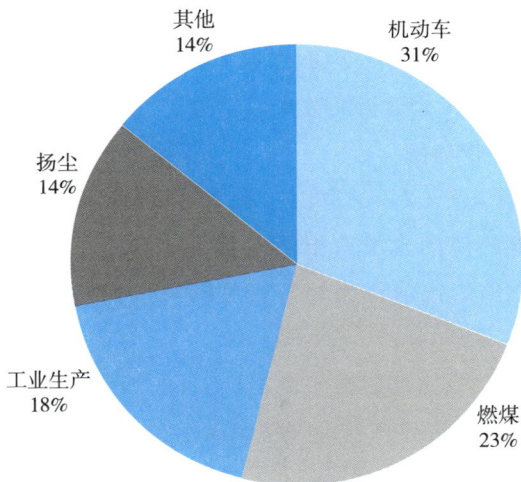

图 3　本地各污染源对 PM2.5 的影响程度

资料来源：北京市环保局，《2013 年北京市环境状况公报》。

（二）数据收集和分析

如果要在北京市范围内实施排污权制度，首先要将初始排污权分配给各区县，这就涉及上文所提到的第一层次分配模型。本文将总控制区设定为北京市，将子控制区设定为北京市所属的16个区县，下面是利用该模型需要收集的各项数据。

根据现行的《环境空气质量标准》，一级空气标准下PM2.5年平均浓度限值为15，二级空气标准下PM2.5年平均浓度限值为35。本文中取最低限度值35，北京区县总计16592，假设扩散因子为20公里。据此，本文设定北京地区PM2.5总排放量应该控制在35万吨。各区县的环境容量按区县面积比总面积乘以35万吨确定（本文注重研究初始排污权分配的问题，对于总体环境容量，只是做简单推算，具体科学的数据有赖于其他学科研究者的进一步推算，本文只是以此为依据以便进行之后的计算）。根据美国和中国在初始排污权分配时的经验，一般将排污总量的97%分配给子控制区，剩余的3%作为预留控制量以便分配给未来新成立的企业。因此，可以分配的初始排污权量为33.95万吨，即$N = 33.95$万吨。

排污权的分配既要考虑污染源的实际排污量，增强分配的可行性；也要等量地考虑满足环境容量的要求，因此，本文的权重因子（α）取0.5。同样的，总调整系数（β）也取一个通行的数0.55，这个值是目前很多实际应用中采用的数值，在本文中也依前例。

对于经济密度因子（d）的取值，本文认为，当前各产业间界限的划分比较模糊，对土地的使用也没有很清楚地划分，以子控制区第二产业生产总值与总的生产总值的比值作为经济密度的评价要素比工业用地的比例更有说服力。

$\alpha = 0.5$；$\beta = 0.55$；其他数据如表2：

根据2008~2012年北京市行业能源消费总量统计来看，主要的能耗来源于工业、交通运输和邮政业、房地产业、生活消费这四大块，这和前面调查中本地污染源主要是工业生产、机动车、扬尘、燃煤基本上是对应的，因此将这四种产业作为北京市主要污染源是合理的。具体能耗数据如表3所示。

表 2　北京市各区县基础数据

区域	面积（平方千米）	PM2.5 年平均浓度值	GDP（亿元）	第二产业 GDP(万元)	d	N(万吨)
总计	16592	89.5		41011627		35.00
首都功能核心区	91	92.65	4396.7	3411751	0.93	0.19
东城区	42	93.6	1571.1	656333	0.22	0.09
西城区	49	91.7	2825.7	2755418	0.02	0.10
城市功能拓展区	1287	94.78	9171.8	12717154	0.03	2.71
朝阳区	471	91.3	3963.6	3976899	0.32	0.99
丰台区	304	96.9	1007.2	2350586	0.39	0.64
石景山区	86	92.8	365.2	1333174	0.64	0.18
海淀区	426	98.1	3835.2	5056495	0.03	0.90
城市发展新区	6330	98.2	4116.6	21148709	0.12	13.35
房山区	2019	106.8	481.8	2808436	4.39	4.26
通州区	912	105.7	500.3	2481199	0.56	1.92
顺义区	1016	84.8	1232.2	5649791	0.20	2.14
昌平区	1352	79.2	557.2	2547124	1.01	2.85
大兴区	984	107.8	431.6	1696655	0.59	2.08
北京经济技术开发区	47	104.9	913.5	5965504	0.19	0.10
生态涵养发展区	8884	78.32	780.8	3734013	0.76	18.74
门头沟区	1455	91.1	124.2	621071	3.01	3.07
怀柔区	2128	76.1	200.4	1174321	0.31	4.49
平谷区	1075	84.8	168.7	788104	0.70	2.27
密云县	2226	71.6	195.1	916062	0.40	4.70
延庆县	2000	68.0	92.2	234455	0.99	4.22

资料来源：《2014 年北京市区域统计年鉴》。

表 3　2008~2012 年北京市各行业能源消耗量

项目＼年份	2008	2009	2010	2011	2012
能源消费总量(万吨标准煤)	6327.1	6570.3	6954.1	6995.4	7177.7
第一产业	96.9	99.0	100.3	100.3	100.8
第二产业	2550.5	2544.2	2726.7	2488.7	2426.1
工业	2430.8	2392.4	2559.7	2329.7	2275.7

项 目 　　年 份	2008	2009	2010	2011	2012
建筑业	119.7	151.8	167.0	159.0	150.4
第三产业	2610.5	2760.3	2897.4	3100.5	3252.1
批发和零售业	195.2	206.9	192.7	211.5	221.7
交通运输、仓储和邮政业	993.9	1025.2	1104.8	1185.9	1235.1
住宿和餐饮业	218.0	220.8	239.4	253.1	262.3
信息传输、软件和信息技术服务业	88.3	96.0	107.5	124.0	129.6
金融业	39.1	40.8	43.3	50.9	54.3
房地产业	346.0	364.2	389.6	391.2	411.5
租赁和商务服务业	165.5	191.2	182.5	182.6	196.3
科学研究和技术服务业	116.9	123.1	122.7	144.7	163.9
水利、环境和公共设施管理业	35.7	37.8	40.2	47.0	46.5
居民服务、修理和其他服务业	31.9	33.6	34.2	46.2	47.1
教育	165.1	183.0	199.6	205.8	222.9
卫生和社会工作	58.0	64.6	66.9	71.7	74.1
文化、体育和娱乐业	53.5	59.3	60.1	69.8	71.5
公共管理、社会保障和社会组织	103.4	113.8	114.0	116.1	115.3
生活消费	1069.2	1166.8	1229.7	1305.8	1398.7

资料来源：《2013 年北京统计年鉴》。

（三）计算与优化

接下来通过 a、b、c 来计算平权函数值。在本文中，把每个区域下辖的区县看作其污染源，由于北京市内部总体上各工业行业技术水平差距不大，如果单纯按照上文公式中的要求用各污染源的产污系数、污染物去除率等工业指标来确定平权函数值，就会发现各区县的值基本上没有多大差距。同时，因为这个公式最初是用于重工业城市，北京市在工业的门类上较多，用单一某行业的技术发展情况来指代北京市整体的工业情况也是不符合实际的。故而，本文更多层面地参考了各区域绿化率、经济增长率、人口结构等因素，由此综合计算出平权函数值。这实际上是考虑到经济增长率基本可以反映生产技术的发展水平，体现一个区域的生产效率；绿化率既可以反映区域内对污染物的削减水平，也可以反映城市生态发展状况；人口结构能够反映城市未来的发展趋势。而且，这三个要素不局限于工业污染，能够从宏观角度体现整个城市污染治理的能力，更有利于反映北京这样的特大型城市的污染及其治理状况。

表 4　计算平均函数值的工业指标

	绿化率(%)	经济增长率(%)	2013 年人口(万人)	2012 年人口(万人)	人口增长率(%)
总计		7.7	2114.8	2069.3	2.20
首都功能核心区	16.9	8.7	221.2	219.5	0.77
东城区、崇文区	19.1	8.3	90.9	90.8	0.11
西城区、宣武区	14.6	9.0	130.3	128.7	1.24
城市功能拓展区	37.0	9.1	1032.2	1008.2	2.38
朝阳区	23.7	9.1	384.1	374.5	2.56
丰台区	40.7	9.1	226.1	221.4	2.12
石景山区	40.4	8.0	64.4	63.9	0.78
海淀区	43.1	9.1	357.6	348.4	2.64
城市发展新区	43.2	10.4	671.5	653.0	2.83
房山区	58.4	7.2	101.0	98.6	2.43
通州区	31.0	11.0	132.6	129.1	2.71
顺义区	30.9	11.7	98.3	95.3	3.15
昌平区	65.9	10.1	188.9	183.0	3.22
大兴区	29.7	10.2	150.7	147.0	2.52
生态涵养发展区	69.3	9.2	189.9	188.6	0.69
门头沟区	62.5	6.1	30.3	29.8	1.68
怀柔区	77.7	10.1	38.2	37.7	1.33
平谷区	69.7	10.2	42.2	42.0	0.48
密云县	68.6	9.3	47.6	47.4	0.42
延庆县	68.1	10.0	31.6	31.7	−0.32

资料来源：《2014 年北京市区域统计年鉴》。

各污染源实际排污量是根据各区县年均 PM2.5 相对于标准值的倍数乘以该地区合理排放量得到的，进而可以求得平权排污权。运用上文所提公式完成最后计算，获得各区域初始排污权。

计算结果如表 5 所示：

表 5　北京市四大区初始排污权计算结果

单位：万吨

首都功能核心区	实际排污量	0.51
	平权函数值	0.22
	平权排污量	0.11
	初始排污权	0.08
城市功能拓展区	实际排污量	7.35
	平权函数值	1.13
	平权排污量	8.30
	初始排污权	2.30
城市发展新区	实际排污量	37.46
	平权函数值	1.80
	平权排污量	67.51
	初始排污权	19.02
生态涵养发展区	实际排污量	41.94
	平权函数值	0.75
	平权排污量	31.32
	初始排污权	12.55

本文运用第一层次初始排污权分配法，对北京市四大区域初始排污权的分配进行了初步计算，得到各大区应得的初始排污权，从大的方面确定了初始权利的分配模式。但是，在计算的过程中也会发现这样计算得到的结果后续还需要进行调整，主要包括以下两个方面。

一是以上的计算是将工业、农业和生活排污都算在了一起，落实在一个行政区域内。在一级分配时，这种计算方法自然没有什么问题，但未来在企业等更小微层面进行分配时就应该进一步考虑生活和农业排除的污染物占总体的比例，在分配时要注意去除这部分的内容。从北京的实际情况来讲，有一个很重要的污染源是来自汽车尾气的排放，这部分在上面的计算中主要是归在了生活消费这部分，但对其的排污权发放和管理必须考虑这一污染源的公共性。根据美国、日本等国家的经验，一般是从汽车生产商那里收取高额税费以促进厂商生产清洁能源的新型汽车。这可以作为我国实践的方向之一。

二是从上文可以看到实际排污权和初始排污权之间存在很大的缺口，如何弥补这一巨大的差额是排污权初始发放时必须考虑的问题。笔者认为，这首先需要生产技术上的变革，只有淘汰落后产能，大力发展和使用清洁能源，提高企业生产率，才能大幅度减少单位产量的能源消耗和污染排放，基于此，排污权的分配才有可能实现。

五　结论及政策建议

（一）结论

本文利用 2012、2013 年北京市各区县的各项数据计算出了北京市四大区域的初始排污权数量，如表 5 所示。这表明在北京市这样工业种类丰富、污染源交叉分布，数量众多的情况下，以区县为污染源，将排污权分配到四个大区是一种极具可行性的方法。可以看到，四个区域的发展目标各有不同，可以根据城市功能的需要进行排污权的侧重分配，这样不仅可以保证区域发展各具特色，还可以促进产业集聚，为之后的排污权交易减少交易成本。

（二）政策建议

1. 政府层面

①法律制度

完善的法律保障是排污权制度建立的基石，只有产权明晰，才能突破排污权交易中的制度瓶颈，使外部化的污染问题内部化。排污权交易作为一种市场导向的环境经济政策，必须在完善的法律保障下，才能有效运行、高效运转。美国排污权交易制度的成功运行与其完善的法律制度保障是密不可分的。近 5 年来，我国地方政府根据各地情况陆续出台了一些地方性的排污权交易条例，但从国家层面来看，我国排污权交易的法律还处在商讨中，只是提出让各地先行试点，总结经验。要想继续推行排污权制度，就必须根据中国特色，加快制定相关配套的一系列法律法规，让制度在法律框架下有序运行。

②环境准入

根据测算出的环境容量制定本区域的环境评价准入标准，对新申请的高污染企业和项目严格按照准入规则衡量，确保信息公开，便于公众监督。对于原有项目，要求限期整改，对期限内未达到标准的要强制停产改造。

③区域联动

大气污染的特殊性在于流动性强，区域传输带来的污染物占总污染物的28%～50%。我们可以学习美国《空气清洁法案》中以州为单位控制排污量的方法，在京津冀及其周边省市形成共同治理区，划定总的环境容量，在京津冀及周边地区大气污染防治协作小组的统一调配下，实现区域监测信息共享、执法力量协同、资源均衡分配，以实现区域的联防联治。

④政府关注

针对有些地方政府片面追求 GDP 增长和实行地方保护主义政策，放任地方企业排污或以极低价格出让排污权的现象，国家应将绿色 GDP 考核指标纳入地方政绩考核及官员政绩考核中，实行领导负责制，以加强监管力度，提升官员的环保意识，从而自觉维护控制当地环境容量。

2. 企业层面——技术改造

根据计算得到的数据可以看到，在现有条件下进行排污权分配最大的问题就在于实际排污量与环境容量间相差太大，这就要求生产企业和各污染源在现有技术条件下尽可能地淘汰高污染产能，重视各项环保要求，实现规范生产。当然，这一点的实现必须要依靠政府的行政力量加以制约，重点是要加强环保监察部门的实际权力和执法能力，实行经济项目环保一票否决制等，把各项环境法律要求落到实处。

3. 社会层面

①权利监督

排污权制度是连接公权力与私权利的纽带，涉及商业利益和政府权力，特别是在初始权利分配领域，当排污权成为企业的一项生产要素时，其现实的稀缺性极有可能导致权力寻租。故而，排污权分配的规则机制就要非常完善，不仅在分配的过程中要尽量做到公平高效，而且在分配完成后还要有后续的大力监管、信息的公开透明，确保公共利益不受损害。

②舆论宣传，社会关注

排污权作为一种新兴的治污方式，公众缺乏深入了解，甚至很多企业也不了解相关制度安排，要想推行这一新制度，舆论宣传起着先导性的作用。排污权的制度设置，对企业、对社会有什么好处，在治理环境污染方面相对于其他方法的优势是什么。只有将这些问题以通俗易懂的方式向公众解释清楚，排污权制度才能得到社会的认可和支持，形成运行的基础。

六　今后研究与展望

本文所采用的第一层次初始排污权分配方法有一个缺陷，就是分配过程中公众利益没有得到有效反映。城市发展新区工业企业集中，排污量大，但并没有给当地居民一定的补偿，这就涉及侵犯当地居民的利益的问题。在有的文章中，作者提出可以通过将排污权在各区域内更加公平的分配来消除这一影响，也有人认为可以在土地价格中予以反映，本文对此考虑较少，可以在未来进一步研究。

由于缺少相关数据，本文只是简单地将北京市各区县作为污染源来进行排污权的分配，对区域内行业情况考虑较少。事实上，上文中也提及了北京市四个重要污染源，但没有进一步将排污权向行业进行分配，这需要更详细的数据支持，目前笔者查询了北京市各大数据资源中心，还没有有效的资源，随着排污权体制在中国的逐步发展，未来将会有更多相关数据资源，应对排污权在行业间的划分进行着重研究。

总的来说，排污权制度是一项运用市场规律减少环境污染，促进节能减排、产业升级、技术进步的制度，它具有成本较低、效率较高的优点。但该制度的培育和发展与完善的市场经济和法律监管密不可分。在我国的实践中，我们应该更多地考虑当地的实际情况，将理论与实践相结合，形成具有中国特色、地方特色的初始排污权分配制度。笔者相信，在政府、社会、企业三方的共同努力下，北京的空气污染情况终将得到有效的控制。

参考文献

赵海霞：《初始排污权的分配方式研究》，上海交通大学，硕士学位论文，2006。

赵文会：《初始排污权分配的若干问题研究》，上海交通大学，硕士学位论文，

2006。

李寿德、黄桐城：《初始排污权分配的一个多目标决策模型》，《中国管理科学》2003 年第 6 期。

赵文会、高岩、戴天晟：《初始排污权分配的优化模型》，《系统工程》2007 年第 6 期。

刘伦升：《大气污染物排污权初始分配研究》，武汉理工大学，硕士学位论文，2006。

吴兑等：《环首都圈霾和雾的长期变化特征与典型个例的近地层输送条件》，《环境科学学报》2014 年第 1 期。

陈龙、李寿德：《流域初始排污权分配的 AHP 法及其应用研究》，《上海管理科学》2011 年第 5 期。

瞿伟：《美国排污权交易的模式选择与效果分析》，《工程与建设》2005 年第 3 期。

Edwin W. Organizing Emissions Trading："the Barrier of Domes – tic Permit Allocation"，Energy Policy，2000，8.

Alex F. Multilateral Emission Trading：" Lessons from Interstate NOx Control in the United States"．Energy Policy，2001，29.

胡妍斌：《排污权交易问题研究》，复旦大学，硕士学位论文，2003。

陈德湖、徐大伟：《排污权拍卖理论研究综述》，《经济问题探索》2011 年第 8 期。

古宏伟、吴椒军：《浅析大气排污权初始分配的方法及其效率》，《华东经济管理》2007 年第 10 期。

苗壮、孙作人、吴戈、李智：《碳排放权及排污权分配研究》，《环境科技》2013 年第 10 期。

李寿德、仇胜萍：《排污权交易思想及其初始分配与定价问题探析》，《科学学与科学技术管理》2002 年第 1 期。

李寿德：《排污权交易产生的经济根源及其研究动态》，《预测》2003 年第 5 期。

马驰、吴晨烈、胡应得：《浙江省初始排污权的分配问题》，《资源开发与市场》2015 年第 1 期。

王勤耕、李宗恺、陈志鹏、程炜：《总量控制区域排污权的初始分配方法》，《中国环境科学》2000 年第 1 期。

国家环境保护局，中国环境科学研究院：《城市大气污染总量控制方法手册》，中国环境科学出版社，1991。

王洁方：《总量控制下流域初始排污权分配的竞争性混合决策方法》，《中国人口、资源与环境》2014 年第 5 期。

罗纳尔德·H. 科斯：《社会成本问题》，《法学与经济学》1960 年第 10 期。

哈丁：《公地的悲剧》，《科学》1968 年第 62 卷。

曼瑟尔·奥尔森：《集体行动的逻辑》，上海人民出版社，1995。

城市实践篇

Urban Practice

B.16

首尔地铁地下空间的规划现状
对北京的启示

——从用户体验角度出发进行地铁站地下空间规划的研究

沈劢旸 *

摘　要：　当前，北京正大力推动城乡一体化的建设，对于连接城乡的新地铁，随着交通结构的变化，乘客出行目的多样化、个性化需求的提高，其地下空间规划也需要进行深度的设计。本文将介绍用户体验在韩国首尔地铁站规划中的运用及对市政建设的影响，论述这一现状对北京的启示。

关键词：　地下空间规划　地铁　用户体验　大数据分析

从 2015 年 8 月 15 日起穿梭在首尔的大街小巷，首尔市用韩

＊ 沈劢旸，北京城市学院助教，硕士，研究方向为用户体验设计、信息设计。

（서울관광，지금이때다）、英（ Now is the time，Visit Seoul！）、中三国语言在公交车外壁上涂刷"就是现在，来首尔吧！"的广告语，并把这些公交车投入了132条路线。这些公交车将一直运营至中国国庆节期间。该广告语出自首尔市长朴元淳之手，朴元淳市长于2015年8月4日访问了北京，并召开了首尔旅游会展的推介会。这一系列举动充分体现了朴元淳市长对于首尔市旅游资源以及城市建设的信心。首尔市具备优秀的基础设施建设，其中首尔市地下空间的规划与北京相比具有较大的差异。本文首先从首尔地铁站的地下空间现状切入，分析其规划设计时采用的理念（用户体验）以及大数据技术的运用；然后根据首尔地铁地下空间的现状，结合北京城乡地铁线路建设，对规划设计将面对的问题进行分析；在此基础上，针对面对的问题，通过用户体验设计的理念引导，结合大数据技术的运用，为优化北京城乡地铁乘客搭乘地铁时的体验提出思路与建议。

一　首尔地铁地下空间规划对城市建设的影响及其理念

（一）首尔地铁的地下空间规划现状

首尔市面积为605万平方公里，常住人口超过1000万人，其都市区内大型商圈数量和地铁系统密度等均位居世界各大型都市前列。首尔市的地铁通勤压力与北京相仿，但是在地下空间规划上有所差异。乘客搭乘首尔地铁抵达某站后，在离开车厢到抵达地面这个过程里通常会经过两个区域：服务区和商业区（见图1）。其中服务区多包含老年市民及残疾人休息区域、幼儿看护区域、道路信息查询智能终端、洗手间、文化展示区等；商业区多包含化妆品店、连锁超市、药店、书店、咖啡甜品店、文具店等。由此可见，首尔地铁不仅仅承担了运送乘客上下班的功能，其地下空间的规划设计十分重视不同类型的乘客及日益增加的多样化的出行目的和乘客的个性化需求。

（二）该规划显著解决了市民出行时的多种问题

1. 提高了老龄市民出行时的舒适度

首尔是老龄化严重的城市，2014年全市超过65岁的老龄人口达到120万人，2015 年达到了 130 万人，约占整体人口的 13%。首尔市政府为了改善老龄人口外出质量、鼓励老龄人口搭乘地铁外出，要求在每个站点必须为老年人提供专门的休息区①。

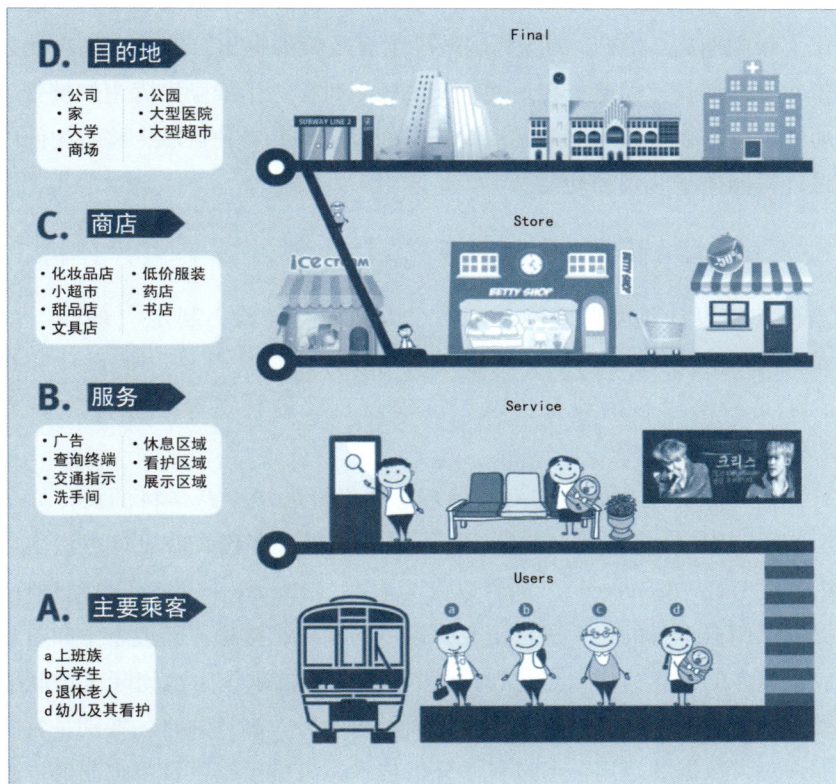

图 1 首尔地铁乘客出站过程

2. 通过购买商品缓解了上班族的疲劳感，增强活力

2014 年，韩国 29 岁（中国 28 岁）以下青年就业率以每年 2.5% 的速度下滑。因此，首尔地区青年就业压力逐年增长，乘坐地铁的人数增多。首尔地铁站的密度和深度要高于北京，上班族在站内行走距离较长，单调地行走非常容

---

① 首尔市政府官方博客：《"政策跟着需求走"，全面利用大数据》，http：//blog. sina. com. cn/ s/blog_ 5f5ce7a70101i0tw. html，2014 年 4 月。

易加深疲劳感。因此，站内靠近出口的位置设有咖啡店、连锁超市，为青年上班族提供餐饮以提高活力。

3. 增加对家庭主妇等非经济活动人口的关怀

2014 年，韩国全国从事非经济活动人口中，家庭主妇的人数达到了 597万，比上年同期高 2.1%。因为韩国鼓励生育政策的提出，家庭主妇与幼儿的数量正在不断增长。因此，在地铁空间的规划时，为了鼓励家庭主妇携带幼儿搭乘地铁出行，在多数线路的站点地下空间设有幼儿看护区域，将卫生间的风格也设计得倾向于儿童和幼儿。

（三）韩国地铁地下空间的规划设计理念之一——用户体验

当代规划设计主要依赖规划师的个人知识与经验，制定"理性"的规划，最终给出规划设计结果。城市规划与设计注重"硬件"的设计和技能培养，但是对跨学科的设计方法、流程以及实施状态等"软件"研究不力[①]。

21 世纪以来，用户体验这一设计理念在设计领域中跨学科的设计方法中被广泛使用。用户体验（User's Experience），在设计界代表着设计方法由以技术为中心（Tech – Centered），向着以人为中心（Human – Centered）过渡。该方法提倡从用户本身的行为进行研究，以不同用户在接触产品或者空间下意识的反应或思考的内容为切入点进行设计[②]。同时，首尔作为被国际电信联盟选定的智慧城市典范，在基础设施建设方面做出的努力有目共睹。特别是首尔市计划加强对大数据的运用，通过科学分析技术，为市民提供量身定制的行政服务，实现行政资源浪费最小化。

因此，通过用户体验的理念分析用户（乘客），经过大数据技术推敲、求证，得出不同用户的出行需求和个性化需求，再进行规划与设计，这是首尔地铁地下空间规划成功的原因之一（见图 2）。

---

① 龙瀛等：《数据增强设计——新数据环境下的规划设计回应与改变》，《城市研究》2015 年第 5 期。
② 김도환等：《UX DESIGN 如同讲故事》，韩：Acorn 出版社，2012。

图2 从用户体验角度进行地铁地下空间规划的理念

二 北京城乡地铁地下空间规划设计将要面对的问题

（一）城乡一体化的建设对北京城乡地铁交通系统的影响

据北京市重大项目建设指挥部办公室官方网站资料显示，2013年7月北京市发改委提交《轨道交通2020年建设规划及社会化融资的建议》。该规划包括最新的机场线西延、房山线北延、9号线北延、平谷线、R1线、R5线"S6线"等多条线路。以上线路建设，有助于打通断头线、加密线网、强化重点产业功能区的出行。清河小营、学院路、田村、樊羊路、夏家胡同、四季青、未来科技城、双桥以及平谷新城等区域均有望打破没有轨道交通的历史。目前，全市运营的18条线路已经覆盖北京11个市辖区。近几年来，以城六区为核心的地铁网，正在加速向顺义、昌平、房山、大兴、通州等地延展①。由此可见，城乡地铁作为轨道交通的重要一环，是新型城镇化发展的客观需求。

---

① 北京市发改委：《轨道交通2020年建设规划及社会化融资的建议》，2013年7月5日。

国家"十二五"规划纲要提出的"以大城市为依托，以中小城市为重点，逐步形成辐射作用大的城市群，促进大中小城市和小城镇协调发展"的方针，表明了城镇化发展的方向、重点及要求①。

对于北京而言，新型城镇化的发展将以北京市区的都市圈为起点，积极带动周围城镇的协调发展，其将对城乡地铁带来新的要求：

（1）北京都市圈级周围中小城镇居民的出行量将迅速增长；

（2）北京都市圈周边通勤人数增多；

（3）不同类型的乘客将导致出行目的和出行个性化需求的多样化发展。

（二）未来城乡地铁乘客类型和出行目的地的多样化发展

通过以用户为中心的用户体验理念思考，一切政策、规划及设计都应该是紧紧围绕着乘客本身进行的。未来城乡地铁的乘客类型可基本分为4类。

1. 一般工作族（与都市圈内的工作族类似）

随着地铁线路的建设，线路走向确定后，一般工作族都期待沿途车站距离自己居住或工作的地方越近越好。因此未来选择在新城乡地铁附近工作或者租房、购房的上班族将成为城乡地铁乘客中必不可少的一部分。该类乘客出行的目的以通勤为主。

2. 教育、医疗等工作者

根据《京津冀协同发展规划纲要》，北京未来15年的重要任务是有序疏解非首都功能，降低集聚在北京市区的教育和医疗等公共服务压力，要求在2017年有实质性进展，需要推进城乡教育、医疗行业的均衡发展，积极引导市区的高校及优质医疗卫生资源向郊区布局。同时，在教育行业除高校外，未来还会有软件培训、各类研究院、产业园在郊区落户，由此将出现大量北京市区的教育、医疗工作者通过乘坐地铁前往郊区甚至北京周边、河北省的新工作地点。

3. 学生和就医者

随着高校等教育机构和医院资源向郊区布局，大量学生和就医者也随之出现。目前，北京工商大学、北京建筑大学和北京城市学院的本科生与西城区的

---

① 边颜东等：《科学规划建设轨道交通支持新型城镇化发展》，《城市轨道交通研究》2014年第10期。

4 所中等职业学校已开始从中心城区迁往五环外的新校区，并将推进天坛医院、同仁医院和友谊医院等一批中心城区优质医疗机构向郊区疏解。其中北京城市学院的 5000 名学生即将入住顺义校区，这 5000 名学生有大半来自北京城 6 区及近郊 5 区，周末搭乘城乡地铁往返学校和家中成为最理想的交通方式之一。从就医的角度看，如果优质医疗资源向郊区移动，就医者可根据自己居住的地点及挂号排队的压力进行考虑，未来将会有部分市区和近郊患者选择在非都市圈内的医院治疗。

4. 旅游者

随着新型城镇化的发展，不同产业园区与周边农村地区产业发展的有效衔接，在生态环境优良的远郊区积极发展大型娱乐公园、主题文化旅游等现代绿色服务业将成为可能①。随着近远郊旅游资源的深度发掘与地铁交通的对接，城市人口去京郊游玩又有了新的出行方式，带来新的体验。同时，通过地铁，城镇人口也可前往北京市区的著名旅游景点进行旅游。

综上所述，改善以上 4 类人群出行时的体验，将成为未来地铁地下空间规划与设计时要考虑的重要一环。

三　通过城乡地铁地下空间规划改善乘客的体验

（一）通过大数据技术收集乘客的信息

韩国市政规划的成功原因之一是以用户体验为理念，牢牢把握从市民本身出发去制定政策的原则，而能让这一理念转化为落地的实质性进展，大数据统计及分析技术功不可没。例如，首尔市计划在分析"老人余暇福利设施用地"以及寻找"市政信息最佳投放点"时也导入大数据分析法。具体包括从 100 亿条以上的通信统计数据中提取的每个时间段、每天的数据，包括流动人口数据、居住人口数据、收入推测信息、老人设施信息、道路和车辆的分布情况以及上班族人口数据等。

---

① 王朝华：《北京城乡一体化发展过程中存在的问题及对策分析》，《经济论坛》2014 年第 6 期。

首尔市在 2015 年执行老人余暇福利设施扩充计划时运用老人余暇福利设施用地分析，包括各社区 60 岁以上老人的特点分析、福利设施的分布和供需现状及使用情况等分析。例如，分析结果显示，每 10 位老人中有 9 人（89%）使用所居住社区内的福利设施；同时使用两种以上福利设施的老人仅为 4.5%；63.6% 的设施使用者选择步行 16 ~ 17 分钟距离以内的设施；20% 的人不考虑路程远近，选择设备良好、大规模的设施；等等。

北京目前的"数字城市"正在各区县建设中，并向着"智慧城市"的方向升级①。对于地铁地下空间规划而言，重点在于前期的数据分析，而尚不涉及后期的随时随地通过智能手机交互，因此北京各区县的技术条件均已具备。

利用大数据技术进行统计与分析每个地铁站周边的基础设施建设情况，预估未来出现的乘客群体，并根据该群体出行时的行为和需求，进行地下空间的规划与设计，应成为发展的必然趋势和基本要求。

（二）分析乘客信息，改善乘客出行体验

根据上文提及的乘客类型，未来可根据区域划分后进行大数据统计分析，再依据用户体验的理念进行规划设计。

目前，在尚无数据统计分析结果的情况下，根据以往的经验判断，以上乘客类型的群体特征、行为，以及出行体验优化方案如下（见表1）。

表 1　城乡地铁乘客信息分析表

	乘客类型	群体特征	行为	出行体验优化方案（提供服务）
1	一般工作族 教育工作者 医疗工作者	长距离乘车身体疲惫	车内小憩看手机玩手机赶时间	上下车站、换乘车站提供快捷餐饮功能饮料售卖、推介手机游戏等休闲娱乐、APP 推介地图搜索类交互 APP 推介

---

① 温宗勇：《面向智慧城市的数字北京建设与发展》，《第八届中国智慧城市建设技术研讨会论文集》，2013 年 11 月。

续表

乘客类型		群体特征	行为	出行体验优化方案（提供服务）
2	学生	闲暇时间长、求知欲强、有活力	玩手机看手机多为每周一次往返乘车	地图搜索类交互 APP 推介驾校、软件等培训机构推介手机游戏推介游乐园、主题公园等旅游资源推介
3	旅游者	兴奋	喜拍照、当地特色餐饮购物	旅游资源推介当地文化设施当地文化商品、手工艺品出售
4	就医者	身体状况不如常人	偏好良好、舒适的设备不愿长距离行走	舒适、良好的休息区域医疗、求助应急设备直通医院或医院附近的通道

1. 一般工作族、教育工作者、医疗工作者

该群体的工作性质基本一致，多为单位在近远郊，而居住地在都市圈内，需要搭乘城乡地铁上下班的人群，也有部分一般工作族选择房价较低的近远郊购房、租房，搭乘地铁前往都市圈内上班。该类群体的特点是长时间、长距离乘车，易感疲惫，容易发生在车内小憩或者看手机、玩手机打发路上时间，并且每日上下班均需历经此流程，单调而且乏味。因此，根据该类乘客的行为，可以进行以下设施和服务的提供。

（1）在上下车密度较高的车站提供快捷的餐饮服务，如便利店、咖啡店等；

（2）提供功能性饮料的贩售、促销，以及相关广告展示；

（3）该用户为手机和上网族，可提供手机游戏或其他相关 APP 的推介（广告、现场推介等方式）；

（4）如未来通过"智慧城市"的建设，该类用户可以成为地图搜索互动类 APP 的典型用户，需要提供引导和推介；

（5）该群体的出行十分单调、乏味，并且有赶时间的现象普遍存在，因此所有服务均以快捷、高效为准则。

2. 学生群体

随着教育资源，尤其是北京高校向近远郊的迁移，越来越多的大学生会入住近远郊的学校宿舍。其中北京生源将会优先考虑搭乘地铁在周末前返家并于周日返校。学生群体的特点是充满求知欲，并不满足于课堂所授知识，并且闲

暇时间长、充满活力。该群体在地铁上的行为基本以聊天、玩手机、看手机为主。针对以上行为，可以进行以下措施。

（1）为闲暇时间长、求知欲望强、就业压力大的学生群体提供驾校（地铁沿线）、软件培训、语言培训等教育机构的推介；

（2）手机游戏的推介；

（3）游乐园、主题公园等旅游资源的推介；

（4）如未来通过"智慧城市"的建设，该类用户可以成为地图搜索互动类 APP 的典型用户，需要提供引导和推介。

3. 旅游者

未来有可能搭乘地铁旅游的人群多为城市人口。随着近远郊旅游资源和当地产业的结合，旅游园区的工作人员将越来越专业，园区也将建设得越来越完善。考虑到目前自驾游的成本、路况等多种不利因素，部分城市人口将选择地铁出行。该类游客的特点是随着暂时抛开工作和生活的烦恼，容易兴奋。旅行出门在外的行为是偏好于有特色的餐饮、购物，以及拍照。因此，在旅游资源所在地的地铁站内，可提供以下设施和服务。

（1）与当地旅游资源契合的文化设施（可供拍照、合影等）；

（2）当地或者其他城乡沿线旅游资源的深度推介（除户外广告外，可提供二维码、微信号等）；

（3）售卖当地文化商品、手工艺品等纪念品。

4. 就医者

随着医疗资源向近远郊迁移，短期内或许前往郊区医院的患者多为城镇人口，但随着城内医院的人多、挂号难等因素影响，未来也会有部分城市患者搭乘地铁前往郊区就医。无论是哪一种情况，城镇人口和城市人口均有可能选择通过地铁出行就医，前提在于医疗条件和口碑良好，其次是出行的体验较为舒适。病患的特点是受到伤病困扰，身体状况不如常人，不愿意或者无法长距离行走，偏好良好、舒适的设备。因此，未来可通过大数据分析，在病患出现较多的沿线站点及医院附近站点进行以下规划。

（1）提供舒适、良好的休息区域和医疗、求助应急设备；

（2）在医院附近的站点规划时，设立直通医院或者医院附近的快速通道。

北京市轨道交通枢纽及周边城市交通现状与对策分析

马静 房明 郝峻弘*

摘　要：　通过对北京市现有轨道交通枢纽及周边交通现状调研，分析产生原因及外在影响因素，探讨枢纽周边交通环境调整与优化的对策及方法，包括提高既有道路通行能力、完善道路与枢纽及重要建筑物衔接空间、调整周边道路开发模式、优化路网体系及道路配置，以及加强周边道路使用方式管理。

关键词：　城市交通　轨道交通枢纽　北京市

城市道路是一座城市的骨架体系，支撑着一个城市的社会、生活、经济命脉。根据其在路网中的地位、交通功能以及对沿线建筑物的服务功能等，城市道路划分为快速路、主干路、次干路和支路四类。① 城市道路作为城市常规路上交通的重要载体，规划、建设、使用、管理是城市整个交通体系的基础，其良性的运作是城市交通运行顺畅的重要保障。随着北京市的轨道交通（地铁、轻轨等）建设力度的增加、营运里程数的不断刷新，轨道交通在城市交通中的出行分担率呈逐年上升趋势。在城市的日常出行方式中，越来越多的

---

* 马静，北京城市学院，工程师，硕士，研究方向为交通建筑设计、公共建筑设计及其理论；房明，北京城建设计发展集团股份有限公司，工程师，研究方向交通建筑设计及其理论；郝峻弘，北京城市学院，副教授，硕士，研究方向住宅建筑设计。
① 中华人民共和国住房和城乡建设部：《城市道路工程设计规范》（CJJ337－2012），2012年1月11日发布。

人选择常规路上交通与轨道交通相结合的公共交通出行方式，从而提高出行效率、降低出行成本。鉴于此，作为多种交通方式衔接的载体，轨道交通枢纽及其周边的城市交通环境就成为决定整体交通效率的关键一环。在轨道交通准时、快捷、高效的大运量公共交通服务周边，配以完善的城市交通环境，能够保障轨道交通运行优势的充分发挥，并为客流离开轨道交通后提供良好的换乘环境。尤其在轨道交通枢纽①周边，城市用地功能复合度高、业态综合的区域内，合理规划、配置周边城市交通的同时，良好的运行管理也至关重要。纵观北京，轨道交通枢纽周边城市交通建设情况及实际运行效果，城市交通体系在公众日常出行过程中提供了各种便捷服务，但也存在许多需要完善之处。因此，调查分析北京市轨道交通枢纽周边的城市交通现状，挖掘其内在的成因，通过借鉴各国各地区的先进理念和解决方法进而形成符合北京市实际情况的、行之有效的调整对策，对于城市管理与实践具有重要的理论价值与现实意义。

一 北京市轨道交通枢纽周边城市道路建设及使用现状

在世界范围内，"国际化大都市"至今仍无公认的定义。然而，北京的国际化大都市地位，无论从何角度释义均毋庸置疑。交通问题一直以来都是世界各大国际化大都市为人们所关注的重点，与城市发展水平、运行效率、城市吸引力等紧密相连。随着 2015 年北京市将通州作为副中心工作进入全面执行阶段，不难解读这一决策在"疏解"北京城市功能的重任中所承担的缓解北京交通拥堵的重要责任。随着北京市交通委将通州由原本的轨道交通末端站点定位为核心式放射点状中心枢纽，更加体现出交通问题在政府重大决策中所占的地位举足轻重。而事实上，为提升城市效率、出行舒适度、降低出行成本，北京市政府早在多年前就已明确着力打造以公共交通为主体的发展方向。2009年，更指出在城区内原有交通格局基础上，遵循中长期交通发展战略，在北京

---

① 本文中"轨道交通枢纽"是指包括轨道交通及其他类型公共交通的换乘枢纽站点，兼具交通中心和公众服务的功能。

市交通中优先发展以公共交通为主导的"公交城市"建设。① 在 2014 年北京市人民政府办公厅印发的《北京市人民政府关于加快公共交通发展提高服务和管理水平的意见》（京政发〔2014〕4 号文件）中更加强调了"坚持公共交通优先发展战略，加快现代化综合交通体系建设"，着重指出在提升地面公共交通运行效率、强化轨道交通运营保障的同时，更要提高公共交通服务水平，改善公共交通接驳条件。基于此，无论是既有路上公交、自行车、社会车辆停放场所等交通设施，还是既有轨道交通枢纽，均应在现有基础上进一步优化配置、运营与管理，从而实现与所在区域的深度融合，发挥更大作用。纵观北京市现有轨道交通枢纽周边城市交通现状，建设力度之大、投入精力之多为人所惊叹。

（一）北京市轨道交通枢纽建设及使用现状

1. 北京市轨道交通枢纽建设现状

轨道交通枢纽在城市交通体系中起关键性作用，衔接公共电汽车、出租车、小汽车、自行车、地铁、轻轨等多种交通方式，是保障换乘效率、出行品质的重要环节。2014 年，北京市城市建设中在道路建设、公共电汽车建设以及轨道交通建设方面均取得了长足的进步。截至 2014 年年底，北京城市道路里程增加 41 公里，总里程数达 6435 公里。公共电汽车较 2013 年增加运营线路 64 条，达 877 条；运营总里程增加 659 公里，达 20347 公里；运营车辆增加 491 辆，达 24083 辆。轨道交通运营线路增加 1 条，达 18 条（见图 1）；运营线路长度增加 62 公里，达 527 公里。② 随着轨道交通线路网络建设的日渐完善，选择轨道交通方式出行的人次逐年增加。相应地，选择路上交通的人群一方面享受着逐渐细化的公交覆盖网络服务，另一方面则有更多的机会和节点可以便捷选择换乘，使用人数呈逐年下降趋势（见表 1）。

---

① 北京市政府：《北京市建设人文交通科技交通绿色交通行动计划（2009－2015 年）》，2009 年。

② 北京市统计局、国家统计局北京调查总队：《北京市 2014 年国民经济和社会发展统计公报》。

图1　北京地铁 2014 年线路图

资料来源：北京地铁，http：//bjsubway.com/。

表1　2007～2014 年北京市公共电汽车及轨道交通客运量

年份	公共电汽车			轨道交通		
	营运线路（条）	客运量（亿人次）	较上年增减率(%)	营运总里程（公里）	客运量（亿人次）	较上年增减率（%）
2007	644	42.2	—	141	6.5	—
2008	671	47.1	+11.6	200	12.1	+86.2
2009	692	51.6	+9.6	228	14.2	+16.9
2010	713	50.4	-2.3	336	18.4	+29.3
2011	740	49.9	-1.0	372	21.9	+18.2
2012	779	51.5	+3.2	440	24.6	+12.3
2013	813	49.0	-4.9	465	32.1	+30.5
2014	877	47.0	-4.0	527	34.1	+6.3

资料来源：北京市统计局、国家统计局北京调查总队，2007～2014 年《北京市国民经济和社会发展统计公报》。北京信息统计网，http：//www.bjstats.gov.cn/。

　　随着交通设施的不断建设与完善，越来越多的换乘站点、交通枢纽应运而生。这些枢纽当中，有的是在原有站点基础上改建而成，也有的是增建、扩建而成。在轨道交通近年来刚刚覆盖的城市新区域，更多以新建的交通枢纽为主。其中不乏已批复规划设计方案，正在紧张建设中的枢纽（见表2）。轨道交通枢纽的建设，无疑为提高出行方式的衔接效率带来了更多的便捷。

表2　北京市轨道交通枢纽建设类型及现状

枢纽名称	衔接交通内容	建设类型	建设现状
动物园枢纽	地铁4号线、动物园交通枢纽	改建	竣工投入使用
一亩园枢纽	地铁4号线、西苑交通枢纽	新建	竣工投入使用
北苑北枢纽	地铁5号线、路上公交车首末站	新建	竣工投入使用
东直门枢纽	地铁2号线、地铁13号线、机场线、东直门交通枢纽	改建+新建	竣工投入使用
四惠枢纽	地铁1号线、八通线、四惠交通枢纽	改建+新建	竣工投入使用
宋家庄枢纽	地铁5号线、地铁10号线、亦庄线、路上公交车首末站	新建	竣工投入使用
望京西枢纽	地铁13号线、地铁15号线、路上公交车首末站	新建	2015年朝阳区将该项目列入年度第一批市政府扩大内需重大项目绿色审批通道
西直门枢纽	地铁2号线，地铁4号线，地铁13号线，路上公交车首末站、中途站	改建+新建	竣工投入使用
北京南站枢纽	地铁4号线、城际高铁、北京南站交通枢纽	新建	竣工投入使用
北京西站北广场枢纽	地铁9号线，城际铁路，路上公交车首末站、中途站	改建+新建	竣工投入使用
北京西站南广场枢纽	地铁9号线，城际铁路，路上公交车首末站、中途站	改建+新建	竣工投入使用
六里桥枢纽	地铁9号线、地铁10号线、六里桥长途站、六里桥客运主枢纽	新建	竣工投入使用
苹果园枢纽	地铁1号线、磁悬浮S1线（地铁6号线轻轨段）、苹果园交通枢纽	改建+新建	2014年开工，拟于2018年竣工

　　资料来源：北京市统计局、国家统计局北京调查总队，2007～2014年《北京市国民经济和社会发展统计公报》。北京市规划委员会，http：//www.bjghw.gov.cn/。

2. 北京市轨道交通枢纽使用现状

　　在北京市目前已建成投入使用的轨道交通枢纽中，换乘类型及使用过程中所呈现的优点与不足各异（见表3）。根据枢纽建设方式、建设完成度不同，轨道交通枢纽在北京市交通体系中所表现出的主要优点体现在：有序梳理轨道交通与常规路上交通间的相互关系，多条线路集中一体化设置避免零散换乘的流线过长，提升公众出行换乘、候车环境品质。虽然各部分建设时期存在较大差异，但根据整体规划按部就班有序进行，缓解了原有路面交通的巨大压力。然而，随着其使用频率的提升，在城市交通体系中核心作用的逐渐凸显，也有一些不足之处显露出来。其中较为重要的一些影响包括：不同类型交通方式衔接界面不清晰或换乘距离不当导致人流堵塞，枢纽区域商业部分与交通部分分区不明确互相干扰或结合度不高而影响交通客流商业价值的充分发挥，客流潮汐性明显导致特定时段的乘客峰值超出设计预期破坏枢纽实际使用品质。北京市公共交通出行分担率在 2015 年拟在中心城区公共交通出行比例达到 50%，公共交通机动化出行分担率预期达到 60% 以上的新目标①，远高于国内其他城市，若能在实际使用中加以良好的管理与协调将会取得更佳效果。

（二）北京市轨道交通枢纽周边城市道路建设及使用现状

1. 北京市轨道交通枢纽周边城市道路建设现状

轨道交通枢纽周边的城市建设条件包括城市道路、配套公交车站等相应的道路交通设施。通过对北京市现有轨道交通枢纽周边城市道路现状的调研发现，在新建的枢纽周边，绝大多数配置有道路等级与之需求相适应的城市道路。在交通枢纽客流高峰时段出现波动型交通压力时能够通过城市道路的管理、调整得到一定的缓解。

表3　2015 年北京市轨道交通枢纽使用情况

枢纽名称	换乘特点		优点	缺点
	轨道交通与路上交通	轨道交通间		
动物园枢纽	地面换乘	—	多条线路集中设置换乘便捷	周边物业、商业开发与枢纽衔接关系复杂，界面不清晰；社会停车空间短缺
一亩园枢纽	地面换乘	—	周边交通环境较为宽松；设有社会停车场	周边商业开发与枢纽衔接不紧密；周边交通人车混行

---

① 《北京市区公交出行将达 50%》，《科技日报》2015 年 3 月 2 日，第 9 版。

枢纽名称	换乘特点		优点	缺点
	轨道交通与路上交通	轨道交通间		
北苑北枢纽	地面换乘	—	设有 P+R 停车场	潮汐性交通客流量大;周边交通人车混行;社会停车空间不足;规划未全部实施
东直门枢纽	一体化换乘		多条线路集中设置一体化换乘;周边业态开发模式较为合理	周边商业开发不完善;缺少社会停车空间;室内换乘区域空气质量不理想
四惠枢纽	地面换乘	室内换乘	配套公共交通设施较齐备;设有 P+R 停车场	轨道交通与路上交通换乘流线过长;社会停车空间不足;周边交通环境管理不到位
宋家庄枢纽	一体化换乘		多条线路集中设置一体化换乘;换乘环境较好;规划建设到位	周边交通环境建设不到位;缺少社会停车空间
望京西枢纽	地面换乘	室内换乘	规划设计方案合理,但建设尚未完成	周边交通环境建设、管理不到位;周边交通人车混行;缺少社会停车空间
西直门枢纽	地面换乘	室内换乘	多条线路集中设置一体化换乘;周边业态开发模式较为合理	换乘线路过长;周边交通环境道路单向行驶过多;缺少社会停车空间
北京南站枢纽	一体化换乘		轨道交通与公交一体化换乘;社会停车空间充足;换乘环境舒适	潮汐性交通客流量大,对周边城市交通影响较大;社会停车空间内部流线不畅、管理不到位
北京西站北广场枢纽	地面换乘	—	路上公共交通与国有铁路换乘流线合理	周边商业开发不完善;多种交通方式建设时期相距较远,换乘不便捷;社会停车空间不足
北京西站南广场枢纽	地面换乘	—	路上公共交通与国有铁路换乘流线合理	周边商业开发不完善;多种交通方式建设时期相距较远,换乘不便捷;社会停车空间不足
六里桥枢纽	地面换乘	—	多种交通形式集中设置;客流目的性较单一	周边城市道路等级不匹配;周边交通环境管理不到位;缺少社会停车空间
苹果园枢纽	地面换乘	—	规划设计方案合理,但建设尚未完成	周边商业开发模式不合理;换乘流线不合理;换乘环境较混乱;社会停车空间不足

注:①北京市轨道交通枢纽使用情况调研截止到 2015 年 5 月;

②P+R (Park and Ride) 停车场,即换乘停车场;

③一体化换乘,包括地面换乘和枢纽建筑室内换乘两种方式。

然而，位于城市中心区域的枢纽周边却由于其既有城市建设环境改造成本高、困难大，使得在改建而成的交通枢纽周边呈现出城市道路等级与枢纽自身交通运行所需承载条件出入较大的现状（见表4）。尤其在本已饱和的城市道路区域，在与交通枢纽协同运作的过程中，来自交通枢纽的大量客流，使得城市道路压力进一步增加，在城市日常运转中很难以最佳的状态投入使用。在城市建成区改扩建的交通枢纽周边，尽管既有城市道路难以更新，但在使用管理方面却有一定的可优化空间。在配套交通设施方面，各大交通枢纽周边虽然部分设有社会车辆停车场，但在数量上却普遍有待增加，如北苑北枢纽。距离城市中心区较远的枢纽周边停车场设置情况明显优于位于城市中心区的各大枢纽。尤其在城市中心区改建而成的枢纽，如东直门枢纽、动物园枢纽等，连内部工作人员的停车问题都有待解决。对位于城郊转换区域的枢纽而言，尚未设置 P＋R 停车场的枢纽，应随运营需求的不断增加，考虑在周边临近范围内尽可能解决这一问题。

表4　2015年5月北京市轨道交通枢纽周边城市道路建设情况

枢纽名称	周边城市道路建设情况	社会停车场设置
动物园枢纽	城市主干路1条,城市次干路1条,城市支路2条	无
一亩园枢纽	城市次干路1条,道路根据交通流量设置分向设置	有
北苑北枢纽	轨道交通高架建设,城市主干路1条,城市支路2条	有
东直门枢纽	城市快速路1条,城市主干路1条,城市次干路1条	无
四惠枢纽	城市快速路1条,城市支路3条	有
宋家庄枢纽	城市次干路1条,城市支路3条	无
望京西枢纽	城市快速路1条,城市次干路2条(含1条高架架设)	无
西直门枢纽	城市快速路1条,城市主干路1条,城市支路多条	无
北京南站枢纽	城市次干路2条,城市支路1条	有
北京西站北广场枢纽	城市主干路1条(主路为下穿封闭道路)	有
北京西站南广场枢纽	城市主干路1条,城市次干路1条,城市支路2条	有
六里桥枢纽	城市快速路1条,城市支路3条	无
苹果园枢纽	城市支路2条,西侧封闭道路施工	有

资料来源：百度地图，http：//map. baidu. com/Google Earth。

2. 北京市轨道交通枢纽周边城市道路使用现状

轨道交通枢纽周边城市道路的使用情况与枢纽交通作用的有效发挥有

着直接的关联。良好的周边交通环境是路上交通与枢纽实际作用充分发挥的保障。在北京市轨道交通枢纽周边包括了从城市快速路到城市支路的各种等级城市道路。根据对交通流量实时信息在 2015 年 3~8 月资料的跟踪调研显示,枢纽周边的各级城市道路均在早、晚上下班高峰时段呈现道路拥堵或行驶缓慢的情况(见表 5)。尤其以设置在城郊衔接部位的枢纽周边,具有极强潮汐性的客流所引致的周边道路拥堵情况最为突出,如四惠枢纽、望京西枢纽。设置在城市中心交通日常流量较大的枢纽(如东直门枢纽)以及城市交通与城际交通衔接的日常客流量均较大的枢纽(如北京南站枢纽、北京西客站北广场枢纽等),其周边城市道路则在非早、晚上下班高峰时段呈现道路承载力趋于饱和或行驶缓慢的现状。尽管在城市道路与交通枢纽协同运作的过程中出现了局部交通在部分时段内拥堵或行驶缓慢的情况,但对北京这样一座特大型城市而言,在汽车保有量逐年上升,至 2014 年已达全市机动车 559.1 万辆的情况下[①],城市交通的拥堵指数近年来首次出现未上升,已经体现出交通枢纽的巨大贡献[②]。同时,随着城市范围的不断扩大,交通枢纽及配套周边建设的不断完善,实现了公众出行效率及舒适度的持续上升。

表 5　北京市轨道交通枢纽周边城市道路使用现状

枢纽名称	所在区位	道路使用现状
动物园枢纽	城市中心区	早高峰:城市主干路临枢纽侧辅路拥堵 晚高峰:城市主干路临枢纽侧辅路行驶缓慢
一亩园枢纽	城区	早高峰:城市次干路南侧辅路拥堵 晚高峰:城市次干路南侧辅路拥堵,主路行驶缓慢
北苑北枢纽	城郊转换区	早、晚高峰:城市主干路主、辅路拥堵 日间时段:城市主干路辅路行驶缓慢
东直门枢纽	城市中心区	早、晚高峰:城市快速路、城市主干路拥堵 日间时段:城市主干路辅路行驶缓慢

① 北京市统计局、国家统计局北京调查总队:《北京市 2014 年国民经济和社会发展统计公报》,2014。

② 北京交通发展研究中心:《北京市交通发展年度报告(2014)》。

枢纽名称	所在区位	道路使用现状
四惠枢纽	城区	早、晚高峰:城市主干路南侧拥堵,南侧辅路行驶缓慢
宋家庄枢纽	城郊转换区	早、晚高峰:城市次干路拥堵,东、南侧城市支路缓慢 日间时段:城市次干路行驶缓慢
望京西枢纽	城区	早、晚高峰:城市快速路临枢纽侧及城市次干路拥堵
西直门枢纽	城市中心区	早、晚高峰:城市快速路、城市主干路拥堵
北京南站枢纽	城市中心区	早、晚高峰:枢纽周边各条城市道路拥堵 日间时段:进入枢纽城市道路行驶缓慢
北京西站北广场枢纽	城市中心区	早、晚高峰:临枢纽侧城市主干路辅路拥堵 日间时段:临枢纽侧城市主干路辅路行驶缓慢
北京西站南广场枢纽	城市中心区	早、晚高峰:临枢纽侧城市主干路辅路拥堵 日间时段:临枢纽侧城市主干路辅路行驶缓慢
六里桥枢纽	城区	早、晚高峰:城市快速路临枢纽侧匝道及辅路行驶缓慢 日间时段:城市支路行驶缓慢
苹果园枢纽	城郊转换区	早高峰:城市支路行驶缓慢 晚高峰:城市支路拥堵

注:百度地图——实时路况,根据主要来自北京世纪高通科技有限公司、北京九州联宇信息技术有限公司、北京北大千方科技有限公司三家公司的路况数据信息,以每3分钟更新一次的频率更新实时路况。路况等级分为畅通、行驶缓慢、拥堵三类。

资料来源:百度地图——实时路况,http://map.baidu.com/fwmap/zt/traffic/。

二 北京市轨道交通枢纽周边城市交通现存主要问题

轨道交通枢纽在城市交通体系中发挥重要作用的同时,其周边配套城市交通也起着重要的联系和支撑作用。缺乏良好城市交通环境的支持,枢纽的运行效率也将受到一定的影响。通过对北京市现有轨道交通枢纽周边交通情况的调查研究,其在实际使用过程中存在的主要问题集中表现为枢纽周边现有城市道路通行能力不足、周边城市道路与城市环境融合度不高、枢纽周边城市道路与城市环境融合度较低,以及周边城市道路沿街商业开发模式不当等几方面。

（一）周边城市道路通行能力不足，影响轨道交通枢纽使用效率

1. 现有公共交通设施设置不足导致路上交通与轨道交通接驳脱节

由于北京市现有轨道交通枢纽中多数为原有局部改建而成，在交通枢纽中各类不同交通方式间转换大多数采用地面换乘形式。地面换乘时配套的公共交通设施则显得尤为密切。在包含有公共汽车大型场站的枢纽，如动物园枢纽、北京南站枢纽等，轨道交通与路上公共交通换乘时，乘客能够在集中场所按照标识快捷地找到换乘目标。然而，在一些枢纽周边却因未设置集中区域的公交车等候场所，或轨道交通站点周边道路交通条件较为复杂而使得换乘过程充满障碍。部分枢纽周边由于公共电汽车在站点设置上存在同一站点设置停靠线路数量限制，而导致站点分散，如西直门枢纽、东直门枢纽室外公交换乘区域。公交候车区域过长自然导致换乘效率降低。此外，在城市道路边设置的侧式（岸式）公交站由于未规划与之相对应的停车上下客区域及驶入驶出的公交车专用道，而在实际使用过程中直接影响到城市交通的正常运行。由此，交通枢纽及周边区域给城市交通所带来的压力也就更为明显，尤其是在早、晚上下班高峰时段。

2. 现有城市道路周边配建停车位数量不足，增加路面交通压力

就配套建设停车空间而言，城郊衔接处的枢纽周边停车场设置更为重要。P+R停车场模式对调节和缓解城市中心区的交通压力具有很好的作用，可以将进入城市中心区域的车辆在城市边缘予以分流。目前，北京市正在提倡并大力建设P+R停车场，而在现有轨道交通枢纽旁所设置的停车场则主要分为两类：第一类，在枢纽周边设有集中社会车辆停放场所，但停车位数量与实际需求却仍有一定差距，致使大量有需求的社会车辆由于无法在有效区域内实现私人小汽车与公共交通的衔接，而不得不选择在枢纽周边邻近区域，甚至是城市道路两侧随意停放，为原本拥挤的地面交通增加额外负担，如北苑北枢纽。在枢纽周边非停车区域停放社会车辆，具有极强的随意性且停放时间不固定，尤其在路面交通高峰时段成为交通有效顺畅运行的巨大障碍。第二类，在枢纽周边未设置集中的社会车辆停放场所，甚至连枢纽自身工作人员的车辆停放问题也未得到有效解决。主要以东直门枢纽、西直门枢纽为代表，由于枢纽建设性质为后期改扩建完成，

且位于城市中心区域，使得车辆集中停放区域的空间极为有限或难以找到合适位置。当然，不可否认，在城市中心区交通压力日常普遍较大的区域，政府鼓励以公共交通为主要出行方式，但一定数量的与公共交通，特别是与枢纽相结合的停车空间设置还是非常必要的。在管理上可以通过停车费用的价格杠杆来加以平衡，从而真正实现多种交通模式之间的便捷切换，而非单纯限制私人小汽车在这些区域的使用。

（二）周边城市道路与城市环境融合度低，导致交通压力增加

1. 与轨道交通枢纽及周边主要建筑衔接步行环境不佳，标识系统有待完善

轨道交通的快捷、大运量客流特征为其周边区域形成具有集聚效应的商业开发提供了极佳的基础条件。以轨道交通枢纽为核心进行的城市一体化建设与开发已成为我国城市新区建设和老城区更新的重要发展模式。在北京市政府的大力推进下，现有轨道交通枢纽中多数按此类模式建设，一方面便于带动所在区域的繁荣，另一方面也为施行 PPP 的发展形态创造更多的可能性。① 然而，在不断探索的建设中仍有一些方面需要不断完善。在枢纽通过城市道路与周边环境的融合方面就存在较为突出的问题。枢纽周边的城市道路随公共交通的瞬时性客流具有较大的荷载变化，因为路面交通增加短时交通压力较大，应迅速将客流导入目的地。此时，步行环境的空间质量以及导向标识系统的准确性则显得尤为重要。例如，在望京西枢纽、苹果园枢纽等目前尚未建设完成的区域该问题体现的较为突出。拥挤的城市道路在早、晚上下班高峰时段，由于来自交通枢纽的大量客流冲击而变得愈加拥堵，行进速度既影响了自身的通行能力，又由此而为通行安全埋下了较大的隐患。而所在城市区域导向标识系统的缺失与不足又为有需要的人群设置了障碍，使之成为行进客流中的不确定因子，因反复寻找目的地而增加通行阻力。在已全部建成使用的枢纽周边城市道路同样存在类似问题。

2. 道路使用高峰时段使用方式制定及管理力度不足

通过对北京市轨道交通枢纽周边城市道路实时数据 5 个月的跟踪调研显

---

① PPP（Public - Private - Partnership）模式，即公私合营模式。以特许权协议为基础，以双方签署合同为保障，为提供某种公共物品和服务形成的伙伴式合作关系。

示，在枢纽周边的城市道路交通运行情况根据枢纽的工作特征不同而主要表现为三种情况：第一种，枢纽位于城市中心区，周边城市道路日常交通压力大常态化，在早、晚上下班高峰时段该问题则更为凸显，如位于二环路的东直门枢纽、西直门枢纽；第二种，枢纽自身与城际铁路相结合，由于客流目的地较为明确，且绝大部分以日间居多，呈现出周边城市道路压力在白天城际铁路发车频繁时段持续较大而其他时段较为平稳的现状，如北京南站枢纽、北京西客站南/北广场枢纽；第三种，则是位于城郊转换区位的枢纽周边，由于客流潮汐性极为明显，而随早、晚上下班高峰时段表现出极为明显的周边道路单向交通压力大、行驶缓慢或拥堵的现状，例如北苑北枢纽、宋家庄枢纽。由于枢纽自身特点而给城市道路交通带来的压力必须针对其产生的原因而采取具有针对性的措施加以解决，才能够有的放矢，通过小规模切实可行的改造建设、管理模式调整，以及实施力度加强来解决这些现状。

（三）轨道交通枢纽周边城市道路开发模式影响交通功能发挥

1. 传统城市沿街开发模式增加交通压力

北京的城市建设遵循着传统的沿城市道路进行商业开发的模式。在道路两侧，特别是客流较为集中的区域都会在客流途经的区域进行高效能的开发。因此，在枢纽周边城市道路两侧大量的商业门面极为普遍。商机仅在客流通过的沿途实现开发，一方面开发的规模和范围较为有限，难以实现商业利益的最大化，带动周边区域的共同发展，实现客流集聚的真正价值；另一方面，由于小范围沿街商业的存在，使得原本应当在枢纽周边尽快疏散的客流未能得到及时疏解，因停滞而为城市道路交通带来额外压力，导致城市道路通行能力下降、环境品质不理想等诸多连锁问题。例如，一亩园枢纽的西苑交通枢纽虽然在客流集聚一侧设置有宽敞开阔的集散广场可以解决高峰时段客流量大的问题，但在隔街相对的城市道路另一侧，沿街开放的大量小型商业却为城市交通带来了不小的压力，致使交通客流与商业客流混杂交织，人行与车行、非机动车掺杂在一起。在非枢纽侧形成客流高峰时段的交通拥堵现象影响通行效率，正是由于对枢纽周边城市道路的不当开发模式所致。

2. 既有城市格局使用功能渗透至城市道路，阻碍交通

在改建而成的大部分交通枢纽周边，由于既有城市格局已基本定型，改

造的工程量及难度均巨大。可见，固有因素对周边城市道路功能的发挥具有较大的制约作用。既有城市区域在原本使用时为满足实际需求而局部侵占城市道路空间的现象较为普遍，在未形成客流大量集中的交通枢纽前尚在可控范围内，而在交通枢纽建设后则由于周边环境、客流压力的变化而呈现难以负荷的实际交通问题，导致枢纽周边城市道路的通行能力大打折扣，无法正常发挥作用。例如动物园枢纽，原有动物园地区批发市场及枢纽周边零散商业较多，因其商业业态的特点而有较多占用城市道路的情况，如车辆停放、货物摆放等。随着轨道交通 4 号线投入运营形成完整的城市轨道交通枢纽后，该区域内客流增加，使得城市道路交通压力进一步加剧。由于占道情况导致的拥堵问题也就愈加严重，尤其以公交枢纽东西两侧仅有的单行道路上更为突出。城市既有功能格局对城市道路的影响因枢纽建设带来大量客流而加剧的问题，是轨道交通枢纽周边城市道路存在问题中最为突出也是最难以解决的一个。

（四）周边城市道路路网体系及各等级道路配置不足

在北京市现有 13 座轨道交通枢纽中已建成 11 座，其周边的城市道路路网体系均存在不同程度的配置问题。主要体现在既有城市道路等级与改建交通枢纽需求不适配，以及新建枢纽配套道路与锐增交通需求量不适配两个方面。交通枢纽运营过程中带来交通量的增加，给既有周边城市道路增加压力。枢纽客流使得原本已经大负荷运转的城市道路压力猛增，尤其在早、晚上下班高峰时段与枢纽客流方向一致的城市道路无一例外地呈交通拥堵状态。即使是在平峰时段也以交通行驶缓慢态势为主。例如四惠枢纽、六里桥枢纽，即使在枢纽周边存在城市快速路，在与其直接联系的快速路匝道及城市主干路上也存在相当程度的交通拥堵问题。对于新建的交通枢纽而言，周边城市道路网及道路等级的配置问题尚未出现过于尖锐的矛盾，但在枢纽周边个别新建道路的尺度却随着交通运量的持续增加和使用过程中占用道路等违规现象的存在而日趋紧张，使得道路设计的通行能力与实际需求有所偏差。对于新建枢纽周边城市道路存在的问题需要通过小规模的可操作的方式调整道路路线设置，增加新规划建设道路与既有城市肌理的融合，并加强管理以保证各等级道路发挥其应有的交通功能。

三　北京市轨道交通枢纽周边城市交通优化调整思路与对策

在北京市"十二五"规划交通建设中，要求提升包括轨道交通、公交、小汽车、自行车等各类交通方式衔接，以建立综合交通体系。[①] 这就要求在轨道交通站点周边，以其为核心合理化周边配套交通设施建设。在 2015 年的北京市城市基础设施建设中指出，增加城市道路的营运里程，结合各类交通枢纽、驻车换乘停车场项目推进城市中次干路和支路建设，都是工作的重点。[②] 由此可见，根据北京市轨道交通枢纽周边城市交通环境现状大量的调研分析结果，探讨可操作性强且能够起到切实效果的优化思路与对策迫在眉睫。

（一）提高既有轨道交通枢纽周边城市道路通行能力及使用效率

对既有城市道路交通运行能力的提升是改善轨道交通枢纽周边城市交通状况最基本、最行之有效的措施。通过对现有交通条件的调整与改善，在基础条件不变的前提下实现道路使用效率的提高。对城市道路与枢纽区域衔接的口部设置优化、对枢纽周边零散公交车站的统一调配以及对配套停车空间的组织使用是诸多城市解决这一问题的常用措施。

城市道路与枢纽区域口部衔接位置对于新建枢纽而言，规划设计普遍较为合理；对于改扩建的枢纽，其周边会聚人流所带来新增交通压力需在枢纽周边与城市快速路、主干路连通区域以合理的方式衔接，既要保证满足新增客流量的需求，又要避免对原有城市道路的影响，最小化新增设或改造道路出、入口对原有交通的影响。轨道交通客流在换乘路上公共交通时，良好的地面换乘环境必不可少。在公共交通车站设置时，将目的地及行驶路径相近的线路，在满足设计规范要求的基础上尽量集中，同时，在进入换乘站点前对各分区给予明确的标识，以便于识别查找。在公共电汽车停靠站区域更需要考虑在车辆进出

---

① 北京市交通委员会：《北京市"十二五"时期交通发展规划（轨道交通专题）》，2010 年 6 月。

② 北京市人民政府办公厅：《北京市缓解交通拥堵第十二阶段（2015 年）工作方案》。

站覆盖的有效区域内保证专道专用，为公共电汽车创造足够的空间，也为社会道路的正常使用提供保障。交通枢纽周边配建的停车空间是目前影响枢纽周边城市道路通行能力发挥及分流城郊私人小汽车的重要制约因素。城市中心区枢纽周边配建车位可通过在必要区域充分利用空间设置多层或高层停车楼解决刚需，同时，通过与周边建筑物配建的地面及地下停车场协同运作，解决部分社会车辆的停车需求。与周边建筑物停车场联合运作的形式虽然仅能解决小部分需求，但考虑到在城市中心区本就希望尽量疏导客流及私人小汽车，通过此种方式及价格杠杆恰好可有效限制和调节私人小汽车进入城市中心区的机会。以增加硬件解决刚需，调整软性措施补充非刚需，从而解决停车问题，减少由于停车空间短缺而出现的占道及路侧随意停放车辆给道路交通造成的干扰，以切实保障既有轨道交通枢纽周边城市道路使用效率的正常发挥，保证路面交通的顺畅。

（二）完善城市道路与轨道交通枢纽及重要建筑物的衔接空间

城市道路与轨道交通枢纽间接驳空间主要包括车行与人行两个方面。车行衔接系统出入最为频繁的公共电汽车对城市道路常规车流的影响可分为枢纽站和中途车辆站点两种形式①。枢纽站涉及多条线路首末站及与其他形式公共交通换乘的功能，一方面需要协调电汽车进出枢纽站与城市道路的衔接，在减速行驶出入站时可通过辅路、公交车专用道或增加扩大口部等形式解决对城市道路正常交通的影响；另一方面，对于换乘客流的步行空间建设要求较高，良好的步行环境可以缓解使用人群的心理压力，提高等候时间忍耐度，降低拥挤和大客流量为使用者带来的负面影响。

轨道交通枢纽以其高度集聚的人流成为城市区域发展和旧城更新的新增长点，以枢纽为中心带动周边区域发展已成为城市发展更新的重要形式之一。因此，在轨道交通枢纽周边，枢纽站或中途站的大量客流都会对枢纽所在区域周边的城市空间和城市道路带来较大影响。当来自公共交通的大量客流融入城市空间后，无论进入周边建筑或城市道路都会对原有区域形成新增

---

① 中华人民共和国住房和城乡建设部：《城市道路公共交通站、场、厂工程设计规范》（CJJ/T 15 - 2011 备案号 J 1331 - 2011），2011 年 11 月 22 日发布。

压力，这时就需要良好的导向标识系统提供及时而迅速的疏导。在现有轨道交通枢纽周边城市道路及建筑内设有一定数量的导向标识，然而在使用过程中却经常出现由于目的地信息量大，标识系统精确度不足等给使用者寻路造成障碍，进一步影响到大的交通环境及与周边衔接的密切度。良好的标识系统能够在高峰时段大客流中起到良好的协调和缓解作用，在香港、新加坡等以轨道交通发展繁荣而著称的城市中均有所体现，也正是北京市轨道交通枢纽周边城市交通在优化过程中值得借鉴的优秀案例。城市道路与枢纽接驳部位的优化工作在位于城市中心区既有交通状况较为复杂的枢纽周边进行更为重要，如东直门枢纽、动物园枢纽。而对于导向标识系统的完善则在各大枢纽周边均有待加强，其中作为区域发展新增长点的枢纽周边，改善需求更为迫切。

（三）调整枢纽周边城市道路开发模式改善城市交通

城市在更新及发展过程中，开发模式将在城市既有格局的基础上影响整体的城市开发、城市空间、城市交通等多个方面。我国自宋代以来，传统的城市开发模式以沿街道进行商业等各种业态发展为主要形式。在城市道路两侧，尤其是次干路、支路等级相对较低的道路两侧，因其交通功能、车辆设计时速较低、街道尺度更符合城市交往空间的尺度而拥有较高的开发程度。在北京市现有的轨道交通枢纽周边也同样以此类开发模式为主要形式。当交通枢纽所带来的大量交通及商业客流与枢纽所在区域的城市道路衔接时，因两侧沿街面向城市道路开放的商业而产生的人群驻留、车辆驶入、驶出而给城市交通增加了巨大的压力。交通客流引至的商机由于业态开发模式的不适当，给城市道路、城市交通造成了不小的麻烦。沿街开发的商业开发模式对于快速、高密度发展的大城市已失去了其原有的生机与活力。

在新的发展时期，大城市中心区更新发展模式更多的应是以某一核心为增长点，带动周边区域的协同发展。在高密度大城市中以轨道交通枢纽为核心，形成TOD①的发展模式是十分行之有效的开发模式，在世界各大发达国家和地

---

① TOD 模式，以公共交通为导向的开发（transit – oriented development，TOD），是使公共交通的使用最大化的一种非汽车化的规划设计方式。

区也已有成功的实例值得借鉴与参考①。当城市道路两侧不再以简单的沿街开发模式增长，代之以高效利用土地的集约式综合开发模式，以交通枢纽为核心，与所在区域周边土地充分有机结合，复合开发各类业态，吸引大量人流。在枢纽周边有效发展范围内集中布局设置，能够为城市道路缓解压力。对于既有沿街开发商业对城市道路影响较大的区域，采取疏导与商业转移的形式进行集中管理，同样可以达到既定的商业开发目标。以枢纽为核心，有序地根据地价差异综合开发不同业态，形成合理的街区式开发模式则能够发挥更大的作用，同时更为有效地疏解枢纽周边城市交通拥堵问题，为城市交通营造良好环境。在动物园枢纽、苹果园枢纽、一亩园枢纽等区域的未来更新改造中，合理开发模式的选择在城市交通环境改善中将起到巨大作用。

（四）优化周边城市道路路网体系及各等级道路配置

北京市轨道交通枢纽周边绝大部分有一条及以上的城市快速路或主干路，是城市交通命脉旁的重要交通基础设施。枢纽所处的显要地位，一方面体现出解决人流交汇、换乘的重要性，另一方面也因其所在区位多处于城市建成区而难以对周边区域进行大规模的整治与改造，工程量及难度均巨大。因而，在既有交通枢纽周边除途经的高等级城市道路外，还包括次干路、支路以及更为狭窄的仅能够起到简单通行作用的城市道路，其尺度、交通顺畅的可靠性在交通枢纽运行的高峰时段均难以得到保障。这也就要求在改、扩建的交通枢纽周边，应当根据实际增长的交通需求对周边城市道路进行调整，在新建的枢纽规划之初就充分考虑未来运营中将逐年增加的需求，进行充分的、有预见性的规划和设计。②

在目前已建成投入使用的交通枢纽周边，城市道路主要分为原有调整改造道路和新增规划道路两类。对于原有调整改造道路，由于其自身承担着原有和新增的双重功能而在道路的尺度上缺少改造空间，则应当根据枢纽周边的交通客流及其他业态分布来整合和调整使用情况，原有双向行驶的城市支路由于尺

---

① 王龙、叶昌东、张媛媛：《香港低碳城市空间建设及其对高密度城市建设的启示》，《广东园林》2014 年第 6 期。

② 孟永平：《与城市轨道站点衔接的交通一体化研究》，《交通运输工程与信息学报》2014 年第 4 期。

度限制则可考虑结合周边实际情况设置为单向行驶，在既有的空间内调整道路应用模式，增加实际通行能力。例如，动物园枢纽周边的路网体系应适当调整以符合日渐增长的实际需求。原有尚未建设完成的城市道路则应尽快竣工以保证其实际作用的正常发挥，如宋家庄枢纽北侧道路。保证道路质量及等级配置，对于新增的规划道路则应充分考虑其在未来运作过程中将面临的新增压力，设置足够的预留量。一旦建成则成为难以改善和拓展的旧有城市格局。四惠枢纽东、西两侧新建的规划道路，在使用中基本解决了目前交通量大的需求，后期随交通量的增加则需考虑通过进一步扩展满足需求。对于仍在规划建设中的望京西枢纽和苹果园枢纽应以此为借鉴，充分考虑各自的特点预留充足的空间。望京西枢纽既要考虑自身的交通需求，又要为进出望京地区发挥好门户作用。苹果园枢纽则应当注重多条轨道交通线路集聚后为交通带来的巨大新增压力，建设好北京主城区的西大门。

（五）加强周边城市道路使用方式管理及有效管控

城市道路规划建设完成投入使用后交通需求量随周边环境的变化而增加，在使用过程中需要通过政策管理多方面的维护以保证实际的使用效率。[①] 通过对交通枢纽周边城市交通现状的跟踪调研与分析，在城市交通运转过程中使用方式上的设置以及在实际运行中的不当使用，是给城市道路造成人为额外影响的重要原因。根据现状所反映出的问题给予有针对性的整治能够收到较为理想的效果。

在对枢纽周边城市交通的管控以及对道路的使用方式管理方面可分为两大重点：其一是明确周边城市道路的具体使用方式。使用方式的调整有诸多举措可以用于缓解交通压力，小到转向道路与直行道路的划分、车辆待转区域和泊车区域的施划、右转车辆对直行非机动车通行能力的影响分析等，大到根据部分路段早、晚上下班高峰时段有规律的客流方向对道路进行潮汐性的方向管控。根据实时路况的跟踪调研结果，有针对性地对枢纽周边长期交通行驶缓慢及拥堵的区域进行道路调改或结合周边整体道路体系进行分流，是在管理政策

---

① John Zacharias：《以简御繁：中国城市交通问题的症结与出路》，《北京规划建设》2014 年第 4 期。

上对城市交通改造直接且快速见效的方法。其二对于已制定的规范严格执行，对违规行为予以严惩，避免屡禁不止反复发生，既浪费管理的人力物力投入，又影响城市交通的正常运转。在枢纽周边城市道路，尤其是城市次干路、支路等与枢纽发生直接联系的低等级城市道路两侧的占道停车问题最为突出。由于枢纽周边配套停车空间不足而普遍存在的占道停车、随意上下车问题是枢纽配建不完善带来的衍生问题。解决过程中，严格管理当然是重要的一方面，而解决过程中除了以"严堵"的方式管控占道行为外，也应当采取"疏导"的措施对随意占用城市道路的车辆给予正确的引导。在枢纽周边增加配建的停车空间以及联合枢纽周边建筑物附属的停车区域综合利用解决实际需求，同时与严格管理相结合，将比单纯的严禁占道乱停放车辆取得更好的成效。

四　结语

交通是城市发展的保障。近年来，北京市在优化城市交通环境方面做出了多方面的努力，其中推行公共交通资源的建设力度尤其大。公共电汽车、轨道交通建设的同时，各类不同形式交通方式间的转换枢纽凸显出关键作用。枢纽在发挥自身及换乘功能的同时，也在城市交通体系中起到节点性作用。城市交通节点的运作是否顺畅是城市交通环境的重要影响因素之一。对于北京市现有轨道交通枢纽周边城市交通现状的跟踪调查、分析与研究能够帮助有效地探讨在城市轨道交通枢纽建设和完善过程中对于周边城市交通影响的调整与对策。为更好地发挥交通枢纽的作用，协调城市道路交通的顺畅有序运行，在交通基础设施配建、规划与设计、使用方式政策制定与运行管理等方面均具有可优化之处。随着对枢纽自身及周边城市道路系统的优化，城市的整体交通环境必将沿着公交优先、便民出行、舒适快捷的方向不断进步，营造良好而和谐的首都交通环境。

B.18
后　记

　　由北京城市学院主办的城市管理蓝皮书《中国城市管理报告》已连续出版四年，《中国城市管理报告（2015～2016）》成书之时，正值北京城市学院贯彻落实教育资源布局优化，率先向顺义区疏解之际，这恰与新形势下城市管理方式之新转变相契合。

　　在此，特别感谢北京城市学院刘林校长的亲自主持，感谢北京城市学院众城智库（城镇化研究院）总干事、主任吴春岐教授，原众城智库（城镇化研究院）张卉聪博士以及北京城市学院周秀玲副教授等为本书总报告提供素材。对给予我们关心、帮助、指导的各位领导一并表示感谢，有你们的倾力参与和付出，蓝皮书才能更为出彩地问世！

Abstract

This report mainly studies new requirements and tasks of city management during its modernization process under the new situation. Some opinions are presented from various angles such as economy, society, culture, ecology and legal institution and so on.

(1) Economy development is now in the new normal period, while its growth is slowing down and its development gives more respect to the decision power of the market. At present, industrial structure is in the throes of adjustment, it has to dissolve excess capacity and to close down backward production facilities at the same time. In such a situation, the government and social responsibilities should be clear; the shortage of urban infrastructure should be solved by increasing the investment, deepening the urban infrastructure financing system reform, broadening investment channels and fully arousing the enthusiasm of government investment and social investment; the industrial structure optimization and upgrading should be accelerated to adapt to the China's economy development under the new normal situation; At the same time, innovative development model should be diversified, reasonable structure of taxes and fees should be adopted to maintain the healthy development of the urban real estate, and an ordinary mind should be taken to face the future development trend of real estate industry, economy regulation should be reasonable and standardized.

(2) There is no unified code for city management. The main problem is that the regionalism of city administration is too strong with varied content and style. Therefore, the formulation and perfecting of city management legal system should be carried out with systematic and comprehensive effort; the pertinence of the law should be enhanced, local related laws and regulations should be refined so that law enforcement officer can avoid arbitrariness. We should straighten out the city management organization system and promote the scientization of the city management legal system. We should also strengthen the public participation in urban

management through legislation, and promote it's the democratization process. We should improve the legal system for urban management and supplement the legal system lacked in main areas.

(3) Unify the city management and social management, and fully release the market and social vitality. Strengthen the top – level design and scientific planning in the field of city community governance; avoid management style such as "fragmented management" and "one size fits all"; promote the transformation from social management to social governance, and transformation from "single, vertical management mode" to "pluralistic, negotiation management mode", build multiple social management system and social governance mode based on the balances and benign interaction among the limited government, the market with boundary and the self – organized society. Promote the role transition of city management department from culture organizer to regulator, explore to establish competent the working mechanisms based on the organic cohesion between host system and modern enterprise sponsor system; Establish modern city culture market system, adhere to the policy of "management gravity localization, resource localization, and service localization", release social and market energy, speed up the foundation of multi – level cultural product and factor markets, promote cultural industry development by leaps and bounds.

(4) Realize the scientification of decision – making, intelligentization of means and systematization of process for the main body of modern city management by big data. The social informatization and government informationization have reach to such a high level in the big data era, the development and popularization of network technology provide technical supports for the governance intelligence, which will fundamentally change the government form, organization pattern and further change governance mode. Big data technology improves the working efficiency of city ecological environment governance; realizes the synchronization of digital collection and management and provides strong information support for ecological environment. Big data technology makes the environmental law enforcement and defense linkage possible at the moment. It also establishes a law enforcement mechanism among different areas, different departments (such as local government, central government, the environmental protection law enforcement departments) with clear target, clear responsibilities, smooth communication and complete law enforcement means.

Contents

I General Report

Abstract: Comprehensively implement the rule of law concept, economic new normal arrived, thirteen five planning is about to start, the urban management and social management gradually merged, urban management changes into urban governance. In the new period, the city management has new characteristics and new trend, putting forward new request to the urban development and urban governance. Further promoting urban governance, to achieve modernization, scientific, refinement, long – term, meets the new requirements of the habitable environment people and keeps up with the new look forward to the masses of the people living a better life.

Keywords: In the New Period; The New Normal; Modernization; Urban Governance

II Urban Economy

Abstract: Since twenty – first Century, urban small and micro enterprises in China generally grow up, but the sustainable development has encountered difficulties and needs the policy support of the government. Based on the analysis of the current situation of urban small and micro enterprises in our country, many problems are found such that the development of urban small and micro enterprises is not balanced and enjoys the preferential policies that have the low legal effect, and that capital and technology and talents are important obstacles to the development and other issues. The suggestions are put forward on promoting the development of urban small and micro enterprises in China. For example, government need make the systematic preferential laws and create a fair financing environment and improve policy support for entrepreneurs and practitioners.

Keywords: Urban Small and Micro Enterprise; Development Dilemma; Policy Support

B. 3 The Risk Research in the Process of the New Type of Urbanization

Xue Tingting, Shi Huanxia and Shi Bing / 052

Abstract: The clarification of the connotation of the new type of urbanization in the 17th national congress puts forward the guiding ideology and development path of the new type of urbanization, and after the 12th five-year plan, the new type of urbanization comprehensively guides the national urban and rural construction. Through comprehensive comparison of urbanization experience and the system, it can provide necessary reference for the related path in Chinese new type of urbanization. From the point of the development of countries all over the world, industrialization, urbanization and modernization gestates risk in every link. In China's social transition period, the economic system reform and the system of social management and so on do not match the pace of reform, as a result, the backward system supply, lack of innovation of social management has caused many social risks. it can found a series of countermeasures avoiding new risks in the process of urbanization only through studying on the key research of the risk in the process of new type of urbanization, strengthening the system construction, giving play to the government's initiative, innovating of social management system and focusing on governance of "city disease" in the process of the new type of urbanization.

Keywords: New Type of Urbanization; Social Risk; System; Social Governance

B. 4   Analysis of Small Town Developing Model during the
        Process of Urbanization in China   *Nie Chen* / 069

Abstract: This study mainly pays attention on small town developing model during the process of urbanization. Following with time series, this study discusses "top – down" and "bottom – up" historical process of urbanization of small towns before 1949, subordinate role small towns played during 1949 – 1978; renaissance of small towns fuelled by increased rural income during 1980s; local urbanization as result of the emerging township enterprises during 1990s; passive urbanization pushed by booming real estate sector between 2000 – 2009; and critical change of small town urbanization after 2010.

Keywords: Urbanization; Small Town; Developing Model

III   Urban Society

B. 5   The System Innovation Design of the Community's
        "Two Committees Three Aspects" Agreement on the
        Basis of Local Rules in the Urban Governance
        Zhang Liman, Shao Liting / 084

Abstract: Under the condition or urban housing system reform, the urban community presents diversification of governance subject. For multiple subject, property right structure's complexity, property management disputes frequently, interest group into the "prisoner's dilemma", and the lack of grass – roots community consultation cooperation mechanism, the weak and plural control ability, the situation of property disputes frequently, we design cooperation governance system based on the local rules of the community's "two committees three aspects", and sign "building a harmonious agreement" through the community residents' committees, the owners' committee, realty service enterprise, and based on the local rules of clear responsibilities, division of labor cooperation, information communication, behavioral norms, respond in a timely manner, regular work appraisal work mechanism and property dispute mediation platform, to achieve the integration of community resources, realize the goal of governance in the stable community well − being.

Keywords: Urban Community; Multiple Subject; Local Rules; "Two Committees Three Aspects"; Harmony to Build

B. 6 Cultivation and Development of Community's Social Organization in Perspective of Social Governance

Zhang Juzhi, Zhao Xiaohua / 105

Abstract: Perspective of social governance emphasizes that social multiple subjects solve the social problems through the way of democratic consultation. Community's social organization is the organization carrier of Community Governance Innovation and it has the important function of promoting the modernization of basic social governance capacity. The development of the situation, based on a variety of factors of the community type, organization type and the reasons for the establishment, shows a significant difference. After analyzing the current situation, problems and reasons, the author puts forward some countermeasures, including creating a good policy environment, promoting public awareness of the whole nation, developing the public interest force in the entertainment organizations, promoting the evaluation method based on the service object, and improving the professional ability of the community elite.

Keywords: Social Governance; Community's Social Organization; Correlation Analysis; Public Sprint; Evaluation

B. 7   The Research on the Strategic Performance Appraisal
        System of Sub − district Office in China

Huang Yuling, Cheng Yan / 123

Abstract: The performance level of the sub − district office is directly related to the implementation of the policy and the government image in city, so it is very important to establish the performance appraisal system of the sub − district office. Based on in − depth study of the performance appraisal theory and the practice experience of "balanced scorecard in China", the paper tries to probe into the strategic performance appraisal system of sub − district office in China, in order to provide a reference for the construction and development of Beijing city.

Keywords: Sub-district Office; Strategy; BSC; Performance Appraisal

Ⅳ   Urban Culture

B. 8   Research on Beijing Cultural Creative Industry Development:
        An Empirical Study Based on the Grey System Theory

Xu Li, Li Cui / 143

Abstract: Beijing's cultural and creative industry as main pillar industries, not only played a pivotal role in the capital city function positioning, but also was an important bridge to achieve creative and ecological city. Based on the grey system theory, this paper took Beijing's cultural and creative industries data from 2006 to 2014 as an example and established grey correlation, grey clustering as well as grey prediction model in order to analyze sector correlation, intra − industry development structure and the development trend of the next three years. According to the result, a policy recommendation was proposed that Beijing should increase policy support and investment in the software, network and computer services, as well as design services and advertising the exhibition industry, which made full use of Internet plus initiatives to promote the development of the new era of creative culture.

Keywords: Cultural and Creative Industry; Grey Correlation; Grey Clustering; Grey Prediction

B. 9   The Development Research of Beijing Historical Theme
        Hotel Based on the Perceived Service Quality   *Zheng Jie* / 163

Abstract: With the increasing competition of the hotel industry, the construction of the theme hotel has become an international trend. In recent years, the rapid development of China's theme hotel gradually becomes an important force in the hotel industry in China. Beijing as a major tourist city in China, the hotel industry is first in line with international standards. After many years of development of Beijing hotel industry, to deal with the fierce market competition, there appeared more theme hotels which chose history and culture as their theme. In the development process, there also appeared many problems to be resolved, such as theme attractions are the same, the excavation of the theme culture is not deep, the originality of theme product is not enough, and the theme service is not in place. To found the Beijing Theme Hotel Research Association, to create a model of the Beijing theme hotel industry, and to establish and implement management standards of the Beijing theme hotel, it can be realized to promote and guide the healthy and orderly development of Beijing theme hotel.

Keywords: Perceived Service Quality; Theme Hotel; Theme Product; Theme Delivery; Theme Environment

B. 10   Study on Creative Development Countermeasures of
         Nanluoguxiang Cultural Tourism in Beijing Based
         on Field Investigation   *Yang Peiyu* / 195

Abstract: As a famous historical and cultural blocks, Nanluoguxiang has become a place of cultural gathering that tourists must visit in Beijing and it also has an enormous room for creative development. This paper states Nanluoguxiang's main cultural tourism resources and its characteristics on the basis of introducing overview, then it comprehensively analyzes the current situation of creative development of cultural tourism on field investigation and points out the main problems. Finally, it puts forward the corresponding development countermeasures.

Keywords: Beijing; Nanluoguxiang; Creative Development of Cultural Tourism

V   Urban Law

B. 11   Study on Administrative Enforcement Status in Quo

The Department of Law Enforcement Planning / 218

Abstract: Through the investigation on urban management enforcement, the system of administrative law enforcement responsibility, the procedure's improvement of administrative enforcement of law, administrative law enforcement surveillance, etc. The research put forward the system of the urban management enforcement and mechanism have problems, including the imperfect legal protection, law enforcement is difficult, external law enforcement environment is bad, quality of team remains to improve. Finally put forward policy suggestions from two aspects of immediate and long-term.

Keywords: Urban Management; Administrative Enforcement; System and Mechanism

B. 12   Studies on the Government Legislation about Beijing's
Urban Management

Zheng Qimeng / 229

Abstract: Through the analysis of the Beijing's existing urban management legislation survey, we found that the existing legislative situation on Beijing's urban management is ill − suited with it's development orientation of the global city, is not commensurate with the international metropolis, and there's still some discrepancy with the requires of the national and Beijing's "12th five −year plan". There are some defects in the fields of Beijing's government regulations on rail traffic management. It's lack of the laws and regulations of resolution of the traffic congestion. It is lack of laws and regulations on the city emergency management. There're some legislative shortcomings on the safe operation of the city（The comprehensive "Regulations on Municipal Facilities Management" should be developed）. The Beijing's "Regulations on Urban Management" or "Urban Management Approach" should also be drawn up.

Keywords: Beijing; Municipal Legislation; Regulations

B. 13　Distinguish the Disputes and Resolve the Conflicts in Petition Letters Cases

—Take D Area in Beijing as an Example

He Qian, Miao Renkang / 245

Abstract: For a long time, one of the petition letters' functions is relief rights, and there are different types of disputes. With the development of petition letters, the uncertainty and fuzziness of accept range in petition letters don't resolve the conflict effectively. So it is necessary to certain the range, distinguish the disputes, remove the disputes which should be resolved by other systems, and establish the appropriate model in resolving administrative dispute. Meanwhile, it is important to improve the whole systems, such as classification and distinguish of disputes, separating petition letters from litigation, ending of cases, information sharing. It is helpful to resolve the social conflict and dispute.

Keywords: Petition Letters; Dispute; Distinguish; Conflict; Resolve

Ⅵ　Urban Ecology

B. 14　Research Status and Prospects in China City Environment Quality Evaluation

Wang Qiang, Liu Lingling / 264

Abstract: With the rapid development of China social economy and urbanization, the urban environment quality is deteriorating and environmental problems have also attracted more and more social attention. City environmental quality evaluation is the premise and necessary means to understand current city environment situation and grasp the evolvement law of city environment. It is also the foundation and basis of government evolvement protection policy. This report combs current researches and practice on city environment quality evaluation in China in order to find the problems and the insufficiency, puts forward the corresponding suggestions and expectations. This provides reference for the practice of city environment construction and improvement under the demands of "beautiful China policy".

Keywords: City Environment Evaluation; Comprehensive Evaluation; Problem and Prospect; City Governance

B. 15   Research on Allocation of the Initial Emission Permits

—Based on the Total Amount Control Model

Shen Yingchun, *Li Yalan* / 283

Abstract: Allocation of the initial emission permits is an important part in the implementation of emission system. There are three initial allocation methods: free distribution, public auction and sale. According to the actual situation of Beijing and the situation of emission's theory and practice, this article selects the first level emission distribution model—the total amount control model to achieve empirical analysis of Beijing. And then, improving the model to make it more adaptive to the reality of Beijing. Based on the new model, on the premise of sustainable development, we obtain the initial emission permits of each district and county of Beijing.

Keywords: The Initial Emission Permits; Free Distribution; Total Amount Control Model

Ⅶ Urban Practice

Abstract: This paper is introduced briefly the creation and idea of UE (User's Experience) and its application in the planning and design of the underground space of the metro stations in Seoul. Positive impacts of the planning and design methods, in the light of UE, upon municipal management and solving social issues are analyzed herein the paper. As enlightened by the foreign case histories and practices, the People − Foremost UE idea is indispensible in solving commuting problem and other related transportation issues. In addition, statistical analyses of the planned user of the future metro lines upon the basis of big data, and carrying out planning in view of the passengers' behavior should play a crucial role in the planning and studies.

Keywords: Underground Space Planning; Metro Line; User Experience; Big Data Analysis

Abstract: For the insurance of well traffic transfer, and regional development injection, the surrounding urban traffic of Beijing rail transit hubs should be improved. With the investigation of the 13 built hubs in Beijing, the self reasons and external influence factors could be analysis. The adjustment and optimization countermeasures and methods were studied, including, the improvement of the urban traffic capacity and use efficiency around the hubs, the perfection of the connect space among urban streets, the hubs, and the surrounding important buildings, the adjustment of the development modes of the streets, the optimization of the urban road network system and the road levels distributions, as well as the strengthen of the effective management of the usage of the surrounding urban streets.

Keywords: Urban Traffic; Rail Transit Hub; Beijing

❖ 皮书起源 ❖

"皮书"起源于十七、十八世纪的英国,主要指官方或社会组织正式发表的重要文件或报告,多以"白皮书"命名。在中国,"皮书"这一概念被社会广泛接受,并被成功运作、发展成为一种全新的出版形态,则源于中国社会科学院社会科学文献出版社。

❖ 皮书定义 ❖

皮书是对中国与世界发展状况和热点问题进行年度监测,以专业的角度、专家的视野和实证研究方法,针对某一领域或区域现状与发展态势展开分析和预测,具备原创性、实证性、专业性、连续性、前沿性、时效性等特点的公开出版物,由一系列权威研究报告组成。

❖ 皮书作者 ❖

皮书系列的作者以中国社会科学院、著名高校、地方社会科学院的研究人员为主,多为国内一流研究机构的权威专家学者,他们的看法和观点代表了学界对中国与世界的现实和未来最高水平的解读与分析。

❖ 皮书荣誉 ❖

皮书系列已成为社会科学文献出版社的著名图书品牌和中国社会科学院的知名学术品牌。2011年,皮书系列正式列入"十二五"国家重点出版规划项目;2012~2015年,重点皮书列入中国社会科学院承担的国家哲学社会科学创新工程项目;2016年,46种院外皮书使用"中国社会科学院创新工程学术出版项目"标识。

中国皮书网
www.pishu.cn

发布皮书研创资讯，传播皮书精彩内容
引领皮书出版潮流，打造皮书服务平台

栏目设置：

☐ 资讯：皮书动态、皮书观点、皮书数据、
　　　　皮书报道、皮书发布、电子期刊
☐ 标准：皮书评价、皮书研究、皮书规范
☐ 服务：最新皮书、皮书书目、重点推荐、在线购书
☐ 链接：皮书数据库、皮书博客、皮书微博、在线书城
☐ 搜索：资讯、图书、研究动态、皮书专家、研创团队

中国皮书网依托皮书系列"权威、前沿、原创"的优质内容资源，通过文字、图片、音频、视频等多种元素，在皮书研创者、使用者之间搭建了一个成果展示、资源共享的互动平台。

自 2005 年 12 月正式上线以来，中国皮书网的 IP 访问量、PV 浏览量与日俱增，受到海内外研究者、公务人员、商务人士以及专业读者的广泛关注。

2008 年、2011 年中国皮书网均在全国新闻出版业网站荣誉评选中获得"最具商业价值网站"称号；2012 年，获得"出版业网站百强"称号。

2014 年，中国皮书网与皮书数据库实现资源共享，端口合一，将提供更丰富的内容，更全面的服务。

法 律 声 明

"皮书系列"（含蓝皮书、绿皮书、黄皮书）之品牌由社会科学文献出版社最早使用并持续至今，现已被中国图书市场所熟知。"皮书系列"的 LOGO（▧）与"经济蓝皮书""社会蓝皮书"均已在中华人民共和国国家工商行政管理总局商标局登记注册。"皮书系列"图书的注册商标专用权及封面设计、版式设计的著作权均为社会科学文献出版社所有。未经社会科学文献出版社书面授权许可，任何使用与"皮书系列"图书注册商标、封面设计、版式设计相同或者近似的文字、图形或其组合的行为均系侵权行为。

经作者授权，本书的专有出版权及信息网络传播权为社会科学文献出版社享有。未经社会科学文献出版社书面授权许可，任何就本书内容的复制、发行或以数字形式进行网络传播的行为均系侵权行为。

社会科学文献出版社将通过法律途径追究上述侵权行为的法律责任，维护自身合法权益。

欢迎社会各界人士对侵犯社会科学文献出版社上述权利的侵权行为进行举报。电话：010 - 59367121，电子邮箱：fawubu@ ssap. cn。

社会科学文献出版社

权威报告・热点资讯・特色资源

皮书数据库
ANNUAL REPORT(YEARBOOK)
DATABASE

当代中国与世界发展高端智库平台

S 子库介绍
ub-Database Introduction

中国经济发展数据库

涵盖宏观经济、农业经济、工业经济、产业经济、财政金融、交通旅游、商业贸易、劳动经济、企业经济、房地产经济、城市经济、区域经济等领域，为用户实时了解经济运行态势、把握经济发展规律、洞察经济形势、做出经济决策提供参考和依据。

中国社会发展数据库

全面整合国内外有关中国社会发展的统计数据、深度分析报告、专家解读和热点资讯构建而成的专业学术数据库。涉及宗教、社会、人口、政治、外交、法律、文化、教育、体育、文学艺术、医药卫生、资源环境等多个领域。

中国行业发展数据库

以中国国民经济行业分类为依据，跟踪分析国民经济各行业市场运行状况和政策导向，提供行业发展最前沿的资讯，为用户投资、从业及各种经济决策提供理论基础和实践指导。内容涵盖农业，能源与矿产业，交通运输业，制造业，金融业，房地产业，租赁和商务服务业，科学研究，环境和公共设施管理，居民服务业，教育，卫生和社会保障，文化、体育和娱乐业等 100 余个行业。

中国区域发展数据库

以特定区域内的经济、社会、文化、法治、资源环境等领域的现状与发展情况进行分析和预测。涵盖中部、西部、东北、西北等地区，长三角、珠三角、黄三角、京津冀、环渤海、合肥经济圈、长株潭城市群、关中一天水经济区、海峡经济区等区域经济体和城市圈，北京、上海、浙江、河南、陕西等 34 个省份及中国台湾地区。

中国文化传媒数据库

包括文化事业、文化产业、宗教、群众文化、图书馆事业、博物馆事业、档案事业、语言文字、文学、历史地理、新闻传播、广播电视、出版事业、艺术、电影、娱乐等多个子库。

世界经济与国际政治数据库

以皮书系列中涉及世界经济与国际政治的研究成果为基础，全面整合国内外有关世界经济与国际政治的统计数据、深度分析报告、专家解读和热点资讯构建而成的专业学术数据库。包括世界经济、世界政治、世界文化、国际社会、国际关系、国际组织、区域发展、国别发展等多个子库。